冶金工业出版社

普通高等教育"十四五"规划教材

统计与优化

(第2版)

Statistics and Optimization

(2nd Edition)

主　编　赵金玲　张　婷
副主编　白　敬　李明芳　王一水
参　编　范玉妹　秦明达

北　京
冶　金　工　业　出　版　社
2024

内 容 提 要

本书对数理统计模型方法和最优化模型与算法进行了详细阐述，主要内容包括：数理统计的基本概念与抽样分布、参数估计、假设检验、回归分析、方差分析、多元统计分析方法、线性规划、多目标规划、决策分析、现代优化算法（包括禁忌搜索算法、模拟退火算法、遗传算法、人工神经网络）等。各章末附有习题，书后附有习题答案。

本书可作为高等院校理工科专业、经济管理类专业“统计与优化”课程的教学用书，也可供数据分析和人工智能相关领域的从业人员参考。

图书在版编目(CIP)数据

统计与优化/赵金玲，张婷主编. —2 版. —北京：冶金工业出版社，2022.9（2024.3 重印）

普通高等教育“十四五”规划教材

ISBN 978-7-5024-9260-1

Ⅰ.①统…　Ⅱ.①赵…　②张…　Ⅲ.①统计学—高等学校—教材　Ⅳ.①C8

中国版本图书馆 CIP 数据核字（2022）第 156209 号

统计与优化（第 2 版）

出版发行　冶金工业出版社　**电　话**　(010)64027926

地　址　北京市东城区嵩祝院北巷 39 号　**邮　编**　100009

网　址　www.mip1953.com　**电子信箱**　service@mip1953.com

责任编辑　杨　敏　美术编辑　彭子赫　版式设计　郑小利

责任校对　范天娇　责任印制　窦　唯

北京虎彩文化传播有限公司印刷

1998 年 3 月第 1 版，2022 年 9 月第 2 版，2024 年 3 月第 2 次印刷

787mm×1092mm　1/16；18.25 印张；443 千字；284 页

定价 49.00 元

投稿电话　(010)64027932　投稿信箱　tougao@cnmip.com.cn

营销中心电话　(010)64044283

冶金工业出版社天猫旗舰店　yjgycbs.tmall.com

（本书如有印装质量问题，本社营销中心负责退换）

第2版前言

随着科学技术的发展，数理统计和最优化的理论与方法在生产生活和经济管理等诸多领域有着越来越广泛的应用。大数据和人工智能在很大程度上引领了现代信息科技的发展，而大数据的发展也推动着人工智能的发展，作为两者的联系纽带，机器学习不但是人工智能技术的重要组成部分，而且在大数据领域有着广泛的应用。众所周知，统计方法是大数据分析的基础方法之一，而优化算法则在机器学习领域处于核心地位。统计与优化之间存在着密切关系：当针对数据特点的统计模型构建起来之后，要借助优化算法来完成模型求解和获取模型参数。

目前，在高等院校中大部分理工科专业以及农林、医学，特别是经济管理类专业研究生都要学习“数理统计”和“最优化方法”课程，甚至在高年级本科生中也开设这些课程。编者曾多年讲授“数理统计”和“运筹学”课程，针对理工类和管理类研究生的培养需要，在开设“统计与优化”课程的教学实践基础上编写了本书。

本书的取材和编排注重实用性，精简某些较长的数学推导与证明（指明参考文献供进一步了解），尽量帮助学生深入领会重要的统计思想和优化原理，着重掌握解决问题的具体方法，同时又适当注重培养学生具备一定的理论分析能力。本书是在第1版的基础上修订而成，增加了更为实用的多元统计分析、现代优化算法等内容。

本书兼顾数理统计模型方法与优化算法及理论，能够更好地帮助读者掌握相关基础知识。编者希望本书能成为一本既便于教学也适合于自学的教材，也能成为数据分析和人工智能相关领域的从业人员的参考书籍。

本书的编写得到北京科技大学研究生院、教务处、教材科和数学学科同仁的大力支持与帮助，谨此感谢！

由于编者水平有限，不妥之处在所难免，恳请读者批评指正。

编　者
2022年3月

第1版前言

随着科学技术的发展，数理统计和最优化的理论与方法在人们的实际生活和工作中愈来愈广泛地被应用。目前，在高等院校中大部分理工科专业以及农林、医学，特别是经济管理类专业的研究生都要学习“数理统计”和“最优化方法”课程，甚至在高年级本科生中也开设这些课程。

编者曾多次对工科研究生讲授过数理统计或运筹学。特别是最近两年来，针对工学（工程）硕士研究生的需要，在开设“应用数学”（统计与优化）课程的教学实践基础上编写了这本教材。

本书的取材和编排注意实用性，精简某些较长的数学推导与证明（仅指明参考书目），尽量帮助学生深入领会某些重要的统计思想和优化原理，着重掌握解决问题的具体方法。同时又适当注意培养学生（特别是研究生）具备一定的理论分析能力。

编者希望本书能成为一本既便于教学也适合于自学的教材。要求读者具备工科高等数学、线性代数和概率论基本知识。讲授全书约需60学时，统计部分（前五章）和优化部分（后四章）各半。

本书统计部分由秦明达编写，优化部分由范玉妹编写，最后由秦明达统一成稿。

本书的编写得到北京科技大学研究生院、教务处、教材科和数力系的热情支持与帮助，谨此致谢！

由于编者水平所限，错误之处在所难免，恳请读者批评指正。

编　者

1997.12

目　　录

第一章　数理统计基本概念与抽样分布

数理统计是具有广泛应用的数学分支，它研究如何有效地收集、整理和分析带有随机性的数据，以便对所考察的问题作出推断或预测，为采取一定的决策和行动提供理论根据或合理化建议。因此，数理统计在我国的经济腾飞中将会起到愈来愈重要的作用。

从局部认识整体，是数理统计方法的显著特点。例如，对工厂的产品进行质量检验，不可能全部逐个地检查，从时间与经济上来说，只能随机抽取一部分产品，即所谓“**抽样检验**”。特别是对于具有破坏性的试验，如灯泡寿命试验、炮弹射程试验和材料疲劳试验等，必须采用抽样检验的方法。通过抽样检验取得一批数据，然后分析、估计或推断整批产品的质量情况。数理统计方法主要探讨如何用较少的数据（包括设计较少次数的试验）比较合理、正确地推测整体情况。

本章主要介绍数理统计中的一些基本概念（如总体、样本、统计量等）和抽样分布及其有关定理。

第一节　总体与样本

一、总体与总体的分布

在数理统计中，所研究对象的全体称为**总体**或**母体**，总体中的每个元素称为**个体**。实际上，我们常关心的只是研究对象的某项数量指标，因此从数学角度来说，总体是指研究对象的某项数量指标所可能取到的不同值的全体。例如，某工厂生产的同一型号日光灯管寿命的全体构成一个总体，每一个日光灯管的寿命就是一个个体；某台转炉冶炼同一钢种时各炉钢水含碳量的全体也是一个总体，其中各炉的钢水含碳量均是个体。

总体按其所含的个体总数分为**有限总体**和**无限总体**。一个工厂某天或某月生产的产品的数量总是有限的，因此相应的产品质量指标值组成一个有限总体。然而这个工厂只要不倒闭，它所生产的全体产品的该项质量指标值就是一个无限总体，它包括以往生产和今后生产的所有产品的相应指标值。当有限总体包含的个体数目很大时，可以近似当作无限总体处理。

既然总体是指所研究的数量指标可能取的不同数值的全体，那么数量指标取同一个值的个体有可能不止一个，而是几个，也就是每一个值可以重复，于是总体是一个可重复的数的集合。例如，工厂的产品可区分为一等、二等和次品，分别用数值“1”“2”和“0”表示。有一批产品共100个，经检验，值为“1”“2”和“0”的产品分别有35、55和10个，即一等品率、二等品率和次品率分别为35%、55%和10%。又如，对一批钢筋的强度进行统计，可以知道强度值落在400～500MPa，500～600MPa等不同区间内的钢筋数均含一定的比率。通常将数量指标取不同值的比率的分布称为**总体的分布**。

一般，我们所研究的总体，即研究对象的某项指标 X，由于它的取值在客观上有一定的概率分布，所以 X 是一个随机变量。今后将不区分总体和相应的随机变量。于是，在数理统计中，总体分布就是指相应随机变量 X 的概率分布，可用分布律、分布密度或分布函数表示。总体分布的数字特征也就是相应随机变量的数字特征（数学期望、方差等）。

二、样本与样本的分布

抽样是指从总体中取出一部分个体。总体的这一部分个体称为一个**样本**（或**子样**）。一个样本中每一个体称为**样品**。样本所含样品的总数称为**样本容量**。需要指出，随机地抽样所得到的样本，其中所含样品是有一定次序的，通常按它被抽到的先后顺序排列。从总体 X 随机抽样所得到的样本可以用 n 维随机变量（X_1，X_2，…，X_n）表示。下面考察其概率分布。

如果采用**放回抽样法**，由于每取出一个个体检验后即放回，再取第二个，因此总体成分（即总体分布）不改变，这样随机变量 X_1，X_2，…，X_n 是独立同分布的（它们都与总体 X 的分布相同）。但如果采用**无放回抽样法**，则要分两种情况讨论。对于无限总体，由于每取出一个个体后总体成分不受影响，所以上述 n 个随机变量仍是独立同分布的。但对于有限总体，每取出一个个体后对总体成分均有一定影响，因此上述 n 个随机变量不再是相互独立的。然而，如果样本容量 n 相对于总体容量 N（总体中个体总数）很小，一般当 $N/n \geqslant 10$ 时，可以将 X_1，X_2，…，X_n 近似看作独立同分布。

如果样本 X_1，X_2，…，X_n 中所含的各个随机变量相互独立且均与总体 X 同分布，则称它为一个**简单随机样本**，以后除特别指出外，所讨论的样本均指此类样本。

特别要指出的是：样本 X_1，X_2，…，X_n 可用 n 维随机变量表示，这是对于抽样过程中的随机性而言的。一旦抽样完成，就获得了它的一组确定的实数值 x_1，x_2，…，x_n，称为**样本观察值**，简称**样本值**。x_1，x_2，…，x_n 又可称为总体 X 的 n 个独立的观察值。

由上述分析可知，若总体 X 的分布函数是 $F(x)$，则样本 X_1，X_2，…，X_n 的联合分布函数为

$$F_n(x_1, x_2, \cdots, x_n) = F(x_1) \cdot F(x_2) \cdot \cdots \cdot F(x_n)$$

在总体为离散分布情形下，设总体分布律为 $P(x_i) = P(X = x_i)\ i = 1, 2, \cdots$，则样本 X_1，X_2，…，X_n 的联合分布律为

$$\begin{aligned} P_n(x_1, x_2, \cdots, x_n) &= P(X_1 = x_1, X_2 = x_2, \cdots, X_n = x_n) \\ &= P(x_1) \cdot P(x_2) \cdot \cdots \cdot P(x_n) \end{aligned}$$

在总体为连续分布情形下，设总体分布密度为 $f(x)$，则样本 X_1，X_2，…，X_n 的联合分布密度为

$$f_n(x_1, x_2, \cdots, x_n) = f(x_1) \cdot f(x_2) \cdot \cdots \cdot f(x_n)$$

三、样本的频数（频率）分布与直方图

虽然样本的概率分布可用总体的概率分布表示，而且在实际工作中总体的概率分布都是客观存在的，然而它却常常是未知的。下面介绍根据样本信息求总体近似分布方法。先看一个实例。

例 1　某农场培育一批良种树苗，由于随机因素影响，树苗高度存在差异。用 X 代表树苗高度。为考察总体 X 的分布，从中抽取一个容量 $n=80$ 的样本，得样本值（树高）数据（单位：m）为：

2.84	2.82	2.81	2.76	2.86	2.86	2.91	2.91	2.93	2.92
2.92	2.93	2.96	2.96	2.96	2.96	3.01	3.01	3.01	3.02
3.06	3.07	3.11	3.11	3.12	3.20	3.16	2.85	2.87	2.88
2.89	2.89	2.90	2.95	2.95	2.94	2.94	2.94	2.97	2.97
2.97	2.97	2.98	3.04	3.04	3.03	3.03	3.02	3.02	3.07
3.08	3.08	3.10	3.14	3.14	2.95	2.98	3.05	3.10	2.95
3.00	3.05	3.10	2.95	3.00	3.05	2.95	2.98	3.00	3.05
2.98	3.00	3.05	2.98	3.05	2.98	2.98	2.99	2.99	2.99

试看总体 X 的概率密度函数是什么形状。

为便于研究，将样本值自小到大排列，见表 1-1：

表 1-1　样本值自小到大排列

2.76	2.81	2.82	2.84	2.85	2.86	2.86	2.87	2.88	2.89
2.89	2.90	2.91	2.91	2.92	2.92	2.93	2.93	2.94	2.94
2.94	2.95	2.95	2.95	2.95	2.95	2.95	2.96	2.96	2.96
2.96	2.97	2.97	2.97	2.97	2.98	2.98	2.98	2.98	2.98
2.98	2.98	2.99	2.99	2.99	3.00	3.00	3.00	3.00	3.01
3.01	3.01	3.02	3.02	3.02	3.03	3.03	3.04	3.04	3.05
3.05	3.05	3.05	3.05	3.05	3.06	3.07	3.07	3.08	3.08
3.10	3.10	3.10	3.11	3.11	3.12	3.14	3.14	3.16	3.20

任何样本值均可自小到大排列。在数理统计中有下面的定义：

定义　设 X_1，X_2，…，X_n 是来自总体 X 的一个样本，将它们自小到大排列为

$$X_1^* \leqslant X_2^* \leqslant \cdots \leqslant X_n^*$$

则称这个排列为**样本顺序统计量**。

需要注意，上述定义中的每个 X_i^* $(i=1, 2, \cdots, n)$ 均是与样本值 X_1，X_2，…，X_n 有关的随机变量，因此一次抽样得到一组样本值 $(x_1, x_2, \cdots, x_n)$ 后，便有一组自小到大的值 $(x_1^*, x_2^*, \cdots, x_n^*)$ 与之相对应，称为上述顺序统计量的观察值。表 1-1 中所列数据便是例 1 中所获样本的顺序统计量的观察值。下面介绍通过大样本（$n \geqslant 50$）寻求总体分布的近似表示。

1. 样本的频数（频率）分布

寻求总体分布的近似表示，首先要知道样本中数据的分布状况，即**样本的频数（频率）分布**，其求法步骤是：

（1）将样本值分组。将样本值排列成顺序统计量观察值后，选取适当的 a，b，使 a 略小于最小值 x_1^*，b 略大于最大值 x_n^*。然后将区间 $(a, b]$ 等分为 $m+1$ 个子区间：$(t_0, t_1]$，$(t_1, t_2]$，…，$(t_m, t_{m+1}]$，其中 $t_0 = a$，$t_{m+1} = b$。子区间长度为 $l = (b-a)/(m+1)$。

（2）统计样本值落入各子区间的频数和频率。对顺序统计量的观察值 x_1^*，x_2^*，…，x_n^*，将满足：$t_i < x_k^* \leqslant t_{i+1}$ 的观察值（常不止一个）编入第 i 组（$i = 0, 1, \cdots, m$）。记 n_i 为落入第 i 个子区间的观察值的个数，称为**频数**，且称 $f_i = n_i/n$ 为**频率**。如果不事先将数据排列，也可直接用唱票办法统计出 n_i 和 f_i（$i = 0, 1, \cdots, m$，且 $\sum_{i=0}^{m} n_i = n$）。

（3）列表表示。将统计结果列成表，见表 1-2：

表 1-2　样本值落入各子区间的频数和频率

X	$(t_0, t_1]$	$(t_1, t_2]$	…	$(t_m, t_{m+1}]$	合计
n_i	n_0	n_1	…	n_m	n
f_i	f_0	f_1	…	f_m	100%

这个表称为**样本的频数（频率）分布表**。

对于例 1，顺序统计量观察值已在表 1-1 中给出。可取 $a = 2.755$，$b = 3.025$，$m = 8$，则组距 $l = (3.205 - 2.755)/(8+1) = 0.05$，然后求出各分点 $t_i(i = 0, 1, \cdots, m+1)$ 的值并统计表 1-1 中数据落入 $(t_i, t_{i+1}]$ 中的频数 n_i 和频率 f_i，整理成本例的频数（频率）分布表，见表 1-3：

表 1-3　例 1 中样本的频数（频率）分布表

X	(2.775, 2.805]	(2.805, 2.855]	(2.855, 2.905]	(2.905, 2.955]
n_i	1	4	7	15
f_i	$\frac{1}{80}$	$\frac{4}{80}$	$\frac{7}{80}$	$\frac{15}{80}$

X	(2.955, 3.005]	(3.005, 3.055]	(3.055, 3.105]	(3.105, 3.155]	(3.155, 3.205]
n_i	22	16	8	5	2
f_i	$\frac{22}{80}$	$\frac{16}{80}$	$\frac{8}{80}$	$\frac{5}{80}$	$\frac{2}{80}$

2. 直方图

我们进一步借助于图形来直观地反映样本的频数（频率）分布。

在 xOy 平面上，画一排竖着的长方形：对每个 $i(i = 0, 1, \cdots, m)$，以子区间 $(t_i, t_{i+1}]$ 为底，以 $y_i = f_i/l$ 为高。如例 1 中 $y_i = f_i/l = n_i/(80 \times 0.05)$（$i = 0, 1, \cdots, 8$），分别算出 9 个矩形的高度为 $\frac{1}{4}$，$\frac{4}{4}$，$\frac{7}{4}$，…，$\frac{2}{4}$，图 1-1 即为画出的 9 个矩形。

这样的图形称为**频率直方图**，简称**直方图**。它能够大致描述出总体 X 的概率分布情况，因为每个竖着的长方形的面积为

$$A_i = f_i/l \cdot l = f_i \qquad (i = 0, 1, \cdots, m)$$

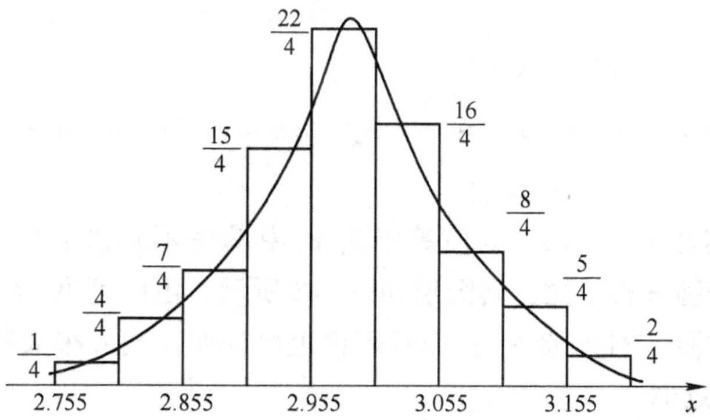

图 1-1 频率直方图

而由概率论中伯努利大数定律知：当样本容量 n 充分大时，频率 f_i 接近于随机变量 X（总体）取值落入区间 $(t_i,\ t_{i+1}]$ 的概率，即有

$$A_i \approx P(t_i < X \leqslant t_{i+1}) = \int_{t_i}^{t_{i+1}} f(x)\,\mathrm{d}x \qquad (i = 0,\ 1,\ \cdots,\ m)$$

其中 $f(x)$ 为 X 的概率密度函数。

有了直方图，还可进一步画出总体 X 的概率密度曲线的大致形状。我们用“截盈补亏”法描出一条光滑曲线，即描曲线时，尽可能使每个矩形被舍在曲线外的面积等于从矩形外纳入曲线之内的面积，同时保持曲线的光滑性，如图 1-1 所示。这样得到的曲线，便是 X 的概率密度 $f(x)$ 的近似图形。图 1-1 中的曲线很像正态分布的密度曲线，反映出树苗高度 X 渐近于正态分布，直观上可认为树苗的发育生长是正常的。但这仅是直观判断，往后还有严格的检验办法。

容易看出，如果样本容量愈大（即 n 愈大），分组愈细（即 m 愈大），直方图就愈接近于概率密度曲线下的“曲边梯形”，所画光滑曲线也就愈接近于概率密度曲线。

直方图法只适用于连续型总体的情况。对于离散型总体 X，也可对 X 的分布律作近似图解。先列出样本值 $x_1,\ x_2,\ \cdots,\ x_n$ 中相异的可能值，并按自小到大的顺序排列为 $t_1 < t_2 < \cdots < t_k (k \leqslant n)$，用唱票办法统计 $x_1,\ x_2,\ \cdots,\ x_n$ 中取值于各 $t_j (j = 1,\ 2,\ \cdots,\ k)$ 的重复次数，即频数 n_j，算出相应的频率 $f_j = n_j/n$，则当 $n \geqslant 50$ 时，也有

$$f_j \approx P(X = t_j),\ j = 1,\ 2,\ \cdots,\ k$$

将统计结果整理成类似于表 1-2 的形式（子区间 $(t_i,\ t_{i+1}]$ 相应改为离散值 t_j），进而画出类似于直方图的频率分布图，它是总体 X 的分布律的近似图解（见图 1-2）。

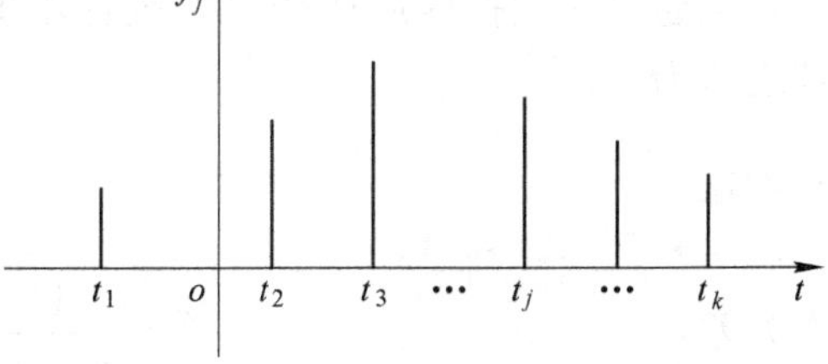

图 1-2 频率分布图

3. 经验分布函数

在此介绍一种对离散型与连续型总体均适用的经验分布函数，它是总体 X 的分布函数的良好近似。

设 x_1，x_2，…，x_n 是总体 X 的一个样本值，将其按大小顺序排列得 $x_1^* \leqslant x_2^* \leqslant \cdots \leqslant x_n^*$。令

$$F_n(x)=\begin{cases}0, & x < x_1^* \\ k/n, & x_k^* \leqslant x < x_{k+1}^*, \ k=1, 2, \cdots, n-1 \\ 1, & x \geqslant x_n^*\end{cases}$$

换句话说，对任意实数 x，$F_n(x)$ 的值等于诸 x_i 中其值不超过 x 的个数再除以 n。称 $F_n(x)$ 为总体 X 的**经验分布函数**，其图形如图 1-3 所示。由图可见，$F_n(x)$ 不仅具有分布函数的性质（单调非降，右连续等），而且理论上已证明：当 n 很大时，$F_n(x)$ 是总体分布函数 $F(x)$ 的良好近似。

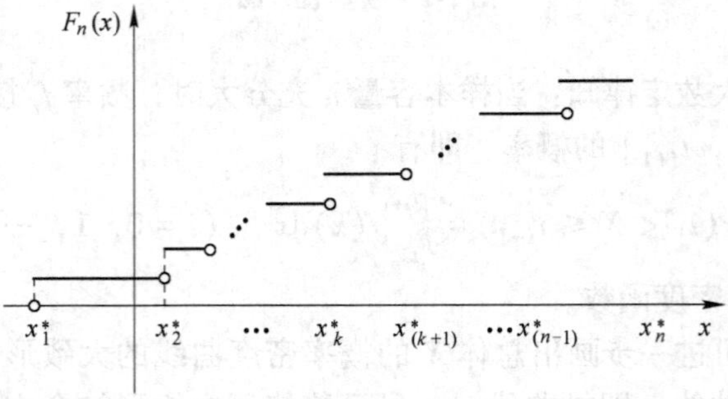

图 1-3　总体 X 的经验分布图

四、样本的数字特征

样本的数字特征是刻画样本分布某种特征的指标，常用的有样本均值和样本方差等。

设 X_1，X_2，…，X_n 为来自总体 X 的一个样本。我们定义：

样本均值为 $\overline{X}=\dfrac{1}{n}\sum\limits_{i=1}^{n}X_i$

样本方差为 $S^2=\dfrac{1}{n-1}\sum\limits_{i=1}^{n}(x_i-\bar{x})^2=\dfrac{1}{n-1}\left(\sum\limits_{i=1}^{n}X_i^2-n\overline{X}^2\right)$

称样本方差的算数平方根 S 为样本标准差，其量纲与总体数量指标的量纲相同。算数均值和样本方差（或标准差）分别刻画样本分布的位置特征和分散特征。

如果通过一次抽样后取得了一组样本值 x_1，x_2，…，x_n，则样本均值和样本方差可分别表示为：

样本均值：
$$\bar{x}=\frac{1}{n}\sum_{i=1}^{n}x_i$$

样本方差：
$$S^2=\frac{1}{n-1}\sum_{i=1}^{n}(x_i-\bar{x})^2$$

在已知样本的频率分布（如表 1-2 所示）后，可直接利用它来计算样本均值和样本方

差。首先求每个子区间的组中值 $m_i = \dfrac{t_i + t_{i+1}}{2}(i = 0, 1, \cdots, m)$，再代入下列公式：

样本均值：$\bar{x} = \dfrac{1}{n}\sum_{i=1}^{n} m_i f_i$

样本方差：$S^2 = \dfrac{1}{n-1}\sum_{i=1}^{n} f_i (m_i - \bar{x})^2$

在离散型总体情形下，上述公式中的组中值 $\{m_i\}(i = 0, 1, \cdots, m)$ 可用样本中相异的离散值 $\{t_j\}(j = 1, 2, \cdots, k, k \leqslant n)$ 代替。

样本均值和样本方差还可推广为更一般的样本矩（原点矩或中心矩）的概念：

样本 k 阶原点矩：$A_k = \dfrac{1}{n}\sum_{i=1}^{n} X_i^k$（或 $a_k = \dfrac{1}{n}\sum_{i=1}^{n} x_i^k$）

样本 k 阶中心矩：$B_k = \dfrac{1}{n}\sum_{i=1}^{n}(X_i - \bar{X})^k$（或 $b_k = \dfrac{1}{n}\sum_{i=1}^{n}(x_i - \bar{x})^k$）

显然，$A_1 = \bar{X}$。当 n 很大时（一般要求 $n \geqslant 50$），由于 $S^2 \approx \dfrac{1}{n}\sum_{i=1}^{n}(x_i - \bar{x})^2 = b_2$，因此在某种意义上说，$B_k$ 也可看作是样本方差 S^2 的推广。

五、统计量

如果样本 $X_1, X_2, \cdots, X_n$ 的连续函数[1] $g(X_1, X_2, \cdots, X_n)$ 中均不含有未知的参数，则称 $g(X_1, X_2, \cdots, X_n)$ 为**统计量**。例如样本均值、样本方差（或标准差）、样本 k 阶原点矩（或中心矩）等都是统计量，前面介绍过的顺序统计量 $X_1^*, X_2^*, \cdots, X_n^*$，因为它依赖于样本，所以也是统计量。又如当总体均值 μ 和方差 σ^2 未知时，$\dfrac{1}{n}\sum_{i=1}^{n}(X_i - \mu)^2$ 和 S^2/σ^2 都不是统计量。应当注意：统计量是 n 维随机变量 $(X_1, X_2, \cdots, X_n)$ 的函数，因此它是随机变量，从而也有其概率分布。我们称统计量的概率分布为**抽样分布**。计算抽样分布可用概率论中求随机矢量函数的概率分布的方法。

在一次抽样获得样本值 $x_1, x_2, \cdots, x_n$ 后，称 $g(x_1, x_2, \cdots, x_n)$ 为**统计量的值**，简称**统计值**。

统计量包含了样本的某种信息，可用以对总体的某项性质作出统计推断。例如，样本均值 $\bar{X}$ 可用以估计总体均值 μ，而样本方差 S^2 则可用以估计总体方差 σ^2 等，这些留待第二章中讨论。

第二节　常用抽样分布及有关定理

本节介绍三种重要的抽样分布：**χ^2 分布、t 分布、F 分布**，它们在以后两章中经常被用到。最后，集中讨论与正态总体样本均值和样本方差有关的几个重要的抽样分布定理。

---

[1] 这一条件可以放宽，参见文献［3］。

本节内容较抽象和枯燥，但却是数理统计的主要理论基础。对应用统计工作者来说，仅要求掌握三大分布（χ^2 分布等）的定义、查表法和记住有关抽样分布定理的结论。

一、数理统计中的三个重要抽样分布

1. χ^2 分布

定义 1 设 X_1，X_2，…，X_n 是来自总体 $N(0, 1)$ 的样本，则称统计量

$$\chi^2 = X_1^2 + X_2^2 + \cdots + X_n^2 \tag{1-1}$$

服从**自由度为 n 的 χ^2 分布**，记为 $\chi^2 \sim \chi^2(n)$。

此处自由度是指式（1-1）右端包含的独立变量的个数。

由式（1-1），运用概率论中求随机矢量函数的分布方法，可得 $\chi^2(n)$ 分布的概率密度为

$$f(x) = \begin{cases} \dfrac{1}{2^{\frac{n}{2}}\Gamma\left(\dfrac{n}{2}\right)} x^{\frac{n}{2}-1} \mathrm{e}^{-\frac{x}{2}}, & x > 0 \\ 0, & x \leqslant 0 \end{cases} \tag{1-2}$$

其中，$\Gamma\left(\dfrac{n}{2}\right)$ 是伽玛函数在 $\dfrac{n}{2}$ 处的值（推导方法从略，参见文献［1］第一章第二节）。$f(x)$ 的图形见图 1-4，其形状与自由度 n 有关。

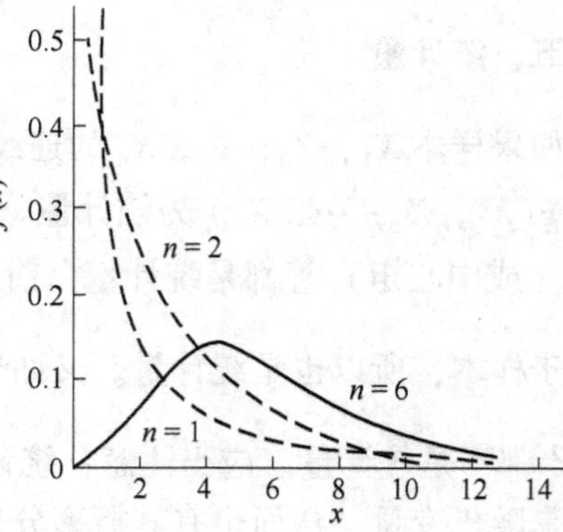

图 1-4　χ^2 分布的概率密度函数图形

若对于给定的 α（$0 < \alpha < 1$），存在 $\chi^2_\alpha(n)$ 使

$$P(\chi^2 \geqslant \chi^2_\alpha(n)) = \int_{\chi^2_\alpha(n)}^{\infty} f(x)\,\mathrm{d}x = \alpha$$

则称 $\chi^2_\alpha(n)$ 为 **χ^2 分布的上侧 α 分位数**。它的数值可查附表 3。

χ^2 分布具有下列性质：

（1）$E\chi^2 = n$，$D\chi^2 = 2n$。这两个式子可由分布密度表示式（1-2），用数学期望和方差的定义分别计算得到。然而，这里采用 χ^2 变量的定义进行计算。事实上

$$E\chi^2 = E\left[\sum_{i=1}^{n} X_i^2\right] = \sum_{i=1}^{n} EX_i^2 = \sum_{i=1}^{n} DX_i = n$$

$$D\chi^2 = D\left[\sum_{i=1}^{n} X_i^2\right] = \sum_{i=1}^{n} DX_i^2 = 2n$$

上面第二式最后一个等号用到

$$DX_i^2 = EX_i^4 - (EX_i^2)^2 = \frac{1}{\sqrt{2\pi}}\int_{-\infty}^{\infty} x^4 \mathrm{e}^{-\frac{x^2}{2}}\mathrm{d}x - 1$$

$$= 3 - 1 = 2$$

（2）设两个 χ^2 变量 χ_1^2 和 χ_2^2 相互独立，且 χ_1^2、χ_2^2 分别有自由度 n_1 和 n_2，则 $\chi_1^2 + \chi_2^2$ 是自由度为 $n_1 + n_2$ 的 χ^2 变量。这个性质称为 **χ^2 变量的可加性**（证略）。

进一步可得 n 个相互独立的 χ^2 变量之和亦是 χ^2 变量，其自由度为各 χ^2 变量自由度之和。

（3）设 $X \sim \chi^2(n)$，则当 n 充分大（一般 $n > 45$）时 χ^2 分布近似于正态分布 $N(n, 2n)$，即

$$\lim_{n\to\infty} P\left(\frac{X-n}{\sqrt{2n}} \leqslant x\right) = \frac{1}{\sqrt{2\pi}}\int_{-\infty}^{x} e^{-\frac{t^2}{2}}dt$$

在附表3中，当 $n > 45$ 时，由 α 查不到上侧 α 分位数 $\chi^2_\alpha(n)$ 的值。此时可利用性质（3）近似计算，近似公式为

$$\chi^2_\alpha(n) \approx n + \sqrt{2n}\,u_\alpha$$

其中 u_α 为标准正态分布的上侧 α 分位数。

例如，要求 $\chi^2_{0.05}(120)$ 的数值，由 $\alpha = 0.05$，查附表1得 $u_{0.05} = 1.645$；利用上式

$$\chi^2_{0.05}(120) \approx 120 + \sqrt{2\times 120}\times 1.645 = 145.5$$

2. t 分布

定义2 设 $X \sim N(0, 1)$，$Y \sim \chi^2(n)$ 且 X、Y 相互独立，则称随机变量

$$T = \frac{X}{\sqrt{Y/n}} \tag{1-3}$$

服从**自由度为 n 的 t 分布**，记为 $T \sim t(n)$。

t 分布又称学生氏（Student）分布。

由式（1-3），利用概率论中求两独立随机变量商的分布方法，可得 $t(n)$ 分布的概率密度函数为

$$f(t) = \frac{\Gamma\left(\frac{n+1}{2}\right)}{\sqrt{n\pi}\,\Gamma\left(\frac{n}{2}\right)}\left(1+\frac{t^2}{n}\right)^{-\frac{n+1}{2}}, \quad -\infty < t < \infty \tag{1-4}$$

（推导从略，参见文献［1］第一章第二节）。$f(t)$ 的图形见图1-5，它随 n 取不同数值而不同。

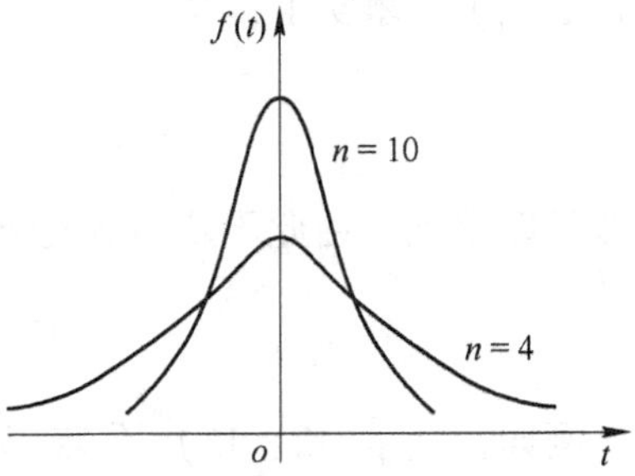

图1-5 t 分布的概率密度函数图形

t 分布具有下列性质：

（1）概率密度 $f(t)$ 关于 y 轴对称，这可由 $f(t)$ 的偶函数性质看出。

（2）当 n 充分大（一般要求 $n > 45$）时，概率密度函数 $f(t)$ 接近于标准正态密度函数，即

$$\lim_{n\to\infty} f(t) = \frac{1}{\sqrt{2\pi}}e^{-\frac{t^2}{2}}$$

这容易由 Γ 函数性质推得，故当 n 充分大时，t 分布近似于 $N(0, 1)$ 分布。

若对于给定的 $\alpha\left(0 < \alpha < \frac{1}{2}\right)$，存在正数 $t_\alpha(n)$ 使

$$P(T \geqslant t_\alpha(n)) = \int_{t_\alpha(n)}^{\infty} f(t)\,\mathrm{d}t = \alpha$$

则称 $t_\alpha(n)$ 为 **t 分布的上侧 α 分位数**，它的数值可查附表2。当 $n > 45$ 时，可用自由度 ∞ 这一栏的数值作为 $t_\alpha(n)$ 的近似值，实际上此栏数值是从标准正态分布获得的。

3. F 分布

定义 3　设 X 和 Y 分别服从自由度为 n_1、n_2 的 χ^2 分布，且 X 与 Y 相互独立，则称随机变量

$$F = \frac{X/n_1}{Y/n_2} \tag{1-5}$$

服从**自由度为（n_1，n_2）的 F 分布**，记为 $F \sim F(n_1, n_2)$。

据式（1-5），同样运用两独立随机变量之商的概率密度公式，经过某些推导（参见文献［1］第一章第二节）也可求得 $F(n_1, n_2)$ 分布的概率密度为

$$f(z) = \begin{cases} \dfrac{\Gamma\left(\dfrac{n_1+n_2}{2}\right)}{\Gamma\left(\dfrac{n_1}{2}\right)\Gamma\left(\dfrac{n_2}{2}\right)}\left(\dfrac{n_1}{n_2}\right)\left(\dfrac{n_1}{n_2}z\right)^{\frac{n_1}{2}-1}\left(1+\dfrac{n_1}{n_2}z\right)^{-\frac{n_1+n_2}{2}}, & z > 0 \\ 0, & z \leqslant 0 \end{cases} \tag{1-6}$$

F 分布密度的图像见图 1-6，图中曲线随 n_1、n_2 取不同数值而不同。若对于给定的 α（$0 < \alpha < 1$），存在正数 $F_\alpha(n_1, n_2)$ 使

$$P(F \geqslant F_\alpha(n_1, n_2)) = \int_{F_\alpha(n_1, n_2)}^{\infty} f(z)\,\mathrm{d}z = \alpha$$

则称 $F_\alpha(n_1, n_2)$ 为 **F 分布的上侧 α 分位数**，它的数值可查附表 4。

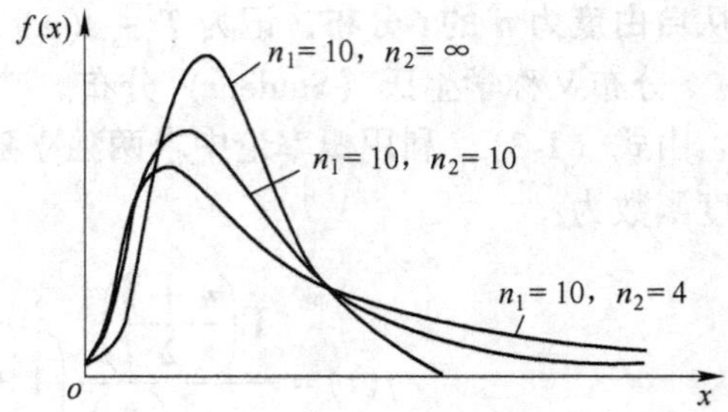

图 1-6　F 分布的概率密度函数图形

F 分布有一个重要性质：如果 F 变量服从分布 $F(n_1, n_2)$，那么 $\dfrac{1}{F}$ 服从分布 $F(n_2, n_1)$。事实上，从

$$\frac{1}{F} = \frac{Y/n_2}{X/n_1}$$

立即可以得到。由此不难得 F 分布的上侧 α 分位数有如下性质：

$$F_{1-\alpha}(n_2, n_1) = \frac{1}{F_\alpha(n_1, n_2)} \tag{1-7}$$

例如，$F_{0.95}(12, 15)$ 不难直接从 F 分布表中查得。但因为 $F_{1-0.95}(15, 12) = F_{0.05}(15, 12) = 2.62$，所以由式（1-7）有

$$F_{0.95}(12, 15) = \frac{1}{F_{0.05}(15, 12)} = \frac{1}{2.62} \approx 0.38$$

二、与正态总体样本均值和样本方差有关的抽样分布定理

首先，我们注意到以下事实：如果总体 X（不管服从什么分布，只要均值和方差存

在）的均值为μ，方差为σ^2，X_1，X_2，…，X_n 是来自总体 X 的一个样本，利用样本的独立同分布性质，易得

$$E(\overline{X})=\mu,\ D(\overline{X})=\sigma^2/n \tag{1-8}$$

进而，对于正态总体 $N(\mu,\ \sigma^2)$ 的样本均值的分布，有以下定理。

定理 1　设总体 $X\sim N(\mu,\ \sigma^2)$，X_1，X_2，…，X_n 是 X 的样本。$\overline{X}=\dfrac{1}{n}\sum\limits_{i=1}^{n}X_i$ 是样本均值。

则

$$\overline{X}\sim N(\mu,\ \sigma^2/n)$$

或

$$\frac{\overline{X}-\mu}{\sqrt{\sigma^2/n}}\sim N(0,\ 1)$$

证　由概率论中"n 个独立正态随机变量之线性组合仍服从正态分布"，知 $\overline{X}$ 服从正态分布。再由式（1-8）得

$$\overline{X}\sim N(\mu,\ \sigma^2/n)$$

将 $\overline{X}$ 标准化便有

$$\frac{\overline{X}-\mu}{\sqrt{\sigma^2/n}}\sim N(0,\ 1)$$

定理 2　设总体 $X\sim N(\mu,\ \sigma^2)$，X_1，X_2，…，X_n 是 X 的样本。$\overline{X}=\dfrac{1}{n}\sum\limits_{i=1}^{n}X_i$ 是样本均值，$S^2=\dfrac{1}{n-1}\sum\limits_{i=1}^{n}(X_i-\overline{X})^2$ 是样本方差，则：

（1）$\dfrac{\sum\limits_{i=1}^{n}(X_i-\overline{X})^2}{\sigma^2}=\dfrac{(n-1)S^2}{\sigma^2}\sim\chi^2(n-1)$；

（2）$\overline{X}$ 与 S^2 相互独立。

证明从略（参见文献［4］第六章附录）

利用定理 1、2 和 t 分布定义可得下述定理。

定理 3　设总体 $X\sim N(\mu,\ \sigma^2)$，X_1，X_2，…，X_n 是来自 X 的一个样本，则

$$\frac{\overline{X}-\mu}{S/\sqrt{n}}\sim t(n-1)$$

证　由定理 1 和定理 2 知 $\dfrac{\overline{X}-\mu}{\sqrt{\sigma^2/n}}\sim N(0,\ 1)$，$\dfrac{(n-1)S^2}{\sigma^2}\sim\chi^2(n-1)$，且两者相互独立，所以由 t 分布定义知

$$\frac{\dfrac{\overline{X}-\mu}{\sqrt{\sigma^2/n}}}{\sqrt{\dfrac{(n-1)S^2/\sigma^2}{n-1}}}=\frac{\overline{X}-\mu}{S/\sqrt{n}}\sim t(n-1)$$

定理 4　设总体 $X \sim N(\mu_1, \sigma^2)$，$Y \sim N(\mu_2, \sigma^2)$，$X$ 与 Y 相互独立，$X_1, X_2, \cdots, X_{n_1}$；$Y_1, Y_2, \cdots, Y_{n_2}$ 分别是来自 X 与 Y 的样本，S_1^2、S_2^2 分别是两个样本的样本方差，$\overline{X}$、$\overline{Y}$ 分别是两个样本的样本均值，则

$$\frac{\overline{X}-\overline{Y}-(\mu_1-\mu_2)}{\sqrt{\frac{(n_1-1)S_1^2+(n_2-1)S_2^2}{n_1+n_2-2}}\sqrt{\frac{1}{n_1}+\frac{1}{n_2}}} \sim t(n_1+n_2-2)$$

特别当 $n_1=n_2=n$ 时，上式成为

$$\frac{\overline{X}-\overline{Y}-(\mu_1-\mu_2)}{\sqrt{\frac{S_1^2+S_2^2}{n}}} \sim t(2n-2)$$

证　由定理 1 知 $\overline{X} \sim N\left(\mu_1, \frac{\sigma^2}{n_1}\right)$，$\overline{Y} \sim N\left(\mu_2, \frac{\sigma^2}{n_2}\right)$。因而，

$\overline{X}-\overline{Y} \sim N\left(\mu_1-\mu_2, \frac{\sigma^2}{n_1}+\frac{\sigma^2}{n_2}\right)$ 经标准化得

$$\frac{\overline{X}-\overline{Y}-(\mu_1-\mu_2)}{\sqrt{\sigma^2\left(\frac{1}{n_1}+\frac{1}{n_2}\right)}} \sim N(0,1)$$

又由定理 2 知 $\frac{(n_1-1){S_1}^2}{\sigma^2} \sim \chi^2(n_1-1)$，$\frac{(n_2-1){S_2}^2}{\sigma^2} \sim \chi^2(n_2-1)$，再由 $\chi^2(n)$ 的可加性知

$$\frac{(n_1-1)S_1^2}{\sigma^2}+\frac{(n_2-1)S_2^2}{\sigma^2} \sim \chi^2(n_1+n_2-2)$$

根据 t 分布定义有

$$\frac{\overline{X}-\overline{Y}-(\mu_1-\mu_2)}{\sqrt{\sigma^2\left(\frac{1}{n_1}+\frac{1}{n_2}\right)}} \Big/ \sqrt{\frac{(n_1-1)S_1^2+(n_2-1)S_2^2}{\sigma^2(n_1+n_2-2)}} \sim t(n_1+n_2-2)$$

即

$$\frac{\overline{X}-\overline{Y}-(\mu_1-\mu_2)}{\sqrt{\frac{(n_1-1)S_1^2+(n_2-1)S_2^2}{n_1+n_2-2}}\sqrt{\frac{1}{n_1}+\frac{1}{n_2}}} \sim t(n_1+n_2-2)$$

定理 5　设总体 $X \sim N(\mu_1, \sigma_1^2)$，$Y \sim N(\mu_2, \sigma_2^2)$，$X$ 与 Y 相互独立 $X_1, X_2, \cdots, X_{n_1}$；$Y_1, Y_2, \cdots, Y_{n_2}$ 分别是来自 X 与 Y 的样本，S_1^2、S_2^2 分别是它们的样本方差，则

$$\frac{S_1^2/\sigma_1^2}{S_2^2/\sigma_2^2} \sim F(n_1-1, n_2-1)$$

证　由定理 2 知 $\frac{(n_1-1)S_1^2}{\sigma_1^2} \sim \chi^2(n_1-1)$，$\frac{(n_2-1)S_2^2}{\sigma_2^2} \sim \chi^2(n_2-1)$，且两者相互独

立，由 F 分布的定义知

$$\frac{\dfrac{(n_1-1)S_1^2}{\sigma_1^2}\Big/(n_1-1)}{\dfrac{(n_2-1)S_2^2}{\sigma_2^2}\Big/(n_2-1)}=\frac{S_1^2/\sigma_1^2}{S_2^2/\sigma_2^2}\sim F(n_1-1,\ n_2-1)$$

习　题

1-1 在五块条件基本相同的田地上种植某种农作物，亩产量分别为 46kg、47kg、51.5kg、52.5kg、53kg，求样本均值和样本方差。

1-2 样本均值和样本方差的简化计算如下：设样本值 $x_1, x_2, \cdots, x_n$ 的均值和方差分别为 $\bar{x}$ 和 s_x^2，作变换 $y_i=\dfrac{x_i-a}{c}$，得到 $y_1, y_2, \cdots, y_n$，记它的均值和方差分别为 $\bar{y}$ 和 s_y^2。试证：$\bar{x}=a+c\bar{y}$，$s_x^2=c^2s_y^2$。

1-3 容量为 10 的样本频数分布为：

t_j	23.5	26.1	28.2	30.4
m_j	2	3	4	1

试用变换 $y_j=10(t_j-27)$ 作简化计算，求出 $\bar{x}$ 与 s_x^2 的数值。

1-4 下面是 100 个同学身高的测量情况（以 cm 计算）：

身高	154~158	158~162	162~166	166~170	170~174	174~178	178~182
学生数	10	14	26	28	12	8	2

注：各组取左开右闭区间。

试画出学生身高的直方图，并计算样本均值和样本方差。

1-5 某钢铁厂的转炉冶炼 16Mn 钢，积累了 1143 炉钢水含碳量的数据，经统计得以下资料（钢水含碳量单位：%）：

钢水含碳量/%	0.15	0.16	0.17	0.18	0.19	0.20
炉数 m_i	103	101	139	195	164	155
钢水含碳量/%	0.21	0.22	0.23	0.24	合计	
炉数 m_i	134	66	35	51	1143	

（1）试求钢水含碳量的频率分布；

（2）画出相应的频率分布直方图，直观判断含碳量控制正常否？

（3）计算样本均值 $\bar{c}$ 和样本标准差 s_c。

1-6 设 $X_1, X_2, \cdots, X_n$ 是 X 的样本，若

$X\sim N(\mu, \sigma^2)$；

X 服从参数为 λ 的泊松分布；

X 服从参数为 p 的 (0－1) 分布；

X 服从参数为 λ 的指数分布。

试分别求 $E(\bar{X})$，$D(\bar{X})$，$E(S^2)$ [提示：先证明 $E(S^2)=DX$]。

1-7 求下列“上侧 α 分位数”的值：$t_{0.05}(6)$，$t_{0.10}(10)$；$\chi^2_{0.05}(13)$，$\chi^2_{0.025}(8)$；$F_{0.05}(5, 10)$，$F_{0.95}(10, 5)$。

1-8 设 $X_1, X_2, \cdots, X_n$ 是分布为 $N(\mu, \sigma^2)$ 的正态总体的一个样本，求 $Y = \frac{1}{\sigma^2}\sum_{i=1}^{n}(X_i - \mu)^2$ 的概率分布。

1-9 设总体 X 服从正态分布 $N(\mu, \sigma^2)$，$\overline{X}$ 和 S_n^2 是样本 $X_1, X_2, \cdots, X_n$ 的均值和方差；又设 $X_{n+1} \sim N(\mu, \sigma^2)$，且与 $X_1, X_2, \cdots, X_n$ 独立，试求统计量 $\frac{X_{n+1} - \overline{X}}{S_n}\sqrt{\frac{n}{n+1}}$ 的抽样分布。

1-10 设 $X_1, X_2, \cdots, X_m$ 和 $Y_1, Y_2, \cdots, Y_n$ 分别是从分布为 $N(\mu_1, \sigma^2)$ 和 $N(\mu_2, \sigma^2)$ 两个总体中抽取的独立随机样本，$\overline{X}$ 和 $\overline{Y}$ 分别表示 X 和 Y 的样本均值，S_x^2 和 S_y^2 分布表示 X 和 Y 的样本方差。对任意两个固定实数 α 和 β，试求随机变量

$$Y = \frac{\alpha(\overline{X} - \mu_1) + \beta(\overline{Y} - \mu_2)}{\sqrt{\frac{(m-1)S_x^2 + (n-1)S_y^2}{m+n-2}}\sqrt{\frac{\alpha^2}{m} + \frac{\beta^2}{n}}}$$

的概率分布。

1-11 设 $X_1, X_2, \cdots, X_n, X_{n+1}, \cdots, X_{n+m}$ 是分布为 $N(0, \sigma^2)$ 的正态总体容量为 $n+m$ 的样本，试求下列统计量的概率分布：

(1) $Y_1 = \frac{\sqrt{m}\sum_{i=1}^{n}X_i}{\sqrt{n}\sqrt{\sum_{i=n+1}^{n+m}X_i^2}}$；

(2) $Y_2 = \frac{m\sum_{i=1}^{n}X_i^{\ 2}}{n\sum_{i=n+1}^{n+m}X_i^2}$。

1-12 已知 $X \sim t(n)$，证明 $X^2 \sim F(1, n)$。

1-13 设在总体 $N(\mu, \sigma^2)$ 中抽取一容量为 16 的样本，这里 μ，σ^2 均未知。

(1) 求 $P(S^2/\sigma^2 \leqslant 2.041)$，其中 S^2 为样本方差；

(2) 求 $D(S^2)$。

第二章　参数估计

本章和下一章将介绍统计推断理论的两个基本问题：**参数估计**和**假设检验**，它们是后面几章所讨论的统计应用的重要理论基础。

所谓“**参数估计**”就是运用样本 X_1，X_2，…，X_n 所提供的信息，对总体分布的未知参数 θ（如正态分布中的期望 μ 和方差 σ^2，泊松分布中的 λ 等）作出估计。对未知参数进行估计，通常有两种方式。其一是根据样本 X_1，X_2，…，X_n 对待估参数 θ 合理地给出一个定值估计 $\hat{\theta}$（作为 θ 的近似值），这种方式称为“**点估计**”；其二是通过样本 X_1，X_2，…，X_n，寻求一个区间 $(\hat{\theta}_1, \hat{\theta}_2)$，使它以一定的把握包含待估参数 θ，这种方式称为“**区间估计**”。本章将分别介绍点估计和区间估计的有关概念和方法，读者应着重领会其中所包含的深刻统计思想并掌握估计方法。

第一节　点　估　计

设总体 X 的分布类型已知，即概率密度函数 $f(x;\ \theta)$（或分布函数 $F(x;\ \theta)$，分布律 $P(x;\ \theta)=P(X=x)$ 等）已知，但其中参数 θ 未知，这时人们常设法构造一个统计量（样本函数）$\hat{\theta}=\hat{\theta}(X_1, X_2, \cdots, X_n)$ 去对 θ 作出点估计，我们称这个统计量为参数 θ 的**估计量**。例如，由实际经验和中心极限定理知道，一批零件的长度 $X \sim N(\mu, \sigma^2)$，如果均值 μ 和方差 σ^2 已知，则长度 X 的概率分布也就完全确定了。但若 μ 和 σ^2 未知，则要利用样本 X_1，X_2，…，X_n 提供的信息去估计总体 X 的这两个未知参数。很自然，可用样本均值 $\overline{X}=\dfrac{1}{n}\sum_{i=1}^{n}X_i$ 去估计总体均值 μ，用样本方差 $S^2=\dfrac{1}{n-1}\sum_{i=1}^{n}(X_i-\overline{X})^2$ 去估计总体方差 σ^2。这是因为当 $n\to\infty$ 时，$\overline{X}$ 和 S^2 分别以概率收敛于 μ 和 σ^2。于是 $\overline{X}$ 和 S^2 分别是 μ 和 σ^2 的估计量。当人们经过抽样从总体中取得一组样本值 x_1，x_2，…，x_n 后，将其代入估计量 $\hat{\theta}=\hat{\theta}(X_1, X_2, \cdots, X_n)$ 的表达式中，得到 $\hat{\theta}=\hat{\theta}(x_1, x_2, \cdots, x_n)$，则称它为 $\hat{\theta}$ 的一个**估计值**。需要指出：估计量是样本 X_1，X_2，…，X_n 的函数，因此它是随机变量，而估计值则是一个实数。对于不同的样本值，θ 的估计值往往是不同的。在不致混淆的情况下，统称估计量和估计值为**估计**。

一般来说，总体 X 的待估参数常常不止一个（例如，正态总体 $N(\mu, \sigma^2)$ 常有两个参数 (μ, σ^2) 需估计）。设总体 X 有 k 个待估参数 θ_1，θ_2，…，θ_k，此时需要构造 k 个估计量 $\hat{\theta}_i=\hat{\theta}_i(X_1, X_2, \cdots, X_n)$，$i=1, 2, \cdots, k$ 分别作为 θ_i 的点估计。

下面介绍估计量的两种求法：**矩法**和**极大似然估计法**。

一、矩法

人们注意到，许多总体分布中的未知参数与它的矩是一致的。例如，泊松分布 $P(\lambda)$ 中的未知参数 λ 就是总体的期望（即一阶原点矩），正态分布 $N(\mu,\ \sigma^2)$ 中未知参数 μ，σ^2 分别是总体的期望（即一阶原点矩）和方差（即二阶中心矩）。有些总体分布中的未知参数与它的矩虽不一致，但二者之间有一定的函数关系，如本节例 3 的指数分布的 λ 是一阶原点矩的倒数。因而，对总体分布的未知参数作估计，首先要对总体的矩作估计。一种自然的作法是用样本矩分布去估计相应的总体矩。在总体分布中的 k 个参数与它的矩不一致的情况下，只要用前 k 阶样本原点矩（或 k 阶中心矩）

$$A_l = \frac{1}{n}\sum_{i=1}^{n} X_i^l \ (\text{或}\ B_l = \frac{1}{n}\sum_{i=1}^{n}(X_i - \overline{X})^l),\ l = 1,\ 2,\ \cdots,\ k$$

去估计相应的前 k 阶总体矩（不妨设总体为连续型）

$$\mu_l = \int_{-\infty}^{+\infty} x^l f(x;\ \theta_1,\ \theta_2,\ \cdots,\ \theta_k)\,\mathrm{d}x$$

$$(\text{或}\ \nu_l = \int_{-\infty}^{+\infty}(x - \mu_1)^l f(x;\ \theta_1,\ \theta_2,\ \cdots,\ \theta_k)\,\mathrm{d}x),\ l = 1,\ 2,\ \cdots,\ k$$

可直接令

$$\mu_l = A_l\ (\text{或}\ \nu_l = B_l),\ l = 1,\ 2,\ \cdots,\ k$$

解这个包含 k 个未知参数 $\theta_1,\ \theta_2,\ \cdots,\ \theta_k$ 的联立方程组，并将所得的解 $\hat{\theta}_1,\ \hat{\theta}_2,\ \cdots,\ \hat{\theta}_k$ 分别作为 $\theta_1,\ \theta_2,\ \cdots,\ \theta_k$ 的估计量。这类估计方法称为**矩法**，所得估计量称为**矩估计量**，相应的估计量称为**矩估计值**。

例 1 设总体 X 服从 $(a,\ b)$ 上的均匀分布，其概率密度为

$$f(x;\ a,\ b) = \begin{cases} \dfrac{1}{b-a}, & a < x < b \\ 0, & \text{其他} \end{cases}$$

其中 a，b 为未知参数。试用矩法求 a 与 b 的估计量。

解 由概率论知

$$EX = \mu_1 = \frac{a+b}{2},\ DX = \nu_2 = \frac{1}{12}(b-a)^2$$

而

$$A_1 = \overline{X},\ B_2 = \frac{1}{n}\sum_{i=1}^{n}(X_i - \overline{X})^2 = \frac{n-1}{n}S^2$$

令

$$\mu_1 = A_1,\ \nu_2 = B_2$$

可得

$$\begin{cases} a + b = 2\overline{X}, \\ (b-a)^2 = \dfrac{12(n-1)}{n}S^2 \end{cases}$$

求解该方程组得 $a = \overline{X} \pm \sqrt{3(n-1)/n}S$，$b = \overline{X} \mp \sqrt{3(n-1)/n}S$。由于 $b > a$，故取 $a = \overline{X} - \sqrt{3(n-1)/n}S$，$b = \overline{X} + \sqrt{3(n-1)/n}S$。于是 a 和 b 的矩估计量分别为 $\hat{a} = \overline{X} - \sqrt{3(n-1)/n}S$，$\hat{b} = \overline{X} + \sqrt{3(n-1)/n}S$，其中 n，$\overline{X}$ 和 S 分别为样本容量，样本均值和样

本标准差。

例 2 设 X 是服从二项分布 $B(n;\ p)$ 的总体，n（试验次数）是已知的，求 p 的矩估计量。又设从该总体中取得下列样本值：

0.497， 0.506， 0.518， 0.524， 0.488，

0.510， 0.510， 0.515， 0.512.

求 p 的矩估计值。

解 由于二项分布 $B(n;\ p)$ 的数学期望为

$$\mu_1 = EX = np$$

令 $\mu_1 = A_1 = \overline{X}$，故 $\hat{p} = \overline{X}/n$ 为 p 的矩估计量。

对给定的样本值作数据变换：$y_i = 1000x_i - 500$，则 $y_i(i = 1,\ 2,\ \cdots,\ 9)$ 为

$$-3,\ 6,\ 18,\ 24,\ -12,\ 10,\ 10,\ 15,\ 12$$

因此 $\bar{y} = \dfrac{1}{9}\sum_{i=1}^{9} y_i = \dfrac{80}{9} = 8.9$

于是 $\bar{x} = (500 + \bar{y})/1000 = (500 + 8.9)/1000 = 0.5089$

最后得 p 的矩估计值为

$$\hat{p} = \bar{x}/n = \frac{1}{9} \times 0.5089 = 0.0565$$

二、极大似然估计法

极大似然估计法的基本思想是所谓“**最可几原理**”，即从总体中随机抽样，在样本容量 n 一定时可取得各种不同的样本值：$(x_1,\ x_2,\ \cdots,\ x_n)$，$(y_1,\ y_2,\ \cdots,\ y_n)$，$(z_1,\ z_2,\ \cdots,\ z_n)$ 等等。如果我们已取得某一样本值 $(x_1,\ x_2,\ \cdots,\ x_n)$，则应当认为在当时的抽样条件下，出现该样本值的几率（即概率）最大。基于这一想法，提出以下**极大似然估计法**。

为简单起见，不妨设总体 X 为连续型且仅包含一个未知参数 θ，其概率密度函数的形式为 $f(x;\ \theta)$。由第一章可知样本 $(X_1,\ X_2,\ \cdots,\ X_n)$ 的概率密度在 $(x_1,\ x_2,\ \cdots,\ x_n)$ 处的值为

$$\begin{aligned} L(x_1,\ x_2,\ \cdots,\ x_n;\ \theta) &= f(x_1;\ \theta)\cdot f(x_2;\ \theta)\cdots f(x_n;\ \theta) \\ &= \prod_{i=1}^{n} f(x_i;\ \theta) \end{aligned} \tag{2-1}$$

当 $x_1,\ x_2,\ \cdots,\ x_n$ 已知时，它是 θ 的函数。我们的目的是选择 θ，使 L 的值最大，并将这样获得的 θ 值作为相应未知参数的估计值。这类求估计值（或估计量）的方法称为**极大似然估计法**。式（2-1）中的函数 L 称为**似然函数**。一般可用微积分中求极值的方法计算 θ 的极大似然估计 $\hat{\theta}$。

例 3 设总体 X 服从指数分布，其概率密度为

$$f(x,\ \lambda) = \begin{cases} \lambda e^{-\lambda X}, & X \geqslant 0; \\ 0, & X < 0 \end{cases}$$

其中未知参数 $\lambda > 0$。试求 λ 的极大似然估计量。

解　由总体分布可见总体数量指标 X 非负，因而样本值（x_1，x_2，…，x_n）中每一样品 x_i 非负。似然函数为

$$L=\prod_{i=1}^{n}(\lambda \mathrm{e}^{-\lambda x_i})=\lambda^n \mathrm{e}^{-\lambda\sum_{i=1}^{n}x_i}$$

为求极值简单起见，可取对数

$$\ln L=n\ln\lambda-\lambda\sum_{i=1}^{n}x_i$$

由

$$\frac{\mathrm{d}\ln L}{\mathrm{d}\lambda}=\frac{n}{\lambda}-\sum_{i=1}^{n}x_i=0$$

解出

$$\lambda=\frac{1}{\bar{x}}$$

改写为

$$\hat{\lambda}=\frac{1}{\bar{x}}\text{ 或 }\hat{\lambda}=\frac{1}{\bar{X}}$$

有时总体分布中的未知参数不止一个，而是 $k(>1)$ 个。设总体 X 的概率密度为 $f(x;\ \theta_1,\ \theta_2,\ \cdots,\ \theta_k)$，其中 θ_1，θ_2，…，θ_k 为未知参数，则当似然函数

$$L(x_1,\ x_2,\ \cdots,\ x_n;\ \theta_1,\ \theta_2,\ \cdots,\ \theta_k)=\prod_{i=1}^{n}f(x_i;\ \theta_1,\ \theta_2,\ \cdots,\ \theta_k)$$

关于 θ_1，θ_2，…，θ_k 均可导时，可从解方程组

$$\frac{\partial\ln L}{\partial\theta_l}=0,\ l=1,\ 2,\ \cdots,\ k$$

求得极大似然估计 $\hat{\theta}_1$，$\hat{\theta}_2$，…，$\hat{\theta}_k$。

例 4　设正态总体 X 具有分布 $N(\mu,\ \sigma^2)$，其中 μ，σ^2 是未知参数。试求 μ 和 σ^2 的极大似然估计量。

解　因为

$$f(x_i)=\frac{1}{\sqrt{2\pi}\sigma}\mathrm{e}^{-\frac{(x_i-\mu)^2}{2\sigma^2}},\quad -\infty<x_i<+\infty,\ i=1,\ 2,\ \cdots,\ n$$

似然函数为

$$L=\prod_{i=1}^{n}\left[\frac{1}{\sqrt{2\pi}\sigma}\mathrm{e}^{-\frac{(x_i-\mu)^2}{2\sigma^2}}\right]=\left(\frac{1}{\sqrt{2\pi}\sigma}\right)^n\mathrm{e}^{-\frac{1}{2\sigma^2}\sum_{i=1}^{n}(x_i-\mu)^2}$$

取对数

$$\ln L=-\ln(\sqrt{2\pi})^n-\frac{n}{2}\ln\sigma^2-\frac{1}{2\sigma^2}\sum_{i=1}^{n}(x_i-\mu)^2$$

令

$$\begin{cases}\dfrac{\partial\ln L}{\partial\mu}=\dfrac{1}{\sigma^2}\sum\limits_{i=1}^{n}(x_i-\mu)=0;\\[2ex]\dfrac{\partial\ln L}{\partial\sigma^2}=-\dfrac{n}{2}\dfrac{1}{\sigma^2}+\dfrac{1}{2(\sigma^2)^2}\sum\limits_{i=1}^{n}(x_i-\mu)^2=0\end{cases}$$

解此方程组得

$$\mu=\frac{1}{n}\sum_{i=1}^{n}x_i=\bar{x}$$

$$\sigma^2=\frac{1}{n}\sum_{i=1}^{n}(x_i-\bar{x})^2=\frac{n-1}{n}S^2$$

改写为$\hat{\mu}=\bar{x}$，$\hat{\sigma}^2=\frac{n-1}{n}S^2$ 或$\hat{\mu}=\bar{X}$，$\hat{\sigma}^2=\frac{n-1}{n}S^2$

上面两例是讨论连续型总体的情况，如果总体 X 为离散型且已知其分布律为

$$P(X=x_k)=p_k,\ k=0,\ 1,\ 2,\ \cdots$$

则可先将分布律改写为

$$P(x;\ \theta)=P(X=x)$$

的形式，其中 θ 为未知参数，然后用 $P(x;\ \theta)$ 代替 $f(x;\ \theta)$，用类似方法即可求得 θ 的极大似然估计 $\hat{\theta}$。

例 5 设总体 X 具有泊松分布 $P(\lambda)$，其分布律为

$$P(X=k)=\frac{\lambda^k}{k!}e^{-\lambda},\ k=0,\ 1,\ 2,\ \cdots$$

其中 $\lambda>0$。试求 λ 的极大似然估计量。进而从总体中抽取容量为 60 的样本，其频数分布为：

t_j	1	3	6	26
m_j	8	40	10	2

试求 λ 的极大似然估计值。

解 将 X 的分布律改写为

$$P(x;\ \lambda)=P(X=x)=\frac{\lambda^x}{x!}e^{-\lambda}$$

作似然函数

$$L(x_1,\ x_2,\ \cdots,\ x_n;\ \lambda)=\frac{\lambda^{x_1}}{x_1!}e^{-\lambda}\cdot\frac{\lambda^{x_2}}{x_2!}e^{-\lambda}\cdot\cdots\cdot\frac{\lambda^{x_n}}{x_n!}e^{-\lambda}$$

$$=\frac{\lambda^{\sum_{i=1}^{n}x_i}}{x_1!\ x_2!\ \cdots x_n!}e^{-n\lambda}$$

取对数得

$$\ln L=\sum_{i=1}^{n}x_i\ln\lambda-n\lambda-\ln(x_1!\ x_2!\ \cdots x_n!)$$

由

$$\frac{d\ln L}{d\lambda}=\frac{1}{\lambda}\sum_{i=1}^{n}x_i-n=0$$

解出

$$\lambda=\frac{1}{n}\sum_{i=1}^{n}x_i=\bar{x}$$

改写为 $$\hat{\lambda} = \bar{x} \text{ 或 } \hat{\lambda} = \overline{X}$$

进而，由已知样本的频数分布求得

$$\begin{aligned}\bar{x} &= \frac{1}{n}\sum_{j=1}^{4} m_j t_j = \frac{1}{60}(8 \times 1 + 40 \times 3 + 10 \times 6 + 2 \times 26) \\ &= 4\end{aligned}$$

因而 λ 的极大似然估计值 $\hat{\lambda} = 4$。

三、估计量的评选标准

对总体 X 的同一未知参数，由于存在不同的估计方法，因此有可能得到不同的估计量。例如，对正态总体 $N(\mu, \sigma^2)$ 的方差 σ^2 作点估计时，既可用样本方差 $S^2 = \frac{1}{n-1}\sum_{i=1}^{n}(X_i - \overline{X})^2$，也可用样本二阶中心矩 $B_2 = \frac{1}{n}\sum_{i=1}^{n}(X_i - \overline{X})^2$。于是就产生估计量优劣的标准问题。下面讨论三条标准——无偏性、有效性和相合性。

1. 无偏性

定义 1　若参数 θ 的估计量 $\hat{\theta}$ 满足 $E(\hat{\theta}) = \theta$，则称 $\hat{\theta}$ 是 θ 的**无偏估计（量）**。

无偏性是对估计量最基本的要求，它的直观意义是：如果从总体中随机抽取容量相同的好多个样本值 $(x_1, x_2, \cdots, x_n)$，从而得到估计量 $\hat{\theta}$ 的好多个估计值 $\hat{\theta}(x_1, x_2, \cdots, x_n)$，那么这些估计值的理论平均应当等于待估参数 θ。在科技工作中常以 $E(\hat{\theta}) - \theta$ 作为以 $\hat{\theta}$ 估计 θ 时所产生的系统误差，因此无偏性的实际意义就是无系统误差。

例 6　设总体 X 的分布任意，其均值 μ 和方差 $\sigma^2 > 0$ 均存在。证明样本均值 $\overline{X}$ 是总体均值 μ 的无偏估计，而样本二阶中心矩 $B_2 = \frac{1}{n}\sum_{i=1}^{n}(X_i - \overline{X})^2$ 作为方差 σ^2 的估计则是有偏的。

证　由于

$$E(\overline{X}) = \frac{1}{n}\sum_{i=1}^{n} EX_i = \frac{1}{n} \cdot nEX = \mu$$

因此 $\overline{X}$ 是 μ 的无偏估计。又因为

$$B_2 = \frac{1}{n}\sum_{i=1}^{n} X_i^2 - \overline{X}^2 = A_2 - \overline{X}^2$$

而

$$E(A_2) = \frac{1}{n}\sum_{i=1}^{n} E(X_i^2) = \frac{1}{n}\sum_{i=1}^{n} E(X^2) = \mu_2 = \sigma^2 + \mu^2$$

$$E(\overline{X}^2) = D(\overline{X}) + [E(\overline{X})]^2 = \sigma^2/n + \mu^2$$

故 $E(B_2) = E(A_2) - E(\overline{X}^2) = \sigma^2 - \sigma^2/n = \frac{n-1}{n}\sigma^2 \neq \sigma^2$

所以 B_2 是有偏的。

若以 $n/(n-1)$ 乘以 B_2，所得估计量就是无偏的了，即 $E(S^2)=E\left(\frac{n}{n-1}B_2\right)=\frac{n}{n-1}E(B_2)=\sigma^2$，所以常用样本方差 S^2 作为 σ^2 的估计量。但当 n 充分大（一般 $n\geqslant 50$）时，$B_2\approx S^2$，两者差别不大。

对于未知参数 θ 的两个不同的无偏估计量 $\hat{\theta}_1$ 和 $\hat{\theta}_2$（例如除 $\overline{X}$ 外，X_1 也是 μ 的无偏估计，因 $EX_1=EX=\mu$），怎样比较优劣呢？下面讨论另一标准——**有效性**。

2. 有效性

定义 2 设 $\hat{\theta}_1(X_1, X_2, \cdots, X_n)$ 和 $\hat{\theta}_2(X_1, X_2, \cdots, X_n)$ 都是参数 θ 的无偏估计，若对任意样本容量 n，都有

$$D\hat{\theta}_1\leqslant D\hat{\theta}_2$$

且不等号至少对一个 n 值成立，则称 $\hat{\boldsymbol{\theta}}_1$ **较** $\hat{\boldsymbol{\theta}}_2$ **有效**。若存在一个无偏估计 $\hat{\theta}_0$ 使得对 θ 的任意无偏估计 $\hat{\theta}$ 均有

$$D\hat{\theta}_0\leqslant D\hat{\theta}$$

则称 $\hat{\theta}_0$ 是 θ 的**最小方差无偏估计（量）**。

例如，由于 $n\geqslant 1$ 时

$$D\overline{X}=\frac{1}{n^2}DX=\frac{1}{n^2}\sigma^2\leqslant DX_1=\sigma^2$$

当且仅当 $n=1$ 时成立，故 $\overline{X}$ 较 X_1 有效。而且可以进一步证明：$\overline{X}$ 是总体均值 μ 的最小方差无偏估计（证明从略）。一般说，根据定义寻求最小方差无偏估计是十分困难的，这个问题属于数理统计理论较深入的内容，我们不作介绍。但可估计无偏估计量方差的下界，这要用到罗-克拉美（C. R. Rao-H. Cramer）不等式，可参见文献［1］第一章。

3. 相合性（一致性）

由于估计量 $\hat{\theta}(X_1, X_2, \cdots, X_n)$ 依赖于样本容量 n，因而当 n 变化时形成一个随机变量序列，记为 $\{\hat{\theta}_n\}_{n=1}^{\infty}$。我们常要求当 $n\to\infty$ 时它以概率收敛到未知参数 θ，这一要求称为**相合性**。

定义 3 若当 $n\to\infty$ 时 $\hat{\theta}_n$ 依概率收敛到 θ，即对任意 $\varepsilon>0$，有

$$\lim_{n\to\infty}P(|\hat{\theta}_n-\theta|<\varepsilon)=1$$

则称 $\hat{\theta}_n$ 是 θ 的**相合估计（量）**（或**一致估计（量）**）。

由概率论中的切比雪夫大数定律知，当 $n\to\infty$ 时，样本均值 $\overline{X}$ 依概率收敛于总体均值 μ。进一步还可得 $\frac{1}{n}\sum_{i=1}^{n}X_i^2$ 依概率收敛于总体二阶矩 $EX^2=\sigma^2+\mu^2$（σ^2 是总体方差），从而样本二阶中心矩

$$B_2=\frac{1}{n}\sum_{i=1}^{n}(X_i{}^2-\overline{X})^2=\frac{1}{n}\sum_{i=1}^{n}X_i{}^2-\overline{X}^2$$

依概率收敛于 $EX^2-\mu^2=\sigma^2$。当 $n\to\infty$ 时，以 S^2 代替 B_2，即得样本方差 S^2 也依概率收敛于总体方差 σ^2。因此，对于任意分布的总体，$\overline{X}$ 总是 μ 的相合估计，B_2 和 S^2 都是 σ^2 的相合估计。而且还可进一步得出，$\sqrt{B_2}$ 和 S 均是 σ 的相合估计。

第二节　区 间 估 计

参数的点估计是运用样本提供的信息（即构造一个统计量）给出了参数近似值的直观印象。然而人们常不以得到近似值为满足，还希望估计误差，即要求了解这种近似的精确度。说得更明白些，还希望估计出总体未知参数 θ 的一个范围，并且还能知道这一范围包含 θ 真值的可信程度。这样的范围通常以区间形式给出，即所谓置信区间，而此区间包含 θ 真值的可信程度则以一定的概率表示，即所谓置信概率。这类估计问题称为**区间估计**。

定义　设总体 X 的分布函数是 $F(x;\theta)$，其中 θ 是未知参数。从总体中抽取样本 $X_1, X_2, \cdots, X_n$，作统计量 $\theta_1(X_1, X_2, \cdots, X_n)$ 和 $\theta_2(X_1, X_2, \cdots, X_n)$，使

$$P\{\theta_1<\theta<\theta_2\}=1-\alpha \tag{2-2}$$

其中 (θ_1, θ_2) 称为 θ 的置信区间，θ_1 和 θ_2 分别称为**置信下限**和**置信上限**，$1-\alpha$ 称为**置信概率** $(0<\alpha<1)$。

值得注意的是，上述定义中的置信区间 (θ_1, θ_2) 依赖于所取样本，其端点 θ_1 和 θ_2 都是样本的函数，因而都是随机变量。这类区间称为随机区间，它的端点值取决于所得的样本值 $(x_1, x_2, \cdots, x_n)$。因此，式（2-2）的直观意义是：在样本容量 n 一定的条件下重复抽样多次，每个样本值都对应一个确定性的区间 (θ_1, θ_2)，有的区间包含 θ 的真值，有的区间则不包含 θ 的真值。式（2-2）是说，在众多区间中，大约有 $100(1-\alpha)\%$ 的区间包含 θ 的真值。例如，若 $\alpha=0.05$，重复抽样 100 次，则所得 100 个不同区间内大致会有 95 个包含 θ 的真值。

区间估计的任务是：在事先给定 $\alpha(0<\alpha<1)$ 的条件下寻求置信区间 (θ_1, θ_2)。下面分各种情况主要对正态总体的均值和方差作区间估计。

一、正态总体均值的区间估计

设总体 $X\sim N(\mu, \sigma^2)$，μ 为未知参数，设 $X_1, X_2, \cdots, X_n$ 是来自总体的样本，给定 $\alpha(0<\alpha<1)$，求 μ 的置信概率为 $1-\alpha$ 的置信区间。

我们分两种情况来解决这一问题。

1. σ^2 已知

要估计 μ 的范围，首先想到 $\overline{X}$ 是 μ 的无偏估计，而且根据第一章抽样分布定理 1 知统计量

$$U=\frac{\overline{X}-\mu}{\sigma/\sqrt{n}}\sim N(0, 1)$$

该分布与未知参数 μ 无关。再由 $N(0, 1)$ 分布上侧 α 分位点的定义，对给定的 α，

存在 $u_{\alpha/2}$（参见图 2-1），使

$$P\left(\left|\frac{\overline{X}-\mu}{\sigma/\sqrt{n}}\right| < u_{\alpha/2}\right) = 1-\alpha$$

即

$$P\left(\overline{X}-\frac{\sigma}{\sqrt{n}}u_{\alpha/2} < \mu < \overline{X}+\frac{\sigma}{\sqrt{n}}u_{\alpha/2}\right) = 1-\alpha$$

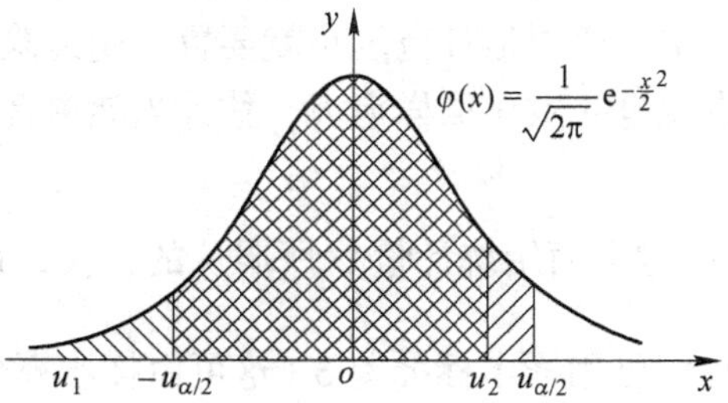

图 2-1 标准正态分布的双侧 α 分位点

这样，我们获得了 μ 的一个置信概率为 $1-\alpha$ 的置信区间：

$$\left(\overline{X}-\frac{\sigma}{\sqrt{n}}u_{\alpha/2},\ \overline{X}+\frac{\sigma}{\sqrt{n}}u_{\alpha/2}\right) \tag{2-3}$$

这类置信区间常简写为 $\left(\overline{X}\pm\frac{\sigma}{\sqrt{n}}u_{\alpha/2}\right)$，现在来看一实例。

例 7 已知某炼铁厂的铁水含碳量（%）在正常情况下服从正态分布，且标准差 $\sigma=0.108$。现检测五炉铁水，其含碳量分别是 4.28、4.40、4.42、4.35、4.37（%），给定 $\alpha=0.05$，求总体均值 μ 的置信区间。

解 因 σ^2 已知且 $\sigma=0.108$, $n=5$，由样本值计算出样本均值 $\bar{x}=4.364$。再由 $1-\alpha=0.95$ 查附表 1 得 $u_{\alpha/2}=u_{0.025}=1.96$。将这些数值代入式（2-3）中，得 μ 的置信概率为 95%的置信区间为（4.269，4.459）(%)。注意，这已经不再是随机区间了，但我们仍称它为置信区间。

然而，置信概率为 $1-\alpha$ 的置信区间不是唯一的。我们注意到式（2-3）所示置信区间是关于 $\overline{X}$ 对称的，其长度为 $2\sigma/\sqrt{n}\cdot u_{\alpha/2}$。实际上还可取关于 $\overline{X}$ 不对称的置信区间，即取 u_1 和 u_2 使

$$P\left(u_1 < \frac{\overline{X}-\mu}{\sigma/\sqrt{n}} < u_2\right) = 1-\alpha$$

即

$$P\left(\overline{X}-u_2\frac{\sigma}{\sqrt{n}} < \mu < \overline{X}-u_1\frac{\sigma}{\sqrt{n}}\right) = 1-\alpha$$

这样获得的 μ 的置信区间 $\left(\overline{X}-u_2\frac{\sigma}{\sqrt{n}},\ \overline{X}-u_1\frac{\sigma}{\sqrt{n}}\right)$，其中心不再是 $\overline{X}$，区间长度是（u_2 −

$u_1)\dfrac{\sigma}{\sqrt{n}}$，由图 2-1 易见 $u_2-u_1>2u_{\alpha/2}$，所以此法得到的置信区间长度大于用前法得到的置信区间长度。这表明：对同一 α，用前法得到的置信区间比用别的方法得到的置信区间估计 μ 的精度都要高，因而前一方法较为合理。

哪些因素影响置信区间长度 $2u_{\alpha/2}\dfrac{\sigma}{\sqrt{n}}$ 呢？当 n 一定时，如果置信概率 $1-\alpha$ 愈大，则 $u_{\alpha/2}$ 愈大，故置信区间愈长。直观上看，抽取一定容量的样本，要求估计可靠程度愈高，估计的范围当然愈大；反过来，要求估计范围小就要冒一定风险。当 α 一定时，如果 n 愈大，置信区间愈短。这也直观也一致，取样愈大，估计当然愈精确。

2. σ^2 未知

由于 σ^2 未知，因此不能像上面用统计量 U 所服从的 $N(0,1)$ 分布及其上侧分位点构造 μ 的置信区间。但是，我们可用样本标准差 S（这可由样本算出）去代替 $\dfrac{\overline{X}-\mu}{\sigma/\sqrt{n}}$ 中的总体标准差 σ 而产生统计量：

$$T=\frac{\overline{X}-\mu}{S/\sqrt{n}}$$

由第一章抽样分布定理 3 知该统计量服从自由度为 $n-1$ 的 t 分布，即

$$T=\frac{\overline{X}-\mu}{S/\sqrt{n}}\sim t(n-1)$$

且该分布不依赖于未知参数 μ。进而对给定的 α，在 $t(n-1)$ 的概率密度图（图 2-2）上取左右两侧面积为 $\dfrac{\alpha}{2}$，即

$$P\left(\left|\frac{\overline{X}-\mu}{S/\sqrt{n}}\right|<t_{\alpha/2}\right)=1-\alpha$$

$$P\left(\overline{X}-\frac{S}{\sqrt{n}}t_{\alpha/2}<\mu<\overline{X}+\frac{S}{\sqrt{n}}t_{\alpha/2}\right)=1-\alpha$$

从而得到 μ 的置信概率为 $1-\alpha$ 的置信区间为

$$\left(\overline{X}\pm\frac{S}{\sqrt{n}}t_{\alpha/2}\right)\qquad(2\text{-}4)$$

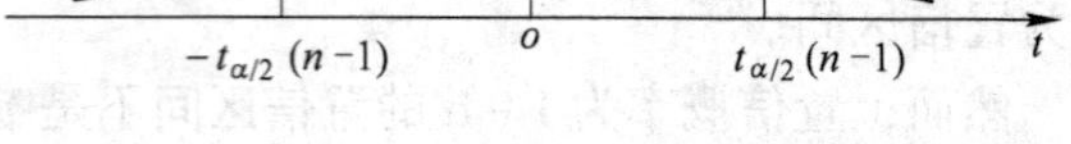

图 2-2　t 分布的双侧 α 分位点

例 8　从某厂生产的灯泡中抽取 20 个，测得其平均寿命 $\bar{x}=1832$（h），标准差 $S=497$（h）。假定该厂生产的灯泡寿命服从正态分布，试求该厂灯泡平均寿命 μ 的 99% 置信概率的置信区间。

解　由 $n=20$，$1-\alpha=0.99$，查附表 2 得 $t_{\alpha/2}(19)=t_{0.005}(19)=2.861$。再将 $\bar{x}=1832$，$S=497$ 代入置信区间

$$\left(\bar{x}-\frac{S}{\sqrt{n}}t_{\alpha/2},\ \bar{x}+\frac{S}{\sqrt{n}}t_{\alpha/2}\right)$$

中，得该厂灯泡平均寿命μ的99%置信概率的置信区间为（1514，2150）(h)。

总之，在上面两种情况（σ^2已知和σ^2未知）下导出置信区间的一般方法是：先对未知参数（μ）作点估计（$\bar{X}$），再由未知参数（μ）和它的估计量（$\bar{X}$）构造适当的统计量（U或T），其中的关键是利用有关的抽样分布定理。所得统计量的分布是已知的，且与未知参数无关。然后，根据给定的置信概率和统计量的分布查表得有关分布的上侧α分位点，经转换即可导出置信区间。

值得注意，以上方法是对正态总体而言的，但在实际工作中总体分布往往未知，此时只要样本容量n足够大（一般$n\geqslant 50$），仍可对总体均值μ作区间估计。这是由于根据中心极限定理，当n很大时，统计量

$$U=\frac{\bar{X}-\mu}{\sigma/\sqrt{n}}\approx\frac{\bar{X}-\mu}{S/\sqrt{n}}$$

近似地服从标准正态分布$N(0,1)$，从而不难由给定的α求得μ的置信区间为

$$\left(\bar{X}\pm\frac{S}{\sqrt{n}}u_{\alpha/2}\right)\tag{2-5}$$

例9　从一台机床加工的轴中随机地抽取200根，测量其椭圆度。由测量值计算得平均值$\bar{x}=0.081$mm，标准差$S=0.025$mm。给定置信概率为95%，求此机床加工的轴平均椭圆度的置信区间。

解　本例中总体分布是未知的，且$n=200>50$，可以认为是“大样本”。已知$1-\alpha=0.95$，故$\alpha=0.05$，查附表1得$u_{\alpha/2}=u_{0.025}=1.96$。由题设$\bar{x}=0.081$，$S=0.025$，利用上面的式（2-5）可得平均椭圆度的置信区间是$\left(0.081\pm\frac{0.025}{\sqrt{200}}\times 1.96\right)$，即为(0.078，0.084)(mm)。

二、两个正态总体均值之差的区间估计

设两个正态总体的分布分别是$N(\mu_1,\sigma_1^2)$和$N(\mu_2,\sigma_2^2)$其中$\mu_1,\mu_2,\sigma_1^2,\sigma_2^2$均未知。假定两总体的方差相等且记$\sigma_1^2=\sigma_2^2=\sigma^2$。从两个总体中独立地各取一个样本，样本容量分别为$n_1$和$n_2$。分别记样本均值为$\bar{X}_1$和$\bar{X}_2$，样本方差为$S_1^2$和$S_2^2$。现对两个总体均值之差$\mu_1-\mu_2$作区间估计。

$\mu_1-\mu_2$可用$\bar{X}_1-\bar{X}_2$作点估计，由第一章的抽样分布定理4知：包含$\bar{X}_1-\bar{X}_2$与$\mu_1-\mu_2$的统计量是

$$T=\frac{\bar{X}_1-\bar{X}_2-(\mu_1-\mu_2)}{\sqrt{\frac{1}{n_1}+\frac{1}{n_2}}S^*}$$

其中$S^{*2}=\frac{(n_1-1)S_1^2+(n_2-1)S_2^2}{n_1+n_2-2}$（可理解为将两个样本合在一起所得联合样本的加权

方差），且统计量 T 服从自由度为 n_1+n_2-2 的 t 分布，该分布与 $\mu_1-\mu_2$ 无关。

给定置信概率 $1-\alpha$，从附表 2 可查得 $t_{\alpha/2}(n_1+n_2-2)$ 的值使

$$P\{|T|<t_{\alpha/2}(n_1+n_2-2)\}=1-\alpha$$

即

$$P\left\{-t_{\alpha/2}(n_1+n_2-2)<\frac{\overline{X}_1-\overline{X}_2-(\mu_1-\mu_2)}{\sqrt{\frac{1}{n_1}+\frac{1}{n_2}}S^*}<t_{\alpha/2}(n_1+n_2-2)\right\}=1-\alpha$$

改写成

$$P\left\{\overline{X}_1-\overline{X}_2-t_{\alpha/2}(n_1+n_2-2)\sqrt{\frac{1}{n_1}+\frac{1}{n_2}}S^*<\mu_1-\mu_2<\right.$$

$$\left.\overline{X}_1-\overline{X}_2+t_{\alpha/2}(n_1+n_2-2)\sqrt{\frac{1}{n_1}+\frac{1}{n_2}}S^*\right\}=1-\alpha$$

所以，对置信概率 $1-\alpha$，两总体平均数之差 $\mu_1-\mu_2$ 的置信区间是

$$\left(\overline{X}_1-\overline{X}_2\pm t_{\alpha/2}(n_1+n_2-2)\sqrt{\frac{1}{n_1}+\frac{1}{n_2}}S^*\right)\tag{2-6}$$

同理可得，$\mu_2-\mu_1$ 的置信概率为 $1-\alpha$ 的置信区间是

$$\left(\overline{X}_2-\overline{X}_1\pm t_{\alpha/2}(n_1+n_2-2)\sqrt{\frac{1}{n_1}+\frac{1}{n_2}}S^*\right)\tag{2-7}$$

需要注意，这里导出 $\mu_1-\mu_2$（或 $\mu_2-\mu_1$）的置信区间时要假定两个正态总体的方差相等，在后面第三章中将要介绍检验这条假定是否成立的方法。

例 10　为了估计磷肥对某种农作物增产的作用，现选 20 块条件大致相同的土地。10 块不施磷肥，另外 10 块施磷肥，得亩产量（kg）如下：

不施磷肥亩产　280，295，280，285，290，270，300，275，285，275

施磷肥亩产　　310，285，325，300，315，290，285，300，300，290

设不施磷肥亩产和施磷肥亩产都具有正态分布，且方差相同。取置信概率为 0.95，试对施磷肥平均亩产和不施磷肥平均亩产之差作区间估计。

解　不施磷肥亩产看成第一总体，施磷肥亩产看成第二总体。由题设，$n_1=n_2=10$；经计算得

$$\bar{x}_1=285,\ (n_1-1)S_1^2=\sum_{i=1}^{n_1}(x_{1i}-\bar{x}_1)^2=600$$

$$\bar{x}_2=300,\ (n_2-1)S_2^2=\sum_{i=1}^{n_2}(x_{2i}-\bar{x}_2)^2=1600$$

$$S^*=\sqrt{\frac{600+1600}{10+10-2}}=11.06$$

由 $1-\alpha=0.95$，查附表 2 得 $t_{\alpha/2}(18)=t_{0.025}(18)=2.1009$，所以由式（2-7）知 $\mu_2-\mu_1$ 的置信下限为

$$\bar{x}_2-\bar{x}_1-t_{\alpha/2}(n_1+n_2-2)\sqrt{\frac{1}{n_1}+\frac{1}{n_2}}S^*$$

$$= 300 - 285 - 2.1009 \times \sqrt{\frac{1}{10} + \frac{1}{10}} \times 11.06 = 4.61$$

置信上限为

$$\bar{x}_2 - \bar{x}_1 + t_{\alpha/2}(n_1 + n_2 - 2) \sqrt{\frac{1}{n_1} + \frac{1}{n_2}} S^*$$

$$= 300 - 285 + 2.1009 \times \sqrt{\frac{1}{10} + \frac{1}{10}} \times 11.06 = 25.39$$

因此施磷肥平均亩产与不施磷肥平均亩产之差的置信概率为95%的置信区间是（4.61，25.39）kg。

以上是对两个正态总体均值之差作区间估计。如果两个总体的分布未知，只要取大子样（一般 $n \geqslant 50$），也可解决此问题。由于样本容量 n_1 与 n_2 充分大，据中心极限定理，统计量

$$U = \frac{\bar{X}_1 - \bar{X}_2 - (\mu_1 - \mu_2)}{\sqrt{\frac{\sigma_1^2}{n_1} + \frac{\sigma_2^2}{n_2}}} \approx \frac{\bar{X}_1 - \bar{X}_2 - (\mu_1 - \mu_2)}{\sqrt{\frac{S_1^2}{n_1} + \frac{S_2^2}{n_2}}}$$

近似服从标准正态分布 $N(0, 1)$。由此，对给定的 α 不难得出 $\mu_1 - \mu_2$ 的置信概率为 $1-\alpha$ 的置信区间是

$$\left(\bar{X}_1 - \bar{X}_2 \pm u_{\alpha/2}\sqrt{\frac{S_1^2}{n_1} + \frac{S_2^2}{n_2}}\right) \tag{2-8}$$

三、正态总体方差的区间估计

设正态总体的分布是 $N(\mu, \sigma^2)$，其中 μ 和 σ^2 均未知。从总体中抽一样本，现对总体方差 σ^2（或标准差 σ）作区间估计。

总体方差 σ^2 可用样本方差 S^2 作点估计。由第一章抽样分布定理2知统计量

$$\chi^2 = \frac{(n-1)S^2}{\sigma^2} \sim \chi^2(n-1)$$

且该分布与 σ^2 无关。

给定 α，在 $\chi^2(n-1)$ 的概率密度图（图2-3）上取左右两侧面积都等于 $\frac{\alpha}{2}$，

$$P(\chi^2 \geqslant \chi^2_{\frac{\alpha}{2}}(n-1)) = \frac{\alpha}{2} \text{ 和 } P(\chi^2 \leqslant \chi^2_{1-\frac{\alpha}{2}}(n-1)) = \frac{\alpha}{2}$$

于是，中间部分面积等于 $1-\alpha$，即

$$P\left(\chi^2_{1-\frac{\alpha}{2}}(n-1) < (n-1)\frac{S^2}{\sigma^2} < \chi^2_{\frac{\alpha}{2}}(n-1)\right) = 1-\alpha$$

改写成

$$P\left(\frac{(n-1)S^2}{\chi^2_{\frac{\alpha}{2}}(n-1)} < \sigma^2 < \frac{(n-1)S^2}{\chi^2_{1-\frac{\alpha}{2}}(n-1)}\right) = 1-\alpha$$

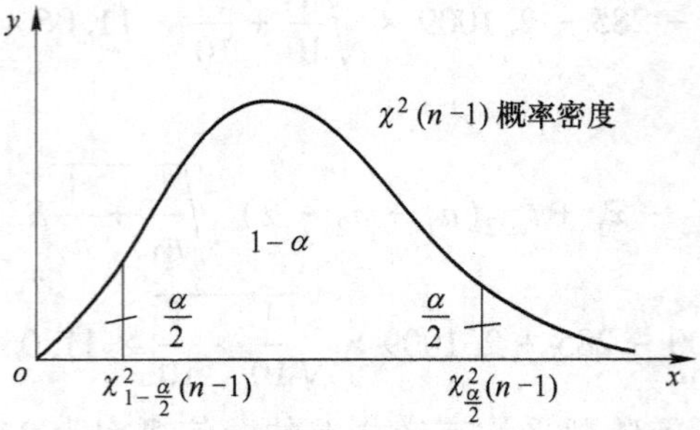

图 2-3 χ^2 分布的双侧 α 分位点

或 $P\left(\sqrt{\frac{(n-1)}{\chi^2_{\frac{\alpha}{2}}(n-1)}}S < \sigma < \sqrt{\frac{(n-1)}{\chi^2_{1-\frac{\alpha}{2}}(n-1)}}S\right) = 1-\alpha$

因此，对于置信概率 $1-\alpha$，σ^2 的置信区间是

$$\left(\frac{(n-1)S^2}{\chi^2_{\frac{\alpha}{2}}(n-1)}, \frac{(n-1)S^2}{\chi^2_{1-\frac{\alpha}{2}}(n-1)}\right) \tag{2-9}$$

而 σ 的置信区间是

$$\left(\sqrt{\frac{(n-1)}{\chi^2_{\frac{\alpha}{2}}(n-1)}}S, \sqrt{\frac{(n-1)}{\chi^2_{1-\frac{\alpha}{2}}(n-1)}}S\right) \tag{2-10}$$

例 11 某自动机床加工某种零件，已知零件长度 X 服从正态分布，今随机抽取 16 件，测得长度如下（单位：mm）：

12.15，12.12，12.01，12.08，12.09，12.16，12.03，12.01
12.06，12.13，12.07，12.11，12.08，12.01，12.03，12.06

试求零件长 X 的方差 σ^2 和标准差 σ 的置信区间（给定 $\alpha = 0.05$）。

解 因 $\alpha = 0.05$，$\frac{\alpha}{2} = 0.025$，$1-\frac{\alpha}{2} = 0.975$；$n = 16$，查附表 3 得 $\chi^2_{0.975}(15) = 6.262$，$\chi^2_{0.025}(15) = 27.488$。又根据所给样本值算得 $\bar{x} = 12.075$，$S^2 = 0.00244$。于是由式（2-9）得置信概率为 95% 的 σ^2 的置信区间为

$$\left(\frac{(n-1)S^2}{\chi^2_{\frac{\alpha}{2}}(n-1)}, \frac{(n-1)S^2}{\chi^2_{1-\frac{\alpha}{2}}(n-1)}\right) = (0.00133, 0.00584)\ (\mathrm{mm})$$

而 σ 的置信区间由式（2-10）知

$$\left(\sqrt{\frac{(n-1)}{\chi^2_{\frac{\alpha}{2}}(n-1)}}S, \sqrt{\frac{(n-1)}{\chi^2_{1-\frac{\alpha}{2}}(n-1)}}S\right) = (0.0365, 0.0764)\ (\mathrm{mm})$$

四、两个正态总体方差之比的区间估计

设两个正态总体的分布分别是 $N(\mu_1, \sigma_1^2)$ 和 $N(\mu_2, \sigma_2^2)$，其中 μ_1，μ_2，σ_1^2，σ_2^2 都是未知的。从两个总体中独立地各取一个样本，样本方差分别记为 S_1^2 和 S_2^2。下面对两个总体方差之比 $\frac{\sigma_1^2}{\sigma_2^2}$ 作区间估计。

σ_1^2 和 σ_2^2 自然可用 S_1^2 和 S_2^2 分别作点估计。由第一章抽样分布定理 5 可知统计量

$$F=\frac{S_1^2/\sigma_1^2}{S_2^2/\sigma_2^2}\sim F(n_1-1,\ n_2-1)$$

且该分布与 σ_1^2，σ_2^2 无关。

给定 α，在 $F(n_1-1,\ n_2-1)$ 的概率密度图（图 2-4）上取左右两侧面积都等于 $\frac{\alpha}{2}$，即由附表 4 可查得 $F_{\frac{\alpha}{2}}(n_1-1,\ n_2-1)$ 与 $F_{1-\frac{\alpha}{2}}(n_1-1,\ n_2-1)$ 的数值，使

$$P(F\geqslant F_{\frac{\alpha}{2}}(n_1-1,\ n_2-1))=\frac{\alpha}{2}$$

和

$$P(F\leqslant F_{1-\frac{\alpha}{2}}(n_1-1,\ n_2-1))=\frac{\alpha}{2}$$

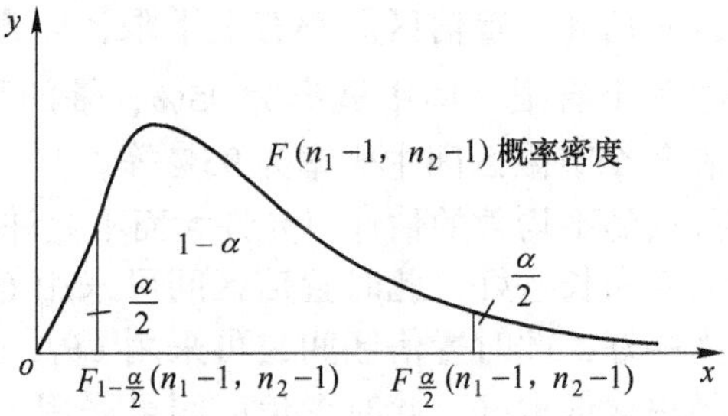

图 2-4　F 分布的双侧 α 分位点

于是，中间部分面积等于 $1-\alpha$，即

$$P(F_{1-\frac{\alpha}{2}}(n_1-1,\ n_2-1)<F<F_{\frac{\alpha}{2}}(n_1-1,\ n_2-1))=1-\alpha$$

从而有

$$P\left(F_{1-\frac{\alpha}{2}}(n_1-1,\ n_2-1)\frac{S_2^2}{S_1^2}<\frac{\sigma_2^2}{\sigma_1^2}<F_{\frac{\alpha}{2}}(n_1-1,\ n_2-1)\frac{S_2^2}{S_1^2}\right)=1-\alpha$$

所以，$\frac{\sigma_2^2}{\sigma_1^2}$ 的置信概率为 $1-\alpha$ 的置信区间是

$$\left(F_{1-\frac{\alpha}{2}}(n_1-1,\ n_2-1)\frac{S_2^2}{S_1^2},\ F_{\frac{\alpha}{2}}(n_1-1,\ n_2-1)\frac{S_2^2}{S_1^2}\right)\tag{2-11}$$

同理可得，$\frac{\sigma_1^2}{\sigma_2^2}$ 的置信概率为 $1-\alpha$ 的置信区间是

$$\left(F_{1-\frac{\alpha}{2}}(n_2-1,\ n_1-1)\frac{S_1^2}{S_2^2},\ F_{\frac{\alpha}{2}}(n_2-1,\ n_1-1)\frac{S_1^2}{S_2^2}\right)\tag{2-12}$$

例 12　两位化验员独立地对某种聚合物的含氯量用相同方法分别作了 10 次和 11 次测定，由测定值分别求得样本方差 $S_1^2=0.5419$，$S_2^2=0.6065$。设两化验员的测定值都是正态总体，其方差分别是 σ_1^2 和 σ_2^2，试求方差比 $\frac{\sigma_1^2}{\sigma_2^2}$ 的置信概率为 90%的置信区间。

解　按题意 $n_1=10$，$n_2=11$，$S_1^2=0.5419$，$S_2^2=0.6065$。由 $1-\alpha=0.90$ 知，$\alpha=0.10$，故 $\frac{\alpha}{2}=0.05$，$1-\frac{\alpha}{2}=0.95$。查附表4得 $F_{0.05}(10,9)=3.14$，但 $F_{0.95}(10,9)$ 在该表中查不到，它的值可用第一章公式（1-7）

$$F_{1-\alpha}(n_2,n_1)=\frac{1}{F_\alpha(n_1,n_2)}$$

求得。此处，$F_{0.95}(10,9)=\frac{1}{F_{0.05}(9,10)}=\frac{1}{3.02}=0.33$。因此由式（2-12）得置信概率为90%的 $\frac{\sigma_1^2}{\sigma_2^2}$ 的置信区间为 $\left(0.33\times\frac{0.5419}{0.6065},\ 0.14\times\frac{0.5419}{0.6065}\right)$，即（0.295，2.806）。

五、单侧置信区间

前面所介绍的参数的区间估计，置信区间都有上下限，即置信区间采用 (θ_1,θ_2) 的形式。如铁水平均含碳量在某个有限区间中概率为95%，轴的平均椭圆度在某个有限区间中概率为95%，废品率在某个有限区间中概率为95%等。

在实际问题中，对有些量的平均数的估计只允许大而不允许小，有些则相反。例如对灯泡平均寿命的估计，平均寿命长些好，此时置信区间可采用 (θ_1,∞) 的形式；估计轴的平均抗拉强度，它的值大些好，此时置信区间也可采用 (θ_1,∞) 的形式。又如对大批量产品废品率的估计，废品率愈低愈好，此时置信区间可采用 $(-\infty,\theta_2)$ 的形式；对轴的平均椭圆度估计，平均椭圆度小，轴的质量较好，置信区间亦可采用 $(-\infty,\theta_2)$ 的形式。

若置信区间形为 (θ_1,∞)，则 θ_1 称为**单侧置信下限**；若置信区间形为 $(-\infty,\theta_2)$，则 θ_2 称为**单侧置信上限**。置信区间 (θ_1,∞) 和 $(-\infty,\theta_2)$ 都称为**单侧置信区间**。下面通过一例介绍单侧置信限的求法。

例13　为估计制造某种产品所需要的单件平均工时（单位：h），现制造五件，记录每件所需工时如下：

10.5，11，11.2，12.5，12.8

设制造每件产品所需工时服从正态分布。给定置信概率为95%，试求平均工时的单侧置信上限。

解　按题设，单件产品所需工时 X 的分布记为 $N(\mu,\sigma^2)$。由第一章抽样分布定理2知

$$T=\frac{\overline{X}-\mu}{S^*/\sqrt{n}} \tag{2-13}$$

服从自由度为 $n-1$ 的 t 分布。

若给定 $1-\alpha$，则存在 $t_{1-\alpha}(n-1)$ 使

$$P\{T>t_{1-\alpha}(n-1)\}=1-\alpha$$

由于 t 分布密度关于 y 轴对称，所以 $t_{1-\alpha}(n-1)=-t_\alpha(n-1)$。上式可写成

$$P\left\{\frac{\overline{X}-\mu}{S/\sqrt{n}}>-t_\alpha(n-1)\right\}=1-\alpha$$

或

$$P\left\{\mu < \overline{X} + t_{\alpha}(n-1)\frac{S}{\sqrt{n}}\right\} = 1 - \alpha$$

故 μ 的单侧置信区间是 $\left(-\infty, \overline{X} + t_{\alpha}(n-1)\frac{S}{\sqrt{n}}\right)$，而单侧置信上限为 $\overline{X} + t_{\alpha}(n-1)\frac{S}{\sqrt{n}}$。

在此例中，$n = 5$，可计算得 $\overline{X} = 11.6$，$S^{*2} = 0.995$，又由 $1 - \alpha = 0.95$ 查附表 2 得 $t_{0.05}(4) \approx 2.1318$，从而单侧置信上限

$$\mu_2 = \overline{X} + t_{\alpha}(n-1)\frac{S}{\sqrt{n}} = 11.6 + 2.1318 \times \frac{\sqrt{0.995}}{\sqrt{5}} = 12.55$$

因此，平均工时不超过 12.55 的可靠程度是 95%。

此例仅介绍了正态总体均值单侧置信上限的求法。利用式（2-13）中 T 变量的分布，同样可求正态总体均值的单侧置信下限。事实上，若给定 $1 - \alpha$，则存在 $t_{\alpha}(n-1)$ 使

$$P\{T < t_{\alpha}(n-1)\} = 1 - \alpha$$

用式（2-13）代入，经变化可得

$$P\left\{\mu > \overline{X} - t_{\alpha}(n-1)\frac{S}{\sqrt{n}}\right\} = 1 - \alpha$$

因此，μ 的单侧置信区间是

$$\left(\overline{X} - t_{\alpha}(n-1)\frac{S}{\sqrt{n}}, \infty\right)$$

而单侧置信下限为

$$\overline{X} - t_{\alpha}(n-1)\frac{S}{\sqrt{n}}$$

至于对两个总体平均数之差，总体方差，两个总体方差比的单侧置信限的公式，读者可以作为练习自己进行推导。

习　题

2-1 设总体 X 的概率密度为

$$f(x) = \begin{cases} \theta x^{\theta-1}, & 0 < x < 1 \\ 0, & \text{其他} \end{cases}$$

其中 $\theta > 0$。

（1）求 θ 的极大似然估计量；

（2）用矩法求 θ 的估计量。

2-2 设总体 X 的概率密度为

$$f(x) = \frac{1}{2\sigma}e^{-\frac{|x|}{\sigma}}, \quad -\infty < x < \infty$$

试求 σ 的极大似然估计；并问所得估计量是否为 σ 的无偏估计。

2-3 设总体 X 具有概率密度

$$f(x)=\begin{cases}\dfrac{\beta^k}{(k-1)!}x^{k-1}\mathrm{e}^{-\beta x}, & x>0\\ 0, & 其他\end{cases}$$

其中 k 是已知的正整数，试求未知参数 β 的极大似然估计量。

2-4 设总体 X 具有负指数分布，它的概率密度为

$$f(x)=\begin{cases}\lambda\mathrm{e}^{-\lambda x}, & x\geqslant 0\\ 0, & x<0\end{cases}$$

其中 $\lambda>0$，试用矩法求 λ 的估计量。

2-5 设总体 X 具有几何分布，它的分布律为

$$P\{X=k\}=(1-p)^{k-1}p,\quad k=1,2,\cdots$$

先用矩法求 p 的估计量，再求 p 的极大似然估计。

2-6 从批量很大的一批产品中，随机抽查 n 件，发现 m 件次品，求次品率 p 的极大似然估计（提示：总体 X 服从参数为 p 的两点分布，其分布律为 $P\{X=k\}=p^k(1-p)^{1-k}$，$k=0,\ 1$）。

2-7 电子元件的寿命 X 服从参数为 λ 的负指数分布。现取 1000 个元件寿命的记录数据，经分组后，得到它的频数分布为

组中值 t_j	5	15	25	35	45	55	65
频数 m_j	365	245	150	100	70	45	25

试求参数 λ 的极大似然估计。

2-8 用测距仪对某两点之间的距离进行 13 次独立测量，得测量数据（单位：m）为 321.30，321.47，321.60，321.45，321.05，321.48，321.30，321.45，321.53，321.15，321.48，321.50，321.40。设测量值 $X\sim N(\mu,\ \sigma^2)$，其中 μ 是距离真值，σ 是测距仪精度。

(1) 用矩估计法估计 μ；

(2) 求 σ^2 的矩估计值，无偏估计值。

2-9 在某路口观测每 15 秒内通过的汽车辆数，得数据如下：

汽车辆数 X	0	1	2	3	4
频数 n_i	92	68	28	11	1

试根据以上数据求每 15 秒内通过该路口的汽车辆数 X 的均值 μ 和方差 σ^2 的无偏估计值。

2-10 设总体 X 的均值 μ 为已知，$X_1,\ X_2,\ \cdots,\ X_n$ 是 X 的样本，证明

$$\hat{\sigma}^2=\frac{1}{n}\sum_{i=1}^{n}(X_i-\mu)^2$$

是总体 X 的方差 σ^2 的无偏估计量（提示：注意方差定义）。

2-11 设参数 θ 的无偏估计量为 $\hat{\theta}$，其方差 $D\hat{\theta}$ 依赖于样本容量 n。若 $\lim\limits_{n\to\infty}D\hat{\theta}=0$，试证 $\hat{\theta}$ 是 θ 的相合估计量。

2-12 设总体 X 服从正态分布 $N(\mu,\ 1)$。$(X_1,\ X_2)$ 是从此总体中抽取的一个样本。试验证下面三个估计量

(1) $\hat{\mu}_1=\dfrac{2}{3}X_1+\dfrac{1}{3}X_2$；

(2) $\hat{\mu}_2=\dfrac{1}{4}X_1+\dfrac{3}{4}X_2$；

(3) $\hat{\mu}_3=\dfrac{1}{2}X_1+\dfrac{1}{2}X_2$

都是μ的无偏估计，并比较哪个最有效。

2-13 设X_1，X_2，…，X_n为总体$N(\mu,\ \sigma^2)$的一个样本。试选择适当常数C，使$C\sum_{i=1}^{n-1}(X_{i+1}-X_i)^2$为$\sigma^2$的无偏估计。

2-14 随机地从一批钉子中抽取16枚，测得其长度（单位：m）为0.0214，0.0210，0.0213，0.0215，0.0213，0.0212，0.0213，0.0210，0.0215，0.0212，0.0214，0.0210，0.0213，0.0211，0.0214，0.0211。设钉长分布为正态分布。试求总体均值μ的置信概率为90%的置信区间：

（1）若已知$\sigma = 0.0001$（m）；（2）若σ未知。

2-15 为估计制造一批钢索所能承受的平均张力，从其中取样做10次试验。由试验值算得平均张力为672MPa，标准差s为22MPa。设张力服从正态分布。试求钢索所能承受平均张力的置信概率为95%的置信区间。

2-16 对于方差σ^2为已知的正态总体，问需抽取容量n为多大的样本，才能使总体均值μ的置信概率为$1-\alpha$的置信区间的长度不长于L？

2-17 从一批电子管中抽取100只，若抽取的电子管的平均寿命为1000h，标准差s为40h，试求整批电子管的平均寿命置信区间（给定$\alpha = 0.05$）。

2-18 从正态总体中抽取一容量为n的样本，并算得样本标准差s的数值。设

（1）$n = 10$，$s = 5.1$；（2）$n = 46$，$s = 14$。试求总体标准差σ的置信概率为99%的置信区间。

2-19 测得一批钢件20个样品的屈服点（单位：t/cm²）为4.98，5.11，5.20，5.20，5.11，5.00，5.61，4.88，5.27，5.38，5.46，5.27，5.23，4.96，5.35，5.15，5.35，4.77，5.38，5.54。设屈服点服从正态分布。求屈服点均值μ和标准差σ的置信区间（给定$\alpha = 0.05$）。

2-20 对某农作物两个品种A、B计算了8个地区的亩产量如下：

品种A　86，87，56，93，84，93，75，79

品种B　80，79，58，91，77，82，76，66

假定两个品种的亩产量分别服从正态分布，且方差相等。试求平均亩产量之差的置信概率为95%的置信区间。

2-21 随机地从A批导线中抽取4根，从B批导线中抽取5根，测得其电阻（单位：Ω）并计算得

$$\bar{x}_A = 0.1425,\ 3s_A^2 = 0.000025$$
$$\bar{x}_B = 0.1392,\ 4s_B^2 = 0.000021$$

设测试数据分别具有分布$N(\mu_1,\ \sigma^2)$和$N(\mu_2,\ \sigma^2)$。试求$\mu_1-\mu_2$的置信概率为95%的置信区间。

2-22 从某地区随机地抽取男、女各100名，以估计男、女平均高度之差。测量并计算得男子高度的平均数为1.71m，标准差s为0.035m；女子高度的平均数为1.67m，标准差s为0.038m。试求置信概率为95%的男、女平均高度之差的置信区间。

2-23 两台机床加工同一种零件，分别抽取6个和9个零件，测量其长度计算得$s_1^2 = 0.245$，$s_2^2 = 0.357$。假定各台机床零件长度服从正态分布。试求两个总体方差之比$\dfrac{\sigma_1^2}{\sigma_2^2}$的置信区间（给定$\alpha = 0.05$）。

2-24 试求15题中钢索所能承受平均张力的单测置信下限（置信概率为95%）。

2-25 从一批某种型号电子管中抽出容量为10的样本，计算得标准差$s = 45$（h）。设整批电子管寿命服从正态分布。试给出这批管子寿命标准差σ的单侧置信上限（置信概率为95%）。

第三章 假设检验

统计推断理论的另一个基本问题是假设检验。假设检验的基本思想是：首先，根据实际需要或经验对总体做出了某种假设，例如假设总体均值为某数值，总体服从某个分布等；其次利用样本构造一个统计量（其分布已知），根据统计量的数值来推断所作假设是否可信，从而肯定或否定这个假设。由于是从样本推断总体，因此不可能得出100%的可靠结论，但我们要求肯定或否定所作假设时犯错误的概率要相当小。比方说小到5% 或1%，也就是做出了正确结论的概率要大到95% 或99%。假设检验的基本思想和方法与区间估计是类似的。

本章主要讨论总体参数（均值和方差）的检验和总体分布的检验。

第一节 正态总体的均值检验

设总体 $X \sim N(\mu, \sigma^2)$，X_1，X_2，…，X_n 是 X 的样本。所谓关于均值 μ 的假设检验即是对 μ 提出某项假设

$$H_0: \mu = \mu_0 \text{（已知数）}$$

称为**原假设**，它的对立假设

$$H_1: \mu \neq \mu_0$$

称为**备择假设**。然后通过样本所提供的信息，在一定的可靠性（统计上称为**显著性**，如95%，99%等）下，检验 H_0 是否成立。进而，讨论两类错误的概念。

一、均值 μ 的检验法

我们分两种情形来讨论。

1. σ^2 已知（U 检验法）

例1 某食品厂用自动装罐机装罐头食品，每罐标准质量为0.5kg。按以往的生产经验，标准差 $\sigma = 0.01$kg。每隔一定时间需要检查机器工作情况。现抽取10罐，称得其质量为（单位：kg）0.495，0.510，0.505，0.498，0.503，0.492，0.502，0.512，0.497，0.506。假定质量服从正态分布，试问这段时间内机器工作是否正常？

解 设罐头质量为 X，按题意 X 是一正态总体，其方差 σ^2 已知（$\sigma^2 = 0.01^2$）。要检查这段时间机器工作是否正常，也就是检查这段时间所生产的罐头平均质量是否等于0.5kg，因此，在该总体上提出假设：

$$H_0: \mu = 0.5,\ H_1: \mu \neq 0.5$$

如果原假设成立，则 $X \sim N(0.5,\ 0.01^2)$。我们自然想到 μ 的无偏估计是 $\overline{X}$，而在 H_0 成立的条件下，$\overline{X} \sim N(0.5,\ 0.01^2/n)$，现 $n = 10$，故统计量

$$U_0 = \frac{\overline{X} - 0.5}{0.01/\sqrt{10}} \sim N(0,\ 1)$$

给定一个小概率 α（一般取 5%，或 1%，或 10%），由附表 1 可查得 $u_{\alpha/2}$ 使

$$P(|U_0| \geq u_{\alpha/2}) = \alpha$$

$$P\left(\left|\frac{\overline{X} - 0.5}{0.01/\sqrt{10}}\right| \geq u_{\alpha/2}\right) = \alpha$$

在本例中，若取 $\alpha = 0.05$，则 $u_{\alpha/2} = 1.96$，上式为

$$P\left(\frac{|\overline{X} - 0.5|}{0.01/\sqrt{10}} \geq 1.96\right) = 0.05$$

请注意，括号内的事件是一个小概率事件，平均进行 20 次抽样才发生一次。根据统计学上的**实际推断原理**："小概率事件在一次试验（抽样）中几乎不可能发生"，我们可根据题中所提供的一个样本（看作一次抽样）算出平均值 $\overline{X}$，进而求出 $U_0 = \dfrac{|\overline{X} - 0.5|}{0.01/\sqrt{10}}$ 的值，若此值不小于 1.96，则括号中的小概率事件在一次试验中竟然发生了，那就应该拒绝 H_0 而接受 H_1，即不能认为平均罐的质量等于 0.5kg；如果算出的 U_0 值小于 1.96，则可以接受假设 H_0 而拒绝 H_1，即能够认为平均罐的质量等于 0.5kg。而本例中 $\bar{x} = 0.502$，$U_0 = \dfrac{|0.502 - 0.5|}{0.01/\sqrt{10}} = 0.632 < 1.96$，故可认为这段时间平均罐的质量是 0.5kg，即机器工作是正常的。

现将上例中的检验方法一般化。当正态总体的方差 $\sigma^2 = \sigma_0^2$（已知数）时，在总体上作假设

$$H_0:\ \mu = \mu_0,\ H_1:\ \mu \neq \mu_0$$

在 H_0 成立条件下，统计量

$$U_0 = \frac{\overline{X} - \mu}{\sigma_0/\sqrt{n}} \sim N(0,\ 1)$$

给定显著水平 α，查表求 $u_{\alpha/2}$ 使

$$P(|U_0| \geq u_{\alpha/2}) = \alpha$$

则拒绝域为：$|U_0| \geq u_{\alpha/2}$（接受域为 $|U_0| < u_{\alpha/2}$）。由一次抽样值 x_1，x_2，…，x_n 算出 U_0 值，看 U_0 值是否落在拒绝域内，做出拒绝或接受 H_0 的结论。这个检验法称为 ***U* 检验法**。

2. σ^2 未知（t 检验法）

在 σ^2 未知的情形下，容易想到可用 σ^2 的无偏估计：样本方差 S^2 代替 σ^2。由第一章抽样分布定理 3 知统计量

$$T = \frac{\overline{X} - \mu}{S/\sqrt{n}} \sim t(n - 1)$$

故此检验法称为 ***t* 检验法**，类似于 σ^2 已知的情况，它有以下步骤：

（1）提出假设

$$H_0: \mu = \mu_0, H_1: \mu \neq \mu_0$$

（2）在 H_0 成立的条件下，统计量

$$T_0 = \frac{\overline{X} - \mu_0}{S/\sqrt{n}} \sim t(n-1)$$

（3）确定 H_0 的拒绝域。对给定显著水平 α，查附表 3 可得 $t_{\alpha/2}(n-1)$ 使

$$P(|T_0| \geqslant t_{\alpha/2}(n-1)) = \alpha$$

故拒绝域为：$|T_0| \geqslant t_{\alpha/2}(n-1)$（接受域为 $|T_0| < t_{\alpha/2}(n-1)$）

（4）推断。在样本值 $x_1, x_2, \cdots, x_n$ 下计算 $\bar{x}$ 和 s 的值，进而算出 T_0 的值，看其是否落在拒绝域内，作出拒绝或接受 H_0 的结论。

例 2 从某种试验物中取出 24 个样品，测量其发热量，计算得 $\bar{x} = 11958$，$s = 323$，问以 $\alpha = 5\%$ 的显著水平是否可认为发热量的期望值是 12100（假定发热量服从正态分布）？

解 设发热量为 X，因总体 X 的方差 σ^2 未知，故用 t 检验法。

$$H_0: \mu = 12100, H_1: \mu \neq 12100$$

在 H_0 成立的条件下，统计量

$$T_0 = \frac{\bar{x} - \mu}{S/\sqrt{24}} \sim t(23)$$

由 $\alpha = 5\%$，查附表 3 得 $t_{0.025}(23) = 2.06$，故拒绝域为 $|T_0| \geqslant 2.06$。由已知 $\bar{x} = 11958$ 和 $s = 323$，算得 T_0 值为

$$T_0 = \frac{11958 - 12100}{323/\sqrt{24}} = -2.15$$

因 $|T_0| = 2.15 > 2.06$，故在 5% 的显著水平下拒绝 H_0，即不能认为发热量的期望值是 12100。

二、两类错误的概念

统计方法是由部分（样本）推断总体，因而不可能保证结论百分之百可靠，而只能保证结论以大的概率可靠。以 U 检验法为例，当算出结果 $|U_0| \geqslant u_{\alpha/2}$ 时，我们否定假设 H_0，这时可能犯错误。这叫**第一类错误或"弃真"错误**（舍弃了正确的假设）。因为假设 H_0 正确时，统计量 U_0 服从标准正态分布，这时 $|U_0| \geqslant u_{\alpha/2}$ 仍以概率 α 可能发生，所以犯第一类错误的概率正是显著水平 α。

当算出 $|U_0| < u_{\alpha/2}$ 时，我们肯定假设 H_0，这时也可能犯错误。这叫**第二类错误或"取伪"错误**（采取了伪假设）。因为当 H_0 不真时，统计量 U_0 仍有可能落在接受域 $|U_0| < u_{\alpha/2}$ 中。以 β 表示犯"取伪"错误的概率，β 的大小依实际情况和假设 H_0 的差异程度、所采用的检验法、样本大小 n 和 α 的值而定。下面我们把 U_0 写成

$$U_0 = \frac{\sqrt{n}(\overline{X} - \mu)}{\sigma_0} + \frac{\sqrt{n}(\mu - \mu_0)}{\sigma_0} \tag{3-1}$$

的形式来进一步讨论这个问题。不管 H_0 是否成立，（3-1）式的第一项总是 $N(0, 1)$ 变量，而当假设 $H_0: \mu = \mu_0$ 成立时，第二项为 0；μ 与 μ_0 差异愈大，则第二项的绝对值愈大。

（1）对于固定的 n 与 α，实际的 μ 与 μ_0 差异愈大，则由式（3-1）可见 U 值落入拒绝域（即 $|U_0| > u_{\alpha/2}$）的可能性愈大，即犯“取伪”错误的概率 β 愈小。反之，若实际的 μ 与 μ_0 差异很小，则式（3-1）的第二项一般而言绝对值很小，这样 U_0 与标准正态变量差异不大，U_0 值落入接受域（即 $|U_0| < u_{\alpha/2}$）的可能性只略小于 $1-\alpha$，这样肯定 H_0 的可能性大，即犯“取伪”错误的概率大。由于上述情况，统计假设检验也叫**“差异显著性检验”**，即显著的差异一般会被检验出来，微小的差异则难以检验出来。

（2）对于固定的 n，α 愈小，则 $u_{\alpha/2}$ 愈大，接受域 $|U_0| < u_{\alpha/2}$ 愈大，H_0 愈容易被肯定，从而“取伪”的概率 β 就愈大。反之，α 愈大，$u_{\alpha/2}$ 愈小，β 就愈小，也就是说，对于一定大小的样本来说，“弃真”概率 α 和“取伪”概率 β 不可能同时减小，一个减小，另一个就会增大。极端情况是 $\alpha \to 0$ 时，$u_{\alpha/2} \to \infty$，而 $\beta \to 1$；反之，$\alpha \to 1$ 时，$u_{\alpha/2} \to 0$，而 $\beta \to 0$。

（3）要想 α 和 β 都减小，就要增大 n。当我们任取一小的 α（犯第一类错误“弃真”的概率）时，如果实际上 $\mu \neq \mu_0$，那么不管 μ 与 μ_0 相差多么小，只要样本容量 n 充分大，式（3-1）第二项的绝对值总可以任意大，从而使 U 值落到接受域之内的可能性非常之小，也就是犯第二类错误“取伪”的概率 β 非常之小。这说明只要把样本充分增大，就可以使两类错误的概率 α 和 β 都充分小。

但是样本增大会导致人力物力的浪费，所以在实际应用中要根据犯两类错误可能造成的损失和进行抽样试验的人力物力耗费来统筹考虑，选择最适当的 n、α、β 值。

我们以 U 检验法为例解释了两类错误的概念，这种讨论对 t 检验法和下面将介绍的其他统计假设检验方法都可以类似地进行。

第二节　正态总体方差的检验

设总体 $X \sim N(\mu, \sigma^2)$，X_1，X_2，…，X_n 是 X 的样本。本节主要讨论对总体的方差所作的假设

$$H_0: \sigma^2 = \sigma_0^2, \ H_1: \sigma^2 \neq \sigma_0^2$$

其中 σ_0^2 是某个已知数。同时，结合正态总体方差的检验介绍具有普遍实用意义的单侧检验问题。

一、方差 σ^2 的检验法（χ^2 检验法）

要检验 σ^2，显然可用它的无偏估计 S^2。由第一章抽样分布定理2知，在 H_0 成立的条件下统计量

$$\chi_0^2 = \frac{(n-1)S^2}{\sigma^2} \sim \chi^2(n-1)$$

给定显著水平 α，查附表3可得 $\chi^2_{\alpha/2}(n-1)$ 与 $\chi^2_{1-\alpha/2}(n-1)$ 使

$$P(\chi_0^2 \leqslant \chi^2_{1-\frac{\alpha}{2}}(n-1)) = P(\chi_0^2 \geqslant \chi^2_{\frac{\alpha}{2}}(n-1)) = \frac{\alpha}{2}$$

即

$$P(\chi^2_{1-\frac{\alpha}{2}}(n-1) < \chi^2_0 < \chi^2_{\frac{\alpha}{2}}(n-1)) = 1-\alpha$$

故 H_0 的拒绝域为

$$\chi^2_0 \leqslant \chi^2_{1-\frac{\alpha}{2}}(n-1) \text{ 或 } \chi^2_0 \geqslant \chi^2_{\frac{\alpha}{2}}(n-1)$$

（接受域为 $\chi^2_{1-\frac{\alpha}{2}}(n-1) < \chi^2_0 < \chi^2_{\frac{\alpha}{2}}(n-1)$）。

在一次抽样获得样本值 x_1，x_2，…，x_n 后计算样本方差 S^2，进而求得 $\chi^2_0 = \frac{(n-1)S^2}{\sigma_0^2}$ 的值，看其是否落在拒绝域内，决定拒绝或接受 H_0。

由于这类检验所用的统计量服从 χ^2 分布，因此也称为 **χ^2 检验法**。与前面介绍的 **U 检验法**和 **t 检验法**不同之处，除所用统计量不同外，就是它的拒绝域（或接受域）关于原点是非对称的，包括以后要介绍的 **F 检验法**也是如此，这当然是由于这些分布的非对称性所决定的。

例 3 已知某种延期药静止燃烧时间 T（从开始燃烧到熄灭所经时间）服从正态分布。今从一批延期药中，任取 10 副测得静止燃烧时间数据为（时间：s）

1.3405，1.4059，1.3836，1.3857，1.3804

1.4053，1.3760，1.3789，1.3424，1.4021

问这批延期药的静止燃烧时间 T 的方差是 σ^2 为规定的 0.025^2（$\alpha = 0.05$）是否可信？

解 根据题意，要检验

$$H_0:\ \sigma^2 = 0.025^2,\ H_1:\ \sigma^2 \neq 0.025^2$$

在 H_0 成立的条件下，统计量

$$\chi^2_0 = \frac{(10-1)S^2}{0.025^2} \sim \chi^2(9)$$

给定 $\alpha = 0.05$，由附表 3 查得 $\chi^2_{0.025}(9) = 19.023$，$\chi^2_{0.975}(9) = 2.700$。

由样本值算得样本方差 $S^2 = 5.288 \times 10^{-4}$，进而求得

$$\chi^2_0 = 9 \times 5.288 \times 10^{-4} / 6.25 \times 10^{-4} = 7.615$$

因 $2.700 < 7.615 < 19.023$，故在显著水平 $\alpha = 0.05$ 下接受 H_0，即认为这批延期药的静止燃烧时间 T 的方差 σ^2 为 0.025^2。

顺便指出，上述 χ^2 检验法也完全适用于对总体标准差 σ 所作的假设

$$H_0:\ \sigma = \sigma_0,\ H_1:\ \sigma \neq \sigma_0$$

其中 σ_0 是某个已知数。

二、关于单侧检验问题

至此，我们讨论的假设检验问题的形式为

$$H_0:\ \mu = \mu_0\ (\text{或 } \sigma^2 = \sigma_0^2);\ H_1:\ \mu \neq \mu_0\ (\text{或 } \sigma^2 \neq \sigma_0^2)$$

它们的共同点是拒绝域分布在接受域的两侧，因而称为**双侧检验**。但在实际中人们关心的往往不是总体均值（或方差）是否等于某一已知数，更多的是希望知道：经过工艺改革后，新工艺下的产品质量是否比老工艺下的有显著性地提高？另外，产品的规格要求也不是规定它不高不低正好达到某一数值，而是不低于或不高于某一数值。例如，金属材料的

抗拉强度愈高愈好，因此标准是不低于某个值（例如，$\mu \geqslant 420\text{MPa}$）；又如，测量误差当然是愈小愈好，因此规定它不高于某个值（例如，$\sigma \leqslant 0.01\text{cm}$）等等。于是提出了**单侧检验**问题，它的一般形式是

$$H_0: \mu \leqslant \mu_0 \text{(或“}\geqslant\text{”)}, H_1: \mu > \mu_0 \text{(或“}<\text{”)};$$

和

$$H_0: \sigma^2 \leqslant \sigma_0^2 \text{(或“}\geqslant\text{”)}, H_1: \sigma^2 > \sigma_0^2 \text{(或“}<\text{”)};$$

下面，以正态总体方差检验为例，说明单侧检验的处理方法。

对于例 3 中所提出的问题，更重要的是关心这批延期药的静止燃烧时间的方差是否不高于 0.025^2，因此可以提出假设

$$H_0: \sigma^2 \leqslant 0.025^2, H_1: \sigma^2 > 0.025^2$$

自然仍可选用χ^2 作统计量。如果由样本值算出的χ_0^2 值过大，就有理由拒绝 H_0，这是因为

$$\chi_0^2 = \frac{(n-1)S^2}{\sigma_0^2} = \frac{9S^2}{0.025^2}$$

而χ_0^2 值过大，说明 σ^2 的无偏估计 S^2 的值过大，故应接受 $H_1: \sigma^2 > 0.025^2$。

由于 $H_0: \sigma^2 \leqslant \sigma_0^2$（$=0.025^2$）包含 $\sigma^2 = \sigma_0^2$ 与 $\sigma^2 < \sigma_0^2$ 两种情况，因此确定 H_0 的拒绝域时需要讨论

1. $\sigma^2 = \sigma_0^2$ 成立

此时，统计量

$$\chi_0^2 = \frac{(n-1)S^2}{\sigma_0^2} \sim \chi^2(n-1)$$

给定 α，查附表 3 可得$\chi_\alpha^2(n-1)$ 使

$$P(\chi_0^2 \geqslant \chi_\alpha^2(n-1)) = \alpha$$

2. $\sigma^2 < \sigma_0^2$ 成立

由第一章抽样分布定理 2 有

$$\chi^2 = \frac{(n-1)S^2}{\sigma^2} \sim \chi^2(n-1)$$

由于 $\sigma^2 < \sigma_0^2$，因此对任何样本都有

$$\frac{(n-1)S^2}{\sigma_0^2} < \frac{(n-1)S^2}{\sigma^2}$$

从而

$$P\left(\frac{(n-1)S^2}{\sigma_0^2} \geqslant \chi_\alpha^2(n-1)\right) \leqslant P\left(\frac{(n-1)S^2}{\sigma^2} \geqslant \chi_\alpha^2(n-1)\right) = \alpha$$

综上两种情况可知，当 $H_0: \sigma^2 \leqslant \sigma_0^2$ 成立时，总有

$$P\left(\frac{(n-1)S^2}{\sigma_0^2} \geqslant \chi_\alpha^2(n-1)\right) \leqslant \alpha$$

这表明：$\chi_0^2 \geqslant \chi_\alpha^2(n-1)$ 是小概率事件，于是由样本值求得χ_0^2 后，若$\chi_0^2 \geqslant \chi_\alpha^2(n-1)$，则拒绝 H_0；若$\chi_0^2 < \chi_\alpha^2(n-1)$，则接受 H_0。由于 H_0 的拒绝域在其接受域的一侧（右侧），故该检验法称为**单侧检验**。

例 4　就例 3 所给条件和数据，检验

$$H_0:\ \sigma^2 \leqslant 0.025^2,\ H_1:\ \sigma^2 > 0.025^2$$

解 查附表3得$\chi^2_{0.05}(9) = 16.919$。由样本值求得$S^2 = 5.288 \times 10^{-4}$，进而求得$\chi^2_0 = 7.615$。

因为$\chi^2_0 = 7.615 < \chi^2_{0.05}(9) = 16.919$，所以接受$H_0$，即在显著水平$\alpha = 0.05$下认为这批延期药的静止燃烧时间的方差$\sigma^2$不大于$0.025^2$，或者说，静止燃烧时间的“波动性”在规定范围内。

由以上讨论可知，假设

$$H_0:\ \sigma^2 \leqslant \sigma_0^2,\ H_1:\ \sigma^2 > \sigma_0^2$$

的检验等价于假设

$$H_0:\ \sigma^2 = \sigma_0^2,\ H_1:\ \sigma^2 > \sigma_0^2$$

的检验。

第三节 两正态总体均值差和方差比的检验

一、均值差$\mu_1 - \mu_2$的检验

设两个正态总体X_1与X_2的分布分别为$N(\mu_1,\ \sigma_1^2)$和$N(\mu_2,\ \sigma_2^2)$。假定两总体的方差相等，记$\sigma_1^2 = \sigma_2^2 = \sigma^2$，在两总体上作假设

$$H_0:\ \mu_1 - \mu_2 = 0,\ H_1:\ \mu_1 - \mu_2 \neq 0$$

从两个总体中独立地各抽一样本。记样本容量、均值和方差分别为$n_1, \overline{X}_1, S_1^2$和$n_2, \overline{X}_2, S_2^2$。显然$\overline{X}_1 - \overline{X}_2$是$\mu_1 - \mu_2$的无偏估计。据第一章抽样分布定理4，构造统计量

$$T = \frac{\overline{X}_1 - \overline{X}_2 - (\mu_1 - \mu_2)}{S^* \sqrt{\dfrac{1}{n_1} + \dfrac{1}{n_2}}}$$

其中

$$S^* = \sqrt{\frac{(n_1 - 1)S_1^2 + (n_2 - 1)S_2^2}{n_1 + n_2 - 2}}$$

在H_0成立条件下，

$$T = \frac{\overline{X}_1 - \overline{X}_2}{S^* \sqrt{\dfrac{1}{n_1} + \dfrac{1}{n_2}}} \sim t_{\alpha/2}(n_1 + n_2 - 2)$$

给定显著水平α，由附表2查得$t_{\alpha/2}(n_1 + n_2 - 2)$使

$$P(|T_0| \geqslant t_{\alpha/2}(n_1 + n_2 - 2)) = \alpha$$

故H_0的拒绝域为$|T_0| \geqslant t_{\alpha/2}(n_1 + n_2 - 2)$（接受域为$|T_0| < t_{\alpha/2}(n_1 + n_2 - 2)$）。由一次抽样后所得样本值算得$\bar{x}_1, \bar{x}_2, S_1^2, S_2^2$和$S^*$的值，进而求得$T_0$的值，如果它落在拒绝域内，则拒绝$H_0$，即认为两总体均值有显著差异；否则，接受$H_0$，即认为两总体均值无显著差异。

例5 从两批彼此无关的发射管中，各取10发，分别测得初速数据为（单位：m/s）：

甲：130.6，130.8，133.9，113.6，133.7
　　134.0，134.2，134.3，136.0，137.2
乙：125.5，126.5，128.1，129.0，128.9
　　130.0，133.6，133.0，134.5，134.1

根据经验，发射管的初速服从正态分布，且方差相同。问能否认为这两批发射管的初速无显著差异（$\alpha=0.05$）。

解　用X、Y分别表示甲、乙两批发射管的初速。由题意知，所提问题是：未知σ_1^2、σ_2^2，但知$\sigma_1^2=\sigma_2^2$。检验H_0：$\mu_1=\mu_2$，H_1：$\mu_1\neq\mu_2$。

由于$n_1=n_2=n=10$，计算得到简化。

查t分布表得$t_{0.025}(2\times10-2)=2.1009$。

由样本算得：$\bar{x}=133.83$，$S_1^2=(2.0039)^2$；

$$\bar{y}=130.32,\ S_2^2=(3.2714)^2$$

$$|T_0|=\frac{|\bar{x}-\bar{y}|}{\sqrt{\dfrac{S_1^2+S_2^2}{n}}}=\frac{|133.83-130.32|}{\sqrt{\dfrac{(2.0039)^2+(3.2714)^2}{10}}}\approx 2.8933$$

因为2.8933>2.1009，所以否定H_0，接受H_1，认为这两批发射管的初速有显著差异。

有时，从两总体中抽出的样本不是相互独立的，此时也可检验两总体均值有无显著差异。

例6　比较两种安眠药A与B的疗效。以10个失眠患者为实验对象。以X_1表示使用A后延长的睡眠时间，X_2表示使用B后延长的睡眠时间。对每个患者各服两种药分别实验一次，数据见表3-1：

表3-1　患者使用两种安眠药后延长的睡眠时间　　（单位：h）

患者	1	2	3	4	5	6	7	8	9	10
X_1	1.9	0.8	1.1	0.1	-0.1	4.4	5.5	1.6	4.6	3.4
X_2	0.7	-1.6	-0.2	-1.2	-0.1	3.4	3.7	0.8	0	2.0
$X=X_1-X_2$	1.2	2.4	1.3	1.3	0	1.0	1.8	0.8	4.6	1.4

给定显著水平$\alpha=1\%$，试问两种药的疗效有无显著差异。

解　如果把X_1和X_2看作两个总体的数量指标，而表3-1中X_1栏和X_2栏的数据分别看成从各个总体中取得的样本，那么检验两种药的疗效是否相等，可以看作检验两个总体的均值是否相等。但是对同一人使用各种药后延长的睡眠时间会有联系，如对重患者都延长得少，而对轻患者都延长得多，所以这两个样本不能认为是相互独立的简单随机样本。因而，考虑数量指标

$$X=X_1-X_2$$

假定总体X具有正态分布$N(\mu,\ \sigma^2)$。在总体上作假设

$$H_0:\ \mu=0,\ H_1:\ \mu\neq0$$

用表3-1中X的10个样本值进行检验。先算得

$$\bar{x} = 1.580, \ S = 1.230$$

又 $\alpha = 0.01$，查表得 $t_{\alpha/2}(9) = 3.25$，再算得

$$T_0 = \bar{x} \Big/ \frac{S}{\sqrt{n}} = 1.580 \Big/ \frac{1.230}{\sqrt{10}} = 4.06$$

易见 $|T_0| > 3.25$，故两种药的疗效有显著差异。

上例中如果两种安眠药各用在 10 名患者身上作试验，共抽 20 名患者。此时，把 X_1 和 X_2 分别看作服用两种安眠药后的延长睡眠时间，并假定这两个总体的分布是正态的，且方差相等。如果服用两种药后延长的睡眠时间仍是表 3-1 中的数据，但是需将患者一行删去。现在就可以将两个样本看作是相互独立的。给定 $\alpha = 1\%$，运用本段开头介绍的检验方法，读者不难得出“两种药的疗效无显著差异”的结论。由此可见，同样的数据，看作由不同抽样方法得来，采用不同的数学模型和检验方法，所得的结果是不相同的。

例 7 改进某种金属的热处理方法，要检验抗拉强度（单位：MPa）有无显著提高。在改进前取 12 个试样，测量并计算得 $\bar{x}_1 = 286.7$，$(n_1 - 1)S_1^2 = 666.4$； 在改进后又取 12 个试样，测量并计算得 $\bar{x}_2 = 317.5$，$(n_2 - 1)S_2^2 = 1122.5$。假定热处理前与热处理后金属抗拉强度分别为正态总体，且总体方差相等。问热处理后抗拉强度有无显著提高（$\alpha = 5\%$）？

解 按题意，要进行单侧检验，即检验假设

$$H_0: \mu_1 \geqslant \mu_2, \ H_1: \mu_1 < \mu_2$$

我们用两个样本作检验。由本段知道在 $\mu_1 = \mu_2$ 的前提下统计量

$$T_0 = \frac{\overline{X}_1 - \overline{X}_2}{\sqrt{\frac{1}{n_1} + \frac{1}{n_2}} \ S^*}$$

服从自由度为 $n_1 + n_2 - 2$ 的 t 分布，其中

$$S^* = \sqrt{\frac{(n_1 - 1)S_1^2 + (n_2 - 1)S_2^2}{n_1 + n_2 - 2}}$$

给定显著水平 α，查附表 2 的 $t_\alpha(n_1 + n_2 - 2)$ 的值，使

$$P\{T_0 \leqslant -t_\alpha(n_1 + n_2 - 2)\} = \alpha$$

故 H_0 的拒绝域为 $T_0 \leqslant -t_\alpha(n_1 + n_2 - 2)$ 。在本例中 $n_1 = n_2 = 12$，$\alpha = 5\%$，查得 $t_{0.05}(22) = 1.7341$，由题中提供的数据，求得 $S^* = 28.5$，进而算得

$$T_0 = (286.7 - 317.5) \Big/ \left(28.5 \times \sqrt{\frac{1}{12} + \frac{1}{12}}\right) = -2.640$$

因为 $T_0 = -2.640 < -1.7341$，故拒绝 H_0，即认为改进热处理方法后显著提高了抗拉强度。

前面介绍的均值检验法（包括一个总体的均值检验和两个总体均值差的检验）都假定总体是正态分布总体。如果总体的分布未知（或是任意分布），这时必须用大样本（一般 $n \geqslant 50$）进行检验。对于一个总体的均值检验，当 n 充分大时，由中心极限定理知统计量

$$U=\frac{\overline{X}-\mu}{S/\sqrt{n}}$$

近似服从 $N(0, 1)$ 分布；对两个总体的均值差检验，当 n_1 和 n_2 充分大时，统计量

$$U=(\overline{X}_1-\overline{X}_2)\bigg/\sqrt{\frac{S_1^2}{n_1}+\frac{S_2^2}{n_2}}$$

近似服从 $N(0, 1)$，于是采用 U 检验法，读者不难分别导出相应的双侧检验和单侧检验法。

二、方差比 σ_1^2/σ_2^2 的检验

前面在均值差 $\mu_1-\mu_2$ 的检验中，我们曾假定两正态总体的方差相等：$\sigma_1^2=\sigma_2^2$，本段中通过方差比的检验来说明这一假定如何检验。

设总体 X_1 和 X_2 分别服从正态分布 $N(\mu_1, \sigma_1^2)$ 和 $N(\mu_2, \sigma_2^2)$，在两个总体上作假设

$$H_0: \sigma_1^2=\sigma_2^2, \ H_1: \sigma_1^2\neq\sigma_2^2$$

现独立地从两总体中各抽一个样本，样本容量、样本方差分别为 n_1，S_1^2 和 n_2，S_2^2。显然可以用 σ_1^2 和 σ_2^2 的无偏估计，分别是 S_1^2 和 S_2^2 检验此假设。由第一章抽样分布定理 5 知，在 H_0 成立条件下，统计量

$$F_0=S_1^2/S_2^2\sim F(n_1-1, n_2-1)$$

给定显著水平 α，查附表 4 可得 $F_{1-\frac{\alpha}{2}}(n_1-1, n_2-1)$ 和 $F_{\frac{\alpha}{2}}(n_1-1, n_2-1)$ 使

$$P(F_{1-\frac{\alpha}{2}}(n_1-1, n_2-1)<F_0<F_{\frac{\alpha}{2}}(n_1-1, n_2-1))=1-\alpha$$

从而，H_0 的拒绝域为

$$F_0\leqslant F_{1-\frac{\alpha}{2}}(n_1-1, n_2-1) \text{ 或 } F_0\geqslant F_{\frac{\alpha}{2}}(n_1-1, n_2-1)$$

一次抽样后计算出 S_1^2 和 S_2^2 的值，进而求得 F_0 的值，看其是否落入拒绝域内决定拒绝 H_0 或接受 H_0 的结论。此检验法称为 ***F* 检验法**。

例 8　甲、乙两台机床加工同一种轴。从这两台加工的轴中分别随机地抽取若干根，测得直径（单位：mm）为：

机床甲　　20.5，19.8，19.7，20.4，20.1，20.0，19.0，19.9

机床乙　　19.7，20.8，20.5，19.8，19.4，20.6，19.2

假定各机床加工轴的直径分别构成正态总体。试比较甲、乙两台机床加工的精度有无显著差异（取 $\alpha=5\%$）。

解　按题意，本题是检验两个正态总体方差是否相等的问题。

计算可得：

$$n_1=8, \ \bar{x}_1=19.93, \ S_1^2=0.216$$

$$n_2=7, \ \bar{x}_2=20.00, \ S_2^2=0.397$$

因而

$$F_0=\frac{S_1^2}{S_2^2}=\frac{0.216}{0.397}=0.544$$

给定 $\alpha=0.05$，查附表 4 的 $F_{0.025}(7, 6)=5.70$；$F_{0.025}(6, 7)=5.12$，于是

$$F_{0.975}(7,\ 6)=\frac{1}{F_{0.025}(6,\ 7)}=\frac{1}{5.12}=0.195$$

易见 $F_{0.975}(7,\ 6)<F_0<F_{0.025}(7,\ 6)$，故认为两个正态总体方差无显著差异。

例 9 在例 8 的条件下，检验机床甲的加工精度比机床乙的加工精度是否显著偏低（取 $\alpha=5\%$）。

解 按题意，要求检验假设

$$H_0:\ \sigma_1^2\geqslant\sigma_2^2,\ H_1:\ \sigma_1^2<\sigma_2^2$$

或

$$H_0:\ \sigma_1^2=\sigma_2^2,\ H_1:\ \sigma_1^2<\sigma_2^2$$

在 H_0 成立条件下，统计量

$$F_0=S_1^2/S_2^2\sim F(n_1-1,\ n_2-1)$$

给定显著水平 α，存在 $F_{1-\alpha}(n_1-1,\ n_2-1)$ 使

$$P(F_0\leqslant F_{1-\alpha}(n_1-1,\ n_2-1))=\alpha$$

故 H_0 的拒绝域为 $F_0\leqslant F_{1-\alpha}(n_1-1,\ n_2-1)$。在本例中，$\alpha=0.05$，查附表 4 可得 $F_{0.05}(6,\ 7)=3.87$，故

$$F_{0.95}(7,\ 6)=\frac{1}{F_{0.05}(6,\ 7)}=\frac{1}{3.87}=0.26$$

由例 8 知 $F_0=0.544>F_{0.95}(7,\ 6)=0.26$，故在显著水平 α 下接受 H_0，即认为机床甲的加工精度不比机床乙的加工精度显著偏低。

最后，将参数假设检验小结于表 3-2 中。

表 3-2 正态总体均值、方差检验表（显著水平为 α）

H_0	H_1	对总体（或样本）的要求	H_0 为真时，统计量的分布	拒绝域
$\mu=\mu_0$	$\mu\neq\mu_0$	正态总体，σ_0^2 已知	$U_0=\dfrac{\overline{X}-\mu}{\sigma_0/\sqrt{n}}\sim N(0,\ 1)$	$\lvert U_0\rvert\geqslant u_{\frac{\alpha}{2}}$
$\mu\leqslant\mu_0$	$\mu>\mu_0$			$U_0\geqslant u_\alpha$
$\mu\geqslant\mu_0$	$\mu<\mu_0$			$U_0\leqslant -u_\alpha$
$\mu=\mu_0$	$\mu\neq\mu_0$	正态总体，方差未知	$T_0=\dfrac{\overline{X}-\mu}{S/\sqrt{n}}\sim t(n-1)$	$\lvert T_0\rvert\geqslant t_{\frac{\alpha}{2}}$
$\mu\leqslant\mu_0$	$\mu>\mu_0$			$T_0\geqslant t_\alpha$
$\mu\geqslant\mu_0$	$\mu<\mu_0$			$T_0\leqslant -t_\alpha$
$\mu=\mu_0$	$\mu\neq\mu_0$	大样本	$U_0=\dfrac{\overline{X}-\mu}{S/\sqrt{n}}\sim N(0,\ 1)$	$\lvert U_0\rvert\geqslant u_{\frac{\alpha}{2}}$
$\mu\leqslant\mu_0$	$\mu>\mu_0$			$U_0\geqslant u_\alpha$
$\mu\geqslant\mu_0$	$\mu<\mu_0$			$U_0\leqslant -u_\alpha$
$\mu_1=\mu_2$	$\mu_1\neq\mu_2$	两正态总体，方差相等	$T_0=\dfrac{\overline{X}_1-\overline{X}_2}{S^*\sqrt{\dfrac{1}{n_1}+\dfrac{1}{n_2}}}\sim t(n_1+n_2-2)$	$\lvert T_0\rvert\geqslant t_{\frac{\alpha}{2}}(n_1+n_2-2)$
$\mu_1\leqslant\mu_2$	$\mu_1>\mu_2$			$T_0\geqslant t_\alpha(n_1+n_2-2)$
$\mu_1\geqslant\mu_2$	$\mu_1<\mu_2$			$T_0\leqslant -t_\alpha(n_1+n_2-2)$
$\mu_1=\mu_2$	$\mu_1\neq\mu_2$	大样本	$U_0=\dfrac{\overline{X}_1-\overline{X}_2}{\sqrt{\dfrac{S_1^2}{n_1}+\dfrac{S_2^2}{n_2}}}\sim N(0,\ 1)$	$\lvert U_0\rvert\geqslant u_{\frac{\alpha}{2}}$
$\mu_1\leqslant\mu_2$	$\mu_1>\mu_2$			$U_0\geqslant u_\alpha$
$\mu_1\geqslant\mu_2$	$\mu_1<\mu_2$			$U_0\leqslant -u_\alpha$

续表 3-2

H_0	H_1	对总体（或样本）的要求	H_0 为真时，统计量的分布	拒绝域
$\sigma^2=\sigma_0^2$	$\sigma^2\neq\sigma_0^2$	正态总体	$\chi_0^2=\dfrac{(n-1)S^2}{\sigma_0^2}\sim\chi^2(n-1)$	$\chi_0^2\geqslant\chi_{\frac{\alpha}{2}}^2(n-1)$ 或 $\chi_0^2\leqslant\chi_{1-\frac{\alpha}{2}}^2(n-1)$
$\sigma^2\leqslant\sigma_0^2$	$\sigma^2>\sigma_0^2$			$\chi_0^2\geqslant\chi_\alpha^2(n-1)$
$\sigma^2\geqslant\sigma_0^2$	$\sigma^2<\sigma_0^2$			$\chi_0^2\leqslant\chi_{1-\alpha}^2(n-1)$
$\sigma_1^2=\sigma_2^2$	$\sigma_1^2\neq\sigma_2^2$	两正态总体	$F_0=\dfrac{S_1^2}{S_2^2}\sim F(n_1-1,\ n_2-1)$	$F_0\geqslant F_{\frac{\alpha}{2}}(n_1-1,\ n_2-1)$ 或 $F_0\leqslant F_{1-\frac{\alpha}{2}}(n_1-1,\ n_2-1)$
$\sigma_1^2\leqslant\sigma_2^2$	$\sigma_1^2>\sigma_2^2$			$F_0\geqslant F_\alpha(n_1-1,\ n_2-1)$
$\sigma_1^2\geqslant\sigma_2^2$	$\sigma_1^2<\sigma_2^2$			$F_0\leqslant F_{1-\alpha}(n_1-1,\ n_2-1)$

第四节　分布假设检验

上面介绍的各种检验法大都是在总体分形式已知的前提下讨论的。但在实际中，常常不能预知总体服从什么类型的分布，这时就需要根据样本来检验关于总体分布的假设，即所谓分布的检验。分布检验的方法有很多，本节仅介绍χ^2 **检验法**，也称为**拟合优度检验**。

首先提出关于总体 X 分布的假设

$$H_0:\ F(x)=F_0(x)\ (\text{省略}\ H_1)$$

其中 $F_0(x)$ 是已知的分布函数。如果只知道 $F_0(x)$ 的形式，但其参数未知，这时需要先用极大似然估计法估计参数，然后再检验。

注意，若总体为离散型，则上述假设相当于

$$H_0:\ \text{总体}\ X\ \text{分布律为已知分布律}$$

$$P(X=x_i)=p_i,\ i=1,\ 2,\ \cdots$$

若总体为连续型，则上述假设相当于

$$H_0:\ \text{总体}\ X\ \text{的概率密度为已知密度}\ f(x)$$

χ^2 检验法的基本思想如下：将随机试验的可能结果的全体 Ω 表示为 k 个互斥事件 $A_1,\ A_2,\ \cdots,\ A_k$ 之和，即 $\Omega=\sum\limits_{i=1}^{k}A_i$。于是在假设 H_0 下，我们可以计算 $p_i=P(A_i)$（或 p_i 的估计值 $\hat{p}_i$）$i=1,\ 2,\ \cdots,\ k$。在 n 次试验中，事件 A_i 出现的概率 f_i/n 与概率 p_i（或 $\hat{p}_i$）之间往往有差异，但一般来说，若 H_0 真，且试验次数又很多时，则这种差异不应很大。基于这种想法，皮尔逊（K. Pearson）构造统计量

$$\chi_0^2=\sum_{i=1}^{k}\frac{(f_i-np_i)^2}{np_i}\tag{3-2}$$

（或在上式中以 $\hat{p}_i$ 代替 p_i）来检验假设 H_0，并证明了以下定理。

定理　若 n 充分大（一般 $n\geqslant50$），则当 H_0 为真时（不论 H_0 中的已知分布是何种分

布），统计量（3-2）总是近似地服从自由度为 $k-r-1$ 的 χ^2 分布，其中 r 是被估计的参数的个数。

于是，根据一次抽样值算得 χ_0^2 的值，如果有 $\chi_0^2 \geqslant \chi_\alpha^2(k-r-1)$，则在显著水平 α 下拒绝 H_0；否则就接受 H_0。

由于 χ^2 检验法是基于上述定理得到的，所以在使用时必须要求是大样本（$n \geqslant 50$），而且在把样本中的数据分组时，要求各组的理论频数 $np_i \geqslant 5$。一般可将数据分为 7 ~ 14 组。有时为了保证 $np_i \geqslant 5$，组数少于 7 组也是允许的。

例 10　考察某电话交换站一天中电话接错次数 X。统计 267 天的记录，各天电话接错次数的频数分布列成表，见表 3-3：

表 3-3　例 10 电话接错次数频数分布表

i（一天中电话接错次数）	m_i（天数）	np_i
0~2	1}	2.05}
3	5}	4.76}
4	11	10.39
5	14	18.16
6	22	26.45
7	43	33.03
8	31	36.09
9	40	35.04
10	35	30.63
11	20	24.34
12	18	17.72
13	12	11.92
14	7	7.44
15	6}	4.33}
≥16	2}	4.65}

试检验 X 的分布与泊松分布有无显著差异（取 $\alpha=5\%$）。

解　先求泊松分布中参数 λ 的极大似然估计值

$$\hat{\lambda} = \bar{x} = \frac{1}{267}(2 \times 1 + 3 \times 5 + \cdots + 15 \times 6 + 16 \times 2) = 8.74$$

然后计算理论频数

$$np_i = 267 \times \frac{(8.74)i}{i!}e^{-8.74}$$

结果也列入了表 3-3 中。由于前面两组理论频数都小于 5，合并得 $m_i = 6$，$np_i = 6.81$；又最后二组理论频数也小于 5，合并得 $m_i = 8$，$np_i = 8.98$。经合并后，组数 $k = 13$。计算得

$$\chi_0^2 = \sum_{i=1}^{13} \frac{(m_i - np_i)^2}{np_i} = 7.80$$

用χ^2检验法时，自由度为$k-r-1=13-1-1=11$。由$\alpha=0.05$，查附表3得$\chi^2_{0.05}(11)=19.675$。易见$\chi^2_0<\chi^2_{0.05}(11)$，故可以认为$X$的分布是泊松分布。

例11　下面列出了84个伊特拉斯坎（Etruscan）人男子的头颅的最大宽度（mm），试检验这些数据是否来自正态总体（取$\alpha=0.1$）。

141	148	132	138	154	142	150	146	155	158
150	140	147	148	144	150	149	145	149	158
143	141	144	144	126	140	144	142	141	140
145	135	147	146	141	136	140	146	142	137
148	154	137	139	143	140	131	143	141	149
148	135	148	152	143	144	141	143	147	146
150	132	142	142	143	153	149	146	149	138
142	149	142	137	134	144	146	147	140	142
140	137	152	145						

解　上述数据的最小值和最大值分别为126和158，现取区间[124.5，159.5]，它能覆盖区间[126，158]，将区间[124.5，159.5]等分为7个子区间，子区间长度为$\Delta=(159.5-124.5)/7=5$（组距），统计落在各子区间内的频数f_i、频率f_i/n以及累计频率（$n=84$，$i=1,2,\cdots,7$），得下表：

组限	频数f_i	频率f_i/n	累积频率
124.5~129.5	1	0.0119	0.0119
129.5~134.5	4	0.0476	0.0595
134.5~139.5	10	0.1191	0.1786
139.5~144.5	33	0.3929	0.5715
144.5~149.5	24	0.2857	0.8572
149.5~154.5	9	0.1071	0.9524
154.5~159.5	3	0.0357	1

现作频率直方图（依次在各子区间上作以$\dfrac{f_i}{n}/\Delta$为高的小矩形）（见图3-1）。由图中所画的近似密度曲线看出它很像是正态密度曲线，因此对总体分布作假设

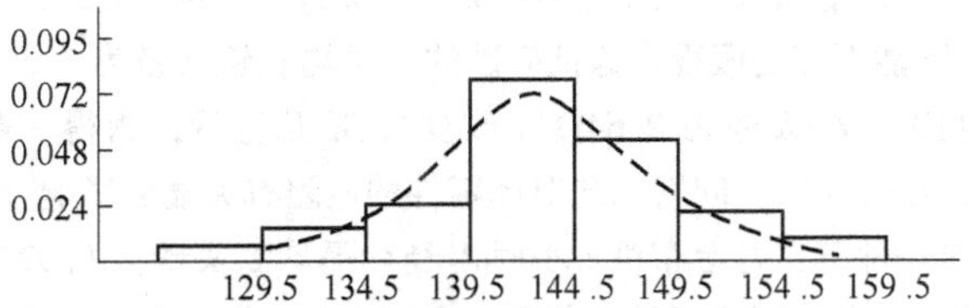

图3-1　例11频率直方图

H_0：X的概率密度为

$$f(x)=\frac{1}{\sqrt{2\pi}\sigma}e^{-\frac{(x-\mu)^2}{2\sigma^2}},\ -\infty<x<+\infty$$

因其中μ和σ^2未知，由极大似然估计法求得：$\hat{\mu}=143.8$，$\hat{\sigma}^2=(6.0)^2$，我们将x的可能值区间（$-\infty$，$+\infty$）分为7个小区间，并取A_i如表3-4中第一列所示。若H_0为真，X的概率密度估计为

$$f(x)=\frac{1}{\sqrt{2\pi}\times 6}e^{-\frac{(x-143.8)^2}{2\times 6^2}},\ -\infty < x < +\infty$$

按上式并查标准正态分布的分布函数表（附表1）即可得$p(A_i)$的估计，例如

$$\begin{aligned}\hat{p}_2 &= \hat{p}(A_2)=\hat{p}(129.5 \leqslant X < 134.5)\\ &= \Phi\left(\frac{134.5-143.8}{6}\right)-\Phi\left(\frac{129.5-143.8}{6}\right)\\ &= \Phi(-1.55)-\Phi(-2.38)=0.0519\end{aligned}$$

将计算结果列表如下：

表3-4 例11的χ^2检验计算表

A_i	f_i	$\hat{p}_i$	$n\hat{p}_i$	$f_i-n\hat{p}_i$	$(f_i-n\hat{p}_i)^2/n\hat{p}_i$
A_1：$x<129.5$	1	0.0087	0.73 }	-0.09	0.00
A_2：$129.5 \leqslant x < 134.5$	4	0.0519	4.36 }		
A_3：$134.5 \leqslant x < 139.5$	10	0.1752	14.72	-4.72	1.51
A_4：$139.5 \leqslant x < 144.5$	33	0.3120	26.21	6.79	1.76
A_5：$144.5 \leqslant x < 149.5$	24	0.2811	23.61	0.39	0.01
A_6：$149.5 \leqslant x < 154.5$	9	0.1336	11.22 }	-2.37	0.39
A_7：$154.5 \leqslant x < +\infty$	3	0.0375	3.15 }		
$\sum$					$\chi_0^2=3.67$

因为$\chi^2_{0.1}(k-r-1)=\chi^2_{0.1}(5-2-1)=\chi^2_{0.1}(2)=4.605>3.67$，故在显著水平0.1下接受$H_0$，即认为数据来自正态总体。

习 题

3-1 从已知标准差$\sigma=5.2$的正态总体中，抽取容量为$n=16$的样本，由它算得样本均值$\bar{x}=27.56$。试在显著水平0.05下，检验假设H_0：$\mu=26$。

3-2 某批矿砂的5个样品中镍含量x(%)经测定为：3.25，3.27，3.24，3.26，3.24。设测定值服从正态分布。问在$\alpha=0.01$下能否接受假设：这批矿砂的（平均）镍含量为3.25。

3-3 某电器零件的平均电阻一直保持在2.64Ω。改变加工工艺后，测得100个零件的平均电阻为2.62Ω，电阻标准差s为0.06Ω，问新工艺对此零件的电阻有无显著影响（$\alpha=0.01$）？

3-4 某纺织厂在正常的运转条件下，各台布机1小时内经纱平均断头数为0.973根，断头数的标准差为0.162根。该厂进行工艺改革，减少经纱上浆率。在200台布机上进行试验，结果每台1小时内经纱平均断头数为0.994根，标准差s为0.16根，问新工艺经纱断头数与旧工艺有无显著差异（$\alpha=0.05$）？

3-5 某切割机正常工作时，切割每段金属棒的平均长度为0.105m。今在某段时间内随机地抽取15段进行测量，其结果为（m）：0.104，0.106，0.101，0.104，0.105，0.103，0.103，0.102，0.109，0.106，0.108，0.105，0.107，0.102，0.107。问此段时间内该机工作是否正常（$\alpha=5\%$）？假定

金属棒长度服从正态分布。

3-6 某种弹壳直径 X 尺寸标准为 $\mu = 8 \times 10^{-3}$ m, $\sigma = 9 \times 10^{-5}$ m。今从一批弹壳中任取 9 枚，测得直径为（单位：10^{-3} m）：7.92，7.94，7.95，7.93，7.92，7.92，7.93，7.91，7.94。根据历史资料，认为弹壳直径 $X \sim N(\mu, \sigma^2)$，其标准偏差也符合标准（即 $\sigma = 9 \times 10^{-5}$ m）。试问这批弹壳直径是否符合标准？试在 $\alpha = 0.05$ 和 $\alpha = 0.01$ 两种情况下检验。

3-7 在一批砖中，随机抽测 6 块，得抗断强度（单位：MPa）为：325.6，296.6，316.4，300.0，318.7，310.3。设砖的抗断强度 $X \sim N(\mu, \sigma^2)$，且已知 $\sigma^2 = 1.1^2$，问能否认为这批砖的抗断强度是 325.0MPa（这里所谓抗断强度，实际上是指这批砖的抗断强度的均值。$\alpha = 0.01$）？

3-8 为比较两种枪弹的速度（单位：m/s），在相同条件下进行速度测定，算得样本均值和标准差

枪弹甲　$n_1 = 110, \bar{x}_1 = 2805, s_1 = 120.41$

枪弹乙　$n_2 = 100, \bar{x}_2 = 2680, s_2 = 105.00$

在显著水平 $\alpha = 0.05$ 下，这两种枪弹的（平均）速度有无显著差异？

3-9 在 10 块土地上同时试种甲、乙两种品种的作物，根据产量算得 $\bar{x} = 30.97, \bar{y} = 21.79, s_x = 26.7, s_y = 21.1$，试问这两种品种作物的产量有无显著差异（$\alpha = 1\%$）？假定两品种作物产量分布服从正态分布且方差相等。

3-10 在上题中，两品种作物产量的方差有无显著差异（$\alpha = 1\%$）？

3-11 测定某种溶液中的水分，由它的 10 个测定值求得 $\bar{x} = 0.452\%$，$s = 0.037\%$，设测定值总体服从正态分布。试在 5% 显著水平下分别检验假设：

(1) H_0: $\mu = 0.5\%$；(2) H_0': $\sigma = 0.04\%$。

3-12 一中学校长在报纸上看到这样的报道："这一城市的初中学生平均每周看电视 8h"。她认为她所领导的学校，学生看电视的时间明显小于该数字，为此，她向 100 个初中生进行调查，得知学生平均每周看电视的时间 $\bar{x} = 6.5$h，样本标准差为 $s = 2$h，问这位校长的看法对否（$\alpha = 0.05$）？

3-13 在两个工厂生产的蓄电池中，分别取 10 个，测量蓄电池的电容量（单位：Ah），数据如下：

A 厂　146，141，135，142，140，143，138，137，142，137

B 厂　141，143，139，139，140，141，138，140，142，138

(1) 试检验两厂蓄电池的性能有无显著差异（$\alpha = 5\%$）；

(2) 说明检验要作哪些假定。

3-14 已知维尼纶纤度在正常条件下服从正态分布，且标准差 $\sigma = 0.048$。从某天产品中抽取 5 根纤维，测得其纤度为：1.32，1.55，1.36，1.40，1.44。问这一天纤度的总体标准差是否正常（$\alpha = 5\%$）？

3-15 某电工器材厂生产一种保险丝。测量其熔化时间，依通常情况方差为 400。今从某天产品中抽取容量为 25 的样本，测量其熔化时间并计算得 $\bar{x} = 62.24, s^2 = 404.77$，问这天保险丝熔化时间分散度与通常有无显著差异（$\alpha = 1\%$）？假定熔化时间是正态总体。

3-16 两位化验员 A、B 对一种矿砂的含铁量独立地用同一方法作分析，分别分析 5 次和 7 次，得样本方差 s^2 分别为 0.4322 与 0.5006。设 A、B 测定值的总体都是正态的。试在 $\alpha = 5\%$ 下检验两化验员的方差有无显著差异？

3-17 测得两批电子元件电阻的样本值为：

A 批 x（欧姆）：0.140，0.138，0.143，0.142，0.144，0.137

B 批 y（欧姆）：0.135，0.140，0.142，0.136，0.138，0.140

设这两批元件的电阻分别服从 $N(\mu_1, \sigma_1^2)$ 与 $N(\mu_2, \sigma_2^2)$，试检验假设（$\alpha = 5\%$）：

(1) H_0: $\sigma_1^2 = \sigma_2^2$；(2) H_0': $\mu_1 = \mu_2$。

3-18 在第 4 题中检验采用新工艺后经纱断头数有无显著降低（$\alpha = 0.05$）？

3-19 在第 8 题中检验甲枪弹速度是否比乙枪弹速度显著偏大（$\alpha = 0.05$）？

3-20 如果 15 题中要求保险丝熔化时间的方差不超过 400，问该日生产的保险丝是否符合此要求

($\alpha=1\%$)？

3-21 甲、乙两台机床加工同一种零件，依次分别取 6 个和 9 个，测其长度并算得 $s_{甲}^2=0.245$，$s_{乙}^2=0.357$，假定零件长度服从正态分布，问在 $\alpha=5\%$ 下是否可认为甲机床加工精度比乙机床要高？

3-22 在细纱机上测定断头率，试验锭子总数为 440 个，测得各锭子的断头次数记录如下：

每锭断头数	0	1	2	3	4	5	6	7	8
实测锭数	263	112	38	19	3	1	1	0	3

试在 $\alpha=0.05$ 下检验各锭子的断头数是否服从泊松分布？

3-23 自 1965 年 1 月 1 日至 1971 年 2 月 9 日共 2231 天中，全世界记录到里氏地震 4 级和 4 级以上地震 162 次，统计如下：

相继两次地震相隔天数	0 ~ 4	5 ~ 9	10 ~ 14	15 ~ 19	20 ~ 24
出现的频数	50	31	26	17	10
相继两次地震相隔天数	25 ~ 29	30 ~ 34	35 ~ 39	≥40	
出现的频数	8	6	8	8	

试在 $\alpha=0.05$ 下检验相继两次地震间隔的天数 X 是否服从指数分布（提示：可取组距为 5，第一个子区间为 $0\leqslant x<4.5$，最后一个子区间为 $39.5\leqslant x<+\infty$）。

3-24 下列数据是 200 个零件直径（单位：mm），实际上是经分组后的组中值。

直径	2.25	2.35	2.45	2.55	2.65	2.75	2.85	2.95
频数	3	4	5	11	12	17	19	26
直径	3.05	3.15	3.25	3.35	3.45	3.55	3.65	3.75
频数	24	22	19	13	13	7	3	2

试画出直方图，依据直方图的图像可否认为总体是正态分布的？并用 χ^2 检验法作检验。

第四章　回 归 分 析

从本章开始将介绍在生产实际和科研实践中更为实用的几种统计方法，它们也是前面所讨论的参数估计和假设检验理论的具体应用。

本章讨论变量之间的相关关系。这是不同于微积分中函数关系的另一类变量间的依存关系。函数关系 $y=f(x)$，$z=f(x,y)$ 等是一种确定性的关系，即给定自变量 x（或 x，y 等）的一个值（或 x，y 的一对值等），因变量 y（或 z 等）按一定对应规则 f，总有确定的值与之对应。而相关关系则是一种非确定性的关系。例如，人的身高与体重的关系，血压与年龄的关系，钢的含碳量与硬度的关系，粮食产量与所施肥料、密植程度、田间管理等因素的关系，等等，可以说既有一定关系，又不是那么确定。诸如此类，变量间的非确定性关系称为**相关关系**，需要用统计方法来研究。

回归分析就是处理变量间相关关系的有力工具。它从实验数据出发，提供建立相关关系数学表达式——**回归方程**的方法；给出检验变量间相关关系密切程度的统计法则；运用回归方程进行预测与控制等。回归分析所讨论的相关关系，限定自变量是普通变量（可精确测量与控制），亦称**可控变量**，而因变量则是**随机变量**。

第一节　一元线性回归

一、一元线性回归的数学模型

设 x 是可控变量，Y 是依赖于 x 的随机变量，他们的关系是

$$Y=\alpha+\beta x+\varepsilon \tag{4-1}$$

其中 α，β 是参数，ε 服从正态分布 $N(0,\sigma^2)$。x 与 Y 的这种关系称为**一元线性回归**（模型）。当 x 取固定值时，Y 服从正态分布 $N(\alpha+\beta x,\sigma^2)$。上式两边取数学期望，得

$$EY=\alpha+\beta x \tag{4-2}$$

若记 $\mathscr{Y}=EY$，则可改写为

$$\mathscr{Y}=\alpha+\beta x, \tag{4-3}$$

称之为 Y 对 x 的**线性回归方程**，或**回归直线方程**，其中 β 称为**回归系数**。在图 4-1 中画出

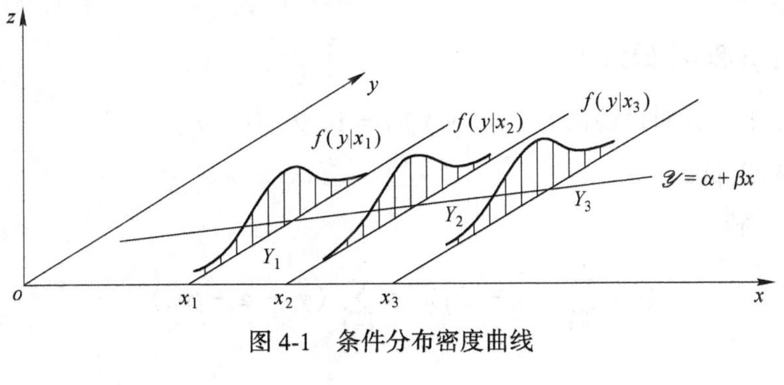

图 4-1　条件分布密度曲线

了回归直线及 x 固定时 Y 的分布密度曲线，其中回归直线画在 xOy 坐标平面上，当 $x = x_i$ 时 Y（即 Y_i）的正态分布密度曲线画在平面 $x = x_i$ 上，也就是条件分布密度曲线 $f(y \mid x_i)$，$i = 1, 2, 3$。

在实际试验中，对变量 x 和 Y 作 n 次试验观察，并且假定在 x 的各个值上对 Y 的观察是相互独立的，得到 n 对试验值如下：

x	x_1	x_2	…	x_n
Y	y_1	y_2	…	y_n

在平面直角坐标系中，画出坐标为 (x_i, y_i)，$i = 1, 2, \cdots, n$ 的 n 个点，它们所构成的图像称为**散点图**。如果 n 很大时，散点图中的 n 个点分布在一条直线附近（见图 4-2），直观上可以认为 x 与 Y 的关系具有式（4-1）模型。Y 相应于 $x_1, x_2, \cdots, x_n$ 的 n 个观察值 $y_1, y_2, \cdots, y_n$ 可看成 $Y_1, Y_2, \cdots, Y_n$ 的试验值，而

$$Y_i = \alpha + \beta x_i + \varepsilon_i,\ i = 1, 2, \cdots, n \tag{4-4}$$

其中 ε_i 服从正态分布 $N(0, \sigma^2)$，且 $\varepsilon_1, \varepsilon_2, \cdots, \varepsilon_n$ 相互独立。此式通常称为**线性模型**。显然，Y_i 服从正态分布 $N(\alpha + \beta x_i, \sigma^2)$，且 $Y_1, Y_2, \cdots, Y_n$ 相互独立。$Y_1, Y_2, \cdots, Y_n$ 的独立性意味着在 x 的各个值上对 Y 的观察是互相独立的。

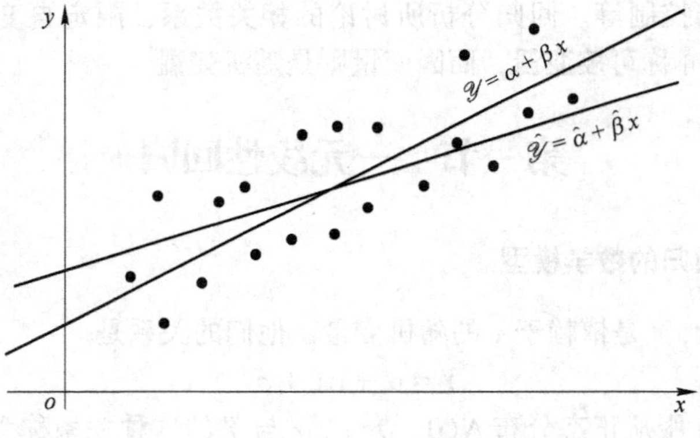

图 4-2　散点图中的点分布在直线附近

在一元线性回归中主要解决下列一些问题：（1）用试验值 (x_i, y_i)，$i = 1, 2, \cdots, n$ 对未知参数 α，β 和 σ^2 作点估计；（2）对线性模型作假设检验；（3）利用回归方程进行预测和控制。

二、对 α，β 和 σ^2 的估计

设变量 x，Y 的 n 对试验值为 (x_i, y_i)，$i = 1, 2, \cdots, n$。

1. α，β 的点估计

作离差平方和

$$Q = \sum_{i=1}^{n} (y_i - \mathscr{Y}_i)^2 = \sum_{i=1}^{n} (y_i - \alpha - \beta x_i)^2 \tag{4-5}$$

选择参数 α、β 使 Q 达到最小，即

$$Q=\sum_{i=1}^{n}(y_i-\alpha-\beta x_i)^2=\min$$

为此，令 Q 分别对 α 和 β 的两个一阶偏导数等于零，即

$$\begin{cases}\dfrac{\partial Q}{\partial \alpha}=-2\sum\limits_{i=1}^{n}(y_i-\alpha-\beta x_i)=0\\ \dfrac{\partial Q}{\partial \beta}=-2\sum\limits_{i=1}^{n}(y_i-\alpha-\beta x_i)x_i=0\end{cases}$$

变形得

$$\begin{cases}n\alpha+\beta\sum\limits_{i=1}^{n}x_i=\sum\limits_{i=1}^{n}y_i\\ \alpha\sum\limits_{i=1}^{n}x_i+\beta\sum\limits_{i=1}^{n}x_i^2=\sum\limits_{i=1}^{n}x_iy_i\end{cases}\tag{4-6}$$

因为解方程组得到的不是 α，β 的真值，而是它们的估计值，所以可把方程组中 α，β 分别用估计值 $\hat{\alpha}$，β 代替，得到

$$\begin{cases}n\hat{\alpha}+\hat{\beta}\sum\limits_{i=1}^{n}x_i=\sum\limits_{i=1}^{n}y_i\\ \hat{\alpha}\sum\limits_{i=1}^{n}x_i+\hat{\beta}\sum\limits_{i=1}^{n}x_i^2=\sum\limits_{i=1}^{n}x_iy_i\end{cases}\tag{4-7}$$

记

$$\bar{x}=\frac{1}{n}\sum_{i=1}^{n}x_i,\ \bar{y}=\frac{1}{n}\sum_{i=1}^{n}y_i,\ \overline{x^2}=\frac{1}{n}\sum_{i=1}^{n}x_i^2,\ \overline{xy}=\frac{1}{n}\sum_{i=1}^{n}x_iy_i$$

并将上面方程组中每个方程的两边除以 n 得

$$\begin{cases}\hat{\alpha}+\hat{\beta}\bar{x}=\bar{y}\\ \hat{\alpha}\bar{x}+\beta\,\overline{x^2}=\overline{xy}\end{cases}$$

解此方程组得

$$\hat{\beta}=\frac{\overline{xy}-\bar{x}\cdot\bar{y}}{\overline{x^2}-\bar{x}^2}$$

或

$$\hat{\beta}=\frac{n\sum\limits_{i=1}^{n}x_iy_i-\left(\sum\limits_{i=1}^{n}x_i\right)\left(\sum\limits_{i=1}^{n}y_i\right)}{n\sum\limits_{i=1}^{n}x_i^2-\left(\sum\limits_{i=1}^{n}x_i\right)^2}\tag{4-8}$$

及

$$\hat{\alpha}=\bar{y}-\hat{\beta}\bar{x}\tag{4-9}$$

众所周知

$$\overline{x^2} - \bar{x}^2 = \frac{1}{n}\sum_{i=1}^{n} x_i^2 - \bar{x}^2 = \frac{1}{n}\sum_{i=1}^{n}(x_i - \bar{x})^2$$

又

$$\frac{1}{n}\sum_{i=1}^{n}(x_i - \bar{x})(y_i - \bar{y}) = \frac{1}{n}\sum_{i=1}^{n} x_i y_i - \bar{x}\cdot\bar{y} = \overline{xy} - \bar{x}\cdot\bar{y}$$

代入式（4-8）可得 $\hat{\beta}$ 的另一种表示形式

$$\hat{\beta} = \frac{\sum_{i=1}^{n}(x_i - \bar{x})(y_i - \bar{y})}{\sum_{i=1}^{n}(x_i - \bar{x})^2} \tag{4-10}$$

需要指出，方程组（4-7）称为**正规方程（组）**。

可以证明，$E\hat{\alpha} = \alpha$，$E\hat{\beta} = \beta$，即 $\hat{\alpha}$ 和 $\hat{\beta}$ 分别是 α 和 β 的无偏估计（参见文献［5］第六章 6.3 节）。

把 $\hat{\alpha}$、$\hat{\beta}$ 代入回归直线方程（4-3），并把 $\mathscr{Y}$ 换成它的估计值，得到

$$\hat{\mathscr{Y}} = \hat{\alpha} + \hat{\beta}x \tag{4-11}$$

称之为 Y 对 x 的**经验回归直线方程**（见图 4-3），其中 $\hat{\beta}$ 称为**经验回归系数**。此式可作为对回归直线的估计。利用式（4-9），式（4-11）又可改写为

$$\hat{\mathscr{Y}} = \bar{y} + \hat{\beta}(x - \bar{x}) \tag{4-12}$$

此式表明经验回归直线始终是通过点 $(\bar{x}, \bar{y})$ 的。用此法可检查回归方程（4-11）的计算是否正确。

例 1　钢的强度和硬度都是反映钢质量的指标。现在炼 20 炉中碳钢，它们的抗拉强度 Y 与硬度 x 的 20 对试验值列于表 4-1，并绘出散点图（见图 4-3）。试求 Y 对 x 的经验回归直线方程。

表 4-1　例 1 中抗拉强度与硬度试验值

编号	x_i	y_i	编号	x_i	y_i	编号	x_i	y_i	编号	x_i	y_i
1	277	103	6	268	98	11	286	108	16	255	94
2	257	99.5	7	285	103.5	12	269	100	17	269	99
3	255	93	8	286	103	13	246	96.5	18	297	109
4	278	105	9	272	104	14	255	92	19	257	95.5
5	306	110	10	285	103	15	253	94	20	250	91

解　从试验值的散点图上看，一些点分布在直线附近，看作一元线性回归比较合适。为计算简单起见，作变量代换，令

$$u = x - 240\ ,\ v = y - 90$$

于是

$$u_i = x_i - 240\ ,\ v_i = y_i - 90$$

按题意 $n = 20$，计算可得

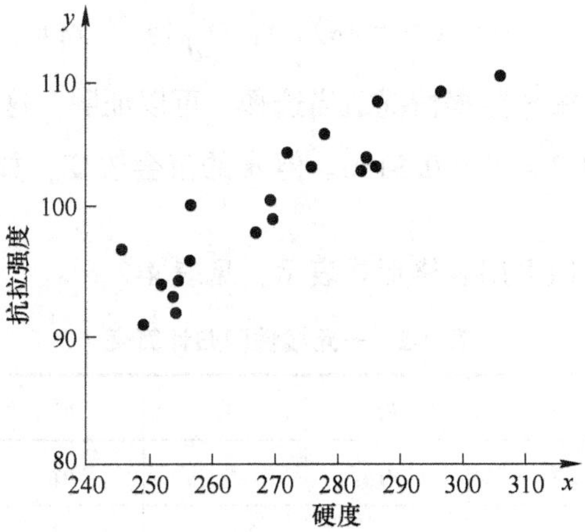

图 4-3 抗拉强度与硬度散点图

$$\sum_{i=1}^{n} u_i = 606, \quad \sum_{i=1}^{n} v_i = 201.5$$

$$\sum_{i=1}^{n} u_i^2 = 23748, \quad \sum_{i=1}^{n} v_i^2 = 2664.25, \quad \sum_{i=1}^{n} u_i v_i = 7805.5$$

进而

$$\bar{u} = \frac{1}{20} \times 606 = 30.3, \quad \bar{v} = \frac{1}{20} \times 201.5 = 10.075$$

对变量 u，v 用最小二乘法配直线 $v = \hat{\alpha}' + \hat{\beta}' u$，由式（4-8）与式（4-9），

$$\hat{\beta}' = \frac{n\sum_{i=1}^{n} u_i v_i - \sum_{i=1}^{n} u_i \sum_{i=1}^{n} v_i}{n\sum_{i=1}^{n} u_i^2 - \left(\sum_{i=1}^{n} u_i\right)^2}$$

$$= \frac{20 \times 7805.5 - 606 \times 201.5}{20 \times 23748 - 606^2} = 0.3156$$

$$\hat{\alpha}' = \bar{v} - \hat{\beta}' \bar{u} = 10.075 - 0.3156 \times 30.3 = 0.5123$$

于是得到经验回归直线方程

$$\hat{v} = 0.5123 + 0.3156u$$

回代原来的变量

$$\hat{y} - 90 = 0.5123 + 0.3156(x - 240)$$

即

$$\hat{y} - 90 = 0.3156x + 14.7683$$

这是 Y 对 x 的经验回归直线方程。

注意，上述计算是通过变量代换 $u = x - 240$，$v = y - 90$ 而求得 $\hat{\alpha}$ 和 $\hat{\beta}$ 的。这样做可以使数据相对缩小，从而简化计算。一般说来，可根据具体情况对试验值 (x_i, y_i)，$i = 1, 2, \cdots, n$ 作变换

$$u_i = \frac{1}{c}(x_i - x_0),\ v_i = \frac{1}{d}(y_i - y_0)$$

其中 x_0, y_0, c 和 d 可根据数据情况适当选择。可以证明，这样的线性变换不改变回归系数估计值 $\hat{\beta}$，如上例中 $\hat{\beta} = \hat{\beta}' = 0.3156$。但 $\hat{\alpha}$ 的值会改变，如上例中 $\hat{\alpha}' = 0.5123$，而 $\hat{\alpha} = 14.7683$。

上例中的计算过程一般可用表格形式表示，见表 4-2。

表 4-2 一元线性回归计算表

No.	x_i	y_i	u_i	v_i	u_i^2	v_i^2	u_iv_i
1	x_1	y_1	u_1	v_1	u_1^2	v_1^2	u_1v_1
2	x_2	y_2	u_2	v_2	u_2^2	v_2^2	u_2v_2
⋮	⋮	⋮	⋮	⋮	⋮	⋮	⋮
n	x_n	y_n	u_n	v_n	u_n^2	v_n^2	u_nv_n
Σ			Σu_i	Σv_i	Σu_i^2	Σv_i^2	Σu_iv_i

上面表格中 v_i^2 一列是为了下面计算 $\hat{\sigma}^2$ 和样本相关系数 $\hat{\rho}$ 而备用的。

2. σ^2 的点估计

首先注意 σ^2 是式（4-1）中正态分布变量 ε 的方差，即 $\sigma^2 = D\varepsilon = E\varepsilon^2$，而 ε 的样本值就是式（4-4）中的 ε_i，$i = 1, 2, \cdots, n$，且 $\varepsilon_i = Y_i - \alpha - \beta x_i$，故 σ^2 可用

$$\frac{1}{n}\sum_{i=1}^{n}\varepsilon_i^2 = \frac{1}{n}\sum_{i=1}^{n}(Y_i - \alpha - \beta x_i)^2$$

作点估计。若以 y_i 代替 Y_i，用 $\hat{\alpha}$，$\hat{\beta}$ 分别代替 α，β，且定义**回归的残差平方和**为

$$Q_e \triangleq \sum_{i=1}^{n}(y_i - \hat{\mathscr{Y}}_i)^2 = \sum_{i=1}^{n}(y_i - \hat{\alpha} - \hat{\beta}x_i)^2$$

则 σ^2 可用平均残差平方和

$$\hat{\sigma}_0^2 = \frac{1}{n}Q_e \tag{4-13}$$

作点估计。可以证明（参见文献［4］第九章附录），统计量

$$Q_e/\sigma^2 \sim \chi^2(n-2) \tag{4-14}$$

于是由 χ^2 分布的性质 1 知

$$E(Q_e/\sigma^2) = n - 2$$

由式（4-13）知

$$E\hat{\sigma}_0^2 = \frac{1}{n}EQ_e = \frac{n-2}{n}\sigma^2 \neq \sigma^2$$

故 $\hat{\sigma}_0^2$ 不是 σ^2 的无偏估计。但只要略加修正，令

$$\hat{\sigma}^2 = \frac{n}{n-2}\hat{\sigma}_0^2 = \frac{1}{n-2}Q_e \tag{4-15}$$

则 $\hat{\sigma}^2$ 就是 σ^2 的无偏估计。为便于计算 $\hat{\sigma}^2$，我们将 Q_e 作如下分解（利用式（4-12））：

$$Q_e = \sum_{i=1}^{n}(y_i - \hat{\mathscr{Y}}_i)^2 = \sum_{i=1}^{n}[y_i - \bar{y} - \hat{\beta}(x_i - \bar{x})]^2$$
$$= \sum_{i=1}^{n}(y_i - \bar{y})^2 - 2\hat{\beta}\sum_{i=1}^{n}(x_i - \bar{x})(y_i - \bar{y}) +$$
$$(\hat{\beta})^2\sum_{i=1}^{n}(x_i - \bar{x})^2$$

由式（4-10）即可得

$$Q_e = \sum_{i=1}^{n}(y_i - \bar{y})^2 - (\hat{\beta})^2\sum_{i=1}^{n}(x_i - \bar{x})^2$$
$$= (\sum_{i=1}^{n}y_i^2 - n\bar{y}^2) - (\hat{\beta})^2(\sum_{i=1}^{n}x_i^2 - n\bar{x}^2)$$

代入式（4-15）即得 σ^2 的无偏估计 $\hat{\sigma}^2$ 的计算公式为

$$\hat{\sigma}^2 = \frac{1}{n-2}\left[\left(\sum_{i=1}^{n}y_i^2 - n\bar{y}^2\right) - (\hat{\beta})^2\left(\sum_{i=1}^{n}x_i^2 - n\bar{x}^2\right)\right] \tag{4-16}$$

例 2　计算例 1 中 σ^2 的无偏估计 $\hat{\sigma}^2$。

解　显然数据变换不影响 $\hat{\sigma}^2$ 的值，因而可用 u，v 的数据并利用表 4-2 最后一行的结果直接计算，求得

$$\hat{\sigma}^2 = \frac{1}{n-2}\left[\left(\sum_{i=1}^{n}v_i^2 - n\bar{v}^2\right) - (\hat{\beta}')^2\left(\sum_{i=1}^{n}u_i^2 - n\bar{u}^2\right)\right]$$
$$= \frac{1}{18}[(2664.25 - 20 \times 10.075^2) -$$
$$0.3156^2 \times (23748 - 20 \times 30.3^2)]$$
$$= 5.4198$$

该数值在一定程度上反映了数据 (x_i, y_i)，$i = 1, 2, \cdots, n$ 偏离回归直线的总体情况（见图 4-4）。

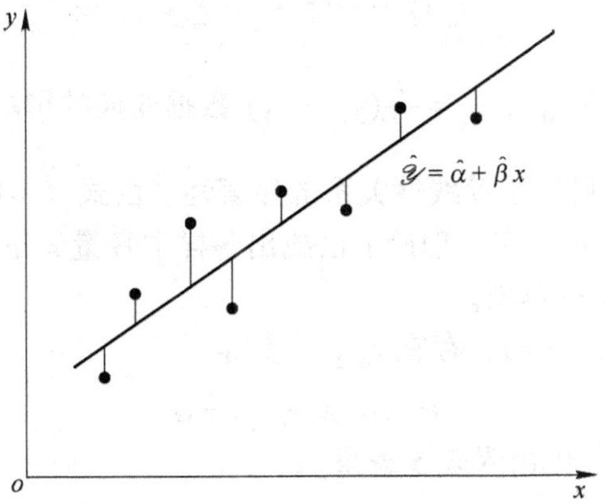

图 4-4　数据偏离回归直线情况

三、一元线性回归的假设检验

检验一元线性回归模型 $Y=\alpha+\beta x+\varepsilon$，$\varepsilon\sim N(0,\ \sigma^2)$ 是否可信，即 Y 与 x 之间线性相关关系是否显著，这关系到所建立的回归方程是否具有实用意义。我们可用多种方法来检验线性假设的显著性。从实用、简便的角度考虑，此处主要介绍**相关系数检验法和 F 检验法**。

1. 相关系数检验法

在概率论中曾定义过随机变量 X 和 Y 的理论相关系数

$$\rho_{XY}=\frac{E[(X-EX)(Y-EY)]}{\sqrt{DX}\cdot\sqrt{DY}}$$

以表征 X 和 Y 线性关系的密切程度。这里，对样本 $(X_i,\ Y_i)$，$i=1,\ 2,\ \cdots,\ n$，我们称

$$\hat{\rho}=\frac{\sum_{i=1}^{n}(X_i-\overline{X})(Y_i-\overline{Y})}{\sqrt{\sum_{i=1}^{n}(X_i-\overline{X})^2}\cdot\sqrt{\sum_{i=1}^{n}(Y_i-\overline{Y})^2}} \tag{4-17}$$

为**样本相关系数**。可以证明，它是上述理论相关系数 ρ_{XY}（简记为 ρ）的无偏估计，且类似于 ρ_{XY}，有如下性质：

（1）$|\hat{\rho}|\leqslant 1$。

（2）$|\hat{\rho}|$ 愈接近于 0，Y 与 X 的线性关系愈不显著；$|\hat{\rho}|$ 愈接近于 1，Y 与 X 的线性关系愈显著。

（3）$\hat{\rho}=0$，Y 与 X 无线性关系。此时可能 Y 与 X 无相关关系，也可能存在某种非线性（曲线）相关关系；$|\hat{\rho}|=1$，Y 与 X 严格服从线性函数关系。

在回归分析中，我们以确定性变量 x 代替式（4-17）中的随机变量 X，并根据样本值 $(x_i,\ y_i)$，$i=1,\ 2,\ \cdots,\ n$，易得样本相关系数值 $\hat{\rho}$ 的简化计算公式

$$\hat{\rho}=\frac{\sum_{i=1}^{n}x_iy_i-n\bar{x}\,\bar{y}}{\sqrt{\sum_{i=1}^{n}x_i^2-n\bar{x}^2}\cdot\sqrt{\sum_{i=1}^{n}y_i^2-n\bar{y}^2}} \tag{4-18}$$

且 $\hat{\rho}$ 的值不受 $u_i=\frac{1}{c}(x_i-x_0)$，$v_i=\frac{1}{d}(y_i-y_0)$ 数据变换的影响。

利用样本相关系数 $\hat{\rho}$ 可以检验线性关系的显著性。由式（4-17）可知，$\hat{\rho}$ 是随机变量，因此它有概率分布，称为 R 分布。理论上已找出各样本容量 n 下 R 分布的概率密度曲线，图 4-5 是 $n=10$ 时，$f_{\rho}(x)$ 的草图。

于是，在给定 $\alpha(0<\alpha<1)$ 时，存在 $r_{\alpha/2}$，使得

$$P(|\hat{\rho}|\geqslant r_{\alpha/2})=\alpha$$

其中临界值 $r_{\alpha/2}$（分位点）可由附表 5 查得。

为检验所得一元线性回归方程 $\hat{\mathscr{Y}}=\hat{\alpha}+\hat{\beta}x$ 是否可信，只要对总体相关系数 ρ 作统计

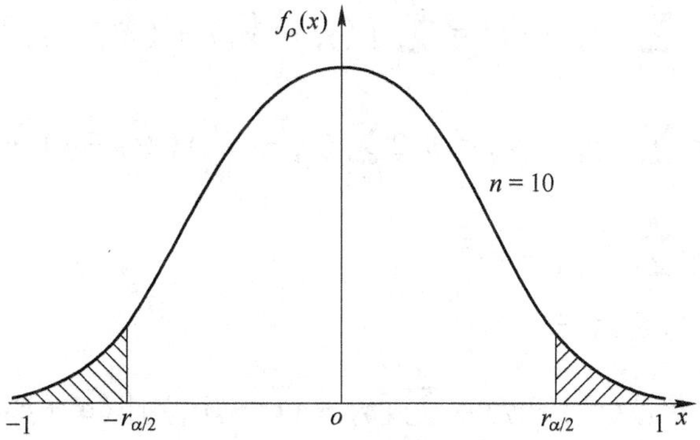

图 4-5 $n = 10$ 时 R 分布的概率密度

假设

$$H_0:\ \rho = 0,\ H_1:\ \rho \neq 0$$

在 H_0 成立的条件下（且当样本值 $(x_i,\ y_i)$，$i=1,\ 2,\ \cdots,\ n$ 来自正态总体时），统计量即样本相关系数 $\hat{\rho}$ 服从自由度为 $n-2$ 的 R 分布（其概率密度函数为 $f_\rho(x)$）。给定 $\alpha(0<\alpha<1)$，由附表 5 查得临界值 $r_{\alpha/2}$，再按式（4-18）实际计算相关系数 $\hat{\rho}$ 的值。若 $|\hat{\rho}| \geqslant r_{\alpha/2}$，则拒绝 H_0，即认为线性关系显著；若 $|\hat{\rho}| < r_{\alpha/2}$，则接受 H_0，即认为线性关系不显著。

例 3 用相关系数法检验例 1 中所得回归方程 $\hat{\mathscr{Y}} = 0.3156x + 14.7683$ 是否可信（取 $\alpha=0.05$）。

解 用数据变换后 u，v 的数据，并利用表 4-2 最后一行的结果代入式（4-18）中，得相关系数

$$\hat{\rho} = \frac{\sum_{i=1}^{n} u_i v_i - n\bar{u}\bar{v}}{\sqrt{\sum_{i=1}^{n} u_i^2 - n\bar{u}^2} \cdot \sqrt{\sum_{i=1}^{n} v_i^2 - n\bar{v}^2}}$$

$$= \frac{7805.5 - 20 \times 30.3 \times 10.075}{\sqrt{23748 - 20 \times (30.3)^2}\sqrt{2664.25 - 20 \times (10.075)^2}}$$

$$\approx 0.926$$

给定 $\alpha = 0.05$，自由度为 $20-2=18$，查附表 5 得 $r_{0.025} = 0.4438$，因

$$\hat{\rho} = 0.926 > r_{0.025} = 0.4438$$

故认为所建立的回归方程是可信的，即 Y 与 x 之间线性关系显著。

2. *F* 检验法

首先将总的离差平方和

$$L = \sum_{i=1}^{n} (y_i - \bar{y})^2$$

作如下的分解：

$$L=\sum_{i=1}^{n}(y_i-\bar{y})^2=\sum_{i=1}^{n}[(y_i-\hat{\mathscr{Y}}_i)+(\hat{\mathscr{Y}}_i-\bar{y})]^2$$

$$=\sum_{i=1}^{n}(y_i-\hat{\mathscr{Y}}_i)^2+2\sum_{i=1}^{n}(y_i-\hat{\mathscr{Y}}_i)(\hat{\mathscr{Y}}_i-\bar{y})+$$

$$\sum_{i=1}^{n}(\hat{\mathscr{Y}}_i-\bar{y})^2$$

上式右端中间项为0，这是由于

$$\sum_{i=1}^{n}(y_i-\hat{\mathscr{Y}}_i)(\hat{\mathscr{Y}}_i-\bar{y})=\sum_{i=1}^{n}[y_i-(\hat{\alpha}+\hat{\beta}x_i)][(\hat{\alpha}+\hat{\beta}x_i)-\bar{y}]$$

利用 $\hat{\alpha}=\bar{y}-\hat{\beta}\bar{x}$，上式右端可写为

$$\sum_{i=1}^{n}[(y_i-\bar{y})-\hat{\beta}(x_i-\bar{x})][\hat{\beta}(x_i-\bar{x})]$$

$$=\hat{\beta}[\sum_{i=1}^{n}(y_i-\bar{y})(x_i-\bar{x})-\hat{\beta}\sum_{i=1}^{n}(x_i-\bar{x})^2]$$

由式（4-10）知，上式右端方括号中的式子为0，因此，

$$L=\sum_{i=1}^{n}(y_i-\bar{y})^2=\sum_{i=1}^{n}(y_i-\hat{\mathscr{Y}}_i)^2+\sum_{i=1}^{n}(\hat{\mathscr{Y}}_i-\bar{y})^2 \tag{4-19}$$

注意上式右端第一项即为残差平方和 Q_e，将第二项记为 U，则

$$U=\sum_{i=1}^{n}(\hat{\mathscr{Y}}_i-\bar{y})^2=\sum_{i=1}^{n}[\hat{\alpha}+\hat{\beta}x_i-(\hat{\alpha}+\hat{\beta}\bar{x})]^2$$

$$=\hat{\beta}^2\sum_{i=1}^{n}(x_i-\bar{x})^2$$

说明在总离差平方和 L 中，U 部分是由 x_i 的离散性所导致，故称为**回归平方和**（残差平方和与回归平方和在一些书籍中也分别被记为 SSE 和 SSR）。如果 U 在 L 中所占比例较大，则认为回归效果显著；否则认为 L 主要是由随机误差 Q_e 引起的，即回归效果不显著。基于这一想法，构造统计量

$$F=\frac{U}{Q_e/(n-2)}$$

由式（4-14）知，在 H_0：$\beta=0$（等价于 $\rho=0$）成立条件下，$Q_e/\sigma^2\sim\chi^2(n-2)$，而且可以证明（从略）$U/\sigma^2\sim\chi^2(1)$，从而在 H_0 成立的条件下，$F\sim F(1,n-2)$，且 Y 与 x 之间线性相关程度愈显著，F 取值愈大，故可对 H_0 作单侧检验。给定 $\alpha(0<\alpha<1)$，存在 $F_\alpha(1,n-2)$，根据样本值 (x_i,y_i)，$i=1,2,\cdots,n$ 计算 F 的值 F_0。若 $F_0\geqslant F_\alpha(1,n-2)$，则拒绝 H_0，认为 Y 与 x 之间线性关系显著，即回归方程可信；若 $F_0<F_\alpha(1,n-2)$，则接受 H_0，认为 Y 与 x 之间线性关系不显著，即回归方程不反映 Y 与 x 的相关关系。例如，可对例1中所建立的回归方程在 $\alpha=0.05$ 下作 F 检验如下：

利用数据变换后 u，v 的有关结果得

$$U=\hat{\beta}^2\sum_{i=1}^{n}(u_i-\bar{u})^2=\hat{\beta}^2(\sum_{i=1}^{n}u_i^2-n\bar{u}^2)$$

$$=(0.3156)^2\times[23748-20\times(30.3)^2]=536.48$$

$$Q_e = L - U = (\sum_{i=1}^{n} v_i^2 - n\bar{v}^2) - U$$

$$= [2664.25 - 20 \times (10.075)^2] - 538.62 = 97.66$$

所以
$$F_0 = \frac{U}{Q_e/(n-2)} = \frac{536.48}{97.66/18} = 98.88$$

查附表4得 $F_{0.05}(1, 18) = 4.41 \ll F_0 = 98.88$，故认为回归方程高度显著。

注意，当 $F \sim F(1, n-2)$ 时，由于

$$\sqrt{F} = \sqrt{(n-2)U} / \sqrt{Q_e} \sim t(n-2) \tag{4-20}$$

因此也可以采用 t 检验法来检验 H_0：$\beta = 0$，由式（4-20）知两者等效。

第二节　预测与控制问题——回归分析的应用

一、利用回归方程进行预测

所谓对随机变量 Y 进行预测，是指给定是 $x = x_0$ 时，对 Y 作区间估计。

当 $x = x_0$ 时，Y 的值 Y_0 为

$$Y_0 = \alpha + \beta x_0 + \varepsilon_0, \quad \varepsilon_0 \sim N(0, \sigma^2)$$

其无偏估计为

$$\hat{Y}_0 = \hat{\alpha} + \hat{\beta} x_0$$

为在给定置信概率 $1 - \alpha$ 下对 Y_0 作区间估计，构造统计量

$$T = \frac{Y_0 - \hat{\alpha} - \hat{\beta} x_0}{\hat{\sigma}\sqrt{1 + \frac{1}{n} + \frac{(x_0 - \bar{x})^2}{\sum_{i=1}^{n}(x_i - \bar{x})^2}}}$$

并可以证明其服从自由度为 $n-2$ 的 t 分布（参见文献［1］第五章§2）。

给定置信概率 $1 - \alpha$，有

$$P\left\{\frac{|Y_0 - \hat{\alpha} - \hat{\beta} x_0|}{\hat{\sigma}\sqrt{1 + \frac{1}{n} + \frac{(x_0 - \bar{x})^2}{\sum_{i=1}^{n}(x_i - \bar{x})^2}}} < t_{\frac{\alpha}{2}}(n-2)\right\} = 1 - \alpha$$

即

$$P\left\{\hat{\alpha} + \hat{\beta} x_0 - t_{\frac{\alpha}{2}}(n-2)\hat{\sigma}\sqrt{1 + \frac{1}{n} + \frac{(x_0 - \bar{x})^2}{\sum_{i=1}^{n}(x_i - \bar{x})^2}} < Y_0 < \right.$$

$$\left.\hat{\alpha} + \hat{\beta} x_0 + t_{\frac{\alpha}{2}}(n-2)\hat{\sigma}\sqrt{1 + \frac{1}{n} + \frac{(x_0 - \bar{x})^2}{\sum_{i=1}^{n}(x_i - \bar{x})^2}}\right\}$$

$$= 1 - \alpha$$

所以，Y_0 的置信区间是

$$\left(\hat{\alpha}+\hat{\beta}x_0-t_{\frac{\alpha}{2}}(n-2)\hat{\sigma}\sqrt{1+\frac{1}{n}+\frac{(x_0-\bar{x})^2}{\sum_{i=1}^{n}(x_i-\bar{x})^2}},\right.$$

$$\left.\hat{\alpha}+\hat{\beta}x_0+t_{\frac{\alpha}{2}}(n-2)\hat{\sigma}\sqrt{1+\frac{1}{n}+\frac{(x_0-\bar{x})^2}{\sum_{i=1}^{n}(x_i-\bar{x})^2}}\right)$$

令

$$\delta(x)=t_{\frac{\alpha}{2}}(n-2)\hat{\sigma}\sqrt{1+\frac{1}{n}+\frac{(x-\bar{x})^2}{\sum_{i=1}^{n}(x_i-\bar{x})^2}}$$

又 $\hat{\mathscr{Y}}=\hat{\alpha}+\hat{\beta}x$ ，于是在 x 处，Y 的置信下限为

$$y_1(x)=\hat{\mathscr{Y}}-\delta(x) \tag{4-21}$$

而置信上限为

$$y_2(x)=\hat{\mathscr{Y}}+\delta(x) \tag{4-22}$$

当 x 变化时，获得置信下限和置信上限两条曲线（图 4-6）。在 x 处的置信区间是横坐标为 x ，平行于 y 轴的直线夹在两曲线之间的部分，它的长度为 $2\delta(x)$ 。当 $x=\bar{x}$ 时，置信区间最小，估计最精确。x 离 $\bar{x}$ 愈远，置信区间愈长，估计的精确性愈差。

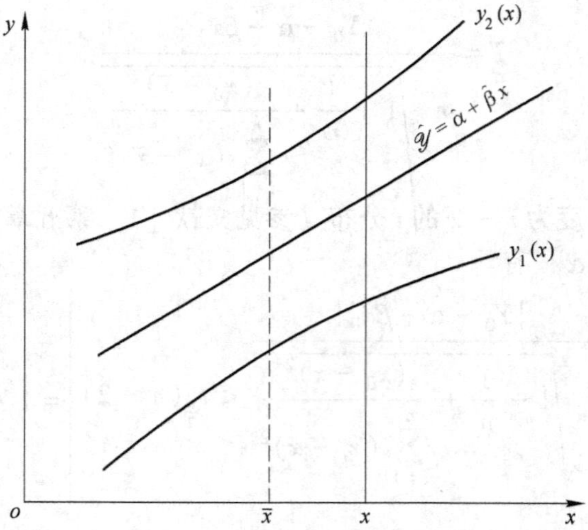

图 4-6　置信下限和置信上限曲线

当 n 很大时，在 x 离 $\bar{x}$ 不太远处，亦即使 $|x-\bar{x}|\ll\sum_{i=1}^{n}(x_i-\bar{x})^2$ 的 x 处，有

$$\delta(x)\approx u_{\frac{\alpha}{2}}\hat{\sigma}$$

Y 的置信下限和上限分别近似于直线

$$y_1(x)\approx\hat{\alpha}+\hat{\beta}x-u_{\frac{\alpha}{2}}\hat{\sigma} \tag{4-23}$$

和

$$y_2(x) \approx \hat{\alpha} + \hat{\beta}x + u_{\frac{\alpha}{2}}\hat{\sigma} \tag{4-24}$$

它们的图像见图 4-7。

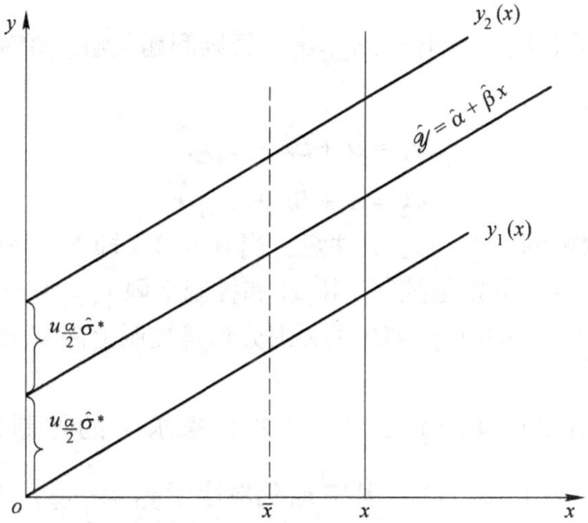

图 4-7　*n* 很大时置信下限和置信上限曲线

例 4　在上节例 1 中，对 $x=230$ 处的 Y 进行预测，置信概率 $1-\alpha=95\%$。

解　先计算

$$\hat{y}\mid_{x=230}=0.3156\times230+14.7683=87.36$$

按题意 $n=20$。由 $\delta(x)$ 的表达式，易见

$$\delta(230)=t_{0.025}(18)\cdot\sqrt{1+\frac{1}{20}+\frac{(230-240-\bar{u})^2}{\sum_{i=1}^{n}u_i^2-n\bar{u}^2}}\hat{\sigma}$$

$$=2.1009\times\sqrt{1+\frac{1}{20}+\frac{(230-240-30.3)^2}{23748-20\times(30.3)^2}}\times2.33$$

$$=5.70$$

Y 的置信下限是

$$y_1=87.36-5.70=81.66$$

而置信上限是

$$y_2=87.36+5.70=93.06$$

预测区间是 $(81.66, 93.06)$。

二、利用回归方程进行控制

控制是预测的反问题。所谓**控制**是指如何控制自变量 x 的值，而使随机变量 Y 的值落在指定范围 (y_1', y_2') 内，亦即，对给定的置信概率 $1-\alpha$，求出相应的控制限 x_1' 和 x_2'，使得当 $x_1'<x<x_2'$ 时，Y 落在 (y_1', y_2') 内的概率不小于 $1-\alpha$。

我们先讨论 n 很大的情形。容易看出，为了使问题有解，指定范围 (y_1', y_2') 必须包

含在讨论预测时所得的置信区间

$$(\hat{\alpha}+\hat{\beta}x_0-u_{\alpha/2}\hat{\sigma},\ \hat{\alpha}+\hat{\beta}x_0+u_{\alpha/2}\hat{\sigma})$$

内，上下限计算方法见式（4-23）和式（4-24）。其中，x_0 对应于 $\hat{y}_0=\frac{1}{2}(y_1'+y_2')$，也就是说，区间 (y_1', y_2') 的长度不能小于 $2u_{\alpha/2}\hat{\sigma}$，否则问题无解。控制的具体作法是对给定的 α，查附表 1 得 $u_{\alpha/2}$，令

$$y_1'=\hat{\alpha}+\hat{\beta}x-u_{\alpha/2}\hat{\sigma} \tag{4-25}$$

$$y_2'=\hat{\alpha}+\hat{\beta}x+u_{\alpha/2}\hat{\sigma} \tag{4-26}$$

分别解出 x，即得控制范围 (x_1', x_2')。注意，当 $\beta>0$（即 Y 与 x 正相关时），由式（4-25）和式（4-26）解出的 x 分别是控制下限 x_1' 和控制上限 x_2'；但当 $\beta<0$（即 Y 与 x 负相关时），由式（4-25）和式（4-26）解出的 x 则分别是控制上限 x_1' 和控制下限 x_2'，此时控制区间是 (x_2', x_1')。

当 n 较小时，则必须用式（4-21）和式（4-22）来求 x 的控制范围。当然所给区间 (y_1', y_2') 的长度也不能小于 $2\delta(x_0)$，其中 x_0 仍对应于 $\hat{y}_0=\frac{1}{2}(y_1'+y_2')$。其余作法与 n 很大的情形类似，这里不再赘述。

第三节　可线性化的一元非线性回归

在工程技术中，有时两个变量之间的关系可以不是直线（或线性）的相关关系，而是某种曲线（或非线性）的相关关系。

例 5　出钢时所用的盛钢水的钢包，由于钢水对耐火材料的侵蚀，容积不断增大。我们希望找到使用次数 x 与增大的容积 y 之间的关系。对一钢包作试验，测得的数据见表 4-3。

表 4-3　钢包使用次数与增大容积关系试验数据

使用次数 x	增大容积 y	使用次数 x	增大容积 y
2	6.42	10	10.49
3	8.20	11	10.59
4	9.58	12	10.60
5	9.50	13	10.80
6	9.70	14	10.60
7	10.00	15	10.90
8	9.93	16	10.76
9	9.99		

把 (x_i, y_i)，$i=1, 2, \cdots, 15$ 画出散点图，这些点分布在一条曲线附近（图 4-8）。从图上我们看到，开始侵蚀速度快，然后逐渐减慢，而点的分布越来越接近于平行于 x 轴的直线，因此，钢包容积不会无限增加。显然，将此例看成一元线性回归是不合适的。这

种需要配曲线的情况就是**非线性回归或曲线回归**。此例中应该怎样配曲线呢？

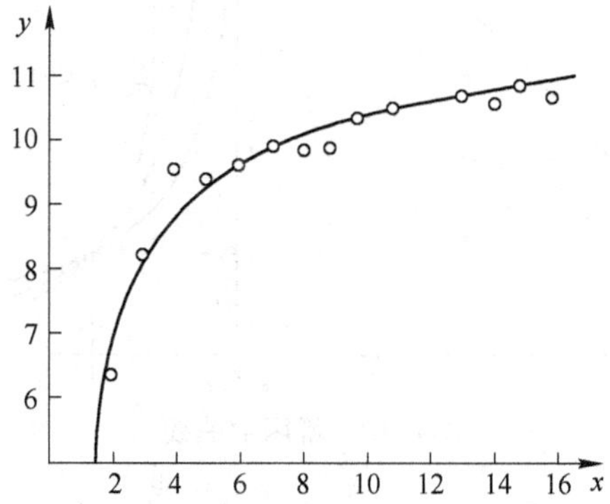

图 4-8　钢包使用次数与增大容积关系试验数据散点图

配曲线的一般方法如下：先对两个变量 x 和 y 作 n 次试验，观察得 $(x_i,\ y_i)$，$i = 1, 2, \cdots, n$，画出散点图，根据散点图确定需配曲线的类型。通常选择下面六类曲线之一：

（1）双曲线（图 4-9）：

$$\frac{1}{y} = a + \frac{b}{x}$$

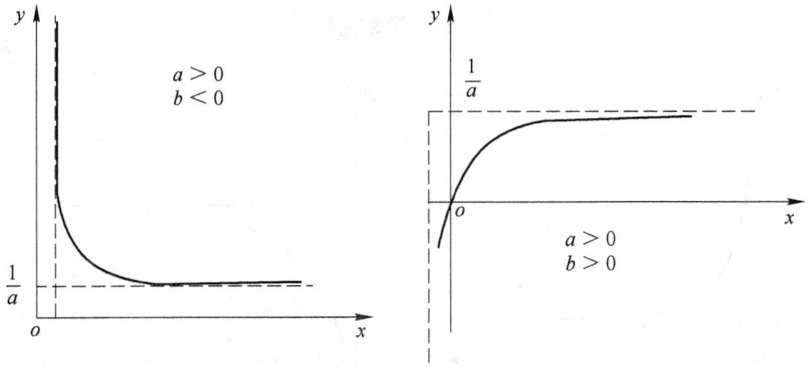

图 4-9　双曲线

（2）幂函数曲线（图 4-10）：

$$y = ax^b,\ x > 0，其中\ a > 0$$

（3）指数曲线（图 4-11）：

$$y = ae^{bx}，其中\ a > 0$$

（4）倒指数曲线（图 4-12）：

$$y = ae^{b/x}，其中\ a > 0$$

（5）对数曲线（图 4-13）：

$$y = a + b\log x,\ x > 0$$

（6）S 型曲线（图 4-14）：

$$y = \frac{1}{a + be^{-x}}$$

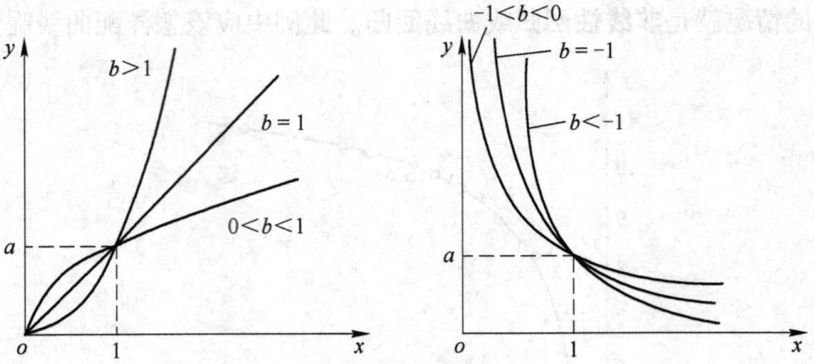

图 4-10 幂函数曲线

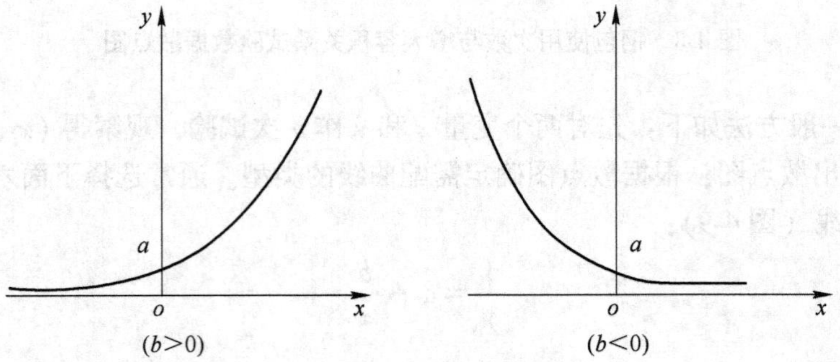

图 4-11 指数曲线

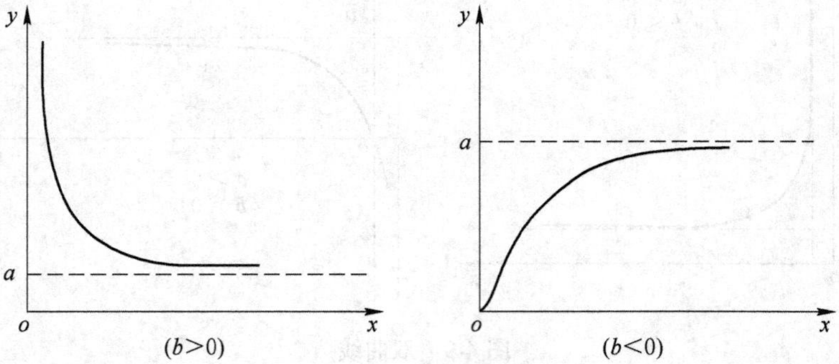

图 4-12 倒指数曲线

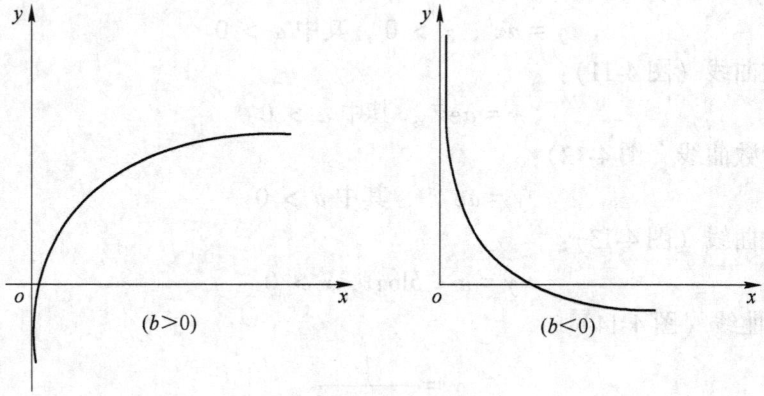

图 4-13 对数曲线

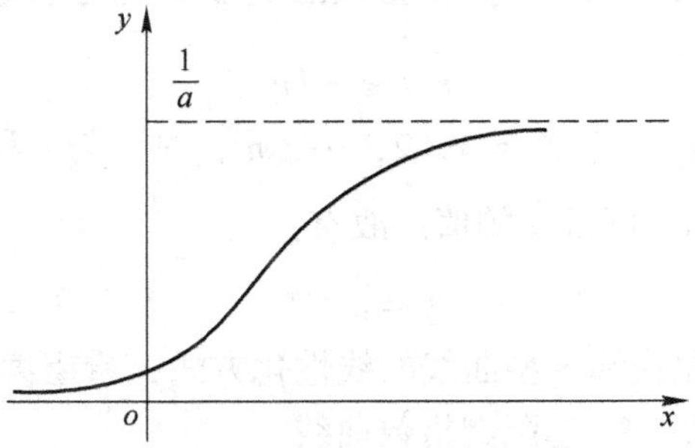

图 4-14　S 型曲线

然后，由 n 对试验数据确定每一类曲线的位置参数 a 和 b 。采用的方法是通过变量代换把非线性回归化成线性回归，即采用**非线性回归线性化**的方法。下面介绍三类曲线线性化的具体方法。

1. 双曲线

$$\frac{1}{y}=a+\frac{b}{x}$$

作变量代换 $u=\frac{1}{x}$，$v=\frac{1}{y}$ ，双曲线方程就变成直线方程

$$v=a+bu$$

由试验值 $(x_i,\ y_i)$ ，按 $u_i=\frac{1}{x_i}$, $v_i=\frac{1}{y_i}$ 算出 $(u_i,\ v_i)$ ，$i=1,\ 2,\ \cdots,\ n$ ，对 u 与 v 利用本章讲解的经验回归直线公式（4-8）和式（4-9），计算参数估计值 $\hat{a}$，$\hat{b}$ 。故有

$$\frac{1}{\hat{y}}=\hat{a}+\frac{\hat{b}}{x}$$

2. 幂函数曲线

$$y=ax^b，x>0，其中参数\ a>0$$

两边取常用对数

$$\lg y=\lg a+b\lg x$$

再作变量代换 $u=\lg x$, $v=\lg y$, $A=\lg a$ ，则幂函数曲线方程就变成了直线方程

$$v=A+bu$$

由试验值 $(x_i,\ y_i)$ 算出 $(u_i,\ v_i)$ ，$i=1,\ 2,\ \cdots,\ n$ ，对 u 与 v 利用式（4-8）和式（4-9），计算参数估计值 $\hat{A}$, $\hat{b}$ ，又由 $\hat{a}=10^{\hat{A}}$ 求得 $\hat{a}$ 的值。故有

$$\hat{y}=\hat{a}x^{\hat{b}}$$

3. 倒指数曲线

$$y=ae^{b/x}，其中参数\ a>0$$

两边取自然对数，得

$$\ln y=\ln a+\frac{b}{x}$$

再作代换 $u=\frac{1}{x}$，$v=\ln y$，$A=\ln a$，则倒指数曲线方程变成直线方程

$$v=A+bu$$

由试验值（x_i，y_i）算出（u_i，v_i），$i=1, 2, \cdots, n$，对 u 与 v 利用式（4-8）和式（4-9）计算 $\hat{A}$，$\hat{b}$ 的值，又由 $\hat{a}=\mathrm{e}^{\hat{A}}$ 可得 $\hat{a}$ 的值。故有，

$$\hat{y}=\hat{a}\mathrm{e}^{\hat{b}/x}$$

关于指数曲线、对数曲线和 S 型曲线的线性化方法，希望读者能够自己去尝试完成。

现在来求解例 5。由图 4-12 选配倒指数曲线

$$y=a\mathrm{e}^{\frac{b}{x}}$$

根据线性化方法，计算得

$$\hat{b}=-1.1107，\hat{A}=2.4587$$

由此，

$$\hat{a}=\mathrm{e}^{\hat{A}}=11.6789$$

最后得

$$\hat{y}=11.6789\mathrm{e}^{-\frac{1.1107}{x}}$$

这就是所求的曲线方程。

应该指出，上面选取的曲线类型是根据试验值的散点图确定的。在工程技术中，有时利用专业知识也可以确定曲线的类型，这当然更好。

第四节　多元线性回归

本节介绍在工程和科技中应用更为广泛的**多元线性回归**，其数学模型为

$$Y=\beta_0+\beta_1x_1+\cdots+\beta_px_p+\varepsilon,\ \varepsilon\sim N(0,\sigma^2) \tag{4-27}$$

其中 β_0，β_1，…，β_p（$p>1$）是常数。对式（4-27）两边取数学期望得

$$EY=\beta_0+\beta_1x_1+\cdots+\beta_px_p$$

记 $\mathscr{Y}=EY$，则它可以改写为

$$\mathscr{Y}=\beta_0+\beta_1x_1+\cdots+\beta_px_p \tag{4-28}$$

称之为 p 元**回归平面方程**，其中 β_1，β_2，…，β_p 称为**回归系数**。

本节仅对二元（$p=2$）线性回归作以简要介绍，其基本方法可以毫无困难地推广到 $p>2$ 的情形。设

$$\mathscr{Y}=\beta_0+\beta_1x_1+\beta_2x_2 \tag{4-29}$$

为二元回归平面方程，其中 β_1，β_2 为回归系数。对变量 x_1，x_2 和随机变量 Y 取 n 组对应值

$$(x_{i1},\ x_{i2};\ Y_i),\quad i=1,2,\cdots,n$$

从而有

$$Y_i=\beta_0+\beta_1x_{i1}+\beta_2x_{i2}+\varepsilon_i,\quad i=1,2,\cdots,n \tag{4-30}$$

其中 $\varepsilon_i\sim N(0,\sigma^2)$，且 ε_1，ε_2，…，ε_n 相互独立，此式称为**二元线性模型**。显然 $Y_i\sim$

$N(\beta_0+\beta_1 x_{i1}+\beta_2 x_{i2}, \sigma^2)$，且 Y_1，Y_2，…，Y_n 相互独立。

在二元线性回归中要求解决三个问题：（1）对 β_0，β_1，β_2 和 σ^2 作点估计；（2）对回归方程作显著性检验；（3）利用回归方程进行预测和控制。

一、对 β_0，β_1，β_2 和 σ^2 的估计

对 β_0，β_1，β_2 的点估计仍采用最小二乘法，即确定 $\hat{\beta}_0$，$\hat{\beta}_1$，$\hat{\beta}_2$（称为最小二乘估计）使离差平方和

$$Q=\sum_{i=1}^{n}(y_i-\mathscr{Y}_i)^2=\sum_{i=1}^{n}(y_i-\beta_0-\beta_1 x_{i1}-\beta_2 x_{i2})^2 \tag{4-31}$$

达到最小。由极值原理知 $\hat{\beta}_0$，$\hat{\beta}_1$，$\hat{\beta}_2$ 是方程组

$$\begin{cases}\dfrac{\partial Q}{\partial \beta_0}=0\\ \dfrac{\partial Q}{\partial \beta_1}=0\\ \dfrac{\partial Q}{\partial \beta_2}=0\end{cases} \tag{4-32}$$

的解。具体由式（4-31）算出式（4-32），并化简可得

$$\begin{cases}l_{11}\hat{\beta}_1+l_{12}\hat{\beta}_2=l_{10}\\ l_{21}\hat{\beta}_1+l_{22}\hat{\beta}_2=l_{20}\end{cases} \tag{4-33}$$

其中

$$l_{11}=\sum_{i=1}^{n}(x_{i1}-\bar{x}_1)^2=\sum_{i=1}^{n}x_{i1}^2-n\bar{x}_1^2$$

$$l_{22}=\sum_{i=1}^{n}(x_{i2}-\bar{x}_2)^2=\sum_{i=1}^{n}x_{i2}^2-n\bar{x}_2^2$$

$$l_{12}=l_{21}=\sum_{i=1}^{n}(x_{i1}-\bar{x}_1)(x_{i2}-\bar{x}_2)=\sum_{i=1}^{n}x_{i1}x_{i2}-n\bar{x}_1\bar{x}_2$$

$$l_{10}=\sum_{i=1}^{n}(x_{i1}-\bar{x}_1)(y_i-\bar{y})=\sum_{i=1}^{n}x_{i1}y_i-n\bar{x}_1\bar{y}$$

$$l_{20}=\sum_{i=1}^{n}(x_{i2}-\bar{x}_2)(y_i-\bar{y})=\sum_{i=1}^{n}x_{i2}y_i-n\bar{x}_2\bar{y}$$

由式（4-33）解得

$$\begin{aligned}\hat{\beta}_1&=\frac{l_{10}l_{22}-l_{12}l_{20}}{l_{11}l_{22}-l_{12}^2}\\ \hat{\beta}_2&=\frac{l_{11}l_{20}-l_{10}l_{21}}{l_{11}l_{22}-l_{12}^2}\end{aligned} \tag{4-34}$$

且有

$$\hat{\beta}_0 = \bar{y} - \hat{\beta}_1\bar{x}_1 - \hat{\beta}_2\bar{x}_2 \tag{4-35}$$

代入式（4-29）中，即得二元线性回归方程

$$\mathscr{Y} = \hat{\beta}_0 + \hat{\beta}_1 x_1 + \hat{\beta}_2 x_2 \tag{4-36}$$

可以证明，$\hat{\beta}_0, \hat{\beta}_1, \hat{\beta}_2$ 分别是 $\beta_0, \beta_1, \beta_2$ 的无偏估计。

与本章第一节中的推导类似，可得 σ^2 的无偏估计为

$$\hat{\sigma}^2 = \frac{1}{n-3}[l_{00} - (\hat{\beta}_1)^2 l_{11} - (\hat{\beta}_2)^2 l_{22} - 2\hat{\beta}_1\hat{\beta}_2 l_{12}] \tag{4-37}$$

其中 $l_{00} = \sum_{i=1}^{n} y_i^2 - n\bar{y}^2$。

二、多元线性回归的假设检验

类似于一元的情形，二元线性回归方程的显著性检验也可用相关系数法和 F 检验法等。

定义**复相关系数**

$$R = \sqrt{\frac{(\hat{\beta}_1)^2 l_{11} + 2\hat{\beta}_1\hat{\beta}_2 l_{12} + (\hat{\beta}_2)^2 l_{22}}{l_{00}}} \tag{4-38}$$

可以证明：$0 \leqslant R \leqslant 1$，且 R 愈接近 1，表示线性关系愈显著；R 愈接近于 0，表示线性关系愈不显著。故由观测值算出 R 的值后，对给定的 α 查附表 5（按自由度 $n-3$，即独立变量个数为 3 查表），当 R 大于临界值 $r_{\alpha/2}$ 时，认为线性关系显著；否则，认为线性关系不显著。

为检验二元回归平面方程的显著性，也可用以下的 F 检验法。

F 检验法基于将离差平方和 $l_{00} = \sum_{i=1}^{n}(y_i - \bar{y})^2$ 进行分解可得

$$l_{00} = Q_e + U \tag{4-39}$$

其中 $Q_e = \sum_{i=1}^{n}(y_i - \hat{\mathscr{Y}}_i)^2$ 为**残差平方和**，$U = \sum_{i=1}^{n}(\hat{\mathscr{Y}}_i - \bar{y})^2$ 叫作**回归平方和**。易得，

$$U = (\hat{\beta}_1)^2 l_{11} + 2\hat{\beta}_1\hat{\beta}_2 l_{12} + (\hat{\beta}_2)^2 l_{22} \tag{4-40}$$

$$Q_e = l_{00} - U$$

而 Q_e 的自由度为 $n-3$，U 的自由度为 2（变量个数）。

构造统计量

$$F = \frac{U/2}{Q_e/(n-3)} \tag{4-41}$$

且可证在 H_0 成立的条件下 $F \sim F(2, n-3)$。

给定 $\alpha \in (0, 1)$，查附表 4 可得 $F_\alpha(2, n-3)$，由观测值求得 F 的值 F_0。若 $F_0 \geqslant F_\alpha(2, n-3)$，则认为线性关系显著；否则，认为线性关系不显著。

与一元线性回归类似，多元线性回归亦可采用 t 检验法来进行检验。此外，关于预测和控制问题这里从略。下面介绍在实际中很有用的多项式回归，它是多元非线性回归的一种常见形式。

三、多项式回归

设变量 x、Y 的回归模型为

$$Y=\beta_0+\beta_1 x+\beta_2 x^2+\cdots+\beta_p x^p+\varepsilon$$

其中 p 是已知的，β_0，β_1，$\cdots\beta_p$ 是未知参数，ε 服从正态分布 $N(0,\ \sigma^2)$。记 $EY=\mathscr{Y}$，因而

$$\mathscr{Y}=\beta_0+\beta_1 x+\beta_2 x^2+\cdots+\beta_p x^p$$

称之为**回归多项式**。上面的回归模型称为**多项式回归**。多项式回归是一元非线性回归的一种特殊情况。它可以通过变量代换线性化。令

$$x_1=x,\ x_2=x^2,\ \cdots,\ x_p=x^p$$

则多项式回归模型就变成了线性回归模型

$$Y=\beta_0+\beta_1 x_1+\beta_2 x_2+\cdots+\beta_p x_p+\varepsilon$$

需要指出，当 $p=2$ 时，回归多项式是抛物线方程，此时多项式回归也称为抛物线回归。

例 6 已知某种半成品在生产过程中的废品率 Y 与它的某种化学成分 x 有关，先将试验观察得到的一批数据列成表 4-4：

表 4-4 例 6 中废品率与该化学成分关系试验数据

化学成分 x	34	36	37	38	39	39	39	40
废品率 y	1.00	0.96	0.73	0.90	0.81	0.70	0.60	0.50
化学成分 x	40	41	42	43	43	45	47	48
废品率 y	0.44	0.56	0.30	0.42	0.35	0.40	0.41	0.60

把 16 对数据 $(x_i,\ y_i)$，$i=1,\ 2,\ \cdots,\ 16$ 画出散点图（图 4-15）。由图可见，废品率 Y 最初随化学成分 x 的增加而降低，而当 x 超过一定值后，Y 有所回升。根据散点图的形状，可以认为符合抛物线回归模型

$$Y=\beta_0+\beta_1 x+\beta_2 x^2+\varepsilon$$

现在用式（4-33）计算未知参数的估计值。先算

$$\bar{x}_1=\frac{1}{n}\sum_{i=1}^{n}x_i=40.6875$$

$$\bar{x}_2=\frac{1}{n}\sum_{i=1}^{n}x_i^2=1669.3125$$

$$\bar{y}=\frac{1}{n}\sum_{i=1}^{n}y_i=0.605$$

$$l_{11}=\sum_{i=1}^{n}x_i^2-n\bar{x}_1^2=221.4375$$

$$l_{22}=\sum_{i=1}^{n}x_i^4-n\bar{x}_2^2=1513685.4375$$

$$l_{12} = l_{21} = \sum_{i=1}^{n} x_i^3 - n\bar{x}_1\bar{x}_2 = 18282.5625$$

$$l_{10} = \sum_{i=1}^{n} x_i y_i - n\bar{x}_1\bar{y} = -9.455$$

$$l_{20} = \sum_{i=1}^{n} x_i^2 y_i - n\bar{x}_2\bar{y} = -754.125$$

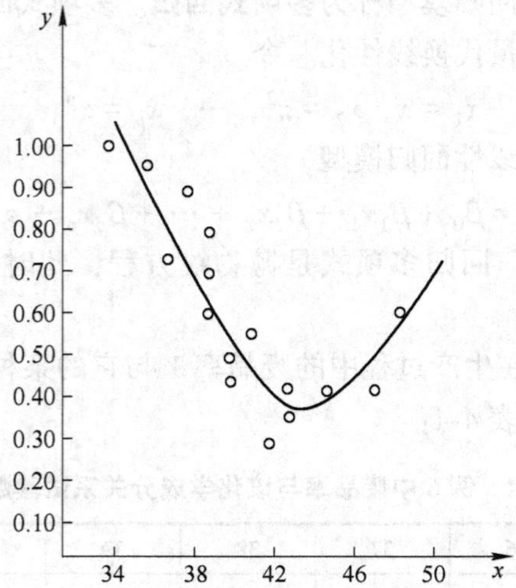

图 4-15　例 6 中废品率与该化学成分关系试验数据散点图

代入式（4-33）得

$$\begin{cases} 221.4375\hat{\beta}_1 + 18282.5625\hat{\beta}_2 = -9.455 \\ 18282.5625\hat{\beta}_1 + 1513685.4375\hat{\beta}_2 = -754.125 \end{cases}$$

可解得

$$\hat{\beta}_1 = -0.56125，\hat{\beta}_2 = 0.00628$$

而

$$\hat{\beta}_0 = \bar{y} - \hat{\beta}_1\bar{x}_1 - \beta_2\bar{x}_2 = 12.95758$$

因此，经验抛物线回归方程是

$$\hat{\mathscr{Y}} = 12.95758 - 0.56125x + 0.00628x^2$$

习　题

4-1 某医院用光电比色计检验尿汞时，得尿汞含量（mg/L）与消光系数读数的结果如下：

尿汞含量 x_i/mg · L^{-1}	2	4	6	8	10
消光系数 y_i	64	138	205	285	360

已知它们之间有关系式

$$Y_i = \alpha + \beta x_i + \varepsilon_i,\ i = 1,\ 2,\ \cdots,\ n$$

其中 $\varepsilon_i \sim N(0,\ \sigma^2)$，且各 ε_i 相互独立。试求 α, β 的最小二乘估计和 σ^2 的无偏估计，并写出回归方程。

4-2 在腐蚀刻线时，为了寻求腐蚀深度 Y 与腐蚀时间 x 之间的关系，对某种产品表面进行 11 次腐蚀刻线试验，得到腐蚀深度 Y 与腐蚀时间 x 间对应的 11 对数据：

时间 x_i/s	5	10	15	20	30	40	50	60	70	90	120
深度 y_i/μm	6	10	10	13	16	17	19	23	25	29	46

(1) 请画出散点图；

(2) 求回归直线方程（假定 Y 服从正态分布）；

(3) 计算相关系数 $\hat{\rho}$，并检验 Y 与 x 线性关系的显著性（$\alpha = 0.01$）；

(4) 对腐蚀时间 $x_0 = 50s$，预测腐蚀深度 Y，并求它的置信区间（$1 - \alpha = 0.95$）。

4-3 在第 2 题的条件下，用 F 检验法检验回归方程是否可信，即 Y 与 x 线性关系的显著性（$\alpha = 0.01$）。

4-4 某种产品加工前的含水率（%）与加工后的含水率（%）的测试结果如下表所示：

试件编号 i	1	2	3	4	5	6	7	8	9	10
加工前含水率 x_i/%	16.7	18.2	18.2	17.9	17.4	16.6	17.2	17.7	15.7	17.1
加工后含水率 y_i/%	17.1	18.4	18.6	18.5	18.2	17.1	18.0	18.2	16.0	17.5

画出散点图后确认 Y 与 x 之间存在线性相关关系，且假定 Y 服从正态分布。

(1) 写出一元线性回归模型和数据的线性模型；

(2) 求回归直线方程；

(3) 计算相关系数 $\hat{\rho}$ 并作显著性检验（$\alpha = 0.01$）；

(4) 用回归方程对 $x_0 = 17$（%）求 Y 的预测区间（$1 - \alpha = 0.95$）；

(5) 若要将 Y 控制在(17%, 18.4%)的范围内，问 x 应控制在什么范围内（$1 - \alpha = 0.95$）?

4-5 为了研究纱的品质指标与支数之间的数量关系，进行有关试验，得 20 对数据如下：

支数 x_i	19.83	20.24	21.10	23.85	24.47	25.08	28.47
品质指标 y_i	2466	2501	2390	2450	2350	2396	2331
支数 x_i	35.20	35.74	39.77	41.30	42.20	45.87	47.83
品质指标 y_i	2203	2159	2137	2092	2082	2060	2025
支数 x_i	29.28	29.76	33.93	49.13	56.46	57.55	
品质指标 y_i	2297	2285	2238	2040	1865	1857	

画出散点图，从经验知 Y_i 与 x_i 之间有关系式

$$Y_i = \alpha + \beta x_i + \varepsilon_i,\ i = 1,\ 2,\ \cdots,\ 20$$

其中 ε_1, ε_2, $\cdots$, ε_{20} 相互独立，且都服从正态分布 $N(0,\ \sigma^2)$。试用最小二乘法估计 α, β，并求 σ^2 的无偏估计量的值（提示：作数据变换 $u_i = \dfrac{1}{c}(x_i - x_0)$，$v_i = \dfrac{1}{d}(y_i - y_0)$）。

4-6 在彩色显影中，根据以往的经验，形成染料光学密度 Y 与析出银的光学密度之间有近似关系 $Y = Ae^{-B/x}$，$A > 0$。试通过变量代换将该非线性关系线性化，并下厨曲线回归方程的形式。

4-7 某种寄生在大树上的寄生植物，其寄生的平均株树 y 与大树的年龄（年）x 有以下关系：

x_i大树的年龄/年	3	4	9	15	40
y_i每株大树上平均寄生的株数	27	23	16	10	1

(1) 作出 (x_i, y_i) 的散点图；

(2) 令 $z = \ln y$，作出 (x_i, z_i) 的散点图；

(3) 以模型 $y = ae^{bx}\varepsilon$，$\ln\varepsilon \sim N(0, \sigma^2)$ 拟合数据，其中 a，b，σ^2 与 x 无关。试求曲线回归方程 $\hat{\mathscr{Y}} = \hat{a}e^{\hat{b}x}$。

4-8 在某项钢材的新型规范试验中，研究含碳量（x_1）和回火温度（x_2）对它们的伸长率（Y）的关系。现有 15 批生产试样结果如下：

含碳量 x_1	57	64	69	58	58	58	58	58
回火温度 x_2	535	535	535	460	460	460	490	490
伸长率 y	19.25	17.50	18.25	16.25	17.00	16.75	17.00	16.75
含碳量 x_1	58	57	64	69	59	64	69	
回火温度 x_2	490	460	435	460	490	467	490	
伸长率 y	17.25	16.75	14.75	12.00	17.75	15.50	15.50	

根据经验，Y 关于 x_1，x_2 有二元线性回归关系

$$Y = \beta_0 + \beta_1 x_1 + \beta_2 x_2 + \varepsilon\text{，其中 } \varepsilon \sim N(0, \sigma^2)$$

(1) 求 β_0，β_1，β_2 的最小二乘估计，写出经验回归平面方程；

(2) 检验线性回归是否显著（$\alpha = 5\%$）。

4-9 一种合金在某种添加剂的不同浓度下，各做三次试验，得数据如下：

浓度 x_i	10.0	15.0	20.0	25.0	30.0
抗压强度 y_i /MPa	252	288	312	317	294
	273	311	326	301	308
	287	278	297	323	328

(1) 作散点图；

(2) 以模型 $Y = \beta_0 + \beta_1 x + \beta_2 x^2 + \varepsilon$，$\varepsilon \sim N(0, \sigma^2)$ 拟合数据，其中 β_0，β_1，β_2，σ^2 与 x 无关，求多项式回归方程 $\hat{\mathscr{Y}} = \hat{\beta}_0 + \hat{\beta}_1 x + \hat{\beta}_2 x^2$；

(3) 检验回归效果是否显著（$\alpha = 0.05$）。

第五章　方 差 分 析

本章讨论在生产和科学实验中哪些因素对试验结果有显著影响，哪些因素对试验结果无显著影响，分为一元方差分析和二元方差分析两部分进行讨论。仅分析一个因素对试验结果的影响，这叫作一元方差分析（或单因素方差分析）。

第一节　一元方差分析

仅分析一个因素对试验结果的影响，这叫作**一元方差分析**（或**单因素方差分析**）。

例 1　某灯泡厂用四种不同配料方案制成的灯丝生产四批灯泡，在每一批中取若干个作寿命试验，得如下数据（单位：h）

灯泡品种	A_1	1600	1610	1650	1680	1700	1720	1800	
	A_2	1580	1640	1640	1700	1750			
	A_3	1460	1550	1600	1620	1640	1660	1700	1820
	A_4	1510	1520	1530	1570	1600	1680		

问灯丝的不同配料方案对灯泡寿命有无显著影响？

例 1 中的灯泡寿命称为**试验指标**，灯丝的不同配料称为**变异因素**，简称**因素**（或**因子**）。此例中只有一个因素。灯丝的不同配料方案称为**水平**，此例中所论因素有四种水平。一般说，为考察因素 A 对试验指标的影响，常设定 r 种水平 A_1，A_2，⋯，A_r 进行试验，收集数据，以便分析讨论。

在上例中，我们将同一个水平下取得的数据看作来自一个总体的样本值，这样问题中共有四个总体，要检验灯丝的不同配料对灯泡平均寿命有无显著影响，本质上是检验四个总体的平均值是否相等。在理论上要假定这些总体都是正态总体，而且有相同的方差，这是第三章两正态总体均值差的检验所要求的，而且这一假定在绝大多数情况下也是符合实际的。现在我们从该列中抽象出一般的数学模型。

设有 r 个正态总体 X_i，$i=1, 2, \cdots, r$，$X_i \sim N(\mu_i, \sigma^2)$。在 r 个总体上作假设

$$H_0: \mu_1 = \mu_2 = \cdots = \mu_r$$

现独立地从各总体中取出一个样本，列成表 5-1：

表 5-1　来自总体 X_i，$i=1, 2, \cdots, r$ 的样本

总体	样　　本	样本均值
X_1	$X_{11}, X_{12}, \cdots, X_{1n_1}$	$\overline{X}_1$
X_2	$X_{21}, X_{22}, \cdots, X_{2n_2}$	$\overline{X}_2$
⋮	⋮	⋮
X_r	$X_{r1}, X_{r2}, \cdots, X_{rn_r}$	$\overline{X}_r$

利用表 5-1 中的 r 个样本检验 H_0 是否成立，即可知道因素 A 的变化（取不同水平的 A_1，A_2，…，A_r）对试验指标有无显著影响。由第三章知，要检验 H_0 是否成立，可用 t 检验法，只要检验任何相邻两个总体的均值是否相等即可。但这样做要检验 $r-1$ 次，非常烦琐，我们可用以下方差分析法。

一、离差平方和的分解

首先将表中 r 个样本放在一起，以 $\overline{X}$ 表示 $\{X_{ij}\}$ 的总平均：

$$\overline{X}=\frac{1}{n}\sum_{i=1}^{r}\sum_{j=1}^{n_i}X_{ij}\ \left(n=\sum_{i=1}^{r}n_i\right)$$

容易看出：若 H_0 成立，则 $\{X_{ij},\ i=1,\ 2,\ \cdots,\ r;\ j=1,\ 2,\ \cdots,\ n_i\}$ 是来自同一总体的容量大小为 n 的样本，而 $\overline{X}$ 正是其样本均值。

考虑统计量（总离差平方和）

$$Q_{\mathrm{T}}=\sum_{i=1}^{r}\sum_{j=1}^{n_i}(X_{ij}-\overline{X})^2 \tag{5-1}$$

易见，$S^2=\frac{1}{n-1}Q_{\mathrm{T}}$ 正是上述合在一起所得样本 $\{X_{ij}\}$ 的样本方差，于是若 H_0 成立，则

$$\frac{Q_{\mathrm{T}}}{\sigma^2}=\frac{(n-1)S^2}{\sigma^2}\sim\chi^2(n-1)$$

现在，我们把 Q_{T} 分解为如下两部分：

$$Q_{\mathrm{T}}=Q_{\mathrm{E}}+Q_{\mathrm{A}} \tag{5-2}$$

其中 $Q_{\mathrm{E}}=\sum_{i=1}^{r}\sum_{j=1}^{n_i}(X_{ij}-\overline{X}_i)^2$，$Q_{\mathrm{A}}=\sum_{i=1}^{r}n_i(\overline{X}_i-\overline{X})^2$，这里 $\overline{X}_i=\frac{1}{n_i}\sum_{j=1}^{n_i}X_{ij}$ 是第 i 个样本 $\{X_{ij},\ j=1,\ 2,\ \cdots,\ n_i\}$ 的均值。事实上，

$$\begin{aligned}Q_{\mathrm{T}}&=\sum_{i=1}^{r}\sum_{j=1}^{n_i}(X_{ij}-\overline{X})^2=\sum_{i=1}^{r}\sum_{j=1}^{n_i}[(X_{ij}-\overline{X}_i)+(\overline{X}_i-\overline{X})]^2\\&=\sum_{i=1}^{r}\sum_{j=1}^{n_i}(X_{ij}-\overline{X}_i)^2+2\sum_{i=1}^{r}\sum_{j=1}^{n_i}(X_{ij}-\overline{X}_i)(\overline{X}_i-\overline{X})+\sum_{i=1}^{r}\sum_{j=1}^{n_i}(\overline{X}_i-\overline{X})^2\end{aligned}$$

注意上式右端中间项为 0，这是因为

$$\begin{aligned}&\sum_{i=1}^{r}\sum_{j=1}^{n_i}(X_{ij}-\overline{X}_i)(\overline{X}_i-\overline{X})\\&=\sum_{i=1}^{r}(\overline{X}_i-\overline{X})\left[\sum_{j=1}^{n_i}(X_{ij}-\overline{X}_i)\right]\\&=\sum_{i=1}^{r}(\overline{X}_i-\overline{X})\left(\sum_{j=1}^{n_i}X_{ij}-n_i\overline{X}_i\right)\\&=\sum_{i=1}^{r}(\overline{X}_i-\overline{X})\left(\sum_{j=1}^{n_i}X_{ij}-\sum_{j=1}^{n_i}X_{ij}\right)=0\end{aligned}$$

因此，

$$Q_{\mathrm{T}} = \sum_{i=1}^{r}\sum_{j=1}^{n_i}(X_{ij}-\overline{X}_i)^2 + \sum_{i=1}^{r} n_i(\overline{X}_i-\overline{X})^2$$
$$= Q_{\mathrm{E}} + Q_{\mathrm{A}}$$

分别称 Q_{E} 和 Q_{A} 为**组内离差平方和与组间离差平方和**。Q_{E} 反映各样本内部由 σ^2 引起的抽样误差，Q_{A} 则反映各样本之间因总体均值不同而引起的误差加上抽样误差。从直观上，若 H_0 成立，则 Q_{A} 不应太大；反之若 Q_{A} 显著大于 Q_{E}，则有理由拒绝 H_0。这启示我们，可以从比较 Q_{A} 与 Q_{E} 入手，来建立检验 H_0 的准则。

二、方差的比较——F 检验法

首先不加证明地介绍 χ^2 变量分解定理（证法参见文献［5］§6.1）。

分解定理　设 $X_1, X_2, \cdots, X_n$ 是 n 个相互独立的标准正态分布随机变量，且

$$Q = X_1^2 + X_2^2 + \cdots + X_n^2 \sim \chi^2(n)$$

如果 Q 可以分解为以下 k 项之和：

$$Q = Q_1 + Q_2 + \cdots + Q_k$$

其中每个 Q_i 都是 $X_1, X_2, \cdots, X_n$ 的线性组合的平方和（即非负定二次型），其自由度记为 f_i，则 Q_i（$i=1, 2, \cdots, k$）相互独立，且

$$Q_i \sim \chi^2(f_i)$$

的充要条件是 $\sum_{i=1}^{k} f_i = n$。

将式（5-2）两边除以 σ^2 得

$$\frac{Q_{\mathrm{T}}}{\sigma^2} = \frac{Q_{\mathrm{E}}}{\sigma^2} + \frac{Q_{\mathrm{A}}}{\sigma^2}$$

即

$$\frac{1}{\sigma^2}\sum_{i=1}^{r}\sum_{j=1}^{n_i}(X_{ij}-\overline{X})^2$$
$$= \sum_{i=1}^{r}\sum_{j=1}^{n_i}\left(\frac{X_{ij}-\overline{X}_i}{\sigma}\right)^2 + \sum_{i=1}^{r}\left[\frac{\sqrt{n_i}(\overline{X}_i-\overline{X})}{\sigma}\right]^2$$

当 H_0 成立时，前面已分析过上述等式左端是自由度为 $n-1$ 的 χ^2 分布变量（$n = \sum_{i=1}^{r} n_i$），右端取平方的括号中都是标准正态分布变量或其线性组合，故而，$\frac{Q_{\mathrm{E}}}{\sigma^2}$ 和 $\frac{Q_{\mathrm{A}}}{\sigma^2}$ 均是标准正态分布变量线性组合的平方和。第一项 $\frac{Q_{\mathrm{E}}}{\sigma^2}$ 是 n 项平方和，有 r 个独立的线性约束条件：$\sum_{j=1}^{n_i}(X_{ij}-\overline{X}_i)=0$（$i=1, 2, \cdots, r$），故其自由度为 $n-r$；第二项是 r 项的平方和，只有 1 个线性约束条件：$\sum_{i=1}^{r} n_i(\overline{X}_i-\overline{X})=0$，故其自由度为 $r-1$。于是，$\frac{Q_{\mathrm{T}}}{\sigma^2}$ 的自由度

$n-1$ 正好是 $\frac{Q_E}{\sigma^2}$ 的自由度 $n-r$ 与 $\frac{Q_A}{\sigma^2}$ 的自由度 $r-1$ 之和。由上述分解定理，即可知

$$\frac{Q_E}{\sigma^2} \sim \chi^2(n-r),\quad \frac{Q_A}{\sigma^2} \sim \chi^2(r-1)$$

且 $\frac{Q_E}{\sigma^2}$ 与 $\frac{Q_A}{\sigma^2}$ 相互独立。由此可见，在 H_0 成立的条件下，统计量

$$F = \frac{\frac{Q_A}{\sigma^2}/(r-1)}{\frac{Q_E}{\sigma^2}/(n-r)} = \frac{Q_A/(r-1)}{Q_E/(n-r)} \sim F(r-1,\ n-r)$$

因此可用 F 检验法来检验 H_0。注意到统计量 F 分子上的 Q_A 反映各样本间由于总体均值的差异引起的离差平方和，Q_A 愈小愈说明 H_0 正确，故可采用单侧检验，即给定显著性水平 α，查附表 4 得 $F_\alpha(r-1,\ n-r)$。若由实测数据算出的 $F_0 \geqslant F_\alpha(r-1,\ n-r)$，则拒绝 H_0，即因素 A 对试验指标有显著影响；否则接受 H_0，即因素 A 对试验指标无显著影响。

三、计算格式

具体计算 Q_A 和 Q_E 时，常用以下方法。令

$$S_i = \sum_{j=1}^{n_i} x_{ij},\quad SS_i = \sum_{j=1}^{n_i} x_{ij}^2$$

则

$$\begin{cases} Q_A = \sum_{i=1}^{r} \frac{S_i^2}{n_i} - \frac{1}{n}\left(\sum_{i=1}^{r} S_i\right)^2 & (5\text{-}3) \\ Q_E = \sum_{i=1}^{r} SS_i - \sum_{i=1}^{r} \frac{S_i^2}{n_i} & (5\text{-}4) \\ Q_T = \sum_{i=1}^{r} SS_i - \frac{1}{n}\left(\sum_{i=1}^{r} S_i\right)^2 & (5\text{-}5) \end{cases}$$

其中 Q_T 在计算 F_0 时没有用到，它可以用于核对 $Q_T = Q_A + Q_E$ 是否成立，起校核作用。

一般将计算结果列为表 5-2 所示的方差分析表。

表 5-2　方差分析表

离差来源	离差平方和	自由度	均方离差	F 值
组间	Q_A	$r-1$	$Q_A/(r-1)$	$F = \frac{Q_A/(r-1)}{Q_E/(n-r)}$
组内	Q_E	$n-r$	$Q_E/(n-r)$	
总和	Q_T	$n-1$		

为了简化计算，有时也采用数据变换，令 $y_{ij} = \frac{1}{c}(x_{ij} - x_0)$。可以证明：

$$Q_A = c^2\widetilde{Q}_A,\quad Q_E = c^2\widetilde{Q}_E$$

其中 $\widetilde{Q}_A$ 和 $\widetilde{Q}_E$ 分别表示用数据 y_{ij} 计算所得的组间离差平方和与组内离差平方和，从而可知数据变换不影响 F 的值（但会影响 Q_A 和 Q_E 的值）。

现计算前面所给的例 1。给定 $\alpha = 5\%$，问灯丝配料方案对灯泡寿命有无显著影响，即检验 H_0：$\mu_1 = \mu_2 = \mu_3 = \mu_4$。

首先作数据变换，令 $y_{ij} = \frac{1}{10}(x_{ij} - 1600)$，则 y_{ij} 的数据如表 5-3 所示，并在表上计算出 $\widetilde{S}_i$，$S\widetilde{S}_i$ 和 $\sum_i \widetilde{S}_i$，$\sum_i S\widetilde{S}_i$ 的值：

表 5-3　例 1 的数据变换结果

灯泡品种	y_{ij}								n_i	$\widetilde{S}_i$	$S\widetilde{S}_i$
A_1	0	1	5	8	10	12	20		7	56	734
A_2	-2	4	4	10	15				5	31	361
A_3	-14	-5	0	2	4	6	14	22	8	29	957
A_4	-9	-8	-7	-3	0	8			6	-19	267
Σ									26	97	2319

$$\widetilde{Q}_A = \sum_{i=1}^{r} \frac{\widetilde{S}_i^2}{n_i} - \frac{1}{n}\left(\sum_{i=1}^{r} \widetilde{S}_i\right)^2$$

$$= \left[\frac{56^2}{7} + \frac{31^2}{5} + \frac{29^2}{8} + \frac{(-19)^2}{6}\right] - \frac{1}{26} \times 97^2 = 443.607$$

$$\widetilde{Q}_E = \sum_{i=1}^{r} S\widetilde{S}_i - \sum_{i=1}^{r} \widetilde{S}_i^2 / n_i$$

$$= 2319 - 805.491 = 1513.509$$

从而

$$F_0 = \frac{\widetilde{Q}_A/(r-1)}{\widetilde{Q}_E/(n-r)} = \frac{443.607/3}{1513.509/22} = 2.15$$

由 $\alpha = 0.05$，查附表 4 得 $F_{0.05}(3, 22) = 3.05$，因 $F_0 < F_{0.05}(3, 22)$，故接受 H_0，认为灯丝不同配料方案对灯泡寿命无显著影响。

将计算结果列为下列方差分析表（注意要将 $\widetilde{Q}_A$ 和 $\widetilde{Q}_E$ 转变为 Q_A 和 Q_E）：

离差来源	离差平方和	自由度	均方离差	F 值
组间	$Q_A = 10^2 \widetilde{Q}_A = 44360.7$	3	14786.9	$F = \frac{14786.9}{6879} = 2.15 <$
组内	$Q_E = 10^2 \widetilde{Q}_E = 151350.9$	22	6879	$3.05 = F_{0.05}(3, 22)$
总和	$Q_T = 195711.6$	25		故接受 H_0

有时，拒绝 H_0 后还常常需要对 $\mu_i - \mu_k$ 作区间估计。此时，由于统计量

$$T = \frac{\overline{X}_i - \overline{X}_k - (\mu_i - \mu_k)}{\sqrt{\frac{1}{n_i} + \frac{1}{n_k}} S_E} \sim t(n-r)$$

其中 $S_E = \sqrt{Q_E/(n-r)}$，因此不难求得 $\mu_i - \mu_k$ 的置信概率为 $1-\alpha$ 的置信区间是：

$$\left(\overline{X}_i - \overline{X}_k \pm t_{\frac{\alpha}{2}}(n-r) \sqrt{\frac{1}{n_i} + \frac{1}{n_k}} S_E\right) \tag{5-6}$$

第二节　二元方差分析

二元方差分析讨论两个因素对试验结果的影响是否显著，其基本思想和处理方法与一元方差分析类似，只是计算工作量较大。所不同之处在于，在二元方差分析中还出现两个因素的交互作用问题。本节只介绍交互作用可忽略的情形，考虑交互作用的情形比较复杂，可参见文献［4］、［6］、［8］的有关章节。本节内容完全可推广为 n（$n \geqslant 0$）元方差分析而无实质性变化。

二元方差分析亦称为**双因素方差分析**。先看一个实例。

例 2　在某种橡胶的配方中，考虑了三种不同的促进剂，四种不同份量的氧化锌。各种配方试验一次，测得 300%定强如表 5-4 所示。

表 5-4　例 2 各种配方下的试验结果

促进剂 A \ 氧化锌 B	B_1	B_2	B_3	B_4
A_1	32	35	35.5	38.5
A_2	33.5	36.5	38	39.5
A_3	36	37.5	39.5	43

问不同促进剂、不同份量氧化锌分别对定强有无显著影响？

此例中有 A、B 两个因素，而因素 A 有三种水平 A_1，A_2，A_3，因素 B 有四种水平 B_1，B_2，B_3，B_4，在每种组合水平 $A_i \times B_j$ 上作一次试验，试验结果为 X_{ij}，$i=1, 2, \cdots, r$；$j=1, 2, \cdots, s$，所有 X_{ij} 相互独立，列于表 5-5 中。

表 5-5　两个因素在不同组合水平下的试验结果

因素 A \ 因素 B	B_1	B_2	$\cdots$	B_s	$\overline{X}_{i\cdot}$
A_1	X_{11}	X_{12}	$\cdots$	X_{1s}	$\overline{X}_{1\cdot}$
A_2	X_{21}	X_{22}	$\cdots$	X_{2s}	$\overline{X}_{2\cdot}$
$\vdots$	$\vdots$	$\vdots$	$\vdots$	$\vdots$	$\vdots$
A_r	X_{r1}	X_{r2}	$\cdots$	X_{rs}	$\overline{X}_{r\cdot}$
$\overline{X}_{\cdot j}$	$\overline{X}_{\cdot 1}$	$\overline{X}_{\cdot 2}$	$\cdots$	$\overline{X}_{\cdot s}$	$\overline{X}$

假定总体 X_{ij} 具有正态分布 $N(\mu_{ij},\ \sigma^2)$，其中

$$\mu_{ij}=\mu+\alpha_i+\beta_j,\ i=1,\ 2,\ \cdots,\ r;\ j=1,\ 2,\ \cdots,\ s \tag{5-7}$$

而

$$\sum_{i=1}^{r}\alpha_i=0,\ \sum_{j=1}^{s}\beta_j=0 \tag{5-8}$$

在式（5-7）中，α_i 称为**因素 A 在水平 A_i 的效应**，它表示水平 A_i 在总体均值上引起的偏差；同样 β_j 称为**因素 B 在水平 B_j 的效应**，它表示水平 B_j 在总体均值上引起的偏差。

在总体上作假设 H_{01}：

$$\alpha_1=\alpha_2=\cdots=\alpha_r=0 \tag{5-9}$$

如果 H_{01} 成立，那么 μ_{ij} 与 i 无关，这表明因素 A 对试验结果无显著影响。

同样，在总体上作假设 H_{02}：

$$\beta_1=\beta_2=\cdots=\beta_s=0 \tag{5-10}$$

如果 H_{02} 成立，那么 μ_{ij} 与 j 无关，这表明因素 B 对试验结果无显著影响。

一、离差平方和的分解

仍如一元情形一样，我们先将总离差平方和进行分解，除以 σ^2 后得到几个独立的 χ^2 分布随机变量，然后应用 F 检验法。

令

$$\overline{X}=\frac{1}{rs}\sum_{i=1}^{r}\sum_{j=1}^{s}X_{ij}\ (\text{即总平均值})$$

$$\overline{X}_{i\cdot}=\frac{1}{s}\sum_{j=1}^{s}X_{ij}\quad (i=1,\ 2,\ \cdots,\ r)\ (\text{即第 } i \text{ 行平均值})$$

$$\overline{X}_{\cdot j}=\frac{1}{r}\sum_{i=1}^{r}X_{ij}\quad (j=1,\ 2,\ \cdots,\ s)\ (\text{即第 } j \text{ 列平均值})$$

考虑统计量（总离差平方和）

$$Q_{\mathrm{T}}=\sum_{i=1}^{r}\sum_{j=1}^{s}(X_{ij}-\overline{X})^2$$

类似于一元情况，Q_{T} 可分解为三部分之和：

$$Q_{\mathrm{T}}=Q_{\mathrm{A}}+Q_{\mathrm{B}}+Q_{\mathrm{E}} \tag{5-11}$$

其中

$$Q_{\mathrm{A}}=\sum_{i=1}^{r}\sum_{j=1}^{s}(\overline{X}_{i\cdot}-\overline{X})^2=s\sum_{i=1}^{r}(\overline{X}_{i\cdot}-\overline{X})^2$$

$$Q_{\mathrm{B}}=\sum_{i=1}^{r}\sum_{j=1}^{s}(\overline{X}_{\cdot j}-\overline{X})^2=r\sum_{j=1}^{s}(\overline{X}_{\cdot j}-\overline{X})^2$$

$$Q_{\mathrm{E}}=\sum_{i=1}^{r}\sum_{j=1}^{s}(X_{ij}-\overline{X}_{i\cdot}-\overline{X}_{\cdot j}+\overline{X})^2$$

式（5-11）两边除以 σ^2，可得

$$\frac{1}{\sigma^2}Q_{\mathrm{T}}=\frac{1}{\sigma^2}Q_{\mathrm{A}}+\frac{1}{\sigma^2}Q_{\mathrm{B}}+\frac{1}{\sigma^2}Q_{\mathrm{E}} \tag{5-12}$$

直观地看，Q_{A} 和 Q_{B} 分别是由因素 A 的效应和因素 B 的效应，在分别加上抽样误差所引起

的随机波动，而 Q_E 则是由 σ^2 引起的随机误差。因此可用比较 Q_A 和 Q_E 的值来检验假设 H_{01} 是否成立，而用比较 Q_B 和 Q_E 的值来检验假设 H_{02} 是否成立。

二、方差的比较——*F* 检验法

首先注意式（5-12）左端

$$\frac{1}{\sigma^2}Q_T = \frac{(rs-1)S^2}{\sigma^2} \sim \chi^2(rs-1)$$

其中 S^2 是 $\{X_{ij}, i=1, 2, \cdots, r; j=1, 2, \cdots, s\}$ 的样本方差。而式（5-12）右端三项都是标准正态分布变量线性组合的平方和，且 $\frac{1}{\sigma^2}Q_A = \sum_{i=1}^{r}\left[\frac{\sqrt{s}(\overline{X}_{i\cdot} - \overline{X})}{\sigma}\right]^2$ 是 r 个正态分布变量的平方和，有 1 个线性约束条件 $\sum_{i=1}^{r}(\overline{X}_{i\cdot} - \overline{X}) = 0$，故 $\frac{1}{\sigma^2}Q_A$ 的自由度为 $r-1$；$\frac{1}{\sigma^2}Q_B = \sum_{j=1}^{s}\left[\frac{\sqrt{r}(\overline{X}_{\cdot j} - \overline{X})}{\sigma}\right]^2$ 是 s 个正态分布变量的平方和，有 1 个线性约束条件 $\sum_{j=1}^{s}(\overline{X}_{\cdot j} - \overline{X}) = 0$，故 $\frac{1}{\sigma^2}Q_B$ 的自由度为 $s-1$；$\frac{1}{\sigma^2}Q_E$ 是 rs 个标准正态分布随机变量线性组合的平方和，其虽有 $r+s$ 个约束条件：

$$\begin{cases}\sum_{i=1}^{r}(X_{ij} - \overline{X}_{i\cdot} - \overline{X}_{\cdot j} + \overline{X}) = 0, & (j=1, 2, \cdots, s) \\ \sum_{j=1}^{s}(X_{ij} - \overline{X}_{i\cdot} - \overline{X}_{\cdot j} + \overline{X}) = 0, & (i=1, 2, \cdots, r)\end{cases} \tag{5-13}$$

但其中只有 $r+s-1$ 个相互独立。事实上，可以证明（从略），式（5-13）中最后一个等式可由其余 $r+s-1$ 个等式推出来。因此 $\frac{1}{\sigma^2}Q_E$ 的自由度为其中所含的平方个数减去独立的约束条件个数，即

$$rs-(r+s-1) = (r-1)(s-1)$$

由于

$$rs-1 = (r-1)+(s-1)+(r-1)(s-1)$$

且 $\frac{1}{\sigma^2}Q_T \sim \chi^2(rs-1)$，因此，由本章第一节中的分解定理知

$$\frac{1}{\sigma^2}Q_A \sim \chi^2(r-1)$$

$$\frac{1}{\sigma^2}Q_B \sim \chi^2(s-1)$$

$$\frac{1}{\sigma^2}Q_E \sim \chi^2((r-1)(s-1))$$

而且这三个 χ^2 变量相互独立。我们不加证明地指出：当 H_{01} 成立时，统计量

$$F_A = \frac{Q_A/(r-1)}{Q_E/(r-1)(s-1)} = \frac{(s-1)Q_A}{Q_E} \sim F(r-1,\ (r-1)(s-1))$$

当 H_{02} 成立时，统计量

$$F_B = \frac{Q_B/(s-1)}{Q_E/(r-1)(s-1)} = \frac{(r-1)Q_B}{Q_E} \sim F(s-1,\ (r-1)(s-1))$$

为检验假设 H_{01}，对给定的显著性水平 α，查附表 4，可得 $F_\alpha(r-1,\ (r-1)(s-1))$，由样本值算得 F_A 的值 F_{A0} 后，若

$$F_{A0} \geqslant F_\alpha(r-1,\ (r-1)(s-1))$$

则拒绝 H_{01}，认为因素 A 的影响显著；否则，接受 H_{01}，认为因素 A 的影响不显著。

同样，为检验假设 H_{02}，对给定的 α，查表得 $F_\alpha(s-1,\ (r-1)(s-1))$，由样本值算得 F_B 的值 F_{B0} 后，也可作出类似的结论。

三、计算格式

类似于一元情形，也可用以下公式计算 Q_A，Q_B 和 Q_E，令

$$S_{i\cdot} = \sum_{j=1}^{s} x_{ij},\ S_{\cdot j} = \sum_{i=1}^{r} x_{ij}$$

$$SS_{i\cdot} = \sum_{j=1}^{s} x_{ij}^2,\ SS_{\cdot j} = \sum_{i=1}^{r} x_{ij}^2$$

$$S = \sum_{i=1}^{r} S_{i\cdot} = \sum_{j=1}^{s} S_{\cdot j} = \sum_{i=1}^{r}\sum_{j=1}^{s} x_{ij}$$

$$SS = \sum_{i=1}^{r} SS_{i\cdot} = \sum_{j=1}^{s} SS_{\cdot j} = \sum_{i=1}^{r}\sum_{j=1}^{s} x_{ij}^2$$

则

$$\begin{cases} Q_A = \dfrac{1}{s}\sum_{i=1}^{r} S_{i\cdot}^2 - \dfrac{1}{rs}S^2 & (5\text{-}14) \\ Q_B = \dfrac{1}{r}\sum_{j=1}^{s} S_{\cdot j}^2 - \dfrac{1}{rs}S^2 & (5\text{-}15) \\ Q_E = SS - \dfrac{1}{s}\sum_{i=1}^{r} S_{i\cdot}^2 - \dfrac{1}{r}\sum_{j=1}^{s} S_{\cdot j}^2 + \dfrac{1}{rs}S^2 & \\ \quad\ = Q_T - Q_A - Q_B & (5\text{-}16) \\ Q_T = SS - \dfrac{1}{rs}S^2 & (5\text{-}17) \end{cases}$$

一般将计算结果列成方差分析表，见表 5-6。

表 5-6　方差分析表

离差来源	离差平方和	自由度	均方离差	F 值
因素 A	Q_A	$r-1$	$Q_A/(r-1)$	$F_A=\dfrac{(s-1)Q_A}{Q_E}$
因素 B	Q_B	$s-1$	$Q_B/(s-1)$	
误差	Q_E	$(r-1)(s-1)$	$Q_E/(r-1)(s-1)$	$F_B=\dfrac{(r-1)Q_B}{Q_E}$
总和	Q_T	$rs-1$		

为了简化计算，有时采用数据变换：令 $y_{ij}=\dfrac{1}{c}(x_{ij}-x_0)$，可以证明：

$$Q_A=c^2\widetilde{Q}_A,\ Q_B=c^2\widetilde{Q}_B,\ Q_E=c^2\widetilde{Q}_E$$

其中 $\widetilde{Q}_A$，$\widetilde{Q}_B$ 和 $\widetilde{Q}_E$ 分别表示用数据 y_{ij} 计算所得的因素 A、因素 B 和误差引起的离差平方和（其中 $\widetilde{Q}_A$ 和 $\widetilde{Q}_B$ 中也混有部分试验误差）。从而可知，数据变换不影响 F_A 和 F_B 的值。

下面计算例 2。给定 $\alpha=5\%$，问不同促进剂和不同氧化锌份量对橡胶定强有无显著影响，即检验

$$H_{01}:\ \alpha_1=\alpha_2=\alpha_3=0$$
$$H_{02}:\ \beta_1=\beta_2=\beta_3=\beta_4=0$$

其中 $\alpha_i\ (i=1,2,3)$，$\beta_j\ (j=1,2,3,4)$ 分别表示促进剂（因素 A）的不同水平的效应和氧化锌（因素 B）的不同水平的效应。

由题中所给试验数据，采用下述表格形式（表 5-7）进行计算是方便的。

表 5-7　例 2 的计算

因素 B / 因素 A	B_1	B_2	B_3	B_4	$S_{i\cdot}$	$SS_{i\cdot}$	Q 值
A_1	32.0	35.0	35.5	38.5	141.0	4991.50	$Q_A=28.30$ $Q_B=66.10$ $Q_E=2.35$
A_2	33.5	36.5	38.0	39.5	147.5	5458.75	
A_3	36.0	37.5	39.5	43.0	156.0	6111.50	
$S_{\cdot j}$	101.5	109.0	113.0	121.0	444.5		
$SS_{\cdot j}$	3442.25	3963.50	4264.50	4891.50		16561.75	

从而

$$F_{A0}=\frac{Q_A/2}{Q_E/6}=\frac{28.30\div2}{2.35\div6}=36.30$$

$$F_{B0}=\frac{Q_B/3}{Q_E/6}=\frac{66.10\div3}{2.35\div6}=56.50$$

给定 $\alpha=5\%$，查附表 4 得，$F_{0.05}(2,6)=5.14$，$F_{0.05}(3,6)=4.76$。由于 $F_{A0}>F_{0.05}(2,6)$，$F_{B0}>F_{0.05}(3,6)$，因此不同促进剂和氧化锌的不同份量对橡胶定强都有显著影响。

将计算结果整理为下列方差分析表：

离差来源	离差平方和	自由度	均方离差	F 值
因素 A	$Q_A = 28.30$	2	14.15	$F_A = \frac{14.15}{0.39} = 36.30 > F_{0.05}(2, 6) = 5.14$
因素 B	$Q_B = 66.10$	3	22.03	$F_B = \frac{22.03}{0.39} = 56.50 > F_{0.05}(3, 6) = 4.76$
误差	$Q_E = 2.35$	6	0.39	故拒绝 H_{01} 和 H_{02}
总和	$Q_T = 96.75$	11		

习　题

5-1 有四个工厂生产 1.5V 的 3 号干电池。现从每个工厂产品中各取一样本，测量其寿命得到数值如下：

生产厂	干电池寿命/h					
A	24.7	24.3	21.6	19.3	20.3	
B	30.8	19.0	18.8	29.7		
C	17.9	30.4	34.9	34.1	15.9	
D	23.1	33.0	23.0	26.4	18.1	25.1

问四个厂生产的干电池寿命有无显著差异（$\alpha = 5\%$）？

5-2 现抽查某地区三所小学五年级男学生的身高，得数据如下：

小学	身高数据/cm					
第一小学	133.1	139.1	138.1	143.9	145.8	132.4
第二小学	155.3	152.9	141.8	131.0	155.7	160.8
第三小学	145.6	148.1	149.5	148.7	153.5	151.4

试问该地区三所小学五年级男学生的平均身高是否有显著差异（$\alpha = 5\%$）？（提示：可考虑作数据变换）

5-3 一实验室里有一批伏特计，它们经常被轮流用来测量电压。现在取 4 只，每只伏特计用来测量电压为 100V 的恒定电动势各 5 次，得下列结果：

伏特计	测定电压值/V				
A	100.9	101.1	100.8	100.9	100.4
B	100.2	100.9	101.0	100.6	100.3
C	100.8	100.7	100.7	100.4	100.0
D	100.4	100.1	100.3	100.2	100.0

问这几只伏特计之间有无显著差异（$\alpha = 5\%$）？（提示：作数据变换）

5-4 为考察温度对某一化工产品得率的影响，选了五种不同的温度，在每种温度下各做三次试验，测得结果如下：

温度/℃	60	65	70	75	80
	90	97	96	84	84
得率/%	92	93	96	83	86
	88	92	93	88	82

试问温度对得率有无显著影响（$\alpha = 0.05$）？并求温度为60℃与80℃时平均得率之差的置信区间，以及70℃与75℃时平均得率之差的置信区间（$1-\alpha = 0.95$）。

5-5 在 B_1，B_2，B_3，B_4 四台不同的纺织机器中，采用三种不同的加压水平 A_1，A_2，A_3，在每种加压水平和每台机器中各取一个试样测量，得纱支强度如下表：

加压	机器			
	B_1	B_2	B_3	B_4
A_1	1577	1692	1800	1642
A_2	1535	1640	1783	1621
A_3	1592	1652	1810	1663

问不同加压水平和不同机器之间纱支强度有无显著差异（$\alpha = 0.01$）？（提示：作数据变换。）

5-6 设四个工人操作机器 A_1，A_2，A_3 各一天，其日产量如表所示。试检验这三部机器是否造成产量的显著差异？这四个工人是否造成产量的显著差异（$\alpha = 1\%$）？

机器＼工人	B_1	B_2	B_3	B_4
A_1	50	47	47	53
A_2	63	54	57	58
A_3	52	42	41	48

第六章　多元统计分析

在实际问题中，很多随机现象涉及的变量不止一个，往往是多个变量，而这些变量之间又存在着一定的联系，我们常常需要处理多个变量的观测数据。

多元统计分析是统计学的一个重要分支，它是应用数理统计学来研究多变量（多指标）问题的理论和方法，是一元统计学的推广和发展。

多元统计分析具有很强的应用性，在自然科学和社会科学等各个领域中都有着广泛的应用，它包括很多非常有用的数据处理方法。

第一节　主成分分析

在进行数据分析时，涉及的变量往往较多，这会给问题的分析带来复杂性。然而，这些变量之间常常存在一定的（甚至相当高的）相关性，使得蕴含于数据中的信息在一定程度上有所重叠。这样的信息重叠，使得变量的降维成为可能，进而简化问题的分析。

主成分分析（principal component analysis，简称 PCA）由皮尔逊（Pearson，1091）首先引入，后来被霍特林（Hotelling，1933）所发展。主成分分析是一种通过降维技术把多个变量化为少数几个主成分的统计分析方法。

一、主成分分析的基本思想

考虑这样一个例子：服装企业设计服装需要用到很多变量，如衣长、袖长、肩宽、胸围、腰围、领围、臂围等。注意到描述服装的这些变量之间有一定关系，其中衣长、袖长、胸围等几个主要尺码包含了全体变量的大部分信息。掌握了这几个主要尺码，基本上就可以解决问题。

由此产生了一种想法，亦即主成分分析的基本思想：希望能对问题的多个变量进行适当的线性变换，组合成一些综合指标，从而用较少的综合指标来近似代替原来的多个变量。这种由原来多个变量组合而成的综合指标，就称为**主成分**。

主成分选取的原则如下：

（1）主成分是原始变量的线性组合；

（2）各个主成分之间互不相关；

（3）如果原来有 p 个变量，则最多取到 p 个主成分，这 p 个主成分的变化可以完全反映原来全部 p 个变量的变化；如果选取的主成分少于 p 个，那么，这些较少的主成分的变化应该尽可能多地反映原来全部 p 个变量的变化。

原始变量与主成分之间的关系如图 6-1 所示：

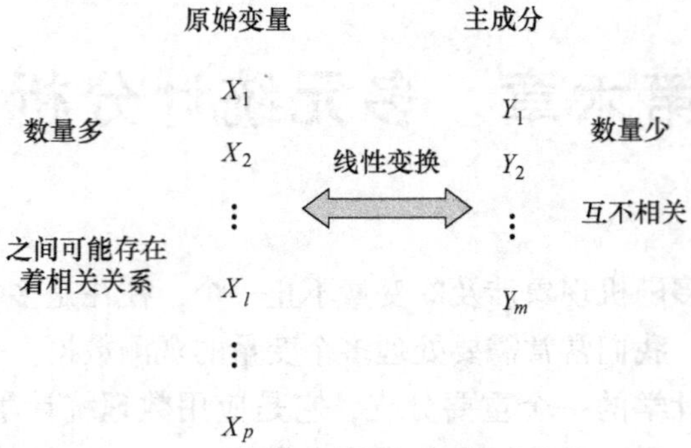

图 6-1 原始变量与主成分之间的关系

二、总体主成分

1. 主成分定义与推导

设 p 维随机向量 $X=(X_1, X_2, \cdots, X_p)^{\mathrm{T}}$ 的二阶矩存在，记其协方差矩阵为 $\boldsymbol{\Sigma}$。考虑如下线性变换：

$$\begin{cases} Y_1 = a_1^{\mathrm{T}}X = a_{11}X_1 + a_{21}X_2 + \cdots + a_{p1}X_p \\ Y_2 = a_2^{\mathrm{T}}X = a_{12}X_1 + a_{22}X_2 + \cdots + a_{p2}X_p \\ \qquad \vdots \\ Y_p = a_p^{\mathrm{T}}X = a_{1p}X_1 + a_{2p}X_2 + \cdots + a_{pp}X_p \end{cases} \tag{6-1}$$

其中 $a_i=(a_{1i}, a_{2i}, \cdots, a_{pi})^{\mathrm{T}}$，i = 1，2，…，p 。可知，$D(Y_i)=a_i^{\mathrm{T}}\boldsymbol{\Sigma}a_i$，$\mathrm{Cov}(Y_i, Y_k)=a_i^{\mathrm{T}}\boldsymbol{\Sigma}a_k$。

首先，尝试用一个综合变量 Y_1 来代表原始的 p 个变量，为使 Y_1 在 X_1，X_2，…，X_p 的所有线性组合中最具代表性，应使其方差最大化，以尽可能最大限度地保留这组变量的方差和协方差结构的信息。注意到对任意常数 k，有 $D(ka_1^{\mathrm{T}}X)=k^2D(a_1^{\mathrm{T}}X)$，为消除这种影响并使得方差的最大化有意义，应限制 a_1 为单位向量，即 $\|a_1\|=1$(即 $a_1^{\mathrm{T}}a_1=1$，后面 a_i 类似)。我们希望在此条件下寻求 a_1，使得 $D(Y_1)=a_1^{\mathrm{T}}\boldsymbol{\Sigma}a_1$ 达到最大。此时，Y_1 称为**第一主成分**。

如果第一主成分所含信息不够多，还不足以代表原始的 p 个变量，则需要考虑使用 Y_2，为使 Y_2 所含信息与 Y_1 不重叠，应要求 $\mathrm{Cov}(Y_1, Y_2)=0$。于是，我们在约束条件 $\|a_2\|=1$ 和 $\mathrm{Cov}(Y_1, Y_2)=0$ 下寻求向量 a_2，使得 $D(Y_2)=a_2^{\mathrm{T}}\boldsymbol{\Sigma}a_2$ 达到最大，所得的 Y_2 称为**第二主成分**。类似可定义第三主成分，……，第 p 主成分。

一般说来，X 的**第 i 主成分** $Y_i=a_i^{\mathrm{T}}X$ 是指，在约束条件 $\|a_i\|=1$ 和 $\mathrm{Cov}(Y_k, Y_i)=0$，$k=1, \cdots, i-1$ 下寻求向量 a_i，使得 $D(Y_i)=a_i^{\mathrm{T}}\boldsymbol{\Sigma}a_i$ 达到最大。

由线性代数中矩阵特征值相关理论，有如下结论成立（证明可参见文献［14］）：

结论 1 设 $\boldsymbol{A}$ 是 p 阶对称矩阵，其特征值为 $\lambda_1 \geqslant \lambda_2 \geqslant \cdots \geqslant \lambda_p$，相应的一组正交特

征向量为 t_1，t_2，…，t_p，则

(1) $\max\limits_{x\neq 0}\dfrac{x^{\mathrm{T}}\boldsymbol{A}x}{x^{\mathrm{T}}x}(=\max\limits_{\|x\|=1}x^{\mathrm{T}}\boldsymbol{A}x)=\lambda_1$（当 $x=t_1$ 时达到）；

(2) $\min\limits_{x\neq 0}\dfrac{x^{\mathrm{T}}\boldsymbol{A}x}{x^{\mathrm{T}}x}(=\min\limits_{\|x\|=1}x^{\mathrm{T}}\boldsymbol{A}x)=\lambda_p$（当 $x=t_p$ 时达到）

(3) $\max\limits_{\substack{x^{\mathrm{T}}t_k=0\\ k=1,\cdots,i-1\\ x\neq 0}}\dfrac{x^{\mathrm{T}}\boldsymbol{A}x}{x^{\mathrm{T}}x}(=\max\limits_{\substack{x^{\mathrm{T}}t_k=0\\ k=1,\cdots,i-1\\ \|x\|=1}}x^{\mathrm{T}}Ax)=\lambda_i$，$i=2$，…，$p$（当 $x=t_i$ 时达到）

设协方差矩阵 $\boldsymbol{\Sigma}$ 的特征值为 $\lambda_1\geqslant\lambda_2\geqslant\cdots\geqslant\lambda_r>\lambda_{r+1}=\cdots=\lambda_p=0$，其中 $r=\mathrm{rank}(\boldsymbol{\Sigma})$，$t_1$，$t_2$，…，$t_p$ 为相应的一组正交单位特征向量，则由上述结论知，当 $\boldsymbol{a}_1=t_1$ 时，$D(Y_1)=\boldsymbol{a}_1^{\mathrm{T}}\boldsymbol{\Sigma}\boldsymbol{a}_1=\lambda_1$ 在约束条件 $\|\boldsymbol{a}_1\|=1$ 下达到最大值，所以 $Y_1=t_1^{\mathrm{T}}X$ 即为所求第一主成分。下面采用数学归纳法，假定前 $i-1$ 个主成分为 $Y_k=t_k^{\mathrm{T}}X$，$k=1$，…，$i-1$，现求第 i 主成分。由于

$$0=\mathrm{Cov}(Y_k,\ Y_i)=\mathrm{Cov}(t_k^{\mathrm{T}}X,\ a_i^{\mathrm{T}}X)=a_i^{\mathrm{T}}\Sigma t_k=\lambda_k a_i^{\mathrm{T}}t_k,\ k=1,\ \cdots,\ i-1$$

若 $i\leqslant r$，则由结论知，当 $a_i=t_i$ 时，$D(Y_i)=a_i^{\mathrm{T}}\boldsymbol{\Sigma}a_i=\lambda_i$ 在相应约束条件下达到最大；若 $i>r$，由谱分解，$\boldsymbol{\Sigma}=\sum\limits_{k=1}^{p}\lambda_k t_k t_k^{\mathrm{T}}$，可得

$$D(Y_i)=a_i^{\mathrm{T}}\boldsymbol{\Sigma}a_i=a_i^{\mathrm{T}}(\sum_{k=1}^{p}\lambda_k t_k t_k^{\mathrm{T}})a_i=\sum_{k=1}^{p}\lambda_k\ (a_i^{\mathrm{T}}t_k)^2=0$$

此时，对满足相应约束条件的 a_i，恒有 $D(Y_i)=0$，于是不妨取 $a_i=t_i$。因此，对于 $i=2$，…，p，$Y_i=t_i^{\mathrm{T}}X$ 就是所求的第 i 主成分，方差 $D(Y_i)=\lambda_i$。

几何上，t_i 表明了第 i 主成分的方向，Y_i 是 X 在 t_i 上的投影值，λ_i 是这些投影值的方差，它反映了 t_i 上的投影点的变异程度。

记 $Y=(Y_1,\ Y_2,\ \cdots,\ Y_p)^{\mathrm{T}}$，矩阵 $\boldsymbol{T}=(t_1,\ t_2,\ \cdots,\ t_p)$，则主成分向量 Y 与原始向量 X 满足关系：$Y=\boldsymbol{T}^{\mathrm{T}}X$。注意到 $\boldsymbol{T}$ 为正交矩阵，该正交变换的几何意义是，将 R^p 中以 x_1，x_2，…，x_p 为坐标轴的原坐标系作正交旋转，一组正交单位向量 t_1，t_2，…，t_p 给出了新坐标轴的方向，这些新坐标轴仍保持正交（垂直）。

考虑多元正态总体，则其主成分的几何意义更为鲜明。设总体 X 服从 p 维正态分布 $N(\boldsymbol{\mu},\ \boldsymbol{\Sigma})$，概率密度为

$$f(x)=\frac{1}{(2\pi)^{p/2}\,|\boldsymbol{\Sigma}|^{1/2}}\exp\left[-\frac{1}{2}(x-\boldsymbol{\mu})^{\mathrm{T}}\boldsymbol{\Sigma}^{-1}(x-\boldsymbol{\mu})\right]$$

则 X 的密度等高面满足

$$(x-\boldsymbol{\mu})^{\mathrm{T}}\boldsymbol{\Sigma}^{-1}(x-\boldsymbol{\mu})=c^2\ (c>0\ \text{为常数})$$

设 $\lambda_1\geqslant\lambda_2\geqslant\cdots\geqslant\lambda_p$ 为该正态总体协方差矩阵 $\boldsymbol{\Sigma}$ 的特征值，可知 λ_1，λ_2，…，λ_p 均为正。令 $\boldsymbol{\Lambda}=\mathrm{diag}(\lambda_1,\ \lambda_2,\ \cdots,\ \lambda_p)$，则显然有 $\boldsymbol{\Sigma}=\boldsymbol{T\Lambda T}^{\mathrm{T}}$，从而

$$\begin{aligned}c^2&=(x-\boldsymbol{\mu})^{\mathrm{T}}\boldsymbol{\Sigma}^{-1}(x-\boldsymbol{\mu})=[\boldsymbol{T}^{\mathrm{T}}(x-\boldsymbol{\mu})]^{\mathrm{T}}\boldsymbol{\Lambda}^{-1}[\boldsymbol{T}^{\mathrm{T}}(x-\boldsymbol{\mu})]\\&=(y-\nu)^{\mathrm{T}}\Lambda^{-1}(y-\nu)=\frac{(y_1-\nu_1)^2}{\lambda_1}+\frac{(y_2-\nu_2)^2}{\lambda_2}+\cdots+\frac{(y_p-\nu_p)^2}{\lambda_p}\end{aligned}$$

这里$\boldsymbol{\nu}=(\nu_1, \nu_2, \cdots, \nu_p)=\boldsymbol{T}^{\mathrm{T}}\boldsymbol{\mu}$。这是一个以$\boldsymbol{\nu}$为中心，椭球轴分别沿$t_1$，$t_2$，…，$t_p$方向的（超）椭球面。这些轴的方向互相垂直，并且第一主成分方向椭球轴最长，半轴长为$c\sqrt{\lambda_1}$；第二主成分次之，半轴长为$c\sqrt{\lambda_2}$；其余主成分依次递减。对二维正态总体，当$\boldsymbol{\mu}=0$时，其密度等高线椭圆和主成分如图 6-2 所示。

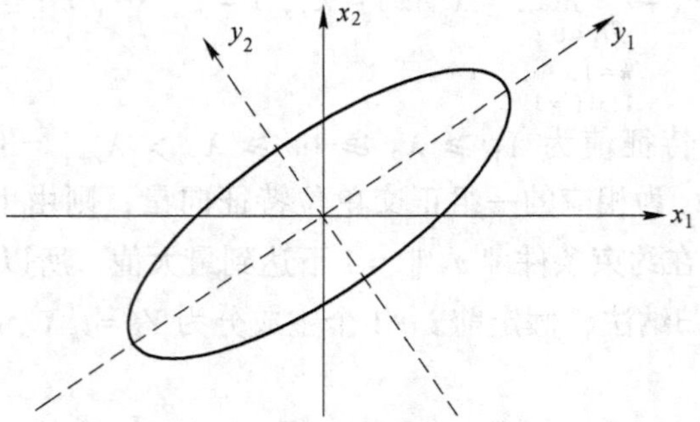

图 6-2　密度等高线椭圆和主成分

2. 主成分性质

（1）主成分向量$Y=(Y_1, Y_2, \cdots, Y_p)^{\mathrm{T}}$的协方差矩阵为$\boldsymbol{\Lambda}$，这里$\boldsymbol{\Lambda}$是$\boldsymbol{\Sigma}$的特征值所构成的对角阵，即$D(Y_i)=\lambda_i$，$i=1, 2, \cdots, p$，且$Y_1$，$Y_2$，…，$Y_p$互不相关。

（2）主成分的总方差$\sum_{i=1}^{p}\lambda_i=\sum_{i=1}^{p}\sigma_{ii}=tr(\boldsymbol{\Sigma})$，其中$\sigma_{ii}$为$\boldsymbol{\Sigma}$的对角元，即，$\sum_{i=1}^{p}D(Y_i)=\sum_{i=1}^{p}D(X_i)$。可见，主成分分析把$p$个原始变量$X_1$，$X_2$，…，$X_p$的总方差$tr(\boldsymbol{\Sigma})$重新分解成了$p$个互不相关变量$Y_1$，$Y_2$，…，$Y_p$的方差之和。这种分解最大限度地使得在总方差的份额分配上越是靠前的主成分越能得到尽可能多的照顾，以致前面少数几个主成分往往在总方差中占有相当大的份额，从而利于变量降维。

总方差中属于第i主成分Y_i（或被Y_i所解释）的比例

$$\lambda_i\Big/\sum_{j=1}^{p}\lambda_j \tag{6-2}$$

称为主成分Y_i**的贡献率**。第一主成分Y_1的贡献率最大，表明它解释原始变量X_1，X_2，…，X_p的能力最强，而Y_2，Y_3，…，Y_p的解释能力递减。主成分分析的目的是为了减少变量个数，因而一般不会使用所有的p个主成分，忽略一些方差较小的主成分将不会给总方差带来很大的影响。前m个主成分的贡献率之和

$$\sum_{i=1}^{m}\lambda_i\Big/\sum_{i=1}^{p}\lambda_i \tag{6-3}$$

称为主成分Y_1，Y_2，…，Y_m的**累计贡献率**。它表明了Y_1，Y_2，…，Y_m解释原始变量X_1，X_2，…，X_p的能力。通常取（相对于p）较小的m，使得累计贡献达到一个较高的百分比（如 80%~90%），此时Y_1，Y_2，…，Y_m可用来代替X_1，X_2，…，X_p，达到降维

的目的，且信息的损失不多。

关于主成分 Y_i 与原始变量 X_k 之间的**相关系数**，有如下结论：

结论 2 $\rho(Y_i,\ X_k)=\dfrac{\sqrt{\lambda_i}}{\sqrt{\sigma_{kk}}}t_{ki}$，$i,\ k=1,\ 2,\ \cdots,\ p$。

证明由 $Y=\boldsymbol{T}^{\mathrm{T}}X$ 知，$X=\boldsymbol{T}Y$，从而

$$X_k=t_{k1}Y_1+t_{k2}Y_2+\cdots+t_{kp}Y_p,\ k=1,\ 2,\ \cdots,\ p$$

于是，$\mathrm{Cov}(Y_i,\ X_k)=\mathrm{Cov}(Y_i,\ t_{ki}Y_i)=t_{ki}\lambda_i$，因此，可得

$$\rho(Y_i,\ X_k)=\frac{\mathrm{Cov}(Y_i,\ X_k)}{\sqrt{D(Y_i)}\ \sqrt{D(X_k)}}=\frac{\sqrt{\lambda_i}}{\sqrt{\sigma_{kk}}}t_{ki}$$

进一步考虑原始变量对主成分的影响。由前面讨论可知，

$$Y_i=t_{1i}X_1+t_{2i}X_2+\cdots+t_{pi}X_p,\ i=1,\ 2,\ \cdots,\ p$$

称系数 t_{ki} 为第 i 主成分 Y_i 在第 k 个原始变量 X_k 上的**载荷**。它反映了 X_k 对 Y_i 的重要程度。在解释主成分时，我们需要考察载荷，同时也应考察一下相关系数。前者是从多变量的角度，考虑其他原始变量在场的情况下，某个原始变量对主成分的影响；后者是从单变量的角度，在忽略其他原始变量的情况下，考虑一个原始变量单独对主成分的影响。由结论 2 可知，相关系数 $\rho(Y_i,\ X_k)$ 与载荷 t_{ki} 同号，且成正比。

3. 由标准化变量求主成分

主成分也可从标准化变量

$$\begin{aligned} Z_1&=\frac{X_1-\mu_1}{\sqrt{\sigma_{11}}}\\ Z_2&=\frac{X_2-\mu_2}{\sqrt{\sigma_{22}}}\\ &\vdots\\ Z_p&=\frac{X_p-\mu_p}{\sqrt{\sigma_{pp}}} \end{aligned}\tag{6-4}$$

得到。记矩阵 $\boldsymbol{V}^{1/2}=\mathrm{diag}(\sqrt{\sigma_{11}},\ \sqrt{\sigma_{22}},\ \cdots,\ \sqrt{\sigma_{pp}})$，则 $Z=(\boldsymbol{V}^{1/2})^{-1}(X-\mu)$。易知，$E(Z)=0$，且 $\mathrm{Cov}(Z)=(\boldsymbol{V}^{1/2})^{-1}\boldsymbol{\Sigma}(\boldsymbol{V}^{1/2})^{-1}=R$，其中 $\boldsymbol{R}$ 正是 $\boldsymbol{X}$ 的相关矩阵。因而，标准化变量 Z 的主成分可从 X 的相关矩阵 $\boldsymbol{R}$ 出发求得，其方法与从协方差矩阵 $\boldsymbol{\Sigma}$ 出发求主成分完全类似，并且由于各 Z_i 的方差 $D(Z_i)=1$，此前的性质具有更为简洁的形式。

设相关矩阵 $\boldsymbol{R}$ 的特征值为 $\lambda_1^*\geqslant\lambda_2^*\geqslant\cdots\geqslant\lambda_p^*\geqslant 0$，$t_1^*$，$t_2^*$，$\cdots$，$t_p^*$ 为相应的正交单位特征向量，则 p 个主成分依次为 $Y_1^*=t_1^{*\mathrm{T}}Z$，$Y_2^*=t_2^{*\mathrm{T}}Z$，$\cdots$，$Y_p^*=t_p^{*\mathrm{T}}Z$。记 $Y^*=(Y_1^*,\ Y_2^*,\ \cdots,\ Y_p^*)^{\mathrm{T}}$，则此时有主成分的性质如下：

(1) $E(Y^*)=0$，其协方差矩阵为 $\boldsymbol{\Lambda}^*=\mathrm{diag}(\lambda_1^*,\ \lambda_2^*,\ \cdots,\ \lambda_p^*)$。

(2) $\sum\limits_{i=1}^{p}\lambda_i^*=p$。

(3) $\rho(Y_i^*,\ Z_k)=t_{ki}^*\sqrt{\lambda_i^*}$，$i,\ k=1,\ 2,\ \cdots,\ p$。

例 1 设 X 的协方差矩阵为

$$\boldsymbol{\Sigma}=\begin{pmatrix}1 & 2\\ 2 & 100\end{pmatrix}$$

导出的相关矩阵为

$$\boldsymbol{R}=\begin{pmatrix}1 & 0.2\\ 0.2 & 1\end{pmatrix}$$

分别由 $\boldsymbol{\Sigma}$ 和 $\boldsymbol{R}$ 求主成分及贡献率。

解　计算可得 $\boldsymbol{\Sigma}$ 的特征值-特征向量对为：

$$\lambda_1=100.0404\ ,\ t_1=(0.0202,\ 0.9998)^{\mathrm{T}}$$
$$\lambda_2=0.9596\ ,\ t_2=(-0.9998,\ 0.0202)^{\mathrm{T}}$$

相应的主成分为

$$Y_1=0.0202X_1+0.9998X_2$$
$$Y_2=-0.9998X_1+0.0202X_2$$

此时第一主成分 Y_1 的贡献率为

$$\frac{\lambda_1}{\lambda_1+\lambda_2}=\frac{100.0404}{100.0404+0.9596}=0.9905$$

这么高的贡献率当归因于 X_2 的方差比 X_1 的方差大得多，而 X_2 在很大程度上控制了第一主成分 Y_1。

类似，可得 $\boldsymbol{R}$ 的特征值-特征向量对为：

$$\lambda_1^*=1.2\ ,\ t_1^*=(0.7071,\ 0.7071)^{\mathrm{T}}$$
$$\lambda_2^*=0.8\ ,\ t_2^*=(-0.7071,\ 0.7071)^{\mathrm{T}}$$

相应的主成分为

$$\begin{aligned}Y_1^*&=0.7071Z_1+0.7071Z_2=0.7071\frac{X_1-\mu_1}{1}+0.7071\frac{X_2-\mu_2}{10}\\&=0.7071(X_1-\mu_1)+0.07071(X_2-\mu_2)\\Y_2^*&=-0.7071Z_1+0.7071Z_2=-0.7071\frac{X_1-\mu_1}{1}+0.7071\frac{X_2-\mu_2}{10}\\&=-0.7071(X_1-\mu_1)+0.07071(X_2-\mu_2)\end{aligned}$$

此时第一主成分 Y_1^* 的贡献率为

$$\frac{\lambda_1^*}{\lambda_1^*+\lambda_2^*}=\frac{\lambda_1^*}{p}=\frac{1.2}{2}=0.6$$

上例表明，从 $\boldsymbol{\Sigma}$ 出发求得的主成分和从 $\boldsymbol{R}$ 出发求得的主成分是不同的，而且，一组主成分也不是另一组主成分的简单函数。可见，标准化不是无关紧要的。

通常有两种情形不适合直接从协方差矩阵 $\boldsymbol{\Sigma}$ 出发进行主成分分析。一种是个各变量的单位不全相同的情形，此时对同样的变量使用不同的单位，其主成分分析的结果往往不同，甚至差异很大，这样做出的分析通常没有意义；另一种是各变量的单位虽相同，但其变量方差的差异较大（在实际应用中常表现为各变量数据间的数值大小相差较大）的情形，导致主成分分析的结果过于照顾方差大的变量，而方差小得几乎被忽略了。对这两种情形，常常首先将各原始变量作标准化处理，然后从标准化变量的协方差矩阵（即原始变量的相关矩阵，一般已无单位）出发求主成分。

三、样本主成分

前面讨论了从协方差矩阵 $\boldsymbol{\Sigma}$ 或相关矩阵 $\boldsymbol{R}$ 可以求得主成分，但实际问题中的 $\boldsymbol{\Sigma}$, $\boldsymbol{R}$ 一般是未知的，需要通过样本来进行估计。设对总体的 p 个随机变量 X_1, X_2, …, X_p 进行 n 次观测试验，记第 i 次试验观测值为 x_{i1}, x_{i2}, …, x_{ip} , $i=1$, 2, …, n 。将上述观测值写在一个矩阵里，可得

$$\boldsymbol{X}=(x_1, x_2, \cdots, x_n)^{\mathrm{T}}=\begin{pmatrix} x_{11} & x_{12} & \cdots & x_{1p} \\ x_{21} & x_{22} & \cdots & x_{2p} \\ \vdots & \vdots & \vdots & \vdots \\ x_{n1} & x_{n2} & \cdots & x_{np} \end{pmatrix}$$

则样本均值、样本协方差和样本相关系数分别为：

$$\bar{x}=\frac{1}{n}\sum_{i=1}^{n}x_i \text{ (} \bar{x}_j=\frac{1}{n}\sum_{i=1}^{n}x_{ij} \text{ 为第 } j \text{ 个变量 } X_j \text{ 的样本均值, } j=1, 2, \cdots, p)$$

$$s_{jk}=\frac{1}{n-1}\sum_{i=1}^{n}(x_{ij}-\bar{x}_j)(x_{ik}-\bar{x}_k), \ j=1, 2, \cdots, p, \ k=1, 2, \cdots, p$$

（易知 $s_{jk}=s_{kj}$ ；当 $j=k$ 时，s_{jj} 为第 j 个变量 X_j 的样本方差。）

$$r_{jk}=\frac{s_{jk}}{\sqrt{s_{jj}}\sqrt{s_{kk}}}, \ j=1, 2, \cdots, p, \ k=1, 2, \cdots, p$$

（易知，对所有 $j=1$, 2, …, p, $k=1$, 2, …, p, 有 $r_{jk}=r_{kj}$ 。）

这里需指出的是，有些参考书目中也将样本协方差定义为

$$s_{jk}=\frac{1}{n}\sum_{i=1}^{n}(x_{ij}-\bar{x}_j)(x_{ik}-\bar{x}_k),$$

不难发现，无论用 n 还是 $n-1$ 作为除数，所得的样本相关系数 r_{jk} 都是相同的。

以下为简便，记 $\boldsymbol{S}=(s_{jk})$ 和 $\hat{\boldsymbol{R}}=(r_{jk})$ 分别表示样本协方差矩阵和样本相关矩阵。

1. 样本主成分定义

若向量 a_1 在约束条件 $\|a_1\|=1$ 下，使得 $a_1^{\mathrm{T}}x$ 的 n 个样本值 $a_1^{\mathrm{T}}x_1$, $a_1^{\mathrm{T}}x_2$, …, $a_1^{\mathrm{T}}x_n$ 的样本方差

$$\frac{1}{n-1}\sum_{j=1}^{n}(a_1^{\mathrm{T}}x_j-a_1^{\mathrm{T}}\bar{x})^2=\frac{1}{n-1}\sum_{j=1}^{n}a_1^{\mathrm{T}}(x_j-\bar{x})(x_j-\bar{x})^{\mathrm{T}}a_1=a_1^{\mathrm{T}}\boldsymbol{S}a_1$$

达到最大，则称线性组合 $\hat{y}_1=a_1^{\mathrm{T}}x$ 为**第一样本主成分**。若向量 a_2 在约束条件 $\|a_2\|=1$ 和 $(a_1^{\mathrm{T}}x, a_2^{\mathrm{T}}x)$ 的 n 对样本值 $(a_1^{\mathrm{T}}x_1, a_2^{\mathrm{T}}x_1)$, $(a_1^{\mathrm{T}}x_2, a_2^{\mathrm{T}}x_2)$, …, $(a_1^{\mathrm{T}}x_n, a_2^{\mathrm{T}}x_n)$ 的样本协方差为0，即

$$\begin{aligned}&\frac{1}{n-1}\sum_{j=1}^{n}(a_1^{\mathrm{T}}x_j-a_1^{\mathrm{T}}\bar{x})(a_2^{\mathrm{T}}x_j-a_2^{\mathrm{T}}\bar{x})\\ &=\frac{1}{n-1}\sum_{j=1}^{n}a_1^{\mathrm{T}}(x_j-\bar{x})(x_j-\bar{x})^{\mathrm{T}}a_2=a_1^{\mathrm{T}}\boldsymbol{S}a_2=0\end{aligned}$$

条件下，使得 $a_2^{\mathrm{T}}x$ 的 n 个样本值 $a_2^{\mathrm{T}}x_1$, $a_2^{\mathrm{T}}x_2$, …, $a_2^{\mathrm{T}}x_n$ 的样本方差

$$\frac{1}{n-1}\sum_{j=1}^{n}(a_2^{\mathrm T}x_j - a_2^{\mathrm T}\bar{x})^2 = a_2^{\mathrm T}\boldsymbol{S}a_2$$

达到最大，则称 $\hat{y}_2 = a_2^{\mathrm T}x$ 为**第二样本主成分**。一般地，若向量 a_i 在约束条件 $\|a_i\| = 1$ 和 $(a_k^{\mathrm T}x, a_i^{\mathrm T}x)$ 的 n 对样本值 $(a_k^{\mathrm T}x_1, a_i^{\mathrm T}x_1)$，$(a_k^{\mathrm T}x_2, a_i^{\mathrm T}x_2)$，…，$(a_k^{\mathrm T}x_n, a_i^{\mathrm T}x_n)$ 的样本协方差为 0，即

$$\frac{1}{n-1}\sum_{j=1}^{n}(a_k^{\mathrm T}x_j - a_k^{\mathrm T}\bar{x})(a_i^{\mathrm T}x_j - a_i^{\mathrm T}\bar{x}) = a_k^{\mathrm T}\boldsymbol{S}a_i = 0,\ k = 1,\ 2,\ \cdots,\ i-1$$

条件下，使得 $a_i^{\mathrm T}x_1, a_i^{\mathrm T}x_2, \cdots, a_i^{\mathrm T}x_n$ 的样本方差

$$\frac{1}{n-1}\sum_{j=1}^{n}(a_i^{\mathrm T}x_j - a_i^{\mathrm T}\bar{x})^2 = a_i^{\mathrm T}\boldsymbol{S}a_i$$

达到最大，则称 $\hat{y}_i = a_i^{\mathrm T}x$ 为**第 i 样本主成分**，$i = 2, \cdots, p$。这里，样本主成分是使得样本方差而非方差达到最大，并使相应样本协方差而非协方差为零。

2. 从 $\boldsymbol{S}$ 出发求主成分

用类似前面所讲的方法，以样本协方差矩阵 $\boldsymbol{S}$ 代替协方差矩阵 $\boldsymbol{\Sigma}$，即可求得样本主成分。设 $\hat{\lambda}_1 \geqslant \hat{\lambda}_2 \geqslant \cdots \geqslant \hat{\lambda}_p \geqslant 0$ 为 $\boldsymbol{S}$ 的特征值，$\hat{t}_1, \hat{t}_2, \cdots, \hat{t}_{\mathrm p}$ 为相应的正交单位特征向量，则第 i 样本主成分为 $\hat{y}_i = \hat{t}_i^{\mathrm T}x$，它具有样本方差 $\hat{\lambda}_i$，$i = 1, 2, \cdots, p$，各主成分之间的样本协方差为零。从几何上看，p 个样本主成分的方向为 $\hat{t}_1, \hat{t}_2, \cdots, \hat{t}_p$ 所在方向，彼此垂直。n 个样本点在 $\hat{t}_1$ 上的投影点最为分散，在其余 $\hat{t}_2, \cdots, \hat{t}_{\mathrm p}$ 上投影点的分散程度依次递减。

类似总体主成分，样本主成分具有性质：

（1）总样本方差 $\sum_{i=1}^{p} s_{ii} = \sum_{i=1}^{p} \hat{\lambda}_i$；

（2）$\hat{y}_i$ 与 x_k 的样本相关系数 $r(\hat{y}_i, x_k) = \frac{\sqrt{\hat{\lambda}_i}}{\sqrt{s_{kk}}}\hat{t}_{ki}$，$i, k = 1, 2, \cdots, p$，其中，$\hat{t}_i = (\hat{t}_{1i}, \hat{t}_{2i}, \cdots, \hat{t}_{pi})^{\mathrm T}$，$i = 1, 2, \cdots, p$。

实际应用中，我们常常让 x_j 减去 $\bar{x}$，对样本数据中心化。这并不影响样本协方差矩阵 S，在前面的论述中唯一需要变化的是，将第 i 主成分改写成中心化的形式，即

$$\hat{y}_i = \hat{t}_i^{\mathrm T}(x - \bar{x}),\ i = 1,\ 2,\ \cdots,\ p \tag{6-5}$$

若将各观测值 x_j 代替上式中的向量 x，则第 i 主成分的值

$$\hat{y}_{ji} = \hat{t}_i^{\mathrm T}(x_j - \bar{x}),\ i = 1,\ 2,\ \cdots,\ p \tag{6-6}$$

称之为观测值 x_j 的第 i 主成分得分。所有观测值的平均主成分得分

$$\bar{\hat{y}}_i = \frac{1}{n}\sum_{j=1}^{n}\hat{y}_{ji} = \frac{1}{n}\sum_{j=1}^{n}\hat{t}_i^{\mathrm T}(x_j - \bar{x}) = \frac{1}{n}\hat{t}_i^{\mathrm T}\left(\sum_{j=1}^{n}x_j - n\bar{x}\right) = 0,\ i = 1,\ 2,\ \cdots,\ p$$

可见，中心化的好处在于可以以零作为参照来观察主成分得分的大小。如某样本的第 i 主成分得分接近于零，则表明该样本的第 i 主成分得分基本处于平均水平。

3. 从 $\hat{R}$ 出发求主成分

一般说来，样本主成分当尺度发生改变时也会发生变化，类似在总体主成分部分所提

到的，当观测数据处于不同尺度或在同一尺度但差异较大时，常常要进行标准化。

令 $z=(\hat{V}^{1/2})^{-1}(x-\bar{x})$ 表示各分量经（样本）标准化之后的向量，其中 $\hat{V}^{1/2}=\mathrm{diag}(\sqrt{s_{11}}, \sqrt{s_{22}}, \cdots, \sqrt{s_{pp}})$。记 $z_j=(\hat{V}^{1/2})^{-1}(x_j-\bar{x})$，$j=1, 2, \cdots, n$，为 x_j 的各分量数据经标准化后的数据向量。可以证明，$\bar{z}=\mathbf{0}$，且标准化后的样本协方差矩阵 $\boldsymbol{S}_z$ 即为样本相关矩阵 $\hat{\boldsymbol{R}}$（证明可见于参考文献［19］，第八章）。

设样本相关矩阵 $\hat{\boldsymbol{R}}$ 的 p 个特征值为 $\hat{\lambda}_1^*\geqslant\hat{\lambda}_2^*\geqslant\cdots\geqslant\hat{\lambda}_p^*\geqslant 0$，$\hat{t}_1^*$，$\hat{t}_2^*$，…，$\hat{t}_p^*$ 为相应的正交单位特征向量，则第 i 样本主成分为

$$\hat{y}_i^*=\hat{t}_i^{*\mathrm{T}}z, \quad i=1, 2, \cdots, p \tag{6-7}$$

其中，$z=(\hat{V}^{1/2})^{-1}(x-\bar{x})$。同时，$\hat{y}_i^*$ 的样本方差为 $\hat{\lambda}_i^*$，且不同样本主成分的样本协方差为 0。

以 z_j 代替式（6-7）中的 z，即可得观测值 x_j 在第 i 主成分上的得分

$$\hat{y}_{ji}^*=\hat{t}_i^{*\mathrm{T}}z_j, \quad i=1, 2, \cdots, p \tag{6-8}$$

所有观测值的平均主成分得分

$$\bar{\hat{y}}_i^*=\frac{1}{n}\sum_{j=1}^{n}\hat{y}_{ji}^*=\frac{1}{n}\sum_{j=1}^{n}\hat{t}_i^{*\mathrm{T}}z_j=\frac{1}{n}\hat{t}_i^{*\mathrm{T}}\sum_{j=1}^{n}z_j=0, \quad i=1, 2, \cdots, p$$

从贡献率的角度，第 i 样本主成分 $\hat{y}_i^*$ 解释的（标准化）样本总方差的比例是 $\dfrac{\hat{\lambda}_i^*}{p}$，即为第 i 样本主成分 $\hat{y}_i^*$ 的贡献率。注意到，$\sum_{i=1}^{p}\hat{\lambda}_i^*=tr(\hat{\boldsymbol{R}})=p$，则前 m 个样本主成分的累计贡献率为 $\dfrac{\sum_{i=1}^{m}\hat{\lambda}_i^*}{p}$（$m\leqslant p$）。由于（样本）相关矩阵每个特征值的平均大小为 1，一个经验的方法是，只保留那些方差大于 1 的主成分，亦即只保留单独贡献率大于 $1/p$ 的主成分。当然，这个经验准则并没有多少理论支持，不能盲目应用。

四、主成分分析的计算过程与应用

进行主成分分析，首先应保证前几个主成分的累计贡献率达到一个较高的水平，即降维后的信息量须保持在一个较高水平上；其次对这些被提取的主成分必须都能够给出符合实际背景和意义的解释，否则主成分将空有信息量而无实际含义。如果原始变量之间具有较高的相关性，那么前面少数几个主成分的累计贡献率常常就能达到一个较高水平；而主成分分析的困难之处主要在于给出主成分的较好解释，主成分的解释含义往往或多或少带有一定模糊性，不及原始变量含义那么明确，这也是变量降维中的“代价”。

设有 p 个变量 X_1，X_2，…，X_p，现将对这 p 个变量的 n 次观测试验所得观测值（样本值）写在一个矩阵里，记为 $\boldsymbol{X}=(x_{ij})_{n\times p}$。进行样本数据标准化，令 $z_{ij}=\dfrac{x_{ij}-\bar{x}_j}{\sqrt{s_{jj}}}$（$i=1, 2, \cdots, n$；$j=1, 2, \cdots, p$），其中，$\bar{x}_j=\dfrac{1}{n}\sum_{i=1}^{n}x_{ij}$ 是变量 X_j 的样本均值，$\sqrt{s_{jj}}=$

$\sqrt{\frac{1}{n-1}\sum_{i=1}^{n}(x_{ij}-\bar{x}_j)^2}$ 是变量 X_j 的样本标准差。计算标准化数据的样本主成分，只需求得标准化数据的样本协方差矩阵 $\boldsymbol{S}$（即样本相关矩阵 $\hat{\boldsymbol{R}}$）的特征值、相应的单位特征向量。以下例中将不再区分从 $\boldsymbol{S}$ 和从 $\hat{\boldsymbol{R}}$ 出发求主成分的符号。

例 2　设某公司欲招聘一名管理人员，有 10 名面试者，负责招聘的工作小组对应聘者从礼仪仪表、专业能力、自信程度、交际能力、逻辑能力、工作经验 6 个方面进行打分（0～10 分），数据见下表：

编号	礼仪仪表	专业能力	自信程度	交际能力	逻辑能力	工作经验
1	5	6	7	6	7	6
2	6	8	5	5	7	6
3	8	7	6	7	8	7
4	9	5	7	8	5	5
5	9	9	9	9	9	9
6	6	5	6	6	5	6
7	7	6	7	7	6	7
8	6	9	8	6	8	7
9	7	4	6	7	4	5
10	8	7	8	7	8	7

将数据标准化后，可得如下样本相关矩阵 $\hat{\boldsymbol{R}}$：

$$\hat{\boldsymbol{R}}=\begin{pmatrix}1.0000 & 0.0663 & 0.4131 & 0.8713 & 0.1635 & 0.3096\\ 0.0663 & 1.0000 & 0.4660 & 0.0114 & 0.9039 & 0.7707\\ 0.4131 & 0.4660 & 1.0000 & 0.6376 & 0.5501 & 0.6694\\ 0.8713 & 0.0114 & 0.6376 & 1.0000 & 0.1435 & 0.4152\\ 0.1635 & 0.9039 & 0.5501 & 0.1435 & 1.0000 & 0.8354\\ 0.3096 & 0.7707 & 0.6694 & 0.4152 & 0.8354 & 1.0000\end{pmatrix}$$

计算 $\hat{\boldsymbol{R}}$ 的特征值和特征向量，得到：

$\hat{\lambda}_1=3.4768,\ \hat{t}_1=(0.2908\quad 0.4100\quad 0.4426\quad 0.3266\quad 0.4516\quad 0.4906)^{\mathrm{T}}$

$\hat{\lambda}_2=1.7716,\ \hat{t}_2=(0.5562\quad -0.4300\quad 0.1341\quad 0.5831\quad -0.3511\quad -0.1563)^{\mathrm{T}}$

$\hat{\lambda}_3=0.4440,\ \hat{t}_3=(-0.5546\quad -0.2499\quad 0.7662\quad 0.0473\quad -0.2016\quad 0.0005)^{\mathrm{T}}$

$\hat{\lambda}_4=0.1854,\ \hat{t}_4=(-0.2613\quad -0.3656\quad -0.3571\quad 0.1886\quad -0.1386\quad 0.7847)^{\mathrm{T}}$

$\hat{\lambda}_5=0.0851,\ \hat{t}_5=(-0.0118\quad -0.6217\quad -0.0078\quad -0.0252\quad 0.7671\quad -0.1556)^{\mathrm{T}}$

$\hat{\lambda}_6=0.0371,\ \hat{t}_6=(-0.4796\quad 0.2536\quad -0.2673\quad 0.7175\quad 0.1565\quad -0.3081)^{\mathrm{T}}$

于是得到前两个样本主成分：

$$\hat{y}_1 = \hat{t}_1^{\mathrm{T}} z = 0.2908z_1 + 0.4100z_2 + 0.4426z_3 + 0.3266z_4 + 0.4516z_5 + 0.4906z_6$$

$$\hat{y}_2 = \hat{t}_2^{\mathrm{T}} z = 0.5562z_1 - 0.4300z_2 + 0.1341z_3 + 0.5831z_4 - 0.3511z_5 - 0.1563z_6$$

这里 $z = (z_1, z_2, \cdots, z_6)^{\mathrm{T}}$ 是标准化变量，

$$z_j = \frac{x_j - \bar{x}_j}{\sqrt{s_{jj}}}, j = 1, 2, \cdots, 6$$

这两个主成分的贡献率为 $\dfrac{\hat{\lambda}_1 + \hat{\lambda}_2}{p} = 87.47\%$。

我们利用计算结果尝试给出主成分的解释：第一主成分在各变量上的载荷都是正的，大小也相差不多，在“专业能力”“自信程度”“理解能力”“工作经验”上载荷相对较大，可以认为它代表了业务能力，称之为“业务能力成分”；第二主成分在“礼仪仪表”和“交际能力”上有较大的正载荷，而在“专业能力”和“逻辑能力”上有一定的负荷载，总体上体现的是一种交际能力，可称之为“交际能力成分”。

还需指出的是，在主成分分析中，虽然大特征值和相应特征向量是重要的，但很接近于0的特征值通常也不应忽略，它可能显露出数据集合中未被注意到的相依性，可能有变量是多余的，应该除去。更深入的内容，请参见文献［19］。

第二节 聚 类 分 析

聚类分析是研究（样品或变量）分类问题的一种多元统计方法。所谓类，通俗地讲，就是指相似元素的集合。聚类分析有及其广泛的应用背景，在经济学中，为了了解不同地区城镇居民的收入及消费情况，往往需要划分不同的类型去研究；在产品质量管理中，要根据各产品的某些重要指标而将其分为一等品、二等品等；在生物学中，要根据各生物体的综合特征进行分类，等等。因此，聚类分析这一有用的数学工具越来越受到人们的重视，在许多领域都得到了广泛的应用。

聚类分析根据分类对象不同分为Q型聚类分析和R型聚类分析。Q型聚类是指对样品进行聚类，R型聚类是指对变量进行聚类。聚类分析的方法也很多，我们重点介绍谱系聚类法，其他方法诸如动态聚类法、有序样品聚类法、模糊聚类法等参见文献［14，20，21］。

一、多元数据的数字特征及相关矩阵

设 $(X_1, X_2, \ldots, X_p)^{\mathrm{T}}$ 是 p 元总体，从中取得样本数据：

$$\begin{gathered}(x_{11}, x_{12}, \ldots, x_{1p})^{\mathrm{T}} \\ (x_{21}, x_{22}, \ldots, x_{2p})^{\mathrm{T}} \\ \vdots \\ (x_{n1}, x_{n2}, \ldots, x_{np})^{\mathrm{T}}\end{gathered}$$

第 i 个观测数据记为 $x_i = (x_{i1}, x_{i2}, \ldots, x_{ip})^{\mathrm{T}}$，$i = 1, 2, \ldots, n$，称之为样品。引入样本观测数据矩阵

$$X = \begin{pmatrix} x_{11} & x_{21} & \cdots & x_{n1} \\ x_{12} & x_{22} & \cdots & x_{n2} \\ \vdots & \vdots & \vdots & \vdots \\ x_{1p} & x_{2p} & \cdots & x_{np} \end{pmatrix} = (x_1, x_2, \ldots, x_n)$$

$\boldsymbol{X}$ 是 $p \times n$ 的矩阵，它的 n 个列即是 n 个样品 $x_1, x_2, \ldots, x_n$，它们组成来自 p 元总体 $(X_1, X_2, \ldots, X_p)^{\mathrm{T}}$ 的样本。观测矩阵 X 的 p 个行分别是 p 个变量 $X_1, X_2, \ldots, X_p$ 在 n 次试验中所取的值，这里记为

$$x_{(j)} = (x_{1j}, x_{2j}, \ldots, x_{nj})^{\mathrm{T}},\ j = 1, 2, \ldots, p,$$

称之为观测值向量。

下面给出上述 p 元总体数字特征和相关矩阵的定义。

(1) 第 j 行 $x_{(j)}^{\mathrm{T}}$ 的均值为 $\bar{x}_j = \frac{1}{n}\sum_{i=1}^{n} x_{ij}$，$j = 1, 2, \ldots, p$。

(2) 第 j 行 $x_{(j)}^{\mathrm{T}}$ 的方差为 $S_j^2 = \frac{1}{n-1}\sum_{i=1}^{n} (x_{ij} - \bar{x}_j)^2$，$j = 1, 2, \ldots, p$。

(3) $x_{(j)}$，$x_{(k)}$ 的协方差为 $S_{jk} = \frac{1}{n-1}\sum_{i=1}^{n} (x_{ij} - \bar{x}_j)(x_{ik} - \bar{x}_k)$，$j, k = 1, 2, \ldots, p$。

(4) 有了均值、方差、协方差的定义后，我们称 $\bar{x} = (\bar{x}_1, \bar{x}_2, \ldots, \bar{x}_p)^{\mathrm{T}}$ 是 p 元样本数据的均值向量，称

$$\boldsymbol{S} = \begin{pmatrix} S_{11} & S_{12} & \cdots & S_{1p} \\ S_{21} & S_{22} & \cdots & S_{2p} \\ \vdots & \vdots & \vdots & \vdots \\ S_{p1} & S_{p2} & \cdots & S_{pp} \end{pmatrix}$$

是样本观测数据的协方差矩阵。显然，$\boldsymbol{S} = \frac{1}{n-1}\sum_{i=1}^{n} (x_i - \bar{x})(x_i - \bar{x})^{\mathrm{T}}$。

(5) $x_{(j)}$，$x_{(k)}$ 的相关系数为 $r_{jk} = \frac{S_{jk}}{\sqrt{S_{jj}}\sqrt{S_{kk}}} = \frac{S_{jk}}{S_j S_k}$，$j, k = 1, 2, \ldots, p$，称

$$\boldsymbol{R} = \begin{pmatrix} 1 & r_{12} & \cdots & r_{1p} \\ r_{21} & 1 & \cdots & r_{2p} \\ \vdots & \vdots & \vdots & \vdots \\ r_{p1} & r_{p2} & \cdots & 1 \end{pmatrix}$$

是观测数据的相关矩阵。

二、距离与相似系数

聚类分析的目的是将样品（或变量）按一定规则分成若干类，这些类不是事先给定的，而是根据数据的特征确定的，在同一类里的对象在某种意义下倾向于彼此相似，而在不同类里的对象倾向于不相似。在对样品（或变量）进行分类时，样品（或变量）的相

似性如何度量呢？这里，我们介绍两种相似性度量，距离和相似系数，距离常用来度量样品之间的相似性，相似系数常用来度量变量之间的相似性。

1. 距离

设有 n 个样品的多元观测数据，

$$x_1 = (x_{11}, x_{12}, \ldots, x_{1p})^{\mathrm{T}}$$
$$x_2 = (x_{21}, x_{22}, \ldots, x_{2p})^{\mathrm{T}}$$
$$\vdots$$
$$x_n = (x_{n1}, x_{n2}, \ldots, x_{np})^{\mathrm{T}}$$

每个样品可以看成是 p 维空间的一个点，n 个样品组成 p 维空间中的 n 个点。我们可以用各点之间的距离来衡量各样品之间的相似程度。

设 $d(x_i, x_j)$ 为样品 x_i，x_j 之间的距离，一般要求它满足下列条件：

(1) $d(x_i, x_j) \geqslant 0$，且 $d(x_i, x_j) = 0$，当且仅当 $x_i = x_j$；

(2) $d(x_i, x_j) = d(x_j, x_i)$；

(3) $d(x_i, x_j) \leqslant d(x_i, x_k) + d(x_k, x_j)$。

特别要注意，在聚类分析中，有些距离不满足条件（3），我们在广义上仍然称它为距离。

下面介绍几种聚类分析中常见的距离。

（1）欧氏距离

$$d(x_i, x_j) = \sqrt{\sum_{k=1}^{p} (x_{ik} - x_{jk})^2}$$

其中，$x_i = (x_{i1}, x_{i2}, \ldots, x_{ip})^{\mathrm{T}}$，$x_j = (x_{j1}, x_{j2}, \ldots, x_{jp})^{\mathrm{T}}$。令 $d_{ij} = d(x_i, x_j)$，则由 d_{ij} 构成了一个距离矩阵

$$\boldsymbol{D} = (d_{ij})_{n\times n} = \begin{pmatrix} 0 & d_{12} & \ldots & d_{1n} \\ d_{21} & 0 & \ldots & d_{2n} \\ \vdots & \vdots & \vdots & \vdots \\ d_{n1} & d_{n2} & \ldots & 0 \end{pmatrix}$$

显然 $d_{ij} = d_{ji}$。

例 3　为了研究辽宁、浙江、河南、甘肃、青海 5 省份某年城镇居民生活消费规律，需要利用调查资料对这 5 个省份分类。指标变量共 8 个，含义如下：

x_1：人均粮食支出；x_2：人均副食支出；x_3：人均烟酒茶支出；x_4：人均其他副食支出；x_5：人均衣着商品支出；x_6：人均日用品支出；x_7：人均燃料支出；x_8：人均非商品支出。

数据资料如表 6-1 所示。将每一个省份的数据看成一个样品，计算样品之间的欧氏距离。

表 6-1　各省城镇居民月均消费　　（单位：元/人）

省份＼指标	x_1	x_2	x_3	x_4	x_5	x_6	x_7	x_8
辽宁	7.90	39.77	8.49	12.94	19.27	11.05	2.04	13.29

续表 6-1

指标/省份	x_1	x_2	x_3	x_4	x_5	x_6	x_7	x_8
浙江	7.68	50.37	11.35	13.30	19.25	14.59	2.75	14.87
河南	9.42	27.93	8.20	8.14	16.17	9.42	1.55	9.76
甘肃	9.16	27.98	9.01	9.32	15.99	9.10	1.82	11.35
青海	10.06	28.64	10.52	10.05	16.18	8.39	1.96	10.81

解 以 1，2，3，4，5 分别表示辽宁、浙江、河南、甘肃、青海 5 个省（样品），计算两个样品之间的欧氏距离 d_{ij}，i，$j=1$，2，3，4，5，如：

$$d_{12}=d_{21}=[(7.90-7.68)^2+(39.77-50.37)^2+(8.49-11.35)^2+(12.94-13.30)^2+(19.27-19.25)^2+(11.05-14.59)^2+(2.04-2.75)^2+(13.29-14.87)^2]^{\frac{1}{2}}=11.67$$

$$d_{13}=d_{31}=[(7.90-9.42)^2+(39.77-27.93)^2+(8.49-8.20)^2+(12.94-8.14)^2+(19.27-16.17)^2+(11.05-9.42)^2+(2.04-1.55)^2+(13.29-9.76)^2]^{\frac{1}{2}}=13.80$$

⋮

其他样品间的欧氏距离可类似计算出，从而得到距离矩阵如下：

$$\boldsymbol{D}=\begin{pmatrix} 0 & & & & \\ 11.67 & 0 & & & \\ 13.80 & 24.63 & 0 & & \\ 13.12 & 24.06 & 2.20 & 0 & \\ 12.80 & 23.54 & 3.51 & 2.21 & 0 \end{pmatrix}$$

由于 $\boldsymbol{D}$ 是对称矩阵，故只用下三角部分表示。$\boldsymbol{D}$ 中各元素数值的大小，反映了 5 个省份消费水平的接近程度。例如，河南省与甘肃省的欧氏距离达到最小值 2.20，说明这两个省份城镇居民消费水平最接近。

（2）绝对距离

$$d(x_i,\ x_j)=\sum_{k=1}^{p}|x_{ik}-x_{jk}|$$

其中，$x_i=(x_{i1},\ x_{i2},\ \dots,\ x_{ip})^{\mathrm{T}}$，$x_j=(x_{j1},\ x_{j2},\ \dots,\ x_{jp})^{\mathrm{T}}$。

（3）Minkowski 距离

$$d(x_i,\ x_j)=\left(\sum_{k=1}^{p}|x_{ik}-x_{jk}|^m\right)^{\frac{1}{m}}$$

其中，$m\geqslant 1$，$x_i=(x_{i1},\ x_{i2},\ \dots,\ x_{ip})^{\mathrm{T}}$，$x_j=(x_{j1},\ x_{j2},\ \dots,\ x_{jp})^{\mathrm{T}}$。当 $m=1$ 时，是绝对距离，当 $m=2$ 时，是欧氏距离。

（4）Chebyshev 距离

$$d(x_i,\ x_j)=\max_{1\leqslant k\leqslant p}|x_{ik}-x_{jk}|$$

其中，$x_i=(x_{i1},\ x_{i2},\ \dots,\ x_{ip})^{\mathrm{T}}$，$x_j=(x_{j1},\ x_{j2},\ \dots,\ x_{jp})^{\mathrm{T}}$。

以上距离与各变量指标的量纲有关，为了消除量纲的影响，有时应先对数据进行标准化，然后用标准化数据计算距离。用式（6-9）标准化数据：

$$\tilde{x}_{ik}=\frac{x_{ik}-\bar{x}_k}{S_k}(i=1,\ 2,\ \ldots,\ n,\ k=1,\ 2,\ \ldots,\ p) \tag{6-9}$$

其中 $\bar{x}_k=\frac{1}{n}\sum_{i=1}^{n}x_{ik}$，$S_k=\sqrt{\frac{1}{n-1}\sum_{i=1}^{n}(x_{ik}-\bar{x}_k)^2}$。

（5）方差加权距离

$$d(x_i,\ x_j)=\left(\sum_{k=1}^{p}\frac{|x_{ik}-x_{jk}|^2}{S_k^2}\right)^{\frac{1}{2}}$$

其中，$x_i=(x_{i1},\ x_{i2},\ \ldots,\ x_{ip})^{\mathrm{T}}$，$x_j=(x_{j1},\ x_{j2},\ \ldots,\ x_{jp})^{\mathrm{T}}$。易证，对标准化数据 $\tilde{x}_{ik}$，计算欧氏距离时，即是方差加权距离，留给读者思考。

（6）马氏距离

$$d(x_i,\ x_j)=[(x_i-x_j)^{\mathrm{T}}S^{-1}(x_i-x_j)]^{\frac{1}{2}}$$

其中，$x_i=(x_{i1},\ x_{i2},\ \ldots,\ x_{ip})^{\mathrm{T}}$，$x_j=(x_{j1},\ x_{j2},\ \ldots,\ x_{jp})^{\mathrm{T}}$，$\boldsymbol{S}$ 是由样品 x_1，x_2，…，x_n 算得的协方差矩阵：$\boldsymbol{S}=\frac{1}{n-1}\sum_{i=1}^{n}(x_i-\bar{x})(x_i-\bar{x})^{\mathrm{T}}$，$\bar{x}=\frac{1}{n}\sum_{i=1}^{n}x_i$。

2. 相似系数

在对变量进行聚类时，常用相似系数作为变量之间相似性的度量。一般地，若用 $c_{\alpha\beta}$ 表示变量 $x_{(\alpha)}$，$x_{(\beta)}$ 之间的相似系数，则它应该满足：

（1）$|c_{\alpha\beta}|\leqslant 1$ 且 $c_{\alpha\alpha}=1$；

（2）$c_{\alpha\beta}=\pm 1$ 当且仅当 $x_{(\alpha)}=cx_{(\beta)}(c\neq 0)$；

（3）$c_{\alpha\beta}=c_{\beta\alpha}$。

$c_{\alpha\beta}$ 的绝对值越接近 1，说明变量 $x_{(\alpha)}$，$x_{(\beta)}$ 之间的关联性越大。最常用的相似系数有两种，相关系数和夹角余弦，下面逐一介绍。

（1）相关系数。设由样品 x_1，x_2，…，x_n 算得协方差矩阵 $\boldsymbol{S}$ 与相关矩阵 $\boldsymbol{R}$，记 $\boldsymbol{S}=(S_{ij})_{p\times p}$，$\boldsymbol{R}=(r_{ij})_{p\times p}$，则变量 $x_{(\alpha)}$，$x_{(\beta)}$ 的相关系数为

$$r_{\alpha\beta}=\frac{S_{\alpha\beta}}{\sqrt{S_{\alpha\alpha}}\sqrt{S_{\beta\beta}}}=\frac{\sum_{i=1}^{n}(x_{i\alpha}-\bar{x}_\alpha)(x_{i\beta}-\bar{x}_\beta)}{\sqrt{\sum_{i=1}^{n}(x_{i\alpha}-\bar{x}_\alpha)^2\sum_{i=1}^{n}(x_{i\beta}-\bar{x}_\beta)^2}}$$

$r_{\alpha\beta}$ 是变量 $x_{(\alpha)}$ 的观测值 $(x_{1\alpha},\ x_{2\alpha},\ \ldots,\ x_{n\alpha})^{\mathrm{T}}$ 与 $x_{(\beta)}$ 的观测值 $(x_{1\beta},\ x_{2\beta},\ \ldots,\ x_{n\beta})^{\mathrm{T}}$ 间的相关系数。

（2）夹角余弦。设变量 $x_{(\alpha)}$，$x_{(\beta)}$ 的观测值分别为 $(x_{1\alpha},\ x_{2\alpha},\ \ldots,\ x_{n\alpha})^{\mathrm{T}}$ 和 $(x_{1\beta},\ x_{2\beta},\ \ldots,\ x_{n\beta})^{\mathrm{T}}$，其夹角余弦为

$$c_{\alpha\beta}=\frac{\sum_{i=1}^{n}x_{i\alpha}x_{i\beta}}{\sqrt{\sum_{i=1}^{n}x_{i\alpha}^2\sum_{i=1}^{n}x_{i\beta}^2}}$$

这是解析几何中两个向量夹角余弦的概念在 p 元空间的推广。

三、谱系聚类法

谱系聚类法是目前应用较为广泛的一种聚类方法。谱系聚类法是根据植物分类学的思想对研究对象进行分类的方法。在植物分类学中，分类单位是：门、纲、目、科、属、种，其中种是分类的基本单位。分类单位越小，它所包含的植物就越少，植物间的共同特征就越多。利用这种分类思想，谱系聚类法首先视各样品（或变量）自成一类，然后把最相似（距离最小或相似系数最大）的样品（或变量）聚为小类，再将已聚合的小类按其相似性（用类距离度量）再聚合，随着相似性的减弱，最后将一切子类都聚合成一个大类，从而得到一个按照相似性大小聚结起来的一个谱系图。

我们重点讨论样品的聚类，即 Q 型聚类，关于变量的谱系聚类可类似讨论。这里，关键是要定义类与类之间的距离。对于 Q 型聚类，是按照类间距离从小到大进行聚类的。

1. 类间距离

讨论样品聚类问题，为了方便，以 i，j 分别表示样品 x_i，x_j，d_{ij} 简记为 i 与 j 的距离 $d(x_i, x_j)$，用 G_p，G_q 分别表示两个类，设它们分别含有 n_p，n_q 个样品。

由于类的形式与形状多种多样，所以类与类之间的距离有多种定义与计算方法。下面介绍几个常用的类与类之间距离的定义。记 D_{pq} 为类 G_p 与 G_q 之间的距离。

（1）最短距离

$$D_{pq} = \min_{i \in G_p,\ j \in G_q} d_{ij}$$

最短距离是两个类中，所有样品之间的距离计算出，再找到其中最短的距离，这个距离作为两个类之间的距离。

（2）最长距离

$$D_{pq} = \max_{i \in G_p,\ j \in G_q} d_{ij}$$

最长距离是两个类中，所有样品之间的距离计算出，再找到其中最长的距离，这个距离作为两个类之间的距离。

（3）类平均距离

$$D_{pq} = \frac{1}{n_p n_q} \sum_{i \in G_p} \sum_{j \in G_q} d_{ij}$$

其中，G_p，G_q 中分别含有 n_p，n_q 个样品。类平均距离是两个类中，所有样品之间的距离计算出，再作总平均，这个距离作为两个类之间的距离。

2. 谱系聚类法的步骤

同样，以 Q 型聚类为例说明谱系聚类法的步骤。

（1）n 个样品开始时作为 n 个类，计算两两之间的距离，构成一个对称阵

$$\boldsymbol{D}_{(0)} = \begin{pmatrix} 0 & d_{12} & \cdots & d_{1n} \\ d_{21} & 0 & \cdots & d_{2n} \\ \vdots & \vdots & \vdots & \vdots \\ d_{n1} & d_{n2} & \cdots & 0 \end{pmatrix}$$

此时，$D_{pq} = d_{pq}$。

（2）选择$\boldsymbol{D}_{(0)}$中的非对角线上的最小元素，设这个元素是D_{pq}，这时$G_p=\{x_p\}$，$G_q=\{x_q\}$。将G_p与G_q合并成一个新的类$G_r=\{G_p, G_q\}$，在$\boldsymbol{D}_{(0)}$中消去G_p，G_q所对应的行与列，并加入由新类G_r与剩下的其他未聚合的类间的距离所组成的一行和一列，得到一个新的距离矩阵$\boldsymbol{D}_{(1)}$，它是$n-1$阶方阵。

（3）从$\boldsymbol{D}_{(1)}$出发重复步骤（2）的做法得到$\boldsymbol{D}_{(2)}$，再由$\boldsymbol{D}_{(2)}$出发重复上述步骤，如此下去，直到n个样品聚为一个大类为止。

（4）在合并过程中要记下合并样品的编号及两类合并时的水平（即距离）并绘制聚类谱系图。

例4（续例3）　从例3算得的样品间的欧氏距离矩阵出发用下列方法进行谱系聚类。1）最短距离法；2）最长距离法；3）类平均距离法。

解　以1，2，3，4，5分别表示辽宁、浙江、河南、甘肃、青海5个省，将距离矩阵记为$\boldsymbol{D}_{(0)}$，则

$$\boldsymbol{D}_{(0)}=\begin{array}{c} \\ \{1\} \\ \{2\} \\ \{3\} \\ \{4\} \\ \{5\} \end{array}\begin{array}{c}\begin{matrix}\{1\} & \{2\} & \{3\} & \{4\} & \{5\}\end{matrix}\\ \begin{pmatrix} 0 & & & & \\ 11.67 & 0 & & & \\ 13.80 & 24.63 & 0 & & \\ 13.12 & 24.06 & 2.20 & 0 & \\ 12.80 & 23.54 & 3.51 & 2.21 & 0 \end{pmatrix}\end{array}$$

1）最短距离法。先将5个省各看成一类，每个类中含有一个省，即$G_i=\{i\}$，$i=1, 2, 3, 4, 5$，此时有，$D_{ij}=d_{ij}$。

第一次分类：从矩阵$\boldsymbol{D}_{(0)}$中找到最短距离为$d_{34}=2.20$，将G_3，G_4在水平2.20上合并成一个新类$G_6=\{3, 4\}$，至此，完成了一次聚类。聚类后有4个类：$G_1=\{1\}$，$G_2=\{2\}$，$G_5=\{5\}$，$G_6=\{3, 4\}$，继续处理这4个类。

第二次分类：计算这4个类之间的距离。其实只需计算G_6与G_1，G_2，G_5之间的距离。

类$G_6=\{3, 4\}$与$G_1=\{1\}$之间的距离

$$D_{61}=\min\{d_{31}, d_{41}\}=\min\{13.80, 13.12\}=13.12$$

类$G_6=\{3, 4\}$与$G_2=\{2\}$之间的距离

$$D_{62}=\min\{d_{32}, d_{42}\}=\min\{24.63, 24.06\}=24.06$$

类$G_6=\{3, 4\}$与$G_5=\{5\}$之间的距离

$$D_{65}=\min\{d_{35}, d_{45}\}=\min\{3.51, 2.21\}=2.21$$

在$\boldsymbol{D}_{(0)}$中划去$\{3\}$，$\{4\}$所对应的行和列，并加上新类$G_6=\{3, 4\}$到其他类的距离作为新的一行一列，得到4个类之间的距离矩阵

$$\boldsymbol{D}_{(1)}=\begin{array}{c} \\ \\ G_6\{3, 4\} \\ G_1\{1\} \\ G_2\{2\} \\ G_5\{5\} \end{array}\begin{array}{c}\begin{matrix}G_6 & G_1 & G_2 & G_5\\ \{3, 4\} & \{1\} & \{2\} & \{5\}\end{matrix}\\ \begin{pmatrix} 0 & & & \\ 13.12 & 0 & & \\ 24.06 & 11.67 & 0 & \\ 2.21 & 12.80 & 23.54 & 0 \end{pmatrix}\end{array}$$

从矩阵 $\boldsymbol{D}_{(1)}$ 中找到最短距离为 2.21，将 G_6，G_5 在水平 2.21 上合并成一个新类 $G_7=\{3, 4, 5\}$，至此，完成了二次聚类。聚类后有 3 个类：$G_1=\{1\}$，$G_2=\{2\}$，$G_7=\{3, 4, 5\}$，继续处理这 3 个类。

第三次分类：计算这 3 个类之间的距离。其实只需计算 G_7 与 G_1，G_2 之间的距离。

类 $G_7=\{3, 4, 5\}$ 与 $G_1=\{1\}$ 之间的距离

$$D_{71}=\min\{D_{61}, D_{51}\}=\min\{13.12, 12.80\}=12.80$$

类 $G_7=\{3, 4, 5\}$ 与 $G_2=\{2\}$ 之间的距离

$$D_{72}=\min\{D_{62}, D_{52}\}=\min\{24.06, 23.54\}=23.54$$

在 $\boldsymbol{D}_{(1)}$ 中划去 $G_6=\{3, 4\}$ 和 $G_5=\{5\}$ 所对应的行和列，并加上新类 $G_7=\{3, 4, 5\}$ 的相应行列，得到 3 个类之间的距离矩阵

$$\begin{array}{ll} & \begin{array}{ccc} G_7 & G_1 & G_2 \\ \{3,4,5\} & \{1\} & \{2\} \end{array} \\ \boldsymbol{D}_{(2)}= \begin{array}{l} G_7\{3, 4, 5\} \\ G_1\{1\} \\ G_2\{2\} \end{array} & \begin{pmatrix} 0 & & \\ 12.80 & 0 & \\ 23.54 & 11.67 & 0 \end{pmatrix} \end{array}$$

从矩阵 $\boldsymbol{D}_{(2)}$ 中找到最短距离为 11.67，将 G_1，G_2 在水平 11.67 上合并成一个新类 $G_8=\{1, 2\}$，至此，完成了三次聚类。聚类后有 2 个类：$G_7=\{3, 4, 5\}$，$G_8=\{1, 2\}$，继续处理这 2 个类。

第四次分类：计算这 2 个类之间的距离。

类 $G_7=\{3, 4, 5\}$ 与 $G_8=\{1, 2\}$ 之间的距离

$$D_{78}=\min\{D_{71}, D_{72}\}=\min\{12.80, 23.54\}=12.80$$

得到这 2 个类之间的距离矩阵

$$\begin{array}{ll} & \begin{array}{cc} G_7 & G_8 \\ \{3,4,5\} & \{1,2\} \end{array} \\ \boldsymbol{D}_{(3)}= \begin{array}{l} G_7\{3,4,5\} \\ G_8\{1, 2\} \end{array} & \begin{pmatrix} 0 & \\ 12.80 & 0 \end{pmatrix} \end{array}$$

将 G_7，G_8 在水平 12.80 上合并成一个包含所有省份的一个大类，至此，完成了全部聚类工作。

将上述聚类过程同各类合并时的水平用图形表示出来，如图 6-3 所示，此图称为谱系图。

2）最长距离法。和最短距离法相比，只有计算类间距离时有区别。先将 5 个省各看成一类，每个类中含有一个省，即 $G_i=\{i\}$，$i=1, 2, 3, 4, 5$，此时有，$D_{ij}=d_{ij}$。

第一次分类：从矩阵 $\boldsymbol{D}_{(0)}$ 中找到最短距离为 $d_{34}=2.20$，将 G_3，G_4 在水平 2.20 上合并成一个新类 $G_6=\{3, 4\}$，至此，完成了一次聚类。聚类后有 4 个类：$G_1=\{1\}$，$G_2=\{2\}$，$G_5=\{5\}$，$G_6=\{3, 4\}$，继续处理这 4 个类。

第二次分类：计算这 4 个类之间的距离。其实只需计算 G_6 与 G_1，G_2，G_5 之间的距离。

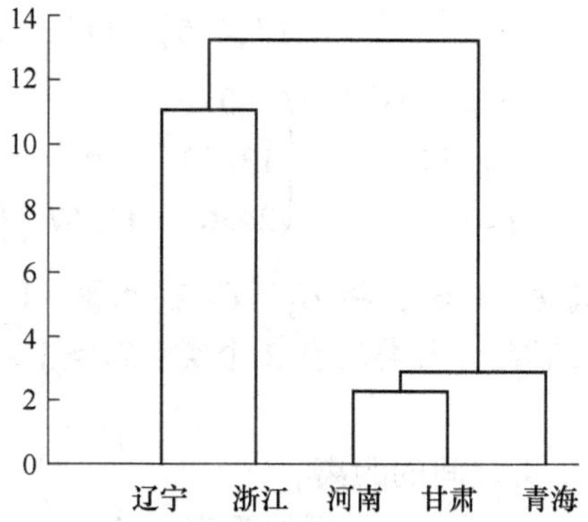

图 6-3 最短距离法谱系图

类 $G_6=\{3, 4\}$ 与 $G_1=\{1\}$ 之间的距离

$$D_{61}=\max\{d_{31}, d_{41}\}=\max\{13.80, 13.12\}=13.80$$

类 $G_6=\{3, 4\}$ 与 $G_2=\{2\}$ 之间的距离

$$D_{62}=\max\{d_{32}, d_{42}\}=\max\{24.63, 24.06\}=24.63$$

类 $G_6=\{3, 4\}$ 与 $G_5=\{5\}$ 之间的距离

$$D_{65}=\max\{d_{35}, d_{45}\}=\max\{3.51, 2.21\}=3.51$$

在 $\boldsymbol{D}_{(0)}$ 中划去 $\{3\}$，$\{4\}$ 所对应的行和列，并加上新类 $G_6=\{3, 4\}$ 到其他类的距离作为新的一行一列，得到 4 个类之间的距离矩阵

$$
\begin{array}{cc}
 & \begin{array}{cccc} G_6 & G_1 & G_2 & G_5 \\ \{3,4\} & \{1\} & \{2\} & \{5\} \end{array} \\
\boldsymbol{D}_{(1)}=\begin{array}{c} G_6\{3, 4\} \\ G_1\{1\} \\ G_2\{2\} \\ G_5\{5\} \end{array} & \begin{pmatrix} 0 & & & \\ 13.80 & 0 & & \\ 24.63 & 11.67 & 0 & \\ 3.51 & 12.80 & 23.54 & 0 \end{pmatrix}
\end{array}
$$

从矩阵 $\boldsymbol{D}_{(1)}$ 中找到最短距离为 3.51，将 G_6，G_5 在水平 3.51 上合并成一个新类 $G_7=\{3, 4, 5\}$，至此，完成了二次聚类。聚类后有 3 个类：$G_1=\{1\}$，$G_2=\{2\}$，$G_7=\{3, 4, 5\}$，继续处理这 3 个类。

第三次分类：计算这 3 个类之间的距离。其实只需计算 G_7 与 G_1，G_2 之间的距离。

类 $G_7=\{3, 4, 5\}$ 与 $G_1=\{1\}$ 之间的距离

$$D_{71}=\max\{D_{61}, D_{51}\}=\max\{13.80, 12.80\}=13.80$$

类 $G_7=\{3, 4, 5\}$ 与 $G_2=\{2\}$ 之间的距离

$$D_{72}=\max\{D_{62}, D_{52}\}=\max\{24.63, 23.54\}=24.63$$

在 $\boldsymbol{D}_{(1)}$ 中划去 $G_6=\{3, 4\}$ 和 $G_5=\{5\}$ 所对应的行和列，并加上新类 $G_7=\{3, 4, 5\}$ 的相应行列，得到 3 个类之间的距离矩阵

$$D_{(2)} = \begin{array}{l} \\ \\ G_7\{3,4,5\} \\ G_1\{1\} \\ G_2\{2\} \end{array} \begin{array}{ccc} G_7 & G_1 & G_2 \\ \{3,4,5\} & \{1\} & \{2\} \\ \left(\begin{array}{c} 0 \\ 13.80 \\ 24.63 \end{array}\right. & \begin{array}{c} \\ 0 \\ 11.67 \end{array} & \left.\begin{array}{c} \\ \\ 0 \end{array}\right) \end{array}$$

从矩阵 $D_{(2)}$ 中找到最短距离为 11.67，将 G_1，G_2 在水平 11.67 上合并成一个新类 $G_8 = \{1, 2\}$，至此，完成了三次聚类。聚类后有 2 个类：$G_7 = \{3, 4, 5\}$，$G_8 = \{1, 2\}$，继续处理这 2 个类。

第四次分类：计算这 2 个类之间的距离。

类 $G_7 = \{3, 4, 5\}$ 与 $G_8 = \{1, 2\}$ 之间的距离

$$D_{78} = \max\{D_{71}, D_{72}\} = \max\{13.80, 24.63\} = 24.63$$

得到这 2 个类之间的距离矩阵

$$D_{(3)} = \begin{array}{l} \\ \\ G_7\{3,4,5\} \\ G_8\{1,2\} \end{array} \begin{array}{cc} G_7 & G_8 \\ \{3,4,5\} & \{1,2\} \\ \left(\begin{array}{c} 0 \\ 24.63 \end{array}\right. & \left.\begin{array}{c} \\ 0 \end{array}\right) \end{array}$$

将 G_7，G_8 在水平 24.63 上合并成一个包含所有省份的一个大类，至此，完成了全部聚类工作。

将上述聚类过程同各类合并时的水平用谱系图表示出来，如图 6-4 所示。由于计算类间距离与最短距离法不同，故合并时的水平也不同。

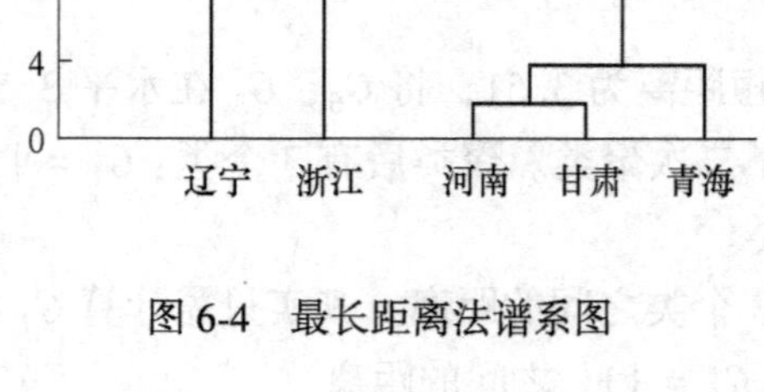

图 6-4　最长距离法谱系图

3）类平均距离法。同样，聚类过程和前两种方法相同，但计算类间距离有区别。先将 5 个省各看成一类，每个类中含有一个省，即 $G_i = \{i\}$，$i = 1, 2, 3, 4, 5$，此时有，$D_{ij} = d_{ij}$。

第一次分类：从矩阵 $D_{(0)}$ 中找到最短距离为 $d_{34} = 2.20$，将 G_3，G_4 在水平 2.20 上合并成一个新类 $G_6 = \{3, 4\}$，至此，完成了一次聚类。聚类后有 4 个类：$G_1 = \{1\}$，

$G_2=\{2\}$，$G_5=\{5\}$，$G_6=\{3,4\}$，继续处理这 4 个类。

第二次分类：计算这 4 个类之间的距离。其实只需计算 G_6 与 G_1，G_2，G_5 之间的距离。

类 $G_6=\{3,4\}$ 与 $G_1=\{1\}$ 之间的距离

$$D_{61}=\frac{1}{2}(d_{31}+d_{41})=\frac{1}{2}(13.80+13.12)=13.46$$

类 $G_6=\{3,4\}$ 与 $G_2=\{2\}$ 之间的距离

$$D_{62}=\frac{1}{2}(d_{32}+d_{42})=\frac{1}{2}(24.63+24.06)=24.345$$

类 $G_6=\{3,4\}$ 与 $G_5=\{5\}$ 之间的距离

$$D_{65}=\frac{1}{2}(d_{35}+d_{45})=\frac{1}{2}(3.51+2.21)=2.86$$

在 $\boldsymbol{D}_{(0)}$ 中划去 $\{3\}$，$\{4\}$ 所对应的行和列，并加上新类 $G_6=\{3,4\}$ 到其他类的距离作为新的一行一列，得到 4 个类之间的距离矩阵

$$\boldsymbol{D}_{(1)}=\begin{array}{c} \\ \\ G_6\{3,4\} \\ G_1\{1\} \\ G_2\{2\} \\ G_5\{5\}\end{array}\begin{array}{c} \begin{array}{cccc} G_6 & G_1 & G_2 & G_5 \\ \{3,4\} & \{1\} & \{2\} & \{5\}\end{array} \\ \begin{pmatrix} 0 & & & \\ 13.46 & 0 & & \\ 24.345 & 11.67 & 0 & \\ 2.86 & 12.80 & 23.54 & 0 \end{pmatrix}\end{array}$$

从矩阵 $\boldsymbol{D}_{(1)}$ 中找到最短距离为 2.86，将 G_6，G_5 在水平 2.86 上合并成一个新类 $G_7=\{3,4,5\}$，至此，完成了二次聚类。聚类后有 3 个类：$G_1=\{1\}$，$G_2=\{2\}$，$G_7=\{3,4,5\}$，继续处理这 3 个类。

第三次分类：计算这 3 个类之间的距离。其实只需计算 G_7 与 G_1，G_2 之间的距离。

类 $G_7=\{3,4,5\}$ 与 $G_1=\{1\}$ 之间的距离

$$D_{71}=\frac{1}{3\times 1}(d_{13}+d_{14}+d_{15})=\frac{1}{3\times 1}(13.80+13.12+12.80)=13.24$$

类 $G_7=\{3,4,5\}$ 与 $G_2=\{2\}$ 之间的距离

$$D_{72}=\frac{1}{3\times 1}(d_{23}+d_{24}+d_{25}\}=\frac{1}{3\times 1}(24.63+24.06+23.54)=24.08$$

在 $\boldsymbol{D}_{(1)}$ 中划去 $G_6=\{3,4\}$ 和 $G_5=\{5\}$ 所对应的行和列，并加上新类 $G_7=\{3,4,5\}$ 的相应行列，得到 3 个类之间的距离矩阵

$$\boldsymbol{D}_{(2)}=\begin{array}{c} \\ \\ G_7\{3,4,5\} \\ G_1\{1\} \\ G_2\{2\}\end{array}\begin{array}{c} \begin{array}{ccc} G_7 & G_1 & G_2 \\ \{3,4,5\} & \{1\} & \{2\}\end{array} \\ \begin{pmatrix} 0 & & \\ 13.24 & 0 & \\ 24.08 & 11.67 & 0 \end{pmatrix}\end{array}$$

从矩阵 $\boldsymbol{D}_{(2)}$ 中找到最短距离为 11.67，将 G_1，G_2 在水平 11.67 上合并成一个新类

$G_8=\{1, 2\}$，至此，完成了三次聚类。聚类后有 2 个类：$G_7=\{3, 4, 5\}$，$G_8=\{1, 2\}$，继续处理这 2 个类。

第四次分类：计算这 2 个类之间的距离。

类 $G_7=\{3, 4, 5\}$ 与 $G_8=\{1, 2\}$ 之间的距离

$$D_{78}=\frac{1}{3\times 2}(d_{13}+d_{14}+d_{15}+d_{23}+d_{24}+d_{25})$$

$$=\frac{1}{3\times 2}(13.80+13.12+12.80+24.63+24.06+23.54)=18.66$$

得到这 2 个类之间的距离矩阵

$$\boldsymbol{D}_{(3)}=\begin{array}{c} \\ \\ G_7\{3,4,5\} \\ G_8\{1,2\} \end{array}\begin{array}{cc} G_7 & G_8 \\ \{3,4,5\} & \{1,2\} \\ \left(\begin{array}{c} 0 \\ 18.66 \end{array}\right. & \left.\begin{array}{c} \\ 0 \end{array}\right) \end{array}$$

将 G_7，G_8 在水平 18.66 上合并成一个包含所有省份的一个大类，至此，完成了全部聚类工作。

将上述聚类过程同各类合并时的水平用谱系图表示出来，如图 6-5 所示。由于计算类间距离方式不同，故合并时的水平和前两种方法也不同。

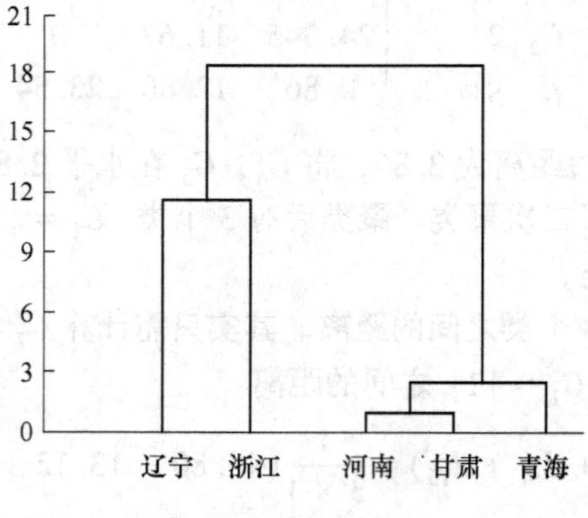

图 6-5　类平均距离法谱系图

需要说明的是，因为各种聚类法的类间距离定义不同，一般来说，聚类过程是不尽相同的，因而画出的谱系图也不尽相同。

3. 对变量聚类

最短距离法、最长距离法和类平均距离法既可以用于样品的聚类，也能够用于变量的聚类。我们通过实例简介对变量的聚类。

例 5　某企业 7 个观测指标为：x_1：净资产收益率；x_2：主营业务利润率；x_3：销售净利润；x_4：销售毛利润；x_5：公司规模；x_6：产权比率；x_7：资产负债率。这些指标之间的相关系数绝对值如表 6-2 所示，试对这 7 个指标（变量）用谱系聚类方法进行 R 型聚类分析，要求采用最短距离法。

表 6-2 七个变量数据

变量	$G_1(x_1)$	$G_2(x_2)$	$G_3(x_3)$	$G_4(x_4)$	$G_5(x_5)$	$G_6(x_6)$
$G_2(x_2)$	0.936					
$G_3(x_3)$	0.995	0.896				
$G_4(x_4)$	0.974	0.977	0.949			
$G_5(x_5)$	0.610	0.490	0.621	0.612		
$G_6(x_6)$	0.440	0.367	0.441	0.477	0.749	
$G_7(x_7)$	0.705	0.890	0.640	0.773	0.150	0.715

解 （1）首先各变量自成一类，从表 6-2 中找出最大的相关系数绝对值，将与此有关的两个变量合并为一类（相关系数绝对值越大，变量越相似）。表 6-2 中最大的相关系数绝对值是 0.995，所以将 x_1 与 x_3 首先合并为一类，记为 G_8。

然后计算 G_8 与其他类之间的相关系数，本例题采用最短距离法，即以一类中各指标与另一类中各指标间相关系数绝对值的最小值作为类之间的相关系数，例如类 G_8 与类 G_2 之间的相关系数 $R_{8,2}=\min\{0.936, 0.896\}=0.896$，其他依此计算，得出合并后的类之间的相关系数表，如表 6-3 所示。

表 6-3 合并后六类间的相关系数

变量	$G_8(x_1, x_3)$	$G_2(x_2)$	$G_4(x_4)$	$G_5(x_5)$	$G_6(x_6)$
$G_2(x_2)$	0.896				
$G_4(x_4)$	0.949	0.977			
$G_5(x_5)$	0.610	0.490	0.612		
$G_6(x_6)$	0.440	0.367	0.477	0.749	
$G_7(x_7)$	0.640	0.890	0.773	0.150	0.715

（2）找出上述 6 个类的最大相关系数，从表 6-3 可看出 $R_{4,2}=0.977$，所以将 x_4 与 x_2 合并为一类，记为 G_9，再计算出合并后的相关系数表，如表 6-4 所示。

表 6-4 合并后五类间的相关系数

变量	$G_8(x_1, x_3)$	$G_9(x_2, x_4)$	$G_5(x_5)$	$G_6(x_6)$
$G_9(x_2, x_4)$	0.896			
$G_5(x_5)$	0.610	0.490		
$G_6(x_6)$	0.440	0.367	0.749	
$G_7(x_7)$	0.640	0.773	0.150	0.715

（3）找出上述 5 个类的最大相关系数，从表 6-4 可看出 $R_{9,8}=0.896$，所以将 G_8 与 G_9 合并为一类，记为 G_{10}，再计算出合并后的相关系数表，如表 6-5 所示。

表 6-5　合并后四类间的相关系数

变量	$G_{10}(x_1, x_2, x_3, x_4)$	$G_5(x_5)$	$G_6(x_6)$
$G_5(x_5)$	0.490		
$G_6(x_6)$	0.367	0.749	
$G_7(x_7)$	0.640	0.150	0.715

(4) 找出上述 4 个类的最大相关系数，从表 6-5 可看出 $R_{6,5} = 0.749$，所以将 G_5 与 G_6 合并为一类，记为 G_{11}，再计算出合并后的相关系数表，如表 6-6 所示。

表 6-6　合并后三类间的相关系数

变　量	$G_{10}(x_1, x_2, x_3, x_4)$	$G_{11}(x_5, x_6)$
$G_{11}(x_5, x_6)$	0.367	
$G_7(x_7)$	0.640	0.150

(5) 找出上述 3 个类的最大相关系数，从表 6-6 可看出 $R_{7,10} = 0.640$，所以将 G_7 与 G_{10} 合并为一类，记为 G_{12}，再计算出合并后的相关系数表，如表 6-7 所示。

表 6-7　合并后二类间的相关系数

变　量	$G_{11}(x_5, x_6)$
$G_{12}(x_1, x_2, x_3, x_4, x_7)$	0.150

(6) 将 G_{11} 与 G_{12} 合并成一个大类，记为 G_{12}，聚类结束。

将上述聚类过程同各类合并时的水平用谱系图表示出来，如图 6-6 所示。

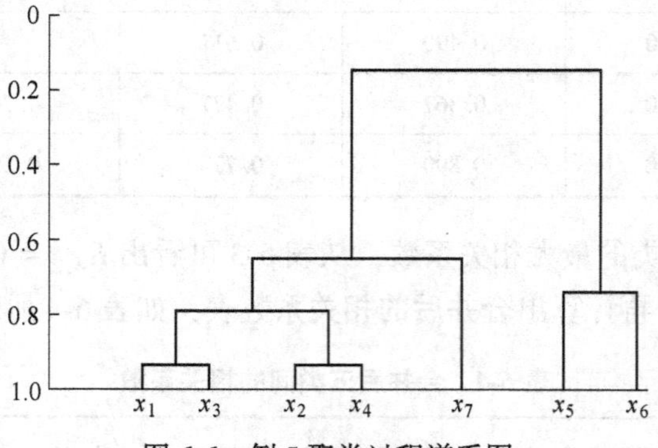

图 6-6　例 5 聚类过程谱系图

第三节　判 别 分 析

判别分析是判别样品所属类型的一种统计方法。判别分析的应用十分广泛。例如，在工业生产中，要根据某种产品的一些测量指标判别产品的质量等级；在经济学中，要根据人均国民收入、人均工农业产值、人均消费水平等指标判断一个国家的经济发展程度；在医学诊断中，要根据某病人的化验结果和病情征兆判断病人患哪种疾病等等。判别分析是一种有效的多元数据分析方法，它能科学地判断得到的样品属于什么类型，在实际问题中几乎到处可见。

判别分析与聚类分析不同。判别分析是在已知研究对象分成若干类型（或组别）并已取得各种类型的一批已知样品的观测数据，在此基础上根据某些准则建立判别式，然后对未知类型的样品进行判别分类。对于聚类分析来说，事先并不知道一批给定样品要划分的类型，需要通过聚类分析来确定类型。因此，判别分析和聚类分析往往联合起来使用，当总体分类不清楚时，可先用聚类分析对原来的一批样品进行分类，然后再用判别分析建立判别式以对新样品进行判别。

判别分析可以从不同角度提出问题，因此有不同的判别准则，对应的判别分析方法也不同，本节主要介绍距离判别法和 Fisher 判别法。

一、距离判别法

距离判别法最为直观，其想法自然、简单，就是计算新样品到各组的距离，然后将该样品判为离它距离最近的那一组。我们先讨论两个总体的距离判别法，再推广到多个总体的距离判别法。

1. 两个总体的距离判别法

设有两个总体（或称两类）G_1 与 G_2，从第一个总体中抽取 n_1 个样品，从第二个总体中抽取 n_2 个样品，每个样品测量 p 个指标，如表 6-8 及表 6-9 所示。

表 6-8　总体 G_1

样品＼变量	x_1	x_2	…	x_p
$X_1^{(1)}$	$x_{11}^{(1)}$	$x_{12}^{(1)}$	…	$x_{1p}^{(1)}$
$X_2^{(1)}$	$x_{21}^{(1)}$	$x_{22}^{(1)}$	…	$x_{2p}^{(1)}$
⋮	⋮	⋮	⋮	⋮
$X_{n_1}^{(1)}$	$x_{n_11}^{(1)}$	$x_{n_12}^{(1)}$	…	$x_{n_1p}^{(1)}$
均值	$\bar{x}_1^{(1)}$	$\bar{x}_2^{(1)}$	…	$\bar{x}_p^{(1)}$

表 6-9　总体 G_2

样品＼变量	x_1	x_2	…	x_p
$X_1^{(2)}$	$x_{11}^{(2)}$	$x_{12}^{(2)}$	…	$x_{1p}^{(2)}$
$X_2^{(2)}$	$x_{21}^{(2)}$	$x_{22}^{(2)}$	…	$x_{2p}^{(2)}$
⋮	⋮	⋮	⋮	⋮
$X_{n_2}^{(2)}$	$x_{n_21}^{(2)}$	$x_{n_22}^{(2)}$	…	$x_{n_2p}^{(2)}$
均值	$\bar{x}_1^{(2)}$	$\bar{x}_2^{(2)}$	…	$\bar{x}_p^{(2)}$

今任取一个样品，观测值为 $X=(x_1, x_2, \ldots, x_p)^T$，问 X 应判归总体 G_1 与 G_2 中的哪一个？

距离判别法解决此问题的思想是：用距离设计一个判别准则，用判别准则来回答 X

应归属于哪一类。

首先计算 X 到总体 G_1 与 G_2 的距离，分别记为 $D(X, G_1)$ 和 $D(X, G_2)$，用距离设计的判别准则如下：

$$\begin{cases} X \in G_1, \text{当} D(X, G_1) < D(X, G_2) \text{时} \\ X \in G_2, \text{当} D(X, G_1) > D(X, G_2) \text{时} \\ \text{待判，当} D(X, G_1) = D(X, G_2) \text{时} \end{cases}$$

由于马氏距离在数理统计中经常用到，所以，这里针对马氏距离将上述准则作详细讨论。

设 $\mu^{(1)}$，$\mu^{(2)}$，$\boldsymbol{\Sigma}^{(1)}$，$\boldsymbol{\Sigma}^{(2)}$ 分别为总体 G_1，G_2 的均值向量和协方差矩阵，马氏距离的定义是：$D^2(X, G_i) = (X - \mu^{(i)})^{\mathrm{T}}(\boldsymbol{\Sigma}^{(i)})^{-1}(X - \mu^{(i)})$，$i = 1, 2$，此时判别准则可分以下两种情况给出：

第一种情况：当 $\boldsymbol{\Sigma}^{(1)} = \boldsymbol{\Sigma}^{(2)} = \boldsymbol{\Sigma}$ 时，考察 $D^2(X, G_2)$ 与 $D^2(X, G_1)$ 的差：

$$D^2(X, G_2) - D^2(X, G_1) = (X - \mu^{(2)})^{\mathrm{T}}(\boldsymbol{\Sigma}^{(2)})^{-1}(X - \mu^{(2)}) - (X - \mu^{(1)})^{\mathrm{T}}(\boldsymbol{\Sigma}^{(1)})^{-1}(X - \mu^{(1)})$$

$$= [X^{\mathrm{T}}\boldsymbol{\Sigma}^{-1}X - 2X^{\mathrm{T}}\boldsymbol{\Sigma}^{-1}\mu^{(2)} + (\mu^{(2)})^{\mathrm{T}}\boldsymbol{\Sigma}^{-1}\mu^{(2)}] - [X^{\mathrm{T}}\boldsymbol{\Sigma}^{-1}X - 2X^{\mathrm{T}}\boldsymbol{\Sigma}^{-1}\mu^{(1)} + (\mu^{(1)})^{\mathrm{T}}\boldsymbol{\Sigma}^{-1}\mu^{(1)}]$$

$$= 2X^{\mathrm{T}}\boldsymbol{\Sigma}^{-1}(\mu^{(1)} - \mu^{(2)}) - (\mu^{(1)} + \mu^{(2)})^{\mathrm{T}}\boldsymbol{\Sigma}^{-1}(\mu^{(1)} - \mu^{(2)})$$

$$= 2\left[X - \frac{1}{2}(\mu^{(1)} + \mu^{(2)})\right]^{\mathrm{T}}\boldsymbol{\Sigma}^{-1}(\mu^{(1)} - \mu^{(2)})$$

令 $\bar{\mu} = \frac{1}{2}(\mu^{(1)} + \mu^{(2)})$，记 $W(X) = (X - \bar{\mu})^{\mathrm{T}}\boldsymbol{\Sigma}^{-1}(\mu^{(1)} - \mu^{(2)})$，则判别准则可以写成

$$\begin{cases} X \in G_1, \text{当} W(X) > 0, \text{即} D^2(X, G_2) > D^2(X, G_1) \text{时} \\ X \in G_2, \text{当} W(X) < 0, \text{即} D^2(X, G_2) < D^2(X, G_1) \text{时} \\ \text{待判，当} W(X) = 0, \text{即} D^2(X, G_2) = D^2(X, G_1) \text{时} \end{cases}$$

当 $\mu^{(1)}$，$\mu^{(2)}$，$\boldsymbol{\Sigma}$ 为已知时，令 $a = \boldsymbol{\Sigma}^{-1}(\mu^{(1)} - \mu^{(2)})$，此时，$a$ 是 p 维列向量，不妨记为 $a = (a_1, a_2, \ldots, a_p)^{\mathrm{T}}$，则有

$$W(X) = (X - \bar{\mu})^{\mathrm{T}}a = a^{\mathrm{T}}(X - \bar{\mu}) = (a_1, a_2, \ldots, a_p)\begin{bmatrix} x_1 - \bar{\mu}_1 \\ x_2 - \bar{\mu}_2 \\ \vdots \\ x_p - \bar{\mu}_p \end{bmatrix}$$

$$= a_1(x_1 - \bar{\mu}_1) + a_2(x_2 - \bar{\mu}_2) + \cdots + a_p(x_p - \bar{\mu}_p)$$

显然，$W(X)$ 是 x_1，x_2，…，x_p 的线性函数，称 $W(X)$ 为线性判别函数，a 为判别函数的系数。

当 $\mu^{(1)}$，$\mu^{(2)}$，$\boldsymbol{\Sigma}$ 未知时，可通过样本来估计。

设 $X_1^{(1)}$，$X_2^{(1)}$，…，$X_{n_1}^{(1)}$ 是来自总体 G_1 的样本，则总体 G_1 的均值 $\mu^{(1)}$ 的估计是

$$\hat{\mu}^{(1)} = \frac{1}{n_1}\sum_{i=1}^{n_1} X_i^{(1)} = \bar{X}^{(1)}$$

进而，可以计算

$$S_1=\sum_{i=1}^{n_1}(X_i^{(1)}-\overline{X}^{(1)})(X_i^{(1)}-\overline{X}^{(1)})^{\mathrm{T}}$$

设 $X_1^{(2)}$，$X_2^{(2)}$，...，$X_{n_2}^{(2)}$ 是来自总体 G_2 的样本，则总体 G_2 的均值 $\mu^{(2)}$ 的估计是

$$\hat{\mu}^{(2)}=\frac{1}{n_2}\sum_{i=1}^{n_2}X_i^{(2)}=\overline{X}^{(2)}$$

进而，可以计算

$$S_2=\sum_{i=1}^{n_2}(X_i^{(2)}-\overline{X}^{(2)})(X_i^{(2)}-\overline{X}^{(2)})^{\mathrm{T}}$$

总体协方差矩阵 $\boldsymbol{\Sigma}$ 的估计为

$$\hat{\boldsymbol{\Sigma}}=\frac{1}{n_1+n_2-2}(S_1+S_2)$$

线性判别函数为 $W(X)=(X-\overline{X})^{\mathrm{T}}\hat{\boldsymbol{\Sigma}}^{-1}(\overline{X}^{(1)}-\overline{X}^{(2)})$，其中 $\overline{X}=\frac{1}{2}(\overline{X}^{(1)}+\overline{X}^{(2)})$。

第二种情况：当 $\boldsymbol{\Sigma}^{(1)}\neq\boldsymbol{\Sigma}^{(2)}$ 时，仍然按距离最近准则，类似地有

$$\begin{cases}X\in G_1，当 D(X,G_1)<D(X,G_2) 时\\ X\in G_2，当 D(X,G_1)>D(X,G_2) 时\\ 待判，当 D(X,G_1)=D(X,G_2) 时\end{cases}$$

仍然用

$$W(X)=D^2(X,G_2)-D^2(X,G_1)=(X-\mu^{(2)})^{\mathrm{T}}(\boldsymbol{\Sigma}^{(2)})^{-1}(X-\mu^{(2)})-(X-\mu^{(1)})^{\mathrm{T}}(\boldsymbol{\Sigma}^{(1)})^{-1}(X-\mu^{(1)})$$

作为判别函数，此时，它是关于 X 的二次函数。

2. 多个总体的距离判别法

设有 k 个总体 G_1，...，G_k，从第一个总体中抽取 n_1 个样品，从第二个总体中抽取 n_2 个样品，…，第 k 个总体中抽取 n_k 个样品，每个样品测量 p 个指标，如表 6-10 及表 6-11所示。

表 6-10　总体 G_1

样品＼变量	x_1	x_2	…	x_p
$X_1^{(1)}$	$x_{11}^{(1)}$	$x_{12}^{(1)}$	…	$x_{1p}^{(1)}$
$X_2^{(1)}$	$x_{21}^{(1)}$	$x_{22}^{(1)}$	…	$x_{2p}^{(1)}$
⋮	⋮	⋮	⋮	⋮
$X_{n_1}^{(1)}$	$x_{n_11}^{(1)}$	$x_{n_12}^{(1)}$	…	$x_{n_1p}^{(1)}$
均值	$\bar{x}_1^{(1)}$	$\bar{x}_2^{(1)}$	…	$\bar{x}_p^{(1)}$

表 6-11　总体 G_k

样品＼变量	x_1	x_2	…	x_p
$X_1^{(k)}$	$x_{11}^{(k)}$	$x_{12}^{(k)}$	…	$x_{1p}^{(k)}$
$X_2^{(k)}$	$x_{21}^{(k)}$	$x_{22}^{(k)}$	…	$x_{2p}^{(k)}$
⋮	⋮	⋮	⋮	⋮
$X_{n_k}^{(k)}$	$x_{n_k1}^{(k)}$	$x_{n_k2}^{(k)}$	…	$x_{n_kp}^{(k)}$
均值	$\bar{x}_1^{(k)}$	$\bar{x}_2^{(k)}$	…	$\bar{x}_p^{(k)}$

今任取一个样品，观测值为 $X=(x_1, x_2, \dots, x_p)^{\mathrm{T}}$，问 X 应判归总体 $G_1, \dots, G_k$ 中的哪一个？

同样，我们分两种情况讨论。

第一种情况：当 $\boldsymbol{\Sigma}^{(1)}=\cdots=\boldsymbol{\Sigma}^{(k)}=\boldsymbol{\Sigma}$ 时，此时，$D^2(X, G_i)$ 为

$$D^2(X, G_i)=(X-\mu^{(i)})^{\mathrm{T}}(\boldsymbol{\Sigma}^{(i)})^{-1}(X-\mu^{(i)}),\ i=1, \dots, k$$

判别函数为

$$W_{ij}(X)=\frac{1}{2}[D^2(X, G_j)-D^2(X, G_i)]$$

$$=\left[X-\frac{1}{2}(\mu^{(i)}+\mu^{(j)})\right]\boldsymbol{\Sigma}^{-1}(\mu^{(i)}-\mu^{(j)}),\ i, j=1, \dots, k$$

相应的判别准则为

$$\begin{cases} X\in G_i, & \text{当 } W_{ij}(X)>0, \text{ 对所有 } j\neq i \\ \text{待判}, & \text{当有某一个 } W_{ij}(X)=0 \text{ 时} \end{cases}$$

当 $\mu^{(1)}, \dots, \mu^{(k)}$，$\boldsymbol{\Sigma}$ 未知时，可通过样本来估计。

第二种情况：当 $\boldsymbol{\Sigma}^{(1)}, \dots, \boldsymbol{\Sigma}^{(k)}$ 不等时，此时，判别函数为

$$W_{ij}(X)=D^2(X, G_j)-D^2(X, G_i)$$

$$=(X-\mu^{(j)})^{\mathrm{T}}(\boldsymbol{\Sigma}^{(j)})^{-1}(X-\mu^{(j)})-(X-\mu^{(i)})^{\mathrm{T}}(\boldsymbol{\Sigma}^{(i)})^{-1}(X-\mu^{(i)}),\ i, j=1, \dots, k$$

相应的判别准则为

$$\begin{cases} X\in G_i, & \text{当 } W_{ij}(X)>0, \text{ 对所有 } j\neq i \\ \text{待判}, & \text{当有某一个 } W_{ij}(X)=0 \text{ 时} \end{cases}$$

当 $\mu^{(i)}$，$\boldsymbol{\Sigma}^{(i)}(i=1, \dots, k)$ 未知时，可通过样本来估计。

例 6　（盐泉含钾性判别）某地区经勘探证明，A 盆地是一个钾盐矿区，B 盆地是一个钠盐（不含钾）矿区，其他盐盆地是否含钾盐有待于作出判断。今从 A 和 B 两个盆地各抽取 5 个盐泉样品，从其他盆地抽取 8 个盐泉样品，18 个盐泉数据见表 6-12。试对后 8 个待判盐泉进行含钾性判别。

表 6-12 盐泉的特征数据

盐泉类别	序号	K·10³/Cl (x_1)	Br·10³/Cl (x_2)	K·10³/Σ盐 (x_3)	K/Br (x_4)	类别号
第一类：含钾盐泉（A 盆地）	1	13.85	2.79	7.80	49.60	A
	2	22.31	4.67	12.31	47.80	A
	3	28.82	4.63	16.18	62.15	A
	4	15.29	3.54	7.50	43.20	A
	5	28.79	4.90	16.12	58.10	A
第二类：含钠盐泉（B 盆地）	1	2.18	1.06	1.22	20.60	B
	2	3.58	0.80	4.06	47.10	B
	3	11.40	0.00	3.50	0.00	B
	4	3.66	2.42	2.14	15.10	B
	5	12.10	0.00	5.68	0.00	B
待判盐泉	1	8.85	3.38	5.17	26.10	
	2	28.60	2.40	1.20	127.00	
	3	20.70	6.70	7.60	30.20	
	4	7.90	2.40	4.30	33.20	
	5	3.19	3.20	1.43	9.90	
	6	12.40	5.10	4.43	24.60	
	7	16.80	3.40	2.31	31.30	
	8	15.00	2.70	5.02	64.00	

解 本题中有两个总体，每个总体是 4 维的，即有 4 个变量。两类总体各有 5 个样品，有 8 个待判样品，假设两个总体的协方差矩阵相等，即 $\boldsymbol{\Sigma}^{(1)}=\boldsymbol{\Sigma}^{(2)}=\boldsymbol{\Sigma}$，但是两个总体的均值和协方差矩阵未知，即 $\boldsymbol{\mu}^{(1)}$，$\boldsymbol{\mu}^{(2)}$，$\boldsymbol{\Sigma}$ 未知。

要完成判别工作，首先要对 $\boldsymbol{\mu}^{(1)}$，$\boldsymbol{\mu}^{(2)}$，$\boldsymbol{\Sigma}$ 进行估计。

（1）计算两个总体的样本均值：

$$\overline{X}^{(1)}=\begin{bmatrix}21.812\\4.106\\11.982\\52.170\end{bmatrix},\ \overline{X}^{(2)}=\begin{bmatrix}6.584\\0.856\\3.320\\16.560\end{bmatrix}$$

（2）计算两个总体的样本协方差矩阵，进而求出 $\boldsymbol{\Sigma}$。

$$\boldsymbol{S}_1=\sum_{i=1}^{n_1}(X_i^{(1)}-\overline{X}^{(1)})(X_i^{(1)}-\overline{X}^{(1)})^{\mathrm{T}}$$

$$=\begin{pmatrix}203.983 & 23.663 & 120.987 & 188.108\\23.663 & 3.275 & 13.711 & 15.932\\120.987 & 13.711 & 72.431 & 115.952\\188.108 & 15.932 & 115.952 & 240.928\end{pmatrix}$$

$$S_2 = \sum_{i=1}^{n_2} (X_i^{(2)} - \overline{X}^{(2)})(X_i^{(2)} - \overline{X}^{(2)})^{\mathrm{T}}$$
$$= \begin{pmatrix} 90.589 & -14.148 & 24.360 & -276.363 \\ -14.148 & 3.956 & -4.490 & 25.181 \\ 24.360 & -4.490 & 11.952 & -26.224 \\ -276.363 & 25.181 & -26.224 & 1499.612 \end{pmatrix}$$

总体协方差矩阵的估计为

$$\hat{\boldsymbol{\Sigma}} = \frac{1}{n_1 + n_2 - 2}(S_1 + S_2) = \frac{1}{8}(S_1 + S_2)$$
$$= \begin{pmatrix} 36.821 & 1.189 & 18.168 & -11.032 \\ 1.189 & 0.904 & 1.153 & 5.139 \\ 18.168 & 1.153 & 10.548 & 11.216 \\ -11.032 & 5.139 & 11.216 & 217.568 \end{pmatrix}$$

求逆，得

$$\hat{\boldsymbol{\Sigma}}^{-1} = \begin{pmatrix} 1.0206 & 0.3167 & -1.9464 & 0.1446 \\ 0.3167 & 1.5197 & -0.7305 & 0.0178 \\ -1.9464 & -0.7305 & 3.8234 & -0.2785 \\ 0.1446 & 0.0178 & -0.2785 & 0.0259 \end{pmatrix}$$

（3）求线性判别函数。

将$\mu^{(1)}$，$\mu^{(2)}$，$\boldsymbol{\Sigma}$的估计值$\overline{X}^{(1)}$，$\overline{X}^{(2)}$，$\hat{\boldsymbol{\Sigma}}$代入公式：

$$a = \hat{\boldsymbol{\Sigma}}^{-1}(\overline{X}^{(1)} - \overline{X}^{(2)}) = (4.8616,\ 4.0686,\ -8.8145.0.7685)^{\mathrm{T}}$$

由此可算得判别函数

$$W(X) = a^{\mathrm{T}}(X - \overline{X}) = a^{\mathrm{T}}\left[X - \frac{1}{2}(\overline{X}^{(1)} + \overline{X}^{(2)})\right]$$
$$= 4.8616x_1 + 4.0686x_2 - 8.8145x_3 + 0.7685x_4 - 38.0886$$

（4）对已知类别的样品判别分类，结果如表 6-13 所示，全部判对。

表 6-13 对已知类别样品判别分类结果

序号	判别函数 $W(X)$ 的值	原类号	判别归类
1	9.9598	A	A
2	17.6014	A	A
3	26.0034	A	A
4	17.7381	A	A
5	24.3726	A	A
6	−18.1005	B	B
7	−17.0204	B	B
8	−13.5170	B	B
9	−17.7079	B	B
10	−29.3295	B	B

（5）对待判样品判别归类结果如表 6-14 所示。

表 6-14　对待判样品判别分类结果

序　　号	判别函数 $W(X)$ 的值	判别归类
1	-6.8249	B
2	197.7376	A
3	46.0245	A
4	-2.3059	B
5	-14.5572	B
6	22.8018	A
7	61.1116	A
8	50.7549	A

判别结果是：第 2，3，6，7，8 编号的盐泉样品为含钾盐泉，第 1，4，5 编号的盐泉样品为不含钾，即钠盐泉。

二、Fisher 判别法

Fisher 判别法的思想是投影，将 k 组 p 维数据投影到某一个方向上，使得投影后组与组之间尽可能地分开，同一组尽可能地靠近。以二维数据为例，图 6-7 直观地说明了 Fisher 判别法的思想。如何衡量组与组之间尽可能地分开，可以用单因素方差分析的思想。

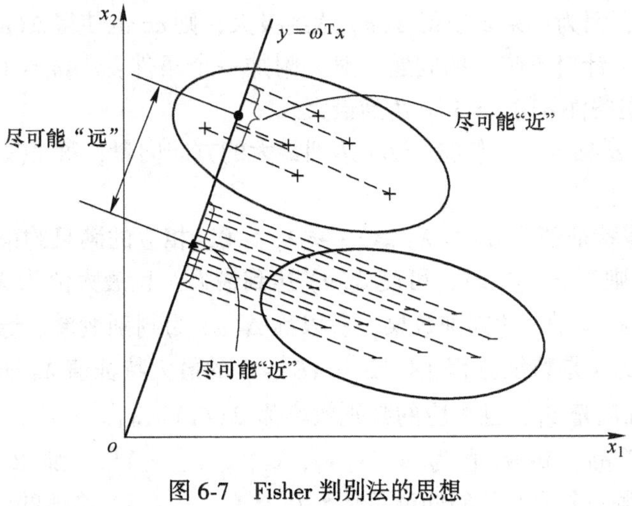

图 6-7　Fisher 判别法的思想

设从 k 个总体中分别取得 p 维观测值如下：

$$\begin{cases} 总体\ G_1: x_1^{(1)},\ x_2^{(1)},\ \ldots,\ x_{n_1}^{(1)} \\ \qquad\vdots \\ 总体\ G_k: x_1^{(k)},\ x_2^{(k)},\ \ldots,\ x_{n_k}^{(k)} \end{cases}$$

令 a 为 R^p 中的任一向量，$u(x)=a^T x$ 为 x 向以 a 为法线方向的投影，这时，上述数据的投影为：

$$\begin{cases}\text{总体 } G_1\text{：} a^{\mathrm{T}}x_1^{(1)}, a^{\mathrm{T}}x_2^{(1)}, \ldots, a^{\mathrm{T}}x_{n_1}^{(1)} \\ \vdots \\ \text{总体 } G_k\text{：} a^{\mathrm{T}}x_1^{(k)}, a^{\mathrm{T}}x_2^{(k)}, \ldots, a^{\mathrm{T}}x_{n_k}^{(k)}\end{cases}$$

它恰好是单因素方差分析的数据。

下面导出 Fisher 判别法的判别函数。首先计算总体 $G_1, \ldots, G_k$ 的组间平方和：

$$SSG = \sum_{i=1}^{k} n_i (a^{\mathrm{T}} \bar{x}^{(i)} - a^{\mathrm{T}}\bar{x})^2 = a^{\mathrm{T}}\left[\sum_{i=1}^{k} n_i(\bar{x}^{(i)} - \bar{x})(\bar{x}^{(i)} - \bar{x})^{\mathrm{T}}\right] a = a^{\mathrm{T}}Ba$$

其中，$B = \sum_{i=1}^{k} n_i(\bar{x}^{(i)} - \bar{x})(\bar{x}^{(i)} - \bar{x})^{\mathrm{T}}$，$\bar{x}^{(i)}$ 是第 i 组的均值向量，$\bar{x}$ 是总均值向量。接着，计算组内平方和：

$$SSE = \sum_{i=1}^{k}\sum_{j=1}^{n_i} (a^{\mathrm{T}}x_j^{(i)} - a^{\mathrm{T}} \bar{x}^{(i)})^2 = a^{\mathrm{T}}\left[\sum_{i=1}^{k}\sum_{j=1}^{n_i} (x_j^{(i)} - \bar{x}^{(i)})(x_j^{(i)} - \bar{x}^{(i)})^{\mathrm{T}}\right] a = a^{\mathrm{T}}Aa$$

其中，$A = \sum_{i=1}^{k}\sum_{j=1}^{n_i} (x_j^{(i)} - \bar{x}^{(i)})(x_j^{(i)} - \bar{x}^{(i)})^{\mathrm{T}}$。

如果 k 组均值有显著差异，则 F 统计量

$$F = \frac{SSG/(k-1)}{SSE/(n-k)} = \frac{n-k}{k-1}\frac{a^{\mathrm{T}}Ba}{a^{\mathrm{T}}Aa}(n = n_1 + \cdots + n_k)$$

应该充分大，即 $\Delta(a) = \dfrac{a^{\mathrm{T}}Ba}{a^{\mathrm{T}}Aa}$ 应该充分大。所以我们可以求 a 使得 $\Delta(a)$ 达到最大。显然这样的 a 并不唯一，因为如果 a 使得 $\Delta(a)$ 达到极大，则 ca 也使得 $\Delta(a)$ 达到极大，c 为任意不等于零的实数。针对不唯一的问题，对 a 附加一个条件：$a^{\mathrm{T}}Aa = 1$。这样问题转化为求 a，使得 $a^{\mathrm{T}}Ba$ 在条件 $a^{\mathrm{T}}Aa = 1$ 下达到最大。

设 a 是在条件 $a^{\mathrm{T}}Aa = 1$ 下使得 $a^{\mathrm{T}}Ba$ 达到最大的方向向量，称 $u(x) = a^{\mathrm{T}}x$ 为线性判别函数。

设 $A^{-1}B$ 的非零特征值为 $\lambda_1 \geqslant \lambda_2 \geqslant \cdots \geqslant \lambda_r > 0$，相应的满足约束条件的特征向量为 $\xi_1, \xi_2, \ldots, \xi_r$，则当 $a = \xi_1$ 时，可使 $\Delta(a)$ 达到最大，且最大值为 λ_1。$\Delta(a)$ 的大小可以衡量判别函数 $u(x) = a^{\mathrm{T}}x$ 的判别效果，所以称 $\Delta(a)$ 为判别效率。综上所述，线性判别函数 $u(x) = a^{\mathrm{T}}x$ 中的 a 是特征方程 $|A^{-1}B - \lambda E| = 0$ 的最大特征值 λ_1 所对应的满足约束条件 $\xi_1^{\mathrm{T}}A\xi_1 = 1$ 的特征向量 ξ_1，且相应的判别效率为 $\Delta(\xi_1) = \lambda_1$。

现任取一个样品，观测值为 $x = (x_1, x_2, \ldots, x_p)^{\mathrm{T}}$，那么 x 应判归为总体 $G_1, \ldots, G_k$ 中的哪一个呢？我们知道总体 $G_i(i = 1, \ldots, k)$ 均值的估计是

$$\hat{\mu}^{(i)} = \frac{1}{n_i}\sum_{j=1}^{n_i} x_j^{(i)} = \bar{x}^{(i)}, \quad i = 1, \ldots, k$$

可以比较 $a^{\mathrm{T}}x$ 和所有 $a^{\mathrm{T}} \bar{x}^{(i)}$，找到距离最小的 i，就将 x 判归为该类。

Fisher 判别法虽是一种很好的降维投影方法，但该方法也有其不适用的场合。如图 6-8 所示，共有两个组：一组由样品点“ ♧”表示，一组由样品点“ ◦”表示。两个组分离得很开，但无论往哪一个一维方向上投影，两个组都高度重叠，无法进行有效的分离。

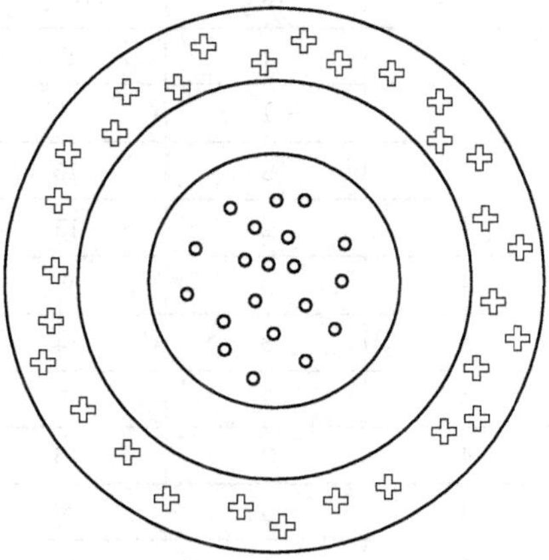

图 6-8　不适合用 Fisher 判别法的一个例子

习　题

6-1 设随机向量 $X = (X_1, X_2, X_3)^{\mathrm{T}}$ 的协方差矩阵为 $\boldsymbol{\Sigma} = \begin{pmatrix} 1 & -2 & 0 \\ -2 & 5 & 0 \\ 0 & 0 & 2 \end{pmatrix}$，试求 X 的主成分及贡献率。

6-2 下表是某城市在 42 天的中午 12 点的空气污染数据。分别利用样本协方差矩阵和样本相关矩阵作主成分分析，二者的结果有何差异？原始数据的变化可否由三个或者更少的主成分反映，你能否给所选的主成分做出解释？

风速	太阳辐射	CO	NO	NO_2	O_3	HC
8	98	7	2	12	8	2
7	107	4	3	9	5	3
7	103	4	3	5	6	3
10	88	5	2	8	15	4
6	91	4	2	8	10	3
8	90	5	2	12	12	4
9	84	7	4	12	15	5
5	72	6	4	21	14	4
7	82	5	1	11	11	3
8	64	5	2	13	9	4
6	71	5	4	10	3	3
6	91	4	2	12	7	3
7	72	7	4	18	10	3
10	70	4	2	11	7	3
10	72	4	1	8	10	3

风速	太阳辐射	CO	NO	NO_2	O_3	HC
9	77	4	1	9	10	3
8	76	4	1	7	7	3
8	71	5	3	16	4	4
9	67	4	2	13	2	3
9	69	3	3	9	5	3
10	62	5	3	14	4	4
9	88	4	2	7	6	3
8	80	4	2	13	11	4
5	30	3	3	5	2	3
6	83	5	1	10	23	4
8	84	3	2	7	6	3
6	78	4	2	11	11	3
8	79	2	1	7	10	3
6	62	4	3	9	8	3
10	37	3	1	7	2	3
8	71	4	1	10	7	3
7	52	4	1	12	8	4
5	48	6	5	8	4	3
6	75	4	1	10	24	3
10	35	4	1	6	9	2
8	85	4	1	9	10	2
5	86	3	1	6	12	2
5	86	7	2	13	18	2
7	79	7	4	9	25	3
7	79	5	2	8	6	2
6	68	6	2	11	14	3
8	40	4	3	6	5	2

6-3 证明：标准化数据的欧式距离即方差加权距离。

6-4 设有 5 个样品，每个样品只测量一个指标，分别是：1，2，4.5，6，8，试用最短距离法（样品间距离用欧式距离）对这 5 个样品进行分类，并画出谱系图。

6-5 设 3 个总体的分布分别为 G_1 是 $N(2,\ 0.5^2)$，G_2 是 $N(0,\ 2^2)$，G_3 是 $N(3,\ 1^2)$，试问样品 $x = 2.5$ 按距离判别法应判归为哪一类？

6-6 人文发展指数是联合国开发计划署于 1990 年 5 月发表的第一份《人类发展报告》中公布的。该报告建议，目前对人文发展的衡量应该以人生的三大要素为重点，衡量人生的三大要素的指示指标分别采用出生时的预期寿命、成人识字率和实际人均 GDP，将以上三个指示指标的数值合成一个复合指数，即人文发展指数。今从 1992 年世界各国人文发展指数的排序中，选高发展水平、中等发展水平的国家各五个作为两组样品，另选四个国家作为待判样品。具体数据如下表。试用距离判别法判别，待判的四个国家属于哪一类（假设两个总体的协方差矩阵相等，但均值和协方差矩阵未知）？

类别	序号	国家名称	出生时的预期寿命/岁	成人识字率/%	调整后人均 GDP
第一类（高发展水平国家）	1	美国	76	99	5374
	2	日本	79.5	99	5359
	3	瑞士	78	99	5372
	4	阿根廷	72.1	95.9	5242
	5	阿联酋	73.8	77.7	5370
第二类（中等发展水平国家）	1	保加利亚	71.2	93	4250
	2	古巴	75.3	94.9	3412
	3	巴拉圭	70	91.2	3390
	4	格鲁吉亚	72.8	99	2300
	5	南非	69.9	80.6	3799
待判别样品	1	中国	68.5	79.3	1950
	2	罗马尼亚	69.9	96.9	2840
	3	希腊	77.6	93.8	5233
	4	哥伦比亚	69.3	90.3	5158

第七章 线性规划

线性规划是运筹学的一个重要分支，也是运筹学最基本的部分。早在20世纪30年代末期就有人开始研究，到第二次世界大战后，线性规划在军事和工业部门得到较广泛的应用。特别是1947年G. B. Dantzig提出了著名的单纯形法之后，线性规划在理论上趋向成熟，应用上越来越广泛。可以说，线性规划的数学理论是成熟的，丰富的，其解法统一而简单，求出的解是精确的全局最优解。随着计算机的发展，线性规划的应用极其广泛。本章重点介绍线性规划的基本概念、基本原理、数学模型及其求解方法。

第一节 线性规划问题及其数学模型

一、线性规划研究的若干问题

线性规划研究的问题主要可分为两类：一类是，一项任务确定之后如何统筹安排，尽量做到用最少的人力物力资源去完成这一任务。另一类是，已有一定数量的人力物力资源，如何安排使用他们使得完成的任务最多。其实这两类问题是同一个问题的两个方面，也就是寻求整个问题的某个整体指标最优的问题。在社会实际中，这类问题可以举例很多，例如：

（1）**生产组织与计划问题**：一个工厂或车间有各种不同类型的设备若干台，各种不同设备生产各种零件的效率不同。在一个生产周期内，应如何安排各设备的生产使得成套的产品总量最大。

（2）**运输问题**：在某一地区，有某种物资的产地与销地各若干。把这种物资从各产地调运到各销地，调运方案可以很多，应如何组织调运才能使总的运费或运力（即总的运输吨公里数）最少。

（3）**配料问题**：在食品、化工、冶金等企业中，常常需要用几种原料制成含有一定成分的产品。而这些不同的原料其价格是不同的，应如何制定配料的方案，才能使生产的产品所含成分既符合要求又成本最低。

（4）**布局问题**：布局问题最常见的有两种：一是作物布局问题，各种作物在不同土壤上的单位面积产量不一样，如何合理安排各种作物在各种土壤上的种植面积，达到因地制宜，在完成种植计划的前提下使总产量最多；二是工厂布局问题，将某几个地方生产的原料，集中到某个地方加工成成品后再运到某个成品需要地。有些地方可能既是原料出产地，又是成品需要地，也是成品加工地。因各地间运费不同，成品加工费不同，设厂条件也不同。应在什么地方设厂，规模应多大，才能满足成品需要地的需要，又使总费用（包括运费和加工费）最低。

（5）**合理下料问题**：在某种加工生产中需要将某种条材或板材，裁成不同规格的毛坯，各种毛坯的数量也可能不同。应如何选取合适的裁法，使毛坯数量符合要求，并且又使总料头最少（即所用材料最少）。

（6）**时间和人员安排问题**：在一项工程的施工或研究过程中，如何根据具体条件合理地安排各阶段的时间进展情况，使得所耗时间最少，这是时间安排问题。人员安排问题也同样，即几个人要分别去担任某项工作。由于每个人的素质不同，对各种工作的认识程度和解决问题的能力也不同，这就要求领导者要合理地进行安排，使得人尽其才，才尽其用。

二、线性规划问题的数学模型

前面我们已经看到，线性规划研究的实际问题是各式各样的。数学模型是描述实际问题共性的抽象的数学形式，对数学模型的研究，有助于我们认识这类问题的性质和寻求它的一般解法。为了建立线性规划问题的数学模型，我们先看三个具体例子。

例 1　某工厂生产甲、乙两种产品，这两种产品的市场需求量是每天最少分别为 200t、300t，这两种产品都需要在 A、B、C 三种不同设备上加工。每吨甲、乙产品在不同设备上加工所需的台时、他们销售所能获得的利润值以及这三种加工设备在计划期内能提供的有限台时数均列于表 7-1 中。试问：应如何安排生产计划，即甲、乙两种产品各生产多少吨，可使该厂所得利润最大？

表 7-1　例 1 生产相关数据表

设 备	每吨产品的加工台时		总有限台时
	甲	乙	
A	3	4	36
B	5	4	40
C	9	8	66
利润（元/t）	32	30	

解　这是一个简单的生产组织与计划问题。设计划期内甲、乙两种产品的产量（t）分别为 x_1、x_2，则有：

目标函数：$\max Z = 32x_1 + 30x_2$

约束条件（s. t.）：

$$
\begin{aligned}
3x_1 + 4x_2 &\leqslant 36 \\
5x_1 + 4x_2 &\leqslant 40 \\
9x_1 + 8x_2 &\leqslant 66 \\
x_1 &\geqslant 200 \\
x_2 &\geqslant 300
\end{aligned}
$$

s. t. 是 subject to 的缩写，意为约束条件。

例 2　某类物资有 m 个产地，n 个销地。第 i 个产地的产量为 $a_i(i = 1, 2, \cdots, m)$；第 j 个销地的需要量为 $b_j(j = 1, 2, \cdots, n)$，其中 $\sum_{i=1}^{m} a_i = \sum_{j=1}^{n} b_j$。设由第 i 个产地到第 j 个销地运送单位物资的运价为 c_{ij}。试问：应如何指定调运方案，既可满足供需关系，又使总运费最少？

解　这是一个产销平衡的运输问题。设从第 i 个产地供给第 j 个销地的物资数量为 x_{ij}，则有：

目标函数：$\min Z = \sum_{i=1}^{m}\sum_{j=1}^{n} c_{ij}x_{ij}$

约束条件（s.t.）：$\sum_{j=1}^{n} x_{ij} = a_i \quad i = 1, 2, \cdots, m$

$$\sum_{i=1}^{m} x_{ij} = b_j \quad j = 1, 2, \cdots, n$$

$$x_{ij} \geqslant 0$$

以上就是这个运输问题的数学模型。

例 3 某工厂的中心调度室，每昼夜 24h 都要有调度人员值班，已知每个阶段（每 4h 为 1 时段）所需要的值班人数如表 7-2 所示。又已知每一调度值班人员在任一时段开始上班后，要连续工作 8h（包括轮流吃饭时间）才能满足调度值班工作要求。试求：应如何适当地安排人员，才能使参加值班的总人数为最少？

表 7-2 例 3 时段与值班人员数表

序号	时段	每个时段中至少需要值班人员数	每个时段开始上班工作人数
1	06~10	8	x_1
2	10~14	12	x_2
3	14~18	10	x_3
4	18~22	8	x_4
5	22~02	6	x_5
6	02~06	4	x_6

解 这是一个时间和人员的安排问题。设每个时段开始上班的工作人数分别为 x_i，$i = 1, 2, \cdots, 6$，则有：

目标函数：$\min Z = x_1 + x_2 + x_3 + x_4 + x_5 + x_6$

约束条件（s. t.）：$x_1 + x_2 \geqslant 12$

$$x_2 + x_3 \geqslant 10$$
$$x_3 + x_4 \geqslant 8$$
$$x_4 + x_5 \geqslant 6$$
$$x_5 + x_6 \geqslant 4$$
$$x_1 + x_6 \geqslant 8$$
$$x_i \geqslant 0 \quad i = 1, 2, \cdots, 6$$

以上三个例子具有共同的特征：他们都是求一组非负变量，这些变量在满足一定的线性约束条件下，使一个线性目标函数取得极大值或极小值。这种以未知量的线性函数为特征的一类最优化问题称为**线性规划问题**，用（LP）表示。我们可以把线性规划问题抽象为下列一般的数学模型：

求一组变量 x_j，$j = 1, 2, \cdots, n$，使它满足：

$$\max(\text{或}\min)\ Z = c_1x_1 + c_2x_2 + \cdots + c_nx_n$$

$$\text{s. t.}\ a_{11}x_1 + a_{12}x_2 + \cdots + a_{1n}x_n(\leqslant, \ =, \ \geqslant)b_1$$
$$a_{21}x_1 + a_{22}x_2 + \cdots + a_{2n}x_n(\leqslant, \ =, \ \geqslant)b_2$$
$$\vdots$$

$$a_{m1}x_1 + a_{m2}x_2 + \cdots + a_{mn}x_n (\leqslant, \ =, \ \geqslant) b_m$$
$$x_j \geqslant 0 \quad j = 1, 2, \cdots, n$$

其中 b_i , c_j 和 a_{ij} 均为实常数，符号（≤，＝，≥）表示在三种符号中取一种。

实际问题的线性规划模型是多种多样的，为了便于以后讨论问题，我们可以用一种统一的**标准形式**，即：

$$\begin{aligned} \min Z &= c_1x_1 + c_2x_2 + \cdots + c_nx_n \\ \text{s. t.} \ & a_{11}x_1 + a_{12}x_2 + \cdots + a_{1n}x_n = b_1 \\ & a_{21}x_1 + a_{22}x_2 + \cdots + a_{2n}x_n = b_2 \\ & \vdots \\ & a_{m1}x_1 + a_{m2}x_2 + \cdots + a_{mn}x_n = b_m \\ & x_j \geqslant 0 \quad j = 1, 2, \cdots, n \end{aligned} \tag{7-1}$$

式中 b_i , c_j 和 a_{ij} 均为实常数且 $b_i \geqslant 0$。

使用向量和矩阵符号，式（7-1）可以写成如下紧凑形式：

$$\begin{aligned} \min Z &= \boldsymbol{CX} \\ \text{s. t.} \quad \boldsymbol{AX} &= \boldsymbol{b} \\ \boldsymbol{X} &\geqslant 0 \end{aligned} \tag{7-2}$$

式中：$\boldsymbol{C} = (c_1, c_2, \cdots, c_n)$；

$\boldsymbol{X} = (x_1, x_2, \cdots, x_n)^{\mathrm{T}}$；

$\boldsymbol{A} = (a_{ij})_{m \times n} = (\boldsymbol{P}_1, \boldsymbol{P}_2, \cdots, \boldsymbol{P}_n)$；

$\boldsymbol{b} = (b_1, b_2, \cdots, b_m)^{\mathrm{T}}$；

$\boldsymbol{P}_j = (a_{1j}, a_{2j}, \cdots, a_{mj})^{\mathrm{T}}$。

并且称 $\boldsymbol{P}_j$ 为约束条件的系数列向量；$\boldsymbol{A}$ 为约束条件的 $m \times n$ 系数矩阵，$m > 0$，$n \geqslant 0$，一般 $n > m$；b 为限定向量，在标准型中假设 $b \geqslant 0$；$\boldsymbol{C}$ 为价值向量；$\boldsymbol{X}$ 为决策变量向量，在标准型中假设 $\boldsymbol{X} \geqslant 0$；通常 $\boldsymbol{A}$，$\boldsymbol{b}$，$\boldsymbol{C}$ 为已知，$\boldsymbol{X}$ 为未知。

实际的线性规划问题的数学模型，往往不是式（7-1）的标准形式。但我们用来求解线性规划问题的单纯形法，要求线性规划问题具有式（7-1）的标准形式。因此，我们来讨论将各种不同形式的线性规划模型化为标准型的方法。

1. 将求极大化为求极小

若求 $\max Z = \boldsymbol{CX}$，因为 $\boldsymbol{CX}$ 的极大等价于（$-\boldsymbol{CX}$）的极小，所以在这种情况下可将原模型的目标函数 $\boldsymbol{CX}$ 中的各项取反号，得到（$-\boldsymbol{CX}$），先求（$-\boldsymbol{CX}$）的极小值，然后再取反号，即等于原模型的目标函数式的极大值，即有：$\max(\boldsymbol{CX}) = -[\min(-\boldsymbol{CX})]$。

2. 将不等式约束化为等式约束

（1）对于小于等于型不等式

$$a_{i1}x_1 + a_{i2}x_2 + \cdots + a_{in}x_n \leqslant b_i$$

则引进非负新变量 $y_i \geqslant 0$，将不等式化为：

$$a_{i1}x_1 + a_{i2}x_2 + \cdots + a_{in}x_n + y_i = b_i$$

其中 y_i 称为“**松弛变量**”。

（2）对于大于等于型不等式

$$a_{l1}x_1 + a_{l2}x_2 + \cdots + a_{ln}x_n \geqslant b_l$$

则引进非负新变量 $y_l \geqslant 0$，将不等式化为：

$$a_{l1}x_1 + a_{l2}x_2 + \cdots + a_{ln}x_n - y_l = b_l$$

其中 $y_l \geqslant 0$ 称为“**剩余变量**”。

3. 将自由变量化为非负变量

若在线性规划的数学模型中，有某个变量 x_k 没有非负的要求，则 x_k 称为**自由变量**。这种情况下可通过变换：

$$x_k = x_k' - x_k'',\ x_k' \geqslant 0,\ x_k'' \geqslant 0$$

将一个自由变量化为两个非负变量的差；或者设法在约束条件和目标函数中消去自由变量。

4. 将有上下界的变量化为非负变量

若在原模型中 x_j 有上下界，此时可分为两种情形：

（1）若 $x_j \geqslant u_j$，即 $x_j - u_j \geqslant 0$，即可令：$x_j' = x_j - u_j$，有 $x_j' \geqslant 0$，用 $(x_j' + u_j)$ 代替 x_j 即可。

(2) 若 $x_j \leqslant t_j$，即 $t_j - x_j \geqslant 0$，即可令：$x_j'' = t_j - x_j$，有 $x_j'' \geqslant 0$，用 $(t_j - x_j'')$ 代替 x_j 即可。

第二节　线性规划的基本概念和基本定理

一、基本概念

考虑线性规划问题：

(LP)
$$\min Z = \boldsymbol{CX} \tag{7-3}$$
$$\text{s. t.}\quad \boldsymbol{AX} = \boldsymbol{b} \tag{7-4}$$
$$\boldsymbol{X} \geqslant 0 \tag{7-5}$$

定义 1　若 $\boldsymbol{X}$ 满足式（7-4）和式（7-5），则称 X 为（LP）的**可行解**，满足式（7-3）的可行解称为（LP）的**最优解**。

（LP）的可行解的全体：

$$\boldsymbol{D} = \{\boldsymbol{X} \mid \boldsymbol{AX} = \boldsymbol{b},\ \boldsymbol{X} \geqslant 0\}$$

称为（LP）的**可行域**。

在以后的讨论中，我们都假定 $\boldsymbol{A}$ 的秩为 m。我们从 $\boldsymbol{A}$ 的 n 列中选出 m 个线性无关的列组成一个 m 阶矩阵。为表达方便，假定选择的是 $\boldsymbol{A}$ 的前 m 列，并且用 $\boldsymbol{B}$ 表示这个矩阵，于是 $\boldsymbol{B}$ 是 $\boldsymbol{A}$ 中 $m \times m$ 非奇异子矩阵（即可逆矩阵，有 $|\boldsymbol{B}| \neq 0$），它由 $\boldsymbol{A}$ 中 m 个线性无关的列向量所组成，而这 m 个线性无关的列向量可以作为 m 维空间的一组基，所以称 $\boldsymbol{B}$ 为（LP）的一个**基**。

若令 $\boldsymbol{B} = (\boldsymbol{p}_1, \boldsymbol{p}_2, \cdots, \boldsymbol{p}_m)$

$\boldsymbol{N} = (\boldsymbol{p}_{m+1}, \boldsymbol{p}_{m+2}, \cdots, \boldsymbol{p}_n)$

则 $\boldsymbol{A}$ 可分解为：$\boldsymbol{A} = (\boldsymbol{B}, \boldsymbol{N})$，相应地把 $\boldsymbol{X}$ 分解为：

$$\boldsymbol{X} = \begin{pmatrix} \boldsymbol{X_B} \\ \boldsymbol{X_N} \end{pmatrix}$$

其中 $X_B=(x_1, x_2, \cdots, x_m)^T$，$X_N=(x_{m+1}, x_{m+2}, \cdots, x_n)^T$，称 B 的列为**基列**，X_B 的分量为**基变量**；N 的列为**非基列**，X_N 的分量为**非基分量**。从而式（7-4）可改写为：

$$AX=(B, N)\begin{pmatrix}X_B\\X_N\end{pmatrix}=BX_B+NX_N=b$$

由于 B 非奇异，故有：

$$X_B=B^{-1}b-B^{-1}NX_N \tag{7-6}$$

式（7-6）表明基变量可以用非基变量线性表示。若令 $X_N=0$，则得：

$$X=(X_B, X_N)^T=(B^{-1}b, \mathbf{0})^T$$

定义 2　$X=(B^{-1}b, \mathbf{0})^T$ 是式（7-4）的一个解，称为（LP）的关于基 B 的**基本解**。若 $B^{-1}b\geqslant 0$，则称 B 为**可行基**，$X=(B^{-1}b, \mathbf{0})^T$ 为（LP）的关于基 B 的**基本可行解**。

从而 C 可分解为：$C=(C_B, C_N)$，其中：$C_B=(c_1, c_2, \cdots, c_m)$，$C_N=(c_{m+1}, c_{m+2}, \cdots, c_n)$，相应地，目标函数 $Z=CX$ 也可分解为：

$$CX=(C_B, C_N)\begin{bmatrix}X_B\\X_N\end{bmatrix}=C_BX_B+C_NX_N=C_B(B^{-1}b-B^{-1}NX_N)+C_NX_N$$

整理得：

$$CX=C_BB^{-1}b+(C_N-C_BB^{-1}N)X_N \tag{7-7}$$

式（7-7）表明，目标函数也可以用非基变量线性表示。

定义 3　满足式（7-3）的基本可行解称为（LP）的**最优基本可行解**。

定义 4　若在基本解中至少有一个基变量为零，则这个解称为**退化的基本解**。

类似地，有退化的基本可行解和退化的最优基本可行解。注意到，在非退化的基本解中，基变量可以直接从这个解的非零分量辨认出来，而在退化的基本解中，零值基变量不容易辨认。一般情况下，我们假设不出现"退化"。有关退化问题请参阅文献［10］、［11］。

二、基本定理

考虑标准形式的线性规划问题

(LP)
$$\begin{aligned}&\min Z=CX\\ \text{s. t.}\quad &AX=b\\ &X\geqslant 0\end{aligned} \tag{7-8}$$

式中：A 为 $m\times n$ 矩阵，$R(A)=m$；C 为 n 维行向量；b 为 m 维列向量；X 为 n 维列向量。

引理：设 X 是（LP）的一个可行解，若 X 中非零分量所对应的列向量线性无关，则 X 是（LP）的一个基本可行解。

证：用 $P_1, P_2, \cdots, P_n$ 表示 A 的各列，即 $A=(P_1, P_2, \cdots, P_n)$，假定 X 中有 r 个分量大于零，不失一般性，设前 r 个分量大于零。由已知可得它们所对应的列向量线性无关，显然 $r\leqslant m$。若 $r=m$，则 $B=(P_1, P_2, \cdots, P_m)$ 是（LP）的可行基，故 X 是关于基 B 的基本可行解；若 $r<m$，因为 A 的秩为 m，故可以从 A 中剩下的后 $n-r$ 个列向量中找出 $m-r$ 个列向量，与 $P_1, P_2, \cdots, P_r$ 一起组成 m 个线性无关的列向量，它们构成（LP）的一个基，其对应的变量有 r 个大于零，$m-r$ 个等于零，这就是一个退化的基本可行解。

基本定理：对于式（7-8）的线性规划问题：

（1）若存在一个可行解，则必存在一个基本可行解；

（2）若存在一个最优解，则必存在一个最优基本可行解；

证：只证（1），（2）的证明请参阅文献［10］。

若存在一个可行解 $\boldsymbol{X}=(x_1, x_2, \cdots, x_n)^{\mathrm{T}}$，于是有：

$$x_1\boldsymbol{P}_1 + x_2\boldsymbol{P}_2 + \cdots + x_n\boldsymbol{P}_n = \boldsymbol{b}$$

假定 $\boldsymbol{X}$ 中有 r 个分量大于零，不失一般性，设前 r 个分量大于零，则上式变为：

$$x_1\boldsymbol{P}_1 + x_2\boldsymbol{P}_2 + \cdots + x_r\boldsymbol{P}_r = \boldsymbol{b} \tag{7-9}$$

此时可能有两种情况：

（1）若 $\boldsymbol{P}_1, \boldsymbol{P}_2, \cdots, \boldsymbol{P}_r$ 线性无关，则由引理可知 $\boldsymbol{X}$ 本身就是一个基本可行解。

（2）若 $\boldsymbol{P}_1, \boldsymbol{P}_2, \cdots, \boldsymbol{P}_r$ 线性相关，则存在一组不全为零的常数 $\delta_1, \delta_2, \cdots, \delta_r$（可以假定它们至少有一个为正），使得

$$\delta_1\boldsymbol{P}_1 + \delta_2\boldsymbol{P}_2 + \cdots + \delta_r\boldsymbol{P}_r = 0 \tag{7-10}$$

从式（7-9）中减去式（7-10）的 ε 倍，得：

$$(x_1 - \varepsilon\delta_1)\boldsymbol{P}_1 + (x_2 - \varepsilon\delta_2)\boldsymbol{P}_2 + \cdots + (x_r - \varepsilon\delta_r)\boldsymbol{P}_r = \boldsymbol{b} \tag{7-11}$$

设 $\boldsymbol{\delta} = (\delta_1, \delta_2, \cdots, \delta_r, 0, 0, \cdots, 0)^{\mathrm{T}}$ 是一个 n 维列向量，则对任意的 ε，$\boldsymbol{X}-\varepsilon\delta$ 是式（7-8）的约束方程的解，当 $\varepsilon=0$ 时为原可行解 $\boldsymbol{X}$。当 ε 从零开始增加时，$\boldsymbol{X}-\varepsilon\delta$ 的各分量或者增加（对应于 $\delta_i<0$），或保持常数（对应于 $\delta_i=0$），或减少（对应于 $\delta_i>0$）。由于我们假定至少有一个 δ_i 是正的，所以至少有一个分量随着 ε 的增加而减小。现在让 ε 增加到一个（可能是多个）分量由正减小到零，令：

$$\varepsilon = \min\left\{\frac{x_i}{\delta_i} \mid \delta_i > 0\right\}$$

对于 ε 的这个值，$\boldsymbol{X}-\varepsilon\delta$ 是（LP）的可行解，且至多有 $r-1$ 个正分量。事实上，若 $\varepsilon = x_i/\delta_i > 0$，则：

当 $\delta_i \leqslant 0$ 时，$x_i - \varepsilon\delta_i \geqslant x_i \geqslant 0$；

当 $\delta_i > 0$ 时，$x_i - \varepsilon\delta_i = x_i - \dfrac{x_s}{\delta_s}\delta_i \geqslant x_i - \dfrac{x_i}{\delta_i} \times \delta_i = 0$。

所以 $\boldsymbol{X}-\varepsilon\delta$ 是式（7-8）的可行解。又

$$x_s - \varepsilon\delta_s = x_s - \frac{x_s}{\delta_s}\delta_s = 0$$

即 $\boldsymbol{X}-\varepsilon\delta$ 中至多有 $r-1$ 个正分量。如果 $\boldsymbol{X}-\varepsilon\delta$ 的正分量所对应的列向量线性无关，则由引理可知 $\boldsymbol{X}-\varepsilon\delta$ 就是基本可行解。如果 $\boldsymbol{X}-\varepsilon\delta$ 的正分量所对应的列向量线性相关，则对可行解 $\boldsymbol{X}-\varepsilon\delta$ 重复上述过程，消去它的一些正分量，直到新的可行解的正分量所对应的列向量线性无关为止，从而得到基本可行解。

基本定理告诉我们，线性规划问题如果有最优解，则一定存在一个最优基本可行解。也就是说，目标函数的最优值一定可以在某个基本可行解上达到，因而求解线性规划问题时，只需要在基本可行解上去寻求目标函数的最优值。而对于具有 n 个变量和 m 个约束方程的线性规划问题最多有 $\dbinom{n}{m} = \dfrac{n!}{m!\,(n-m)!}$ 个基本解，而基本可行解的个数则 $\leqslant \dbinom{n}{m}$，因而最优解的选择只需在有限个基本可行解上进行。

第三节　线性规划的图解法和几何理论

一、图解法

线性规划的图解法简单直观，它只适用于两个变量（二维）的线性规划问题的求解。图解法有助于几何直观地理解后面将要介绍的单纯形方法。在用图解法求解（LP）时，不必把数学模型化为标准型。

1. 图解法步骤

下面用一实例说明图解法步骤。

例 4

$$\max Z = 2x_1 + 3x_2$$

$$\text{s. t.}\quad x_1 + 2x_2 \leqslant 8 \tag{7-12}$$

$$4x_1 \leqslant 16 \tag{7-13}$$

$$x_1 \geqslant 0,\ x_2 \geqslant 0 \tag{7-14}$$

解（1）由全部约束条件画出可行域。

首先考虑约束条件（7-12）：若取等号，得 $x_1 + 2x_2 = 8$，作此直线，它将整个平面划分为两个部分，满足式（7-12）的全部点在该直线及其左下部的半平面内，它包含原点。同理可得，约束条件（7-13）表示以直线 $4x_1 = 16$ 为分界线的半平面，它也包含原点。约束条件（7-14）表明，可行域在第一象限内，全部约束条件相应的各个部分平面的交集即为线性规划问题的可行域，如图 7-1 中阴影部分所示。

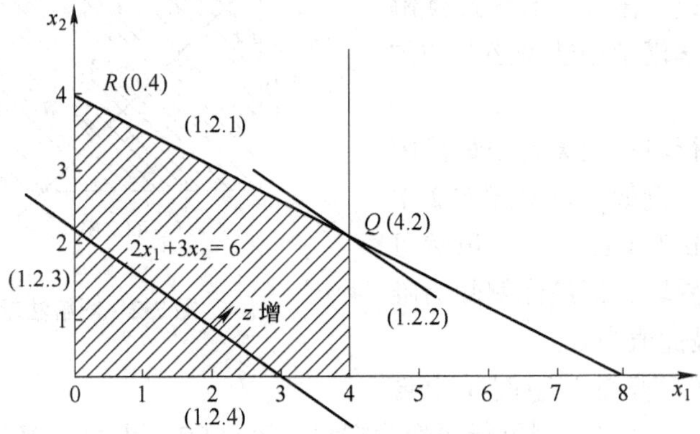

图 7-1　例 4 可行域

（2）作出一条目标函数的等值线。

目标函数 $Z = 2x_1 + 3x_2$ 是 x_1，x_2 的线性函数，要在可行域中找一个最优解，就是要找一个使目标函数最大的可行解。为此，给定 Z 一个值，比如 $Z = 6$，作 $2x_1 + 3x_2 = 6$ 的直线，其上任一点的目标函数值都等于 6，这样的直线称为目标函数的**等值线**。在坐标平面内，目标函数 $Z = 2x_1 + 3x_2$ 的图形是与直线 $2x_1 + 3x_2 = 6$ 平行的一族直线。因为本例是求 $\max Z$，故作出一条目标函数等值线后，还要确定在可行域内，这条等值线向哪个方向平移可使 Z 值增大，如图 7-1 所示。

(3) 平移目标函数等值线求出最优点。

本例中，当等值线平行移动到可行域的边界点 $Q(4,\ 2)$ 时，目标函数的值取得它在可行域中的最大值 14，所以 $X=(4,\ 2)^{T}$ 是该问题的最优解，将最优点代入 Z 式，得目标函数的最优值为 14。

2. 线性规划问题解的几种情况

现在我们从图解法来讨论（LP）解的几种情况。

(1) 有唯一最优解。这是一般情况，如例 4 所示。

(2) 有无穷多个最优解。若将例 4 中的目标函数改为：$\max Z=2x_1+4x_2$，则目标函数等值线恰与约束条件（7-12）构成的边界平行，则可行域的两个顶点 Q 、R 以及线段 QR 上的点都是最优解，它们对应同一个最优值，该问题有无穷多个最优解。

(3) 无有限最优解（无界解）。如果全部约束条件构成的可行域是无界的，则有可能出现无有限最优解的情况。

例 5

$$\max Z = x_1 + x_2$$
$$\text{s. t.}\quad \begin{aligned} x_1 - 2x_2 &\leqslant 4 \\ -x_1 + x_2 &\leqslant 2 \\ x_1 \geqslant 0,\ x_2 &\geqslant 0 \end{aligned}$$

此例用图解法求解结果见图 7-2。图中阴影部分即为可行域，其可行域无界，目标函数的最大值可以增大到无穷大。这种情况就称为无有限最优解，即目标函数无有限最优值。一般来说，出现无有限最优解的情况，即表明数学模型中缺少必要的约束条件。

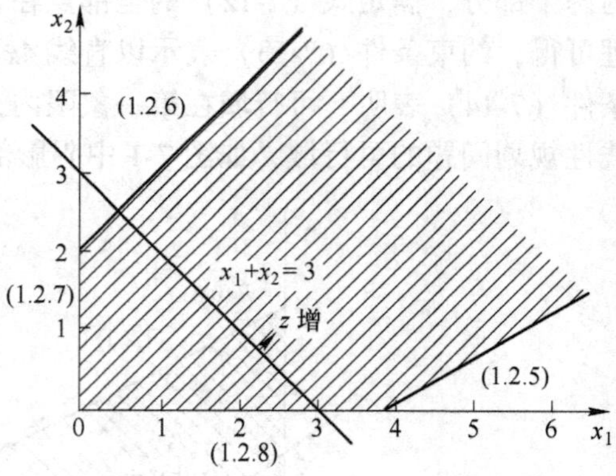

图 7-2 图解法求解例 5

那么，无界可行域一定无有限最优解吗？这是不一定的。例如，将上述例 2 中的目标函数改为 $\min Z = x_1 + x_2$，虽然可行域未变，仍为无界域，但最优解却为唯一解 $(0,\ 0)^{T}$，最优值为 0。

(4) 无可行解。若在上述例 4 中再增加一个约束条件：$x_2 \geqslant 5$，则可行域变为空集，该（LP）无可行解。一般来说，出现无可行解的情况，即表明数学模型中存在矛盾的约束条件。

从上面的讨论中我们可以得出两点直观的结论：其一，线性规划问题的可行域为凸集，特殊情况下为无界域（但有有限个顶点）或空集；其二，线性规划问题若有最优解，一定可以在其可行域的顶点上得到。

二、线性规划的几何理论

定义 1 设 $\boldsymbol{X}_1$，$\boldsymbol{X}_2$，…，$\boldsymbol{X}_k$ 是 R^n 中已知的 k 个点，若对于某点 $\boldsymbol{X} \in R^n$，存在非负常数 λ_1，λ_2，…，λ_k，使得

$$X = \sum_{i=1}^{k} \lambda_i X_i,\ 且 \sum_{i=1}^{k} \lambda_i = 1$$

则称 X 是 X_1，X_2，…，X_k 的**凸组合**。

我们知道，平面内两点 X_1，X_2 连线上的任意一点 X 的坐标是 $X = \lambda X_1 + (1-\lambda) X_2$，$(0 \leqslant \lambda \leqslant 1)$，即 X_1 和 X_2 的凸组合的全体就是连接 X_1 和 X_2 两点的线段。

定义 2　设点集 $D \leqslant R^n$，如果对于任意两点 X_1，$X_2 \in D$，它们的凸组合都属于 D，则 D 称为**凸集**。

根据定义 2 可知，一个点是凸集，一段直线是凸集，平面上的凸多边形、空间中的实心球或凸多面体都是凸集。圆环、五角星等都不是凸集。从直观上说，凸集没有凹入部分，其内部没有孔洞。

根据凸集的定义容易验证，两个凸集的交集仍是凸集，任意有限多个凸集的交集也是凸集。因此，R^n 中有限个闭半空间的交是凸集，这种集合称为**凸多面集**，故凸多面集均可表示成 $\{X \mid AX \leqslant b\}$ 的形式。由于一个等式可以等价地写成两个不等式，故式（7-8）的可行域 $D = \{X \mid AX = b,\ X \geqslant 0\}$ 也是凸多面集。可以证明线性规划问题若存在可行域，则其可行域是凸多面集，证明参见文献［3］。

定义 3　设 X 是凸集 D 中的一点，如果 X 不能表示为 D 中两个相异点的凸组合，则称 X 为 D 的**极点**。

比如多面体的顶点，球体球面上的点都是各自的极点。极点可以表示为 D 内一点和 D 外一点的凸组合。

定理 1　（等价性定理）X 是 $D = \{X \mid AX = b,\ X \geqslant 0\}$ 的极点的充分必要条件是 X 为式（7-8）的基本可行解。

证　必要性：设 X 是 D 的一个极点，不失一般性，设 X 的非零分量为前 k 个，即 $x_i > 0, i = 1, 2, \cdots, k$，所以有

$$x_1 P_1 + x_2 P_2 + \cdots + x_k P_k = b$$

其中 P_i 为 A 的第 i 列。

要证 X 是基本可行解，就要证明 $P_i (i = 1, \cdots, k)$ 线性无关。现用反证法证明，设 P_1，P_2，…，P_k 线性相关，则存在一组不全为零的常数 δ_1，δ_2，…，δ_k，使得

$$\delta_1 P_1 + \delta_2 P_2 + \cdots + \delta_k P_k = 0$$

令 $\boldsymbol{\delta} = (\delta_1, \delta_2, \cdots, \delta_k, 0, \cdots, 0)^T$ 为一 n 维向量，显然有：$A\boldsymbol{\delta} = 0$，设

$$\varepsilon = \min\left\{ \frac{x_i}{|\delta_i|} \middle| \delta_i \neq 0 \right\}$$

构造
$$\begin{cases} X_1 = X + \varepsilon \boldsymbol{\delta} \\ X_2 = X - \varepsilon \boldsymbol{\delta} \end{cases}$$

由于 ε 的选取，显然有 $X_1 \geqslant 0$，$X_2 \geqslant 0$，且 $X_1 \neq X_2$，由于 $A\delta = 0$，故 X_1，$X_2 \in D$，但是 $X = \frac{1}{2} X_1 + \frac{1}{2} X_2$，这与 X 是 D 的极点的假设矛盾。从而证明了 P_1，P_2，…，P_k 线性无关。由第二节中的引理可知，X 是（LP）的基本可行解。

充分性：设 $X = (x_1, x_2, \cdots, x_m, 0, \cdots, 0)^T$ 是式（7-8）的基本可行解，故有

$$x_1\boldsymbol{P}_1 + x_2\boldsymbol{P}_2 + \cdots + x_m\boldsymbol{P}_m = \boldsymbol{b}$$

这里 $\boldsymbol{P}_1$，$\boldsymbol{P}_2$，…，$\boldsymbol{P}_m$ 是 $\boldsymbol{A}$ 的前 m 列并且线性无关。为了证明 $\boldsymbol{X}$ 是 $\boldsymbol{D}$ 的极点，我们还是用反证法。假定 $\boldsymbol{X}$ 不是 $\boldsymbol{D}$ 的极点，则它可以表示为 $\boldsymbol{D}$ 中两个不同点 $\boldsymbol{Y}$ 和 $\boldsymbol{Z}$ 的凸组合：

$$\boldsymbol{X} = \lambda_1 Y + \lambda_2 Z,\ \lambda_1 > 0,\ \lambda_2 > 0,\ \lambda_1 + \lambda_1 = 1$$

因为 $\boldsymbol{X}$、$\boldsymbol{Y}$、$\boldsymbol{Z}$ 的所有分量非负，且 $\lambda_1 > 0$，$\lambda_2 > 0$，所以 $\boldsymbol{Y}$、$\boldsymbol{Z}$ 和 $\boldsymbol{X}$ 一样，它们的后 $n-m$ 个分量为 0，即有

$$\boldsymbol{Y} = (y_1,\ y_2,\ \cdots,\ y_m,\ 0,\ \cdots,\ 0)^{\mathrm{T}}$$

$$\boldsymbol{Z} = (z_1,\ z_2,\ \cdots,\ z_m,\ 0,\ \cdots,\ 0)^{\mathrm{T}}$$

从而有

$$y_1\boldsymbol{P}_1 + y_2\boldsymbol{P}_2 + \cdots + y_m\boldsymbol{P}_m = \boldsymbol{b}$$

$$z_1\boldsymbol{P}_1 + z_2\boldsymbol{P}_2 + \cdots + z_m\boldsymbol{P}_m = \boldsymbol{b}$$

两式相减，得

$$(y_1 - z_1)\boldsymbol{P}_1 + (y_2 - z_2)\boldsymbol{P}_2 + \cdots + (y_m - z_m)\boldsymbol{P}_m = 0$$

因为 $\boldsymbol{Y} \neq \boldsymbol{Z}$，所以上式中的系数不全为零，从而得出 $\boldsymbol{P}_1$，$\boldsymbol{P}_2$，…，$\boldsymbol{P}_m$ 线性相关的结论，这与已知矛盾。从而证明了 $\boldsymbol{X}$ 是 $\boldsymbol{D}$ 的极点。

推论 1　若凸集 $\boldsymbol{D} = \{\boldsymbol{X} \mid \boldsymbol{AX} = \boldsymbol{b},\ \boldsymbol{X} \geqslant 0\}$ 非空，则它至少有一个极点。

推论 2　如果一个线性规划问题有有限的最优解，则必有一个最优解是 $\boldsymbol{D}$ 的极点。

定理 2　（分解定理）设凸集 $\boldsymbol{D} = \{\boldsymbol{X} \mid \boldsymbol{AX} = \boldsymbol{b},\ \boldsymbol{X} \geqslant 0\}$ 非空有界，则 $\boldsymbol{X} \in \boldsymbol{D}$ 的充分必要条件是：$\boldsymbol{X}$ 可以表示为 $\boldsymbol{D}$ 的极点的凸组合。

证明略，请参阅文献［1］、［4］。

定理 3　目标函数 $\boldsymbol{CX}$ 一定可以在非空有界集 $\boldsymbol{D} = \{\boldsymbol{X} \mid \boldsymbol{AX} = \boldsymbol{b},\ \boldsymbol{X} \geqslant 0\}$ 的某一极点处达到最小。

证　设 $\boldsymbol{X}_1$，$\boldsymbol{X}_2$，…，$\boldsymbol{X}_r$ 是 $\boldsymbol{D}$ 的全部极点，由分解定理可知对任意的 $\boldsymbol{X} \in \boldsymbol{D}$，都有

$$X = \sum_{i=1}^{r} \lambda_i X_i,\ \lambda_i \geqslant 0,\ i = 1,\ 2,\ \cdots,\ r,\ \sum_{i=1}^{r} \lambda_i = 1$$

于是

$$\boldsymbol{CX} = \sum_{i=1}^{r} \lambda_i \boldsymbol{CX}_i$$

令

$$\boldsymbol{CX}_{\mathrm{s}} = \min\{\boldsymbol{CX}_i,\ i = 1,\ 2,\ \cdots,\ \boldsymbol{r}\}$$

则

$$\boldsymbol{CX} = \sum_{i=1}^{r} \lambda_i \boldsymbol{CX}_i \geqslant \sum_{i=1}^{r} \lambda_i \boldsymbol{CX}_{\mathrm{s}} = \boldsymbol{CX}_{\mathrm{s}}$$

即 $\boldsymbol{CX}$ 在 $\boldsymbol{D}$ 的极点 $\boldsymbol{X}_{\mathrm{s}}$ 处达到最小。

第四节　单 纯 形 法

在求解线性规划问题的算法中，目前应用最广泛的是著名的单纯形法。这是 1947 年美国数学家丹捷格（G. B. Dantzig）提出的，后来人们又进行了一些改进。几十年的实践表明，单纯形法确实是一种使用方便、行之有效的算法。从前面的讨论我们已经知道，欲求（LP）的最优解，只要在可行域的顶点中寻找即可，而顶点对应的就是基本可行解，故只需在有限个基本可行解中寻找最优基本可行解。根据引理，要得到一个基本可行解，关键是寻找一个基，即寻找 m 个线性无关的系数列向量。而得到一个基本可行解后，要

能够判断它是否是最优解，若是最优解，则停止迭代；否则，必须由这个基本可行解换到另一个基本可行解，其实质就是进行基变换，但要保证新的基本可行解的目标函数值比原来的更优而不是更劣。这就是求解线性规划问题的单纯形法的基本思路。

一、线性规划的典式

根据单纯形法的基本思路，单纯形法可分为两大阶段：第一阶段是寻求一个初始基本可行解；第二阶段是从一个基本可行解出发，通过迭代求得最优解。下面我们先介绍第二阶段，然后再介绍第一阶段。

考虑标准形式的线性规划问题

$$(\mathrm{LP})\ \min Z = \boldsymbol{CX}$$
$$\text{s. t.}\quad \boldsymbol{AX} = \boldsymbol{b}$$
$$\boldsymbol{X} \geqslant 0$$

其中 $\boldsymbol{A} = (\boldsymbol{P}_1, \boldsymbol{P}_2, \cdots, \boldsymbol{P}_n)$，假设 $\boldsymbol{B} = (\boldsymbol{P}_1, \boldsymbol{P}_2, \cdots, \boldsymbol{P}_m)$ 是可行基，即 $\boldsymbol{B}^{-1}\boldsymbol{b} \geqslant 0$，记 $\boldsymbol{N} = (\boldsymbol{P}_{m+1}, \boldsymbol{P}_{m+2}, \cdots, \boldsymbol{P}_n)$，对应 $\boldsymbol{B}$、$\boldsymbol{N}$，记 $\boldsymbol{X_B} = (x_1, x_2, \cdots, x_m)^{\mathrm{T}}$，$\boldsymbol{X_N} = (x_{m+1}, x_{m+2}, \cdots, x_n)^{\mathrm{T}}$，则有

$$\boldsymbol{AX} = (\boldsymbol{B}, \boldsymbol{N})(\boldsymbol{X_B}, \boldsymbol{X_N})^{\mathrm{T}} = \boldsymbol{BX_B} + \boldsymbol{NX_N} = \boldsymbol{b}$$

解得

$$\boldsymbol{X_B} = \boldsymbol{B}^{-1}\boldsymbol{b} - \boldsymbol{B}^{-1}\boldsymbol{NX_N} \tag{7-15}$$

对应于 $\boldsymbol{X_B}$，$\boldsymbol{X_N}$，记 $\boldsymbol{C_B} = (c_1, c_2, \cdots, c_m)$，$\boldsymbol{C_N} = (c_{m+1}, c_{m+2}, \cdots, c_n)$，则有

$$Z = \boldsymbol{CX} = (\boldsymbol{C_B}, \boldsymbol{C_N})(\boldsymbol{X_B}, \boldsymbol{X_N})^{\mathrm{T}} = \boldsymbol{C_B X_B} + \boldsymbol{C_N X_N}$$

将式（7-15）代入上式右端，得

$$Z = \boldsymbol{C_B B}^{-1}\boldsymbol{b} + (\boldsymbol{C_N} - \boldsymbol{C_B B}^{-1}\boldsymbol{N})\boldsymbol{X_N} \tag{7-16}$$

从而得到与（LP）等价的线性规划

$$\min Z = \boldsymbol{C_B B}^{-1}\boldsymbol{b} + (\boldsymbol{C_N} - \boldsymbol{C_B B}^{-1}\boldsymbol{N})\boldsymbol{X_N}$$
$$\text{s. t.}\quad \boldsymbol{X_B} = \boldsymbol{B}^{-1}\boldsymbol{b} - \boldsymbol{B}^{-1}\boldsymbol{NX_N} \tag{7-17}$$
$$\boldsymbol{X_B} \geqslant 0,\ \boldsymbol{X_N} \geqslant 0$$

式（7-17）称为（LP）的以 $x_1, x_2, \cdots, x_m$ 为基变量的**典式**。典式就是用非基变量来表示目标函数和基变量。

记

$$\boldsymbol{C_B B}^{-1}\boldsymbol{b} = y_{00}$$
$$\boldsymbol{C_N} - \boldsymbol{C_B B}^{-1}\boldsymbol{N} = (y_{0m+1}, y_{0m+2}, \cdots, y_{0n})$$
$$\boldsymbol{B}^{-1}\boldsymbol{N} = \begin{pmatrix} y_{1m+1}, & y_{1m+2}, & \cdots, & y_{1n} \\ y_{2m+1}, & y_{2m+2}, & \cdots, & y_{2n} \\ & \vdots & & \\ y_{mm+1}, & y_{mm+2}, & \cdots, & y_{mn} \end{pmatrix}$$
$$\boldsymbol{B}^{-1}\boldsymbol{b} = (y_{10}, y_{20}, \cdots, y_{m0})^{\mathrm{T}}$$

代入式（7-17）中，则（LP）的典式可写为

$$\min Z = y_{00} + y_{0m+1}x_{m+1} + y_{0m+2}x_{m+2} + \cdots + y_{0n}x_n$$
$$\text{s. t.}\quad x_1 + y_{1m+1}x_{m+1} + y_{1m+2}x_{m+2} + \cdots + y_{1n}x_n = y_{10}$$

$$x_2 + y_{2m+1}x_{m+1} + y_{2m+2}x_{m+2} + \cdots + y_{2n}x_n = y_{20} \quad (7\text{-}18)$$

$$\cdots$$

$$x_m + y_{mm+1}x_{m+1} + y_{mm+2}x_{m+2} + \cdots + y_{mn}x_n = y_{m0}$$

$$x_j \geqslant 0 \quad j = 1,\ 2,\ \cdots,\ n$$

为了计算方便，我们将式（7-18）中的系数分离出来，并写成表格形式（表 7-3）：

表 7-3 典式的表格形式（单纯形表）

	x_1	x_2	…	x_m	x_{m+1}	x_{m+2}	…	x_n		
x_1	1	0	…	0	y_{1m+1}	y_{1m+2}	…	y_{1n}	y_{10}	第 1~m行
x_2	0	1	…	0	y_{2m+1}	y_{2m+2}	…	y_{2n}	y_{20}	
⋮	⋮	⋮	…	⋮	⋮	⋮	⋮	⋮	⋮	
x_m	0	0	…	1	y_{mm+1}	y_{mm+2}	…	y_{mn}	y_{m0}	
	0	0	…	0	y_{0m+1}	y_{0m+2}	…	y_{0n}	$-y_{00}$	← 第m+1行
	第 1~n 列								↑ 第 n+1 列	

表中第 1 ~ m 行对应典式（7-18）的 m 个约束方程，第 $n+1$ 列对应于约束方程右端的常数项，第 $m+1$ 行对应于目标函数的变形：

$$-y_{00} = -Z + y_{0m+1}x_{m+1} + y_{0m+2}x_{m+2} + \cdots + y_{0n}x_n$$

只是略去了在迭代中不会变为非基变量的变量 $-Z$。因此，表 7-3 与典式（7-18）是一一对应的。我们称表 7-3 为对应于基 $\boldsymbol{B}$ 的**单纯形表**。

从式（7-18）可看出，线性规划的典式有下列特点：在每一个等式约束中含有一个且仅含有一个基变量，且基变量用非基变量线性表示。目标函数也仅用非基变量线性表示，其中非基变量 x_j 的系数 $y_{0j} = \boldsymbol{C}_j - \boldsymbol{C_B B}^{-1}\boldsymbol{P}_j$ 称为 x_j 的**检验数**或**相对成本系数**。从表 7-3 可看出，每一个基变量的系数列向量是一个单位列向量，该列中的唯一的一个 1 所在的位置表示该基变量所在的行数。单纯形表是典式的一种表格表示形式，它是把非基变量看作参数，表出基变量和目标函数的系数矩阵。可以证明，对于任一已知的可行基 $\boldsymbol{B}$，我们总可以把（LP）化为典式的形式。

二、迭代原理

假设式（7-18）的基本可行解 $\boldsymbol{X}^0 = (y_{10},\ y_{20},\ \cdots,\ y_{m0},\ 0,\ 0,\ \cdots,\ 0)^{\mathrm{T}}$，对应的目标函数值为 $Z = y_{00}$，现在我们要研究，如何判断 $\boldsymbol{X}^0$ 是否是线性规划的最优解，如果它不是最优解，如何能使目标函数值进一步下降。

1. 最优性检验

定理 1 若 $y_{0j} \geqslant 0, j = m+1,\ m+2,\ \cdots,\ n$，则 X^0 是（LP）的最优解。

证 因为 $\boldsymbol{C} - \boldsymbol{C_B B}^{-1}\boldsymbol{A} = (0,\ \cdots,\ 0,\ y_{0m+1},\ y_{0m+2},\ \cdots,\ y_{0n})$，由矩阵的运算可得：

$$\begin{aligned}\boldsymbol{C} - \boldsymbol{C_B B}^{-1}\boldsymbol{A} &= (\boldsymbol{C_B},\ \boldsymbol{C_N}) - \boldsymbol{C_B B}^{-1}(\boldsymbol{B},\ \boldsymbol{N})\\ &= (\boldsymbol{C_B},\ \boldsymbol{C_N}) - (\boldsymbol{C_B},\ \boldsymbol{C_B B}^{-1}\boldsymbol{N})\\ &= (0,\ \boldsymbol{C_N} - \boldsymbol{C_B B}^{-1}\boldsymbol{N})\end{aligned}$$

因为 $y_{0j} \geqslant 0\ (j=m+1, \cdots, n)$，则有 $\boldsymbol{C}-\boldsymbol{C}_B\boldsymbol{B}^{-1}\boldsymbol{A} \geqslant 0$，等价于 $\boldsymbol{C}_N-\boldsymbol{C}_B\boldsymbol{B}^{-1}\boldsymbol{N} \geqslant 0$，从而，对一切可行解 $\boldsymbol{X}$，有

$$\boldsymbol{CX}=\boldsymbol{C}_B\boldsymbol{B}^{-1}\boldsymbol{b}+(\boldsymbol{C}_N-\boldsymbol{C}_B\boldsymbol{B}^{-1}\boldsymbol{N})\boldsymbol{X}_N \geqslant \boldsymbol{C}_B\boldsymbol{B}^{-1}\boldsymbol{b}=\boldsymbol{CX}^0$$

即表明 $\boldsymbol{X}^0$ 是（LP）的最优解。

在进行最优性检验时，系数 y_{0j} 起决定性的作用。为更明确起见，称 y_{0j} 为相应于变量 x_j 的**检验数**，基变量的检验数均为 0。

定理 2 若有某个 $y_{0m+k}<0$，且 $y_{im+k} \leqslant 0\ (i=1, 2, \cdots, n)$，则（LP）无有限最优解。

证略，请参阅文献［10］。

对于求目标函数最大值的问题，以上两个判别定理相应地也成立，只需将其中关于检验数的符号反号即可。

2. 基变换

若 $\boldsymbol{X}^0$ 既不满足定理 1 也不满足定理 2 时，我们将要考虑如何通过基变换，求一个新的基本可行解，使得基变换后新的目标函数值更优。

若有某些检验数 y_{0j} 是负的，例如设 $y_{0q}<0\ (m+1 \leqslant q \leqslant n)$，这时 $\boldsymbol{X}^0$ 不是最优解。现来构造一个新的基本可行解如下：

因为取 $\boldsymbol{X}_q=\theta>0$，其余非基变量仍取 0，即取 $\boldsymbol{X}^1=(x_1, x_2, \cdots, x_m, 0, 0, \cdots, \theta, 0, \cdots, 0)^{\mathrm{T}}$，代入式（7-18）的目标函数中，得到

$$Z=y_{00}+y_{0q}\theta<y_{00}, \ i=1, 2, \cdots, m$$

即目标函数值可以下降。如果单从目标函数值来看，θ 越大 Z 的下降量越大，但 X^1 还必须满足约束条件。将 X^1 代入式（7-18）的约束条件中，得到

$$x_i=y_{i0}-y_{iq}\theta, \ i=1, 2, \cdots, m \tag{7-19}$$

要使 $\boldsymbol{X}^1$ 可行，就要使式（7-19）大于等于零。

（1）如果 $y_{iq} \leqslant 0, i=1, 2, \cdots, m$，则由定理 2 可知，对任意 $\theta>0$，式（7-19）都成立，但此时对应的目标函数值

$$Z=y_{00}+y_{0q}\theta \to -\infty, \text{ 当 } \theta \to \infty \text{ 时}$$

即（LP）无有限最优解；

（2）如果有某些 $y_{iq}>0$，要使式（7-19）大于等于零，即

$$y_{iq}\theta \leqslant y_{i0}, \ i=1, 2, \cdots, m$$

则 θ 必须满足：$\theta \leqslant y_{i0}/y_{iq}$，所以只要取

$$x_q=\theta=\min\{y_{i0}/y_{iq} \mid y_{iq}>0\}=y_{p0}/y_{pq} \geqslant 0$$

则式（7-19）必大于等于零，即 $\boldsymbol{X}^1$ 为基本可行解。

取 $x_q=\theta$ 后，x_q 由非基变量变为基变量。但基本可行解中的基变量只能有 m 个，因此原基变量中必有一个变为取值为 0 的非基变量，这就是最小比值 $x_q=y_{p0}/y_{pq}$ 中分母 y_{pq} 所在方程（即表 7-3 中 y_{pq} 所在行）中的基变量 x_p 变为 0，即

$$x_p=y_{p0}-y_{pq}x_q=y_{p0}-y_{pq}\cdot y_{p0}/y_{pq}=0$$

此时，由负检验数 y_{0q} 所对应的非基变量 x_q 代替原基变量 x_p 而成为新的基变量，x_p 则由基变量变为新的非基变量，这样的一个过程称为**换基**。我们称 x_q 为**进基变量**，x_p 为**出基**

变量，其余基变量和非基变量则不变。称最小比值 $x_q = y_{p0}/y_{pq}$ 中的分母 y_{pq} 为**主元**，主元所在的第 p 行为**主行**，主元所在的第 q 列为**主列**。

下面来研究当基本可行解 $\boldsymbol{X}^0$ 变换到 $\boldsymbol{X}^1$ 时，对应的单纯形表应当如何变换。按以上所述，x_q 变为基变量，x_p 变为非基变量，因此为了得到新的基本可行解的典式，只需按照线性方程组“消元法”的思想，消去 x_q 的项。这个消去过程完全可以用矩阵的初等变换来实现，即在 $\boldsymbol{X}^0$ 所对应的单纯形表上将系数矩阵中 x_q 所对应的列 $\boldsymbol{P}_q = (y_{1q}, y_{2q}, \cdots, y_{mq})^{\mathrm{T}}$ 变为单位列向量，同时把 x_q 的检验数化为 0（即消去目标函数中的新基变量）。因此，单纯形表的变换规则为：先将主行除以主元 y_{pq} 后得到新的第 p 行，新的第 p 行乘以 $-y_{iq}$，加到原第 i 行上，所得结果成为新的第 i 行（$i=1, 2, \cdots, m+1, i \neq p$），所有这些新的结果就是一个新的基本可行解对应的典式（单纯形表）。当基变换时，单纯形表的上述变换称为转轴运算或旋转变换。

3. 计算步骤

综上所述，可以得到单纯形法的计算步骤为：

第一步，设 $\boldsymbol{B} = (\boldsymbol{P}_{J_1}, \boldsymbol{P}_{J_2}, \cdots, \boldsymbol{P}_{J_m})$ 为可行基，基本可行解 $\boldsymbol{X}^0 = (y_{10}, y_{20}, \cdots, y_{m0}, 0, \cdots, 0)^{\mathrm{T}}$，这里 $J_1, J_2, \cdots, J_m \in \{1, 2, \cdots, n\}$ 且互异。若 $y_{0j} \geqslant 0$，对所有 $j=1, 2, \cdots, n$ 都成立，则得最优解：$x_{J_i} = y_{i0}$，$i = 1, 2, \cdots, m$，其余 $x_j = 0$，计算终止，否则转第二步。

第二步，设 $q = \min\{j \mid y_{0j} < 0, j = 1, 2, \cdots, n\}$，即在负检验数的列中记最小的列数为 q，取第 q 列为主列。若对所有的 $i = 1, 2, \cdots, m$，有 $y_{iq} \leqslant 0$，则无有限最优解，计算终止，否则转第三步。

第三步，求最小比值 $\theta = \min\{y_{i0}/y_{iq} \mid y_{iq} > 0, 1 \leqslant i \leqslant m\}$，记 $J_p = \min\{J_i \mid y_{i0}/y_{iq} = \theta\}$，则第 p 行为主行。

第四步，以 y_{pq} 为主元，用换基计算公式：

$$y'_{pj} = y_{pj}/y_{pq}, \quad j = 1, 2, \cdots, n+1$$

$$y'_{ij} = y_{ij} - (y_{pj}/y_{pq}) \cdot y_{iq}, \quad i \neq p, \ j = 1, 2, \cdots, n+1$$

修改单纯形表，即用新基

$$\overline{\boldsymbol{B}} = (\boldsymbol{P}_{J_1}, \boldsymbol{P}_{J_2}, \cdots, \boldsymbol{P}_{J_{p-1}}, \boldsymbol{P}_q, \boldsymbol{P}_{J_{p+1}}, \cdots, \boldsymbol{P}_{J_m})$$

代替 $\boldsymbol{B}$，得新的基本可行解。返回第一步。

算法第二步中主列的选取是根据 Bland 于 1977 年提出的“Bland 规则”，在此之前，选取主列时采取“最负检验数”规则，即最小的负检验数所在列为主列（这样选取主列能使目标函数值下降快）。在求解线性规划的过程中，如果解是非退化的，则不管用什么规则选取主列，都能用单纯形法求出最优解；但遇到退化解时，采取最负检验数规则选取主列，则单纯形法可能失效。最有名的是由 Beale1955 年提出的下列反例：

$$\min S = -\frac{3}{4}x_1 + 150x_2 - \frac{1}{50}x_3 + 6x_4$$

$$\text{s. t.} \quad \frac{1}{4}x_1 - 60x_2 - \frac{1}{25}x_3 + 9x_4 \leqslant 0$$

$$\frac{1}{2}x_1 - 90x_2 - \frac{1}{50}x_3 + 3x_4 \leqslant 0$$

$$x_3 \leqslant 1$$
$$x_j \geqslant 0, j=1, 2, 3, 4$$

用单纯形法解此问题时，最负检验数所在列作为主列，主行按最小比值 θ 相同的几行中其基变量下标最小者选取，则经过六次迭代，单纯形表又恢复为初始单纯形表。迭代中选取主列的顺序是 $\boldsymbol{P}_1 \to \boldsymbol{P}_2 \to \boldsymbol{P}_3 \to \boldsymbol{P}_4 \to \boldsymbol{P}_5 \to \boldsymbol{P}_6 \to \boldsymbol{P}_1$。因此，按这种方式迭代将循环不止，永远得不到最优解。

但在单纯形法中使用 Bland 规则时，必在有限步内求出最优解或肯定无解。可以证明，用上述单纯形计算步骤解任何线性规划问题，必在有限步内终止于第一步或第二步。单纯形法的计算框图如图 7-3 所示。

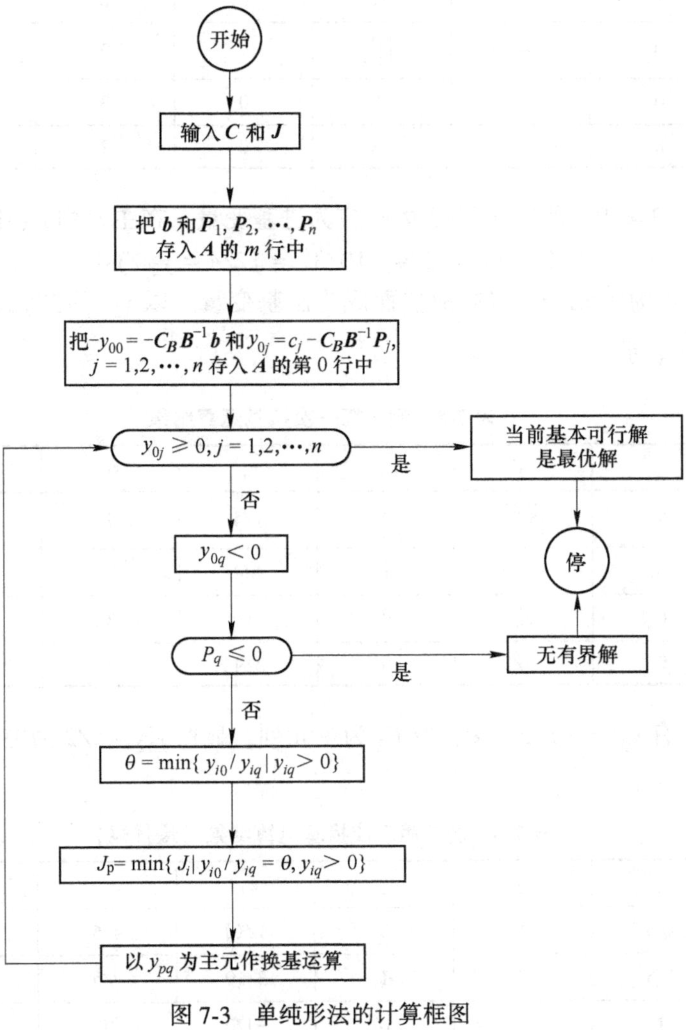

图 7-3 单纯形法的计算框图

例 6 解线性规划问题：

$$\min Z = x_2 - 3x_3 + 2x_5$$
$$\text{s. t.} \quad x_1 + 3x_2 - x_3 + 2x_5 = 7$$
$$-2x_2 + 4x_3 + x_4 = 12$$

$$-4x_2+3x_3+8x_5+x_6=10$$

$$x_i \geqslant 0,\ i=1,\ 2,\ \cdots,\ 6$$

解 此题已是标准型，并且 x_1, x_4, x_6 前的系数恰好构成一个单位阵，可以作为初始可行基，即 $\boldsymbol{B}=(\boldsymbol{P}_1,\ \boldsymbol{P}_4,\ \boldsymbol{P}_6)=\boldsymbol{I}$，对应的基本可行解为 $\boldsymbol{X}^0=(7,\ 0,\ 0,\ 12,\ 0,\ 10)^{\mathrm{T}}$，$\boldsymbol{C_B}=(0,\ 0,\ 0)$，非基变量的检验数 $y_{02}=c_2-\boldsymbol{C_B}\boldsymbol{B}^{-1}\boldsymbol{P}_2=1$，$y_{03}=-3$，$y_{05}=2$，对应的目标函数值 $y_{00}=\boldsymbol{C_B}\boldsymbol{B}^{-1}\boldsymbol{b}=0$，相应的初始单纯形表见表 7-4。

表 7-4 例 6 初始单纯形表

	x_1	x_2	x_3	x_4	x_5	x_6	
x_1	1	3	−1	0	2	0	7
x_4	0	−2	$\boxed{4}$	1	0	0	12
x_6	0	−4	3	0	8	1	10
	0	1	−3	0	2	0	0

因为 $y_{03}=-3<0$，所以非基变量 x_3 应为进基变量，在主元列 P_3 中由最小比值原则，

$$\theta=\min\{12/4,\ 10/3\}=12/4=y_{20}/y_{23}$$

由此选定 $y_{23}=4$ 为主元，x_4 将被取代而成为出基变量。以 y_{23} 为主元进行转轴运算得表 7-5。主元用 $\boxed{y_{pq}}$ 表示。

表 7-5 例 6 第一次换基运算结果

	x_1	x_2	x_3	x_4	x_5	x_6	
x_1	1	$\boxed{5/2}$	0	1/4	2	0	10
x_3	0	−1/2	1	1/4	0	0	3
x_6	0	−5/2	0	−3/4	8	1	1
	0	−1/2	0	3/4	2	0	9

表 7-5 中仍有 $y_{02}=-1/2<0$，取 P_2 为主元列，显然 $y_{12}=5/2$ 为主元，经转轴运算得表 7-6。

表 7-6 例 6 第二次换基运算结果（最优表）

	x_1	x_2	x_3	x_4	x_5	x_6	
x_2	2/5	1	0	1/10	4/5	0	4
x_4	1/5	0	1	3/10	2/5	0	5
x_6	1	0	0	−1/2	10	1	11
	1/5	0	0	4/5	12/5	0	11

表 7-6 中所有的检验数 $y_{0j}\geqslant 0$，$j=1,\ 2,\ \cdots,\ 6$，故此表为最优表，得最优解

$$\boldsymbol{X}^*=(0,\ 4,\ 5,\ 0,\ 0,\ 11)^{\mathrm{T}},\ \boldsymbol{Z}^*=-11$$

例 7 求解线性规划问题：

$$\max Z = x_1 + 3x_2 + 4x_3$$
$$\text{s. t.} \quad 3x_1 + 5x_2 - 4x_3 \leqslant 10$$
$$-2x_1 + 3x_2 + x_3 \leqslant 5$$
$$x_j \geqslant 0, j = 1, 2, 3$$

解 先化为标准型：

$$\min(-Z) = -x_1 - 3x_2 - 4x_3$$
$$\text{s. t.} \quad 3x_1 + 5x_2 - 4x_3 + x_4 = 10$$
$$-2x_1 + 3x_2 + x_3 + x_5 = 5$$
$$x_j \geqslant 0, j = 1, 2, 3, 4, 5$$

上述形式已是基变量 x_4，x_5 的典式。因为目标函数已由非基变量表示，所以它们的系数就是其检验数。计算过程如表 7-7 所示。

表 7-7 中第二分表得 $y_{03} = -16/3 < 0$，并且 $y_{13} = -4/3 < 0$，$y_{23} = -5/3 < 0$，故该问题无有限最优解。

表 7-7 例 7 的单纯形法计算过程

		x_1	x_2	x_3	x_4	x_5	
分表一	x_4	[3]	5	-4	1	0	10
	x_5	-2	3	1	0	1	5
		-1	-3	-4	0	0	0
分表二	x_1	1	5/3	-4/3	1/3	0	10/3
	x_5	0	19/3	-5/3	2/3	1	35/3
		0	-4/3	-16/3	1/3	0	10/3

三、寻找一个基本可行解方法

现在我们来介绍单纯形法的第一阶段：如何求出第一个基本可行解及其相应的单纯形表，以便前面所介绍的第二阶段，继续求出最优解。

（1）若对于标准型的（LP）：

$$\min Z = \boldsymbol{CX}$$
$$\text{s. t.} \quad \boldsymbol{AX} = \boldsymbol{b}$$
$$\boldsymbol{X} \geqslant 0$$

其中 $\boldsymbol{b} \geqslant 0$，若矩阵 $\boldsymbol{A} = (a_{ij})$ 中恰有 m 个单位列向量构成一个单位阵，则约束方程已是典式，第一个基本可行解已经求得，如例 6 所示。

（2）若约束条件是如下不等式：

$$\boldsymbol{AX} \leqslant \boldsymbol{b}, \ \boldsymbol{X} \geqslant 0 \text{ 且 } \boldsymbol{b} \geqslant 0$$

则加入松弛变量 $\boldsymbol{Y}$（m 维向量），上式变为

$$\boldsymbol{AX} + \boldsymbol{Y} = \boldsymbol{b}, \ \boldsymbol{X} \geqslant 0 \text{ 且 } \boldsymbol{Y} \geqslant 0$$

显然，第一个基本可行解直接由上式所得：$\boldsymbol{Y} = \boldsymbol{b}$，$\boldsymbol{X} = 0$，如例 7 所示。

但一般说来，第一个基本可行解不总是这样明显的，例如，约束条件是 $\boldsymbol{AX} \geqslant \boldsymbol{b}$，

$\boldsymbol{X} \geqslant 0$ 的情形时则需引入人造基的方法，即所谓的**两阶段法**。

（3）两阶段法。仍然考虑标准型的（LP）问题：

$$(\text{LP}) \qquad \begin{aligned} &\min Z = \boldsymbol{CX} \\ &\text{s. t.} \quad \boldsymbol{AX} = \boldsymbol{b} \\ &\qquad\quad X \geqslant 0 \end{aligned} \tag{7-20}$$

其中 $\boldsymbol{b} \geqslant 0$。为了寻找式（7-20）的一个基本可行解，先解辅助线性规划问题：

$$\begin{aligned} &\min W = \sum_{i=1}^{m} y_i \\ &\text{s. t.} \quad \boldsymbol{AX} + \boldsymbol{Y} = \boldsymbol{b} \\ &\qquad\quad \boldsymbol{X} \geqslant 0, \boldsymbol{Y} \geqslant 0 \end{aligned} \tag{7-21}$$

其中 $y_i(i = 1,\ 2,\ \cdots,\ m)$ 称为人工变量。问题（7-21）为原问题（7-20）的第一阶段问题，也就是两阶段单纯形法的第一阶段。

问题（7-21）有一个基本可行解：

$$\boldsymbol{X} = 0,\ \boldsymbol{Y} = \boldsymbol{b}$$

对应的单纯形表为：

表 7-8　辅助线性规划问题的单纯形表

	x_1	x_2	…	x_n	y_1	y_2	…	y_m	
y_1	a_{11}	a_{12}	…	a_{1n}	1	0	…	0	b_1
y_2	a_{21}	a_{22}	…	a_{2n}	0	1	…	0	b_2
⋮	⋮	⋮	⋮	⋮	⋮	⋮	⋮	⋮	⋮
y_m	a_{m1}	a_{m2}	…	a_{mn}	0	0	…	1	b_m
	$-\sum_{i=1}^{m} a_{i1}$	$-\sum_{i=1}^{m} a_{i2}$	…	$-\sum_{i=1}^{m} a_{in}$	0	0	…	0	$-\sum_{i=1}^{m} b_i$

人工变量所对应的列组成一个可行基，称为人造基。从人造基出发，应用单纯形法总可求得辅助规划问题（7-21）的最优基本可行解，这是因为目标函数 $W \geqslant 0$，在可行解集合上 $\sum_{i=1}^{m} y_i$ 有下界 $W = 0$。

设问题（7-21）的最优解为 $(\boldsymbol{X}^*,\ \boldsymbol{Y}^*)^{\mathrm{T}}$，则目标函数值 $\sum_{i=1}^{m} y_i^*$ 仅有两种可能：

(1) $\min W = \sum_{i=1}^{m} y_i^* > 0$，则原问题（7-20）无可行解。

证明　反证法。若问题（7-20）有可行解 $\overline{\boldsymbol{X}}$，显然，$\overline{\boldsymbol{X}}$ 和 $\boldsymbol{Y} = 0$ 是问题（7-21）的可行解，并且 $\sum_{i=1}^{m} \overline{y}_i = 0 < \sum_{i=1}^{m} y_i^*$，这与 $(\boldsymbol{X}^*,\ \boldsymbol{Y}^*)^{\mathrm{T}}$ 是问题（7-21）的最优解矛盾。故问题（7-20）无可行解。

(2) $\min W=\sum_{i=1}^{m} y_i^*=0$，因为 $y_i^* \geqslant 0$，可知 $y_i^*=0, i=1, 2, \cdots, m$，此时可能出现以下两种情况：

1）问题（7-21）的最优解中，y_i^*（$i=1, 2, \cdots, m$）都是非基变量，这样便得到问题（7-20）的初始基本可行解 $\boldsymbol{X}^0$。

2）问题（7-21）的最优解中含有人工变量 y_i^* 是基变量，但已知 $y_i^*=0$，故得到的是问题（7-21）的退化基本可行解。这时可将 $y_i^*=0$ 这个基变量与某个非基变量 x_j^* 交换（只要 $y_{ij} \neq 0$，不论正负都可作主元），交换后得到问题（7-20）的一个退化的初始基本可行解。

综上所述，求解没有明显初始基本可行解的标准形式的线性规划问题可分为如下两个阶段进行：

第一阶段：引进人工变量，构造并求解形如式（7-20）的辅助线性规划问题。其结果是：或者确定（LP）无可行解；或者求出（LP）的初始可行基。

第二阶段：如果第一阶段求出了（LP）的一个可行基，则在辅助问题（7-21）的最优单纯形表上删去全部人工列及检验数行，补上（LP）的检验数行即得（LP）的初始单纯形表，再利用单纯形法求（LP）的最优解。

例 8 求解线性规划问题：

$$\begin{aligned} &\min Z = 4x_1 + x_2 + x_3 \\ \text{s. t.} \quad & 2x_1 + x_2 + 2x_3 = 4 \\ & 3x_1 + 3x_2 + x_3 = 3 \\ & x_j \geqslant 0, j = 1, 2, 3 \end{aligned}$$

解 该问题无明显的基本可行解，故可分两阶段进行求解。

第一阶段：先解辅助规划问题：

$$\begin{aligned} &\min W = y_1 + y_2 \\ \text{s. t.} \quad & 2x_1 + x_2 + 2x_3 + y_1 = 4 \\ & 3x_1 + 3x_2 + x_3 + y_2 = 3 \\ & x_j \geqslant 0, j = 1, 2, 3, i = 1, 2 \end{aligned}$$

用单纯形法的求解过程如表 7-9 所示。

表 7-9 例 8 第一阶段计算过程

		x_1	x_2	x_3	y_1	y_2	
分表一	y_1	2	1	2	1	0	4
	y_2	[3]	3	1	0	1	3
		−5	−4	−3	0	0	−7
分表二	y_1	0	−1	[4/3]	1	−2/3	2
	x_1	1	1	1/3	0	1/3	1
		0	1	−4/3	0	5/3	−2

续表 7-9

		x_1	x_2	x_3	y_1	y_2	
分表三	x_3	0	-3/4	1	3/4	-1/2	3/2
	x_1	1	5/4	0	-1/4	1/2	1/2
		0	0	0	1	1	0

表 7-9 的分表三中 y_1，y_3 已出基，故第一阶段结束。

第二阶段。在表 7-9 的最优表即分表三中删去人工列（第 4 列和第 5 列）和删去检验行（最后一行），用原问题的检验数向量：$\boldsymbol{C}-\boldsymbol{C_B}\boldsymbol{B}^{-1}\boldsymbol{A}$，$-y_{00}=-\boldsymbol{C_B}\boldsymbol{B}^{-1}\boldsymbol{b}$ 代替，可得原问题的初始单纯形表。此题中原问题的 $\boldsymbol{B}=(\boldsymbol{P}_3,\ \boldsymbol{P}_1)$，$\boldsymbol{C_B}=(c_3,\ c_1)=(1,\ 4)$，$y_{00}=\boldsymbol{C_B}\boldsymbol{B}^{-1}\boldsymbol{b}=(1,\ 4)\begin{pmatrix}3/2\\1/2\end{pmatrix}=7/2$，$y_{02}=c_2-\boldsymbol{C_B}\boldsymbol{B}^{-1}\boldsymbol{P}_2=1-(1,\ 4)\begin{pmatrix}-3/4\\5/4\end{pmatrix}=-13/4$，$y_{01}=y_{03}=0$，将这些数据代入到分表三的最后一行，且划去 y_1，y_2 所在的列，得到原问题的初始基本可行解所对应的单纯形表。第二阶段计算过程如表 7-10 所示。

表 7-10 例 8 第二阶段计算过程

		x_1	x_2	x_3	
分表一	x_1	0	-3/4	1	3/2
	x_2	1	[5/4]	0	1/2
		0	-13/4	0	-7/2
分表二	x_3	3/5	0	1	9/5
	x_2	4/5	1	0	2/5
		13/5	0	0	-11/5

原问题的最优解：

$$X^*=(0,\ 2/5,\ 9/5)^{\mathrm{T}},\ Z^*=11/5$$

例 9 求解线性规划问题：

$$\min Z=x_1+2x_2+3x_3$$
$$\text{s. t.}\quad \begin{aligned}&x_1-2x_2+4x_3=4\\&4x_1-9x_2+14x_3=16\\&x_j\geqslant 0,\ j=1,\ 2,\ 3\end{aligned}$$

解 用两阶段法进行求解。

第一阶段：引进人工变量 y_1，y_2，解辅助线性规划问题：

$$\min W=y_1+y_2$$
$$\text{s. t.}\quad \begin{aligned}&x_1-2x_2+4x_3+y_1=4\\&4x_1-9x_2+14x_3+y_2=16\\&x_j\geqslant 0,\ j=1,\ 2,\ 3,\ y_i\geqslant 0,\ i=1,\ 2\end{aligned}$$

求解过程见表 7-11。

表 7-11　例 9 第一阶段计算过程

		x_1	x_2	x_3	y_1	y_2	
分表一	y_1	[1]	−2	4	1	0	4
	y_2	4	−9	14	0	1	16
		−5	11	−18	0	0	−20
分表二	x_1	1	−2	4	1	0	4
	y_2	0	[−1]	−2	−4	1	0
		0	1	2	5	0	0
分表三	x_1	1	0	8	9	−2	4
	x_2	0	1	2	4	−1	0
		0	0	0	1	1	0

注意到表 7-11 的分表二中已得辅助问题的最优解，并且 $W=0$。但是人工变量 $y_2=0$ 仍是基变量。为了使它成为出基变量，在 y_2 所在的第二行中的非零元素 -1，-2 均可作为主元，比如取表中 -1 为主元，则用 x_2 替换 y_2 为新基变量，从而人工变量全部出基，结束了第一阶段。

第二阶段：删去表 7-11 的最后一个分表的后两列及最后一行。计算原问题的检验数向量，用它替换删去的最后一行：

$$\boldsymbol{B}=(\boldsymbol{P}_1,\ \boldsymbol{P}_2),\ \boldsymbol{C_B}=(c_1,\ c_2)=(1,\ 2)$$

$$y_{00}=\boldsymbol{C_B}\boldsymbol{B}^{-1}\boldsymbol{b}=(1,\ 2)\begin{pmatrix}4\\0\end{pmatrix}=4$$

$$y_{03}=c_3-\boldsymbol{C_B}\boldsymbol{B}^{-1}\boldsymbol{P}_3=3-(1,\ 2)\begin{pmatrix}8\\2\end{pmatrix}=-9$$

第二阶段的迭代过程见表 7-12：

表 7-12　例 9 第二阶段计算过程

		x_1	x_2	x_3	
分表一	x_1	1	0	8	4
	x_2	0	1	[2]	0
		0	0	−9	−4
分表二	x_1	1	−4	0	4
	x_3	0	1/2	1	0
		0	9/2	0	−4

原问题的最优解为：$\boldsymbol{X}^*=(4,\ 0,\ 0)^{\mathrm{T}}$，$Z^*=4$。

第五节　对偶单纯形法

对于每一个线性规划问题，都存在另一个线性规划问题与它密切相关，它们一个叫原问题，另一个叫对偶问题。对偶理论深刻揭示了原问题与对偶问题的内在联系，为进一步深入研究线性规划的理论与算法提供了依据，并导出了某些更简单的计算方法。对偶理论自 1947 年提出以来，已经有了很大的发展，它已成为线性规划必不可少的重要基础理论之一。

一、线性规划的对偶问题

1. 对偶问题的提出

先看一个具体的生产计划问题。

例 10　某工厂在计划期内要安排生产甲、乙两种产品，它们需要在 A、B、C 三种不同的设备上加工。每吨甲、乙产品在不同设备上加工所需的台时、它们销售后所能获得的利润以及这三种设备在计划期内所能提供的有限台时数均列于表 7-13 中，试问应如何安排生产计划才能使该厂所得利润最大？

表 7-13　例 10 生产相关数据

设备	每吨产品的加工台时		总有限台时
	甲	乙	
A	4	5	46
B	6	5	50
C	10	9	86
利润（元）	42	40	

解　设 x_1 和 x_2 分别表示在计划期内产品甲和乙的产量，则其数学模型为：

$$\max Z = 42x_1 + 40x_2$$

$$\text{s. t.}\quad \begin{aligned} &4x_1 + 5x_2 \leqslant 46 \\ &6x_1 + 5x_2 \leqslant 50 \\ &10x_1 + 9x_2 \leqslant 86 \\ &x_1 \geqslant 0,\ x_2 \geqslant 0 \end{aligned}$$

现在从另一个角度来讨论这个问题，即引出对应的对偶问题：假设工厂的决策者不再生产甲、乙产品，而是将各设备的有限台时用于接受外加工或出租，他只收加工费或租金。这时工厂的决策者就要考虑确定每台设备的加工费或租价。设 y_1，y_2，y_3 分别为设备 A、B、C 每台时的加工费或租价。同意接受加工或租让的原则是：将生产一吨产品甲所需的各设备的台时接受外加工或租让出去，得到的加工费或租金不低于原利润 42 元。对产品乙也类似。因为有市场的调节作用，工厂决策者的定价在满足前面原则限制的条件下尽可能低，才能得到其他单位的委托加工或租用。因此，综上所述，该问题的数学模型为

$$\min W = 46y_1 + 50y_2 + 86y_3$$

$$\text{s. t.}\quad \begin{aligned} &4y_1 + 6y_2 + 10y_3 \geqslant 42 \\ &5y_1 + 5y_2 + 9y_3 \geqslant 40 \\ &y_1 \geqslant 0,\ y_2 \geqslant 0,\ y_3 \geqslant 0 \end{aligned}$$

上述两个线性规划问题就是一对对偶问题，它们的数学模型是完全对应的。它们之间

只是将约束的系数矩阵转置，不等号反向，一个模型的约束右端项变为另一个模型的目标函数的系数，一个是求目标函数的极大，另一个则是求目标函数的极小。

2. 对偶问题的数学模型

（1）对称形式的对偶数学模型。当原问题和对偶问题只含有不等式约束时，一对对偶问题的模型是对称的，称为**对称形式**的对偶。若以最小化问题为原问题，则对称形式的对偶的数学模型如下：

原问题：

$$\min Z = \boldsymbol{CX}$$
$$\text{s. t.} \quad \boldsymbol{AX} \geqslant \boldsymbol{b}$$
$$\boldsymbol{X} \geqslant 0$$

其中，$\boldsymbol{A}$ 是 $m \times n$ 矩阵；$\boldsymbol{X}$ 是 n 维列向量；$\boldsymbol{b}$ 是 m 维列向量；$\boldsymbol{C}$ 是 n 维行向量，问题有 m 个约束，n 个变量。

对偶问题：

$$\max W = \boldsymbol{Yb}$$
$$\text{s. t.} \quad \boldsymbol{YA} \leqslant \boldsymbol{C}$$
$$\boldsymbol{Y} \geqslant 0$$

其中，$\boldsymbol{Y}$ 是 m 维行向量，且是对偶规划的变向量。问题有 m 个变量，n 个约束。

若以最大化问题为原问题，则对称形式的对偶的数学模型如本节例 10 所示。

（2）非对称形式的对偶数学模型。当原问题的约束条件全部是等式约束（即线性规划的标准型）时，一对对偶问题的模型是**非对称的**，称为**非对称形式**的对偶。其数学模型如下：

原问题：

$$\min Z = \boldsymbol{CX}$$
$$\text{s. t.} \quad \boldsymbol{AX} = \boldsymbol{b}$$
$$\boldsymbol{X} \geqslant 0$$

对偶问题：

$$\max W = \boldsymbol{Yb}$$
$$\text{s. t.} \quad \boldsymbol{YA} \leqslant \boldsymbol{C}$$
$$\boldsymbol{Y}\text{是自由变量}$$

非对称形式的对偶的对应关系完全可以由对称形式的对偶规划的定义所得到。其推导过程请参阅文献［10］或［11］。而且任一线性规划的对偶规划，均可以通过化这个规划为对称形式的原规划而得到。

（3）原规划与对偶规划的对应关系。根据上述定义，我们把线性规划原问题与对偶问题在数学模型上的对应关系，归纳为表 7-14，根据这些对应关系，可以由原问题的模型，十分方便地写出对偶问题的数学模型。

表 7-14 原问题与对偶问题对应关系

原问题（或对偶问题）	对偶问题
目标函数 $\min Z$	目标函数 $\max W$
n 个变量	n 个约束
变量 $\geqslant 0$	约束 $\leqslant 0$
变量 $\leqslant 0$	约束 $\geqslant 0$

续表 7-14

原问题（或对偶问题）	对偶问题
自由变量	约束 =
约束 ⩾ 0	变量 ⩾ 0
约束 ⩽ 0	变量 ⩽ 0
约束 =	自由变量
约束条件的限定向量	目标函数的价值向量
目标函数的价值向量	约束条件的限定向量

例 11　写出原规划

$$\min Z = 2x_1 + 2x_2 + 4x_3$$
$$\text{s. t.}\quad \begin{aligned} & 2x_1 + 3x_2 + 6x_3 \geqslant 7 \\ & 3x_1 + 2x_2 - 7x_3 = 3 \\ & x_1 + 3x_2 + 6x_3 \leqslant 5 \\ & x_1 \geqslant 0,\ x_2 \geqslant 0,\ x_3 \text{ 为自由变量} \end{aligned}$$

的对偶规划。

解　由表 7-14 所示的对应关系，很容易得到其对偶规划如下：

$$\max W = 7y_1 + 3y_2 + 5y_3$$
$$\text{s. t.}\quad \begin{aligned} & 2y_1 + 3y_2 + y_3 \leqslant 2 \\ & 3y_1 + 2y_2 + 3y_3 \leqslant 2 \\ & 6y_1 - 7y_2 + 6y_3 = 4 \\ & y_1 \geqslant 0,\ y_2 \text{ 为自由变量},\ y_3 \leqslant 0 \end{aligned}$$

二、对偶理论

现在要讨论的是原问题与对偶问题解之间的关系。因为我们主要讨论的是标准形式的线性规划，所以我们只就非对称形式的对偶关系进行讨论，即只讨论：

$$(\text{P})\qquad \begin{aligned} & \min S = \boldsymbol{CX} \\ & \text{s. t. } \boldsymbol{AX} = \boldsymbol{b} \\ & \boldsymbol{X} \geqslant 0 \end{aligned} \qquad (7\text{-}22)$$

及其对偶：

$$(\text{D})\qquad \begin{aligned} & \max Z = \boldsymbol{Yb} \\ & \text{s. t.}\quad \boldsymbol{YA} \leqslant \boldsymbol{C} \end{aligned} \qquad (7\text{-}23)$$

对于对称形式的对偶关系，也有非对称形式的相应结论。

定理 1（对称性定理）　对偶问题的对偶是原问题。

证明可参见文献［11］。

定理 2（弱对偶定理）　设 $\boldsymbol{X}$ 和 $\boldsymbol{Y}$ 分别是式（7-22）和式（7-23）的可行解，则有 $\boldsymbol{CX} \geqslant \boldsymbol{Yb}$

证　因 $\boldsymbol{YA} \leqslant C$，$\boldsymbol{X} \geqslant 0$，故有 $\boldsymbol{YAX} \leqslant \boldsymbol{CX}$，又因 $\boldsymbol{AX} = \boldsymbol{b}$，所以有

$$\boldsymbol{CX} \geqslant \boldsymbol{Yb}$$

这一定理告诉我们，上述对偶规划的任一问题的可行解的目标函数值是另一问题的目标函数值的界。因此有下面的重要推论：

推论 1　若 X^0 和 Y^0 分别是式（7-22）和式（7-23）的可行解，且 $\boldsymbol{C}\boldsymbol{X}^0=\boldsymbol{Y}^0\boldsymbol{b}$，那么 $\boldsymbol{X}^0$ 和 $\boldsymbol{Y}^0$ 分别是式（7-22）和式（7-23）的最优解。

证　设 $\boldsymbol{X}$ 是式（7-22）的任一可行解，由定理 2 知：

$$\boldsymbol{C}\boldsymbol{X}\geqslant \boldsymbol{Y}^0\boldsymbol{b}=\boldsymbol{C}\boldsymbol{X}^0$$

所以　$\boldsymbol{X}^0$ 是式（7-22）的最优解。

同理可证 $\boldsymbol{Y}^0$ 是式（7-23）的最优解。

定理 3（强对偶定理）　问题（式（7-22））有有限的最优解的充分必要条件是问题（式（7-23））有有限的最优解。

证　必要性：设问题且当它们有有限的最优解时，相应的目标函数值相等式（7-22））有最优解 $\boldsymbol{X}^*$，由线性规划的基本定理，可设 $\boldsymbol{X}^*$ 是一个基本可行解。不失一般性，令 $\boldsymbol{X}^*=(x_1^*, x_2^*, \cdots, x_m^*, 0, \cdots, 0)^{\mathrm{T}}=(\boldsymbol{X}_B^{*\mathrm{T}}, \boldsymbol{0}^{\mathrm{T}})^{\mathrm{T}}$，对应基为 $\boldsymbol{B}=(\boldsymbol{P}_1, \boldsymbol{P}_2, \cdots, \boldsymbol{P}_m)$，$\boldsymbol{C}_B=(c_1, c_2, \cdots, c_m)$，则 $\boldsymbol{X}_B^*=\boldsymbol{B}^{-1}\boldsymbol{b}$，由于 $\boldsymbol{X}^*$ 是最优解，故有 $\boldsymbol{C}-\boldsymbol{C}_B\boldsymbol{B}^{-1}\boldsymbol{A}\geqslant 0$，即：

$$\boldsymbol{C}_B\boldsymbol{B}^{-1}\boldsymbol{A}\leqslant \boldsymbol{C}$$

令 $\boldsymbol{Y}^*=\boldsymbol{C}_B\boldsymbol{B}^{-1}$，则 $\boldsymbol{Y}^*$ 是对偶问题（式（7-23））的可行解。又因

$$\boldsymbol{Y}^*\boldsymbol{b}=\boldsymbol{Y}^*\boldsymbol{A}\boldsymbol{X}^*=\boldsymbol{C}_B\boldsymbol{B}^{-1}\boldsymbol{A}\begin{pmatrix}\boldsymbol{X}_B^*\\ \boldsymbol{0}\end{pmatrix}=\boldsymbol{C}_B\boldsymbol{X}_B^*=\boldsymbol{C}\boldsymbol{X}^*$$

由定理 2 的推论 1 知，Y^* 是式（7-23）的最优解。

充分性：设问题（式（7-23））有有限的最优解。将问题（式（7-23））作等价转换：

$$\begin{aligned}&\min(-\boldsymbol{Y}\boldsymbol{b})\\ &\text{s. t. } \boldsymbol{Y}\boldsymbol{A}\leqslant \boldsymbol{C}\end{aligned}\qquad(7\text{-}24)$$

令 $\boldsymbol{W}^{\mathrm{T}}=\boldsymbol{C}-\boldsymbol{Y}\boldsymbol{A}$，$\boldsymbol{Y}=\boldsymbol{u}-\boldsymbol{v}$，$\boldsymbol{u}\geqslant 0$，$\boldsymbol{v}\geqslant 0$，代入式（7-24），得

$$\begin{aligned}&\min(-\boldsymbol{u}\boldsymbol{b}+\boldsymbol{v}\boldsymbol{b})\\ \text{s. t.}\quad &(-\boldsymbol{u}+\boldsymbol{v})\boldsymbol{A}-\boldsymbol{W}^{\mathrm{T}}=-\boldsymbol{C}\\ &\boldsymbol{u}\geqslant 0, \boldsymbol{v}\geqslant 0,\ \boldsymbol{Y}\geqslant 0\end{aligned}\qquad(7\text{-}25)$$

$$令\ \overline{\boldsymbol{X}}=(\boldsymbol{u}, \boldsymbol{v}, \boldsymbol{W}^{\mathrm{T}})^{\mathrm{T}},\ \overline{\boldsymbol{A}}=\begin{bmatrix}-\boldsymbol{A}\\ \boldsymbol{A}\\ -\boldsymbol{I}_n\end{bmatrix},\ \overline{\boldsymbol{b}}=\begin{bmatrix}-\boldsymbol{b}\\ \boldsymbol{b}\\ \boldsymbol{0}\end{bmatrix}$$

其中 $\overline{\boldsymbol{A}}$ 是 $(2m+n)\times n$ 矩阵，$\boldsymbol{I}_n$ 是 n 阶单位矩阵，$\overline{\boldsymbol{b}}$ 是 $2m+n$ 维列向量。则问题（式（7-25））可写为：

$$\begin{aligned}&\min\overline{\boldsymbol{b}}^{\mathrm{T}}\overline{\boldsymbol{X}}\\ \text{s. t.}\quad &\overline{\boldsymbol{A}}^{\mathrm{T}}\overline{\boldsymbol{X}}=-\boldsymbol{C}^{\mathrm{T}}\\ &\overline{\boldsymbol{X}}\geqslant 0\end{aligned}\qquad(7\text{-}26)$$

问题（式（7-23））与问题（式（7-26））等价，所以问题（式（7-26））也有有限的最优解。

但问题（式（7-26））是标准形式的线性规划，它的对偶问题为：

$$\max X^{\mathrm{T}}(-C^{\mathrm{T}})$$
$$\text{s. t. } X^{\mathrm{T}}\overline{A}^{\mathrm{T}} \leqslant \overline{b}^{\mathrm{T}} \tag{7-27}$$

经整理知，它就是原问题（式（7-22））。由式（7-26）有有限的最优解及必要性的证明知，它的对偶问题（式（7-27）），即问题（式（7-22））有有限的最优解，且相应的目标函数值相等。

推论 2 若问题（式（7-22））和问题（式（7-23））中的一个有可行解，但没有有限的最优解，则另一个问题无可行解。

推论 3 若式（7-22）和式（7-23）同时有可行解，则必同时有有限的最优解，且它们在最优解处的目标函数值相等。

推论 4 若 X^* 是式（7-22）的最优基本可行解，B 是对应的最优基，则单纯形乘子 $\pi = C_B B^{-1}$ 是式（7-23）的最优解。

定理 4（松紧定理） 设 X^0、Y^0 分别是式（7-22）和式（7-23）的可行解，则 X^0、Y^0 分别是式（7-22）和式（7-23）的最优解的充分必要条件是

$$(C - Y^0 A)X^0 = 0 \tag{7-28}$$

证 必要性：设 X^0、Y^0 分别是式（7-22）和式（7-23）的最优解，由推论 3 有

$$CX^0 = Y^0 b = Y^0 A X^0$$

移项即得式（7-28）。

充分性：设式（7-28）成立，即有 $CX^0 = Y^0AX^0 = Y^0b$，由定理 2 的推论 1 知，X^0、Y^0 分别是式（7-22）和式（7-23）的最优解。

关系式（7-28）称为**松紧关系**，又称**互补松弛条件**。由于 $X^0 \geqslant 0$，$C - Y^0A \geqslant 0$，故松紧关系等价于：

$$(c_j - Y^0 P_j)x_j^0 = 0, j = 1, 2, \cdots, n \tag{7-29}$$

推论 5 若对式（7-22）的最优解 X^0，有 $x_j^0 > 0$（j 称为对式（7-22）是**松**的），则对式（7-23）的最优解 Y^0，有 $Y^0 P_j = c_j$（j 称为对式（7-23）是**紧**的）。

推论 6 若对式（7-23）的最优解 Y^0，有 $Y^0 P_j < c_j$（j 称为对式（7-23）是**松**的），则对式（7-22）的最优解 X^0，有 $x_j^0 = 0$（j 称为对式（7-22）是**紧**的）。

三、对偶单纯形法

1. 基本思想

我们知道，单纯形法是从原规划（式（7- 22））的一个基本可行解出发，不断迭代，在迭代过程中保持原规划的解的可行性，一旦满足最优性条件，即检验数向量 $C - C_B B^{-1} A \geqslant 0$，即 $C_B B^{-1} A \leqslant C$，也就是单纯形乘子 $\lambda = C_B B^{-1}$ 是对偶规划（式（7-23））的可行解时，则原规划（式（7-22））的可行解就是最优解。由定理 3 的推论 3 知，对偶规划（式（7-23））的可行解也是它的最优解。这就启发我们去考虑另一种算法：由对偶规划（式（7-23））的一个可行解出发（即满足式（7-22）的最优性条件，但式（7-22）的解是不可行的），不断迭代，在迭代过程中保持对偶问题（式（7-23））的解为可行，一旦得到原规划（式（7-22））的一个可行解时，这个可行解就是原规划（式（7-22））的最优解。这就是对偶单纯形法的基本思想。（从式（7-22）的基本解（非可行解）出

发，最后得到可行解的过程，从几何上看就是从式（7-22）的可行域外走向可行域的顶点的过程）。

对偶单纯形法的出现不仅由于上述理论上的考虑，而且也有实际的需要。

首先，我们知道单纯形法的第一阶段是为了求得一个基本可行解，而所使用的计算过程与第二阶段中求最优解时一样。因此，有时为求一个初始基本可行解可能要花费很大的计算量。例如经常出现的一种问题是标准形式的原问题，且 $\boldsymbol{C}$ 的分量非负。对这类问题需引入剩余变量，如果再引入人工变量去求一个初始基本可行解，显然太烦琐。而采用对偶单纯形法，由于很容易写出对偶问题的一个可行解，就能避免第一阶段的计算。

其次，假如我们采用单纯形法求得了问题（式（7-22））的一个最优解后，还需要解另一个新的规划问题，而这两个问题的差别仅在于约束条件的常数项不同（这在灵敏度分析中会遇到）。这时已求得的解答（单纯形表）就为新问题的对偶问题提供了一个可行解，因而使用对偶单纯形法就能减少计算量。

对偶单纯形法不是去构造一个对偶问题的表，而是在原规划问题的单纯形表上进行对偶处理。从原规划的角度看，对偶单纯形法是在保持单纯表上的第 $m+1$ 行的检验数非负的条件下，向实现第 $n+1$ 列的常数项的非负性进行迭代。而从对偶问题的角度来看，在迭代过程中始终保持解的可行性，逐步达到最优。

假设已知原规划（式（7-22））的一个基 $\boldsymbol{B}$，使得其单纯形乘子 $\lambda=\boldsymbol{C_B B}^{-1}$ 是对偶规划（式（7-23））的可行解。在这种情况下，相应于原规划（式（7-22））的基本解：$\boldsymbol{X_B}=\boldsymbol{B}^{-1}\boldsymbol{b}$，$\boldsymbol{X_N}=0$ 称为**对偶可行解**（或称为**正则解**，$\boldsymbol{B}$ 称为**正则基**）。若 $\boldsymbol{X_B}\geqslant 0$，那么这个解也是原规划（式（7-22））的可行解，因而是最优解。

2. 迭代原理

设 $\boldsymbol{B}=(\boldsymbol{P}_{J_1},\ \boldsymbol{P}_{J_2},\ \cdots,\ \boldsymbol{P}_{J_n})$ 是问题（式（7-22））的一个正则基，$\boldsymbol{X_B}$ 及 $x_j=0,\ j\in\{1,\ 2,\ \cdots,\ n\}\setminus\{J_1,\ J_2,\ \cdots,\ J_m\}$ 是问题（式（7-22））的正则解。若 $\boldsymbol{X_B}=\boldsymbol{B}^{-1}\boldsymbol{b}\geqslant 0$，则 $\boldsymbol{X}$ 是式（7-22）的最优解。$\boldsymbol{Y}=\boldsymbol{C_B B}^{-1}$ 是问题（式（7-23））的最优解。

否则，设 $J_r=\min\{x_{J_i}<0,\ 1\leqslant i\leqslant m\}$。因为 $\boldsymbol{X}$ 是式（7-22）的正则解，故有

$$\boldsymbol{YP}_j\leqslant c_j\ ,j=1,\ 2,\ \cdots,\ n$$

令 $\boldsymbol{u}^i$ 是 $\boldsymbol{B}^{-1}$ 的第 i 个行向量，则有

$$\boldsymbol{u}^i\boldsymbol{P}_{J_j}=\begin{cases}1,\ i=j\\0,\ i\neq j\end{cases}$$

因此，$\boldsymbol{YP}_{J_i}=\boldsymbol{C_B B}^{-1}\boldsymbol{P}_{J_i}=c_{J_i}\ ,i=1,\ 2,\ \cdots,\ m$,

$$\boldsymbol{YP}_j\leqslant c_j\ ,j\in\{1,\ 2,\ \cdots,\ n\}\setminus\{J_1,\ J_2,\ \cdots,\ J_m\}$$

令
$$\overline{\boldsymbol{Y}}=\boldsymbol{Y}-\varepsilon\boldsymbol{u}^r \tag{7-30}$$

对任意的 $\varepsilon>0$，有

$$\overline{\boldsymbol{Y}}\boldsymbol{b}=\boldsymbol{Yb}-\varepsilon\boldsymbol{u}^r\boldsymbol{b}=\boldsymbol{Yb}-\varepsilon x_{J_r}>\boldsymbol{Yb} \tag{7-31}$$

为了使 $\overline{\boldsymbol{Y}}$ 也是式（7-23）的可行解，ε 应取何值?

$$\overline{\boldsymbol{Y}}\boldsymbol{P}_{J_i}=\boldsymbol{YP}_{J_i}-\varepsilon\boldsymbol{u}^r\boldsymbol{P}_{J_i}=\boldsymbol{C_B B}^{-1}\boldsymbol{P}_{J_i}-0=c_{J_i}\ ,i\in\{1,\ 2,\ \cdots,\ m\}\setminus\{r\} \tag{7-32}$$

$$\overline{\boldsymbol{Y}}\boldsymbol{P}_{J_r}=\boldsymbol{C_B B}^{-1}\boldsymbol{P}_{J_r}-\varepsilon\boldsymbol{u}^r\boldsymbol{P}_{J_r}=c_{J_r}-\varepsilon<c_{J_r} \tag{7-33}$$

$$\overline{Y}P_j = C_B B^{-1} P_j - \varepsilon u^r P_j = C_B B^{-1} P_j - \varepsilon y_{rj}$$
$$= c_j - (c_j - C_B B^{-1} P_j) - \varepsilon y_{rj}, j \in \{1, 2, \cdots, n\} \setminus \{J_1, J_2, \cdots, J_m\} \tag{7-34}$$

若对所有的 $j \in \{1, 2, \cdots, n\}$，都有 $y_{rj} \geqslant 0$，由式（7-32）、式（7-33）和式（7-34）可看出，对任意 $\varepsilon > 0$，Y 是对偶规划（式（7-23））的可行解。但 $\overline{Y}b = Yb - \varepsilon u^r b = Yb - \varepsilon x_{J_r}$，当 $\varepsilon \to \infty$ 时，因 $x_{J_r} < 0$，所以 $\overline{Y}b = Yb - \varepsilon x_{J_r} \to \infty$，即对偶规划（式（7-23））无有限的最优解。由推论 2 知，原问题（式（7-22））无可行解。

若存在 j，使 $y_{rj} < 0$，对于这样的 j，由式（7-34）可看出，ε 由零逐渐增加时，YP_j 将随 ε 增加而增加，我们可以按下式取 ε 的值：

$$\varepsilon = \min\{-y_{0j}/y_{rj} \mid y_{rj} < 0\} \tag{7-35}$$
$$k = \min\{j \mid -y_{0j}/y_{rj} = \varepsilon, y_{rj} < 0\}$$

从而先获得一个（或多个）使 $YP_j = c_j$ 的值，亦即使 $-(c_j - C_B B^{-1} P_j) - \varepsilon y_{rj} = 0$。

这样根据式（7-31）即可由式（7-35）、式（7-30）得到对偶问题（式（7-23））的改进解。

3. 计算步骤

第一步，已知 $B = (P_{J_1}, P_{J_2}, \cdots, P_{J_n})$ 是原规划（式（7-22））的一个正则基，即 $X_B = B^{-1}b$，$X_N = 0$ 是式（7-22）的对偶可行解。

若 $B^{-1}b \geqslant 0$，则这个解是式（7-22）的最优解。计算终止。

否则，记 $J_r = \min\{J_i \mid x_{J_i} < 0, 1 \leqslant i \leqslant m\}$。

第二步，若所有的 $y_{rj} \geqslant 0, j = 1, 2, \cdots, n$，则对偶问题（式（7-23））无有限最优解，原问题（式（7-22））无可行解。计算终止。

否则，计算最小比值：$\varepsilon = \min\{-y_{0j}/y_{rj} \mid y_{rj} < 0\}$，$k = \min\{j \mid -y_{0j}/y_{rj} = \varepsilon, y_{rj} < 0\}$。

第三步，以 y_{rk} 为主元进行迭代，P_k 代替 P_{J_r} 形成一新基：

$$\overline{B} = (P_{J_1}, \cdots, P_{J_{r-1}}, P_k, P_{J_{r+1}}, \cdots, P_{J_m})$$

用 $\overline{B}$ 代替 B，$X_{\overline{B}}$ 代替 X_B，返回第一步。

最后，我们讨论由式（7-22）的最终单纯形表确定其对偶问题（7-23）的最优解的方法。在问题（式（7-22））中，假设矩阵 A 的后 m 列构成一个单位阵，对应的成本系数为 C_I，用单纯形法解原问题（7-22），则每次换基后得到的基逆 B^{-1} 总是出现在 A 中开始为单位矩阵的位置上。最后单纯形表给出了原问题（式（7-22））的最优解 X^*，则 X^* 对应的最优基的逆 B^{-1} 也出现在 A 中开始是单位矩阵的位置上，即最终表的后 m 列。最终表的第 $m+1$ 行上，B^{-1} 的上方的检验数向量为 $C_I - C_B B^{-1} I$。从而可得式（7-23）的最优解 $Y^* = C_B B^{-1}$。如果 $C_I = 0$，则最终表 B^{-1} 上方的那些数的相反数就构成了对偶问题（式（7-23））的最优解。

例 12　求解线性规划问题

$$\min S = 3x_1 + 4x_2 + 5x_3$$
$$\text{s. t.} \quad x_1 + 2x_2 + 3x_3 \geqslant 5 \tag{7-36}$$

$$2x_1 + 2x_2 + x_3 \geqslant 6$$
$$x_j \geqslant 0, j = 1, 2, 3$$

解　对于这类典型问题（指 $C \geqslant 0$，“$\geqslant$”型不等式约束），用对偶单纯形法最方便。首先，引进剩余变量 x_4，x_5，将式（7-36）化为：

$$\begin{aligned} & \min S = 3x_1 + 4x_2 + 5x_3 \\ \text{s. t.}\quad & x_1 + 2x_2 + 3x_3 - x_4 = 5 \\ & 2x_1 + 2x_2 + x_3 - x_5 = 6 \\ & x_j \geqslant 0, j = 1, 2, 3, 4, 5 \end{aligned} \tag{7-37}$$

为得到正则基，再将问题（式（7-37））化为：

$$\begin{aligned} & \min S = 3x_1 + 4x_2 + 5x_3 \\ \text{s. t.}\quad & -x_1 - 2x_2 - 3x_3 + x_4 = -5 \\ & -2x_1 - 2x_2 - x_3 + x_5 = -6 \\ & x_j \geqslant 0, j = 1, 2, 3, 4, 5 \end{aligned} \tag{7-38}$$

在问题（式（7-38））中，$\boldsymbol{B} = (\boldsymbol{P}_4, \boldsymbol{P}_5) = \boldsymbol{I}$，$\boldsymbol{X_B} = (x_4, x_5)^{\mathrm{T}} = (-5, -6)^{\mathrm{T}}$，$\boldsymbol{C_B} = (0, 0)$，$c_j - \boldsymbol{C_B}\boldsymbol{B}^{-1}\boldsymbol{P}_j = c_j \geqslant 0, 1 \leqslant j \leqslant 5$，故 $X = (0, 0, 0, -5, -6)^{\mathrm{T}}$ 为式（7-38）的对偶可行解。

$$J_r = \min\{4, 5\} = 4, r = 1$$
$$\varepsilon = \min\{-3/-1, -4/-2, -5/-3\} = 5/3, k = 3$$

以 $y_{13} = -3$ 为主元作为第一次迭代，得表 7-15：

表 7-15　例 12 对偶单纯形法初始表与第一次迭代结果

		x_1	x_2	x_3	x_4	x_5	
分表一	x_4	−1	−2	[−3]	1	0	−5
	x_5	−2	−2	−1	0	1	−6
		3	4	5	0	0	0
分表二	x_3	1/3	2/3	1	−1/3	0	5/3
	x_5	−5/3	[−4/3]	0	−1/3	1	−13/3
		4/3	2/3	0	5/3	0	−25/3

第一次迭代后，$\boldsymbol{B} = (\boldsymbol{P}_3, \boldsymbol{P}_5)$，$J_r = 5$，$r = 2$，最小比值

$$\varepsilon = \min\left\{\begin{matrix}(-4/3)/(-5/3), (-2/3)/(-4/3), \\ (-5/3)/(-1/3)\end{matrix}\right\} = 1/2, k = 2$$

以 $y_{22} = -4/3$ 为主元作第二次迭代，得表 7-16：

表 7-16　例 12 对偶单纯形法第二次迭代结果

	x_1	x_2	x_3	x_4	x_5	
x_3	[−1/2]	0	1	−1/2	1/2	−1/2
x_2	5/4	1	0	1/4	−3/4	13/4
	1/2	0	0	3/2	1/2	−63/6

第二次迭代后，得 $\boldsymbol{B}=(\boldsymbol{P}_3,\ \boldsymbol{P}_2)$，$J_r=3$，$r=1$，最小比值

$$\varepsilon=\min\{(-1/2)/(-1/2),\ (-3/2)/(-1/2)\}=1,\ k=1$$

以 $y_{11}=-1/2$ 为主元作第三次迭代，得表 7-17：

表 7-17 例 12 对偶单纯形法第三次迭代结果（最优表）

	x_1	x_2	x_3	x_4	x_5	
x_1	1	0	-2	1	-1	1
x_2	0	1	5/2	-1	1/2	2
	0	0	1	1	1	-11

第三次迭代后已得式（7-38）的可行解，因而是最优解：$\boldsymbol{X}^*=(1,\ 2,\ 0,\ 0,\ 0)^{\mathrm{T}}$，$S=11$。

式（7-38）的对偶问题：

$$\begin{aligned}&\max Z=-5y_1-6y_2\\ \text{s. t.}\quad &-y_1-2y_2\leqslant 3\\ &-2y_1-2y_2\leqslant 4\\ &-3y_1-y_2\leqslant 5\\ &y_1\leqslant 0\\ &y_2\leqslant 0\end{aligned}$$

的最优解可由最优表（表 7-17）的最后一行中得到：$y^*=(-1,\ -1)$。

4. 最优对偶变量的经济解释

从强对偶定理可知，当达到最优解时，原问题和对偶问题的目标函数值相等，即有：

$$Z=\boldsymbol{CX}^*=\boldsymbol{Y}^*\boldsymbol{b}=y_1^*b_1+y_2^*b_2+\cdots+y_m^*b_m$$

其中 $\boldsymbol{X}^*$、$\boldsymbol{Y}^*$ 分别是原问题与对偶问题的最优解，且有 $\boldsymbol{Y}^*=(y_1^*,\ y_2^*,\ \cdots,\ y_m^*)$。

考虑到在最优解处，常数 b_i 的微小变动对目标函数值的影响（不改变原来的最优基），求 Z 对 b_i 的偏导数，可得：

$$y_1^*=\frac{\partial Z}{\partial b_1},\ y_2^*=\frac{\partial Z}{\partial b_2},\ \cdots,\ y_m^*=\frac{\partial Z}{\partial b_m}$$

这说明，若原问题的某一约束条件右端常数 b_i，增加一个单位，则由此引起的最优目标函数值的增加量，就等于该约束条件相应的对偶变量的最优值。因此，最优对偶变量 y_i^* 的值就相当于对单位第 i 种资源在实现最大利润时的一种价格估计。这种估计是针对具体企业具体产品而存在的一种特殊价格，通常称之为影子价格。上述分析告诉我们，如果在得到最优解时，某种资源并未完全利用，其剩余量就是该约束中剩余变量的取值，那么该约束相对应的影子价格一定为零。因为在得到最优解时，这种资源并不紧缺，故此时再增加这种资源不会带来任何效益。反之，如果某种资源的影子价格大于零，则说明如再增加这种资源的可获取量，还会带来一定的经济效益，即在原问题的最优解中，这种资源必定已被全部利用，相应的约束条件必然保持等式。关于影子价格的具体实例请参阅文献［1］或［5］。

第六节　运 输 问 题

运输问题是一类具有特殊形式的线性规划问题，是形成最早、应用最成功的一类问题。本节主要讨论平衡运输问题的解法：表上作业法。最后介绍产销不平衡的运输问题的解法。

一、平衡运输问题的数学形式

由第一节例 2 知道，平衡运输问题的一般提法是：设某种货物有 m 个产地 A_1，A_2，…，A_m，每个产地的产量分别是 a_1，a_2，…，a_m；另有 n 个销地 B_1，B_2，…，B_n，每个销地的销量分别是 b_1，b_2，…，b_n。假定产销平衡，即 $\sum_{i=1}^{m} a_i = \sum_{j=1}^{n} b_j$。此外，已知由产地 A_i 向销地 B_j 运一单位货物的运价为 c_{ij}。问应怎样调运货物，才能使总运费最少。

设由产地 A_i 向销地 B_j 运送的货物量是 x_{ij}，问题的数学模型是：求 $X = (x_{11}, x_{12}, \cdots, x_{1n}, x_{21}, x_{22}, \cdots, x_{2n}, \cdots, x_{m1}, x_{m2}, \cdots, x_{mn})^T$，使其满足：

$$\min S = \sum_{i=1}^{m}\sum_{j=1}^{n} c_{ij}x_{ij}$$

$$\text{s. t.} \begin{cases} \sum_{j=1}^{n} x_{ij} = a_i, & i = 1, 2, \cdots, m \\ \sum_{i=1}^{m} x_{ij} = b_j, & j = 1, 2, \cdots, n \end{cases} \tag{7-39}$$

$$x_{ij} \geqslant 0, i = 1, 2, \cdots, m, j = 1, 2, \cdots, n$$

1. 平衡运输问题一定有最优解

事实上，已知条件 $\sum_{i=1}^{m} a_i = \sum_{j=1}^{n} b_j = Q$，则 $x_{ij} = a_i b_j / Q$，$i = 1, 2, \cdots, m$，$j = 1, 2, \cdots, n$，是问题（式（7-39））的一个可行解。由基本定理知，问题（式（7-40））一定有基本可行解，用单纯形法解此问题，一定可在有限步后求出最优解，或确定无有限最优解。但因 $c_{ij} \geqslant 0$，$S \geqslant 0$，故只能有有限最优解。

2. 问题（式（7-39））的矩阵形式

$$\min S = \boldsymbol{CX}$$

$$\text{s. t.} \quad \boldsymbol{AX} = \boldsymbol{b} \tag{7-40}$$

$$\boldsymbol{X} \geqslant 0$$

其中 $\boldsymbol{C} = (c_{11}, c_{12}, \cdots, c_{1n}, c_{21}, c_{22}, \cdots, c_{2n}, \cdots, c_{m1}, c_{m2}, \cdots, c_{mn})$ 是一个 mn 维行向量；$\boldsymbol{X} = (x_{11}, x_{12}, \cdots, x_{1n}, x_{21}, x_{22}, \cdots, x_{2n}, \cdots, x_{m1}, x_{m2}, \cdots, x_{mn})^T$ 是一个 mn 维列向量；$\boldsymbol{b} = (a_1, a_2, \cdots, a_m, b_1, b_2, \cdots, b_n)^T$ 是一个 $m+n$ 维列向量；

$$
A=\begin{array}{c}
\begin{array}{ccccccccccccc}
x_{11} & x_{12} & \cdots & x_{1n} & x_{21} & x_{22} & \cdots & x_{2n} & \cdots & x_{m1} & x_{m2} & \cdots & x_{mn}
\end{array}\\
\left(\begin{array}{ccccccccccccc}
1 & 1 & \cdots & 1 & & & & & & & & & \\
 & & & & 1 & 1 & \cdots & 1 & & & & & \\
 & & & & & & & & \cdots & & & & \\
 & & & & & & & & & 1 & 1 & \cdots & 1 \\
1 & & & & 1 & & & & \ddots & 1 & & & \\
 & 1 & & & & 1 & & & & & 1 & & \\
 & & \ddots & & & & \ddots & & & & & \ddots & \\
 & & & 1 & & & & 1 & & & & & 1
\end{array}\right)
\begin{array}{l}
\left.\begin{array}{c} \\ \\ \\ \\ \end{array}\right\} m \text{行} \\
\left.\begin{array}{c} \\ \\ \\ \\ \end{array}\right\} n \text{行}
\end{array}
\end{array}
$$

是一个 $(m+n)\times mn$ 矩阵。用 $\boldsymbol{P}_{ij}$ 表示 x_{ij} 的系数列向量，则 $\boldsymbol{P}_{ij}=\boldsymbol{e}_i+\boldsymbol{e}_{m+j}$，其中 $\boldsymbol{e}_k$ 为 $m+n$ 维空间的第 k 个标准单位向量。

注意 $\boldsymbol{A}$ 的前 m 行之和等于它的后 n 行之和，故 A 的秩小于 $m+n$。又因为 $\boldsymbol{A}$ 的下述 $m+n-1$ 阶子式的行列式：

$$
\begin{array}{r}
\begin{array}{cccccccc}
 & x_{11} & x_{12} & \cdots & x_{1n} & x_{21} & x_{31} & \cdots & x_{m1}
\end{array}\\
\begin{array}{l}
\text{第 2 至第 } m \text{ 行}\left\{\begin{array}{c} \\ \\ \\ \\ \end{array}\right. \\
\text{后 } n \text{ 行}\left\{\begin{array}{c} \\ \\ \\ \\ \end{array}\right.
\end{array}
\left|\begin{array}{cccccccc}
 & & & & 1 & & & \\
 & & & & & 1 & & \\
 & & & & & & \ddots & \\
 & & & & & & & 1 \\
1 & & & & 1 & 1 & \cdots & 1 \\
 & 1 & & & & & & \\
 & & \ddots & & & & & \\
 & & & 1 & & & &
\end{array}\right|
\end{array}
$$

$$
=(-1)^{(m-1)n}\begin{vmatrix}
1 & 1 & \cdots & \cdots & 1 \\
 & 1 & & & \\
 & & \ddots & & \\
 & & & \ddots & \\
 & & & & 1
\end{vmatrix}\neq 0
$$

所以 $\boldsymbol{A}$ 的秩为 $m+n-1$。

3. 运输问题（式（7-40））的对偶问题

$$
\begin{aligned}
&\max Z=\boldsymbol{Yb}\\
&\text{s. t.}\quad \boldsymbol{YA}\leqslant \boldsymbol{C}
\end{aligned}
\tag{7-41}
$$

其中 $\boldsymbol{Y}=(u_1,\ u_2,\ \cdots,\ u_m,\ v_1,\ v_2,\ \cdots,\ v_n)$ 是一个 $m+n$ 维行向量。或写成下述形式：

$$
\max Z=\sum_{i=1}^{m}a_iu_i+\sum_{j=1}^{n}b_jv_j \tag{7-42}
$$

$$
\text{s. t.}\quad u_i+v_j\leqslant c_{ij},\ i=1,\ 2,\ \cdots,\ m,\ j=1,\ 2,\ \cdots,\ n
$$

定理 1（最优性判别定理）　设 (x_{ij}^0) 是运输问题（式（7-39））的可行解，$(u_i^0,\ v_j^0)$ 是对偶问题（式（7-42））的可行解，若它们满足松紧关系

$$x_{ij}^0(c_{ij}-u_i^0-v_j^0)=0\ ,\ i=1,\ 2,\ \cdots,\ m\ ,\ j=1,\ 2,\ \cdots,\ n$$

则 (x_{ij}^0) 是运输问题（式（7-39））的最优解。

证　由式（7-28）松紧定理可直接证明。

二、平衡运输问题的表上作业法

1. 基本可行解的特征

和单纯形法一样，表上作业法也是从一个初始基本可行解出发，通过迭代求出最优解。我们把运输问题排列成如下的表格形式：

表 7-18　运输问题的表格

销地		B_1	B_2	…	B_n	产量
产地	A_1	x_{11} c_{11}	x_{12} c_{12}	…	x_{1n} c_{1n}	a_1
	A_2	x_{21} c_{21}	x_{22} c_{22}	…	x_{2n} c_{2n}	a_2
	⋮	⋮	⋮	⋮	⋮	⋮
	A_m	x_{m1} c_{m1}	x_{m2} c_{m2}	…	x_{mn} c_{mn}	a_m
销量		b_1	b_2	…	b_n	

为了研究基本可行解的特征，先引进

定义 1　凡是能排列成

$$x_{i_1j_1},\ x_{i_1j_2},\ x_{i_2j_2},\ x_{i_2j_3},\ \cdots,\ x_{i_sj_s},\ x_{i_sj_1}$$
$$(\,i_1,\ i_2,\ \cdots,\ i_s\ \text{互不相同},\ j_1,\ j_2,\ \cdots,\ j_s\ \text{互不相同})$$

形式的变量集称为一个**闭回路**，出现在闭回路中的每个变量称为**闭回路的顶点**。

例 13　设 $m=3$, $n=4$, $\{x_{11},\ x_{12},\ x_{22},\ x_{24},\ x_{34},\ x_{31}\}$ 是一个**闭回路**，把闭回路的顶点标在表上，用线段把相邻两顶点及最后一个顶点和第一个顶点连接起来（这些线段称为闭回路的**边**），它们形成一条封闭折线，见图 7-4。

闭回路有以下三个几何特征：

(1) 每一个顶点都是“转角点”；

(2) 每一条边不是水平就是垂直的；

(3) 每一行（或列）若有闭回路的顶点，则有且仅有两个。

我们知道，运输问题（7-40）的系数矩阵 **A** 的秩是 $m+n-1$，所以它的基本可行解中包含 $m+n-1$ 个基变量。究竟怎样的 $m+n-1$ 个变量可以组成基本可行解中的基变量组呢？这就是下面的定理 2 要回答的问题。

引理 1　m 行 n 列的运输问题的表中，任意 $m+n$ 个变量中一定包含有闭回路。

定理 2　$m+n-1$ 个变量组成基变量组的充要条件是：它不包含闭回路。证明请参阅文献［12］。

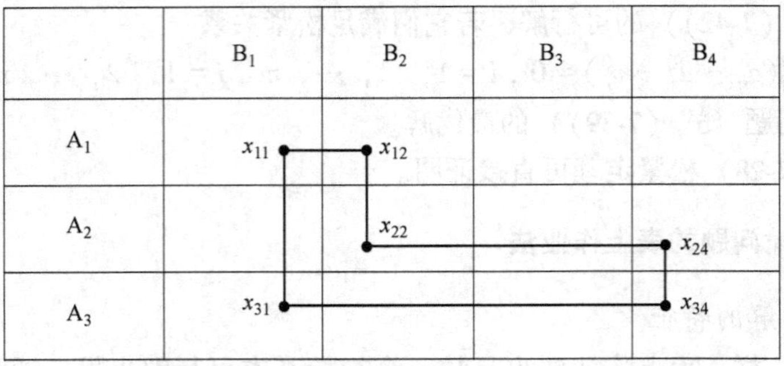

图 7-4 闭回路

2. 初始基本可行解的求法

这里，我们只介绍一种常用的方法——最小元素法。这个方法的基本思想是就近供应，即从单位运价表中最小的运价（称为**最小元素**）开始确定产销关系。下面结合实例来介绍这种方法。

例 14 求由表 7-19 给出的运输问题的第一个基本可行解。

从表 7-19 中找出最小运价 $c_{13} = c_{32} = 0.3$，不妨先从 x_{13} 开始，尽可能给 x_{13} 以较大的值；这表示先将 A_1 的产品供应 B_3，A_1 产 100，B_3 只需 80，所以 $x_{13} = \min(100, 80) = 80$。通常，可以先画好一张空的表格，把相继求出的变量的值填在表上。我们把已求出的 $x_{13} = 80$ 填在空表 7-20 的 x_{13} 处，并在 80 的右上方画 * 号。这时 B_3 的需要量全部满足，故 $x_{23} = x_{33} = 0$。在相应格上打×，表示无运输量。A_1 的产量尚余 20，填在第一行的最后一格。在没有填数和打×的位置上找出最小运价 $c_{32} = 0.3$，仿上，令 $x_{32} = \min(70, 50) = 50$，在表 7-20 的 x_{32} 处填 50 并画 *，x_{31}，x_{33}，x_{34} 处打×。这时 A_3 的产品全部分配完毕，B_2 的需要量尚少 20，填在第二列的最后一行上。重复上述步骤可以求出 $x_{22} = 20$，$x_{11} = 20$，$x_{24} = 30$，$x_{21} = 30$，分别填在表 7-20 上，并在数字右上方画 *，其余各处打×。这样，表 7-20 给出第一个基本可行解：$\boldsymbol{X} = (20, 0, 80, 0, 30, 20, 0, 30, 0, 50, 0, 0)^T$。

表 7-19 例 14 运输表

销地		B_1	B_2	B_3	B_4	产量
产地	A_1	x_{11} 1.5	x_{12} 2	x_{13} 0.3	x_{14} 3	100
	A_2	x_{21} 7	x_{22} 0.8	x_{23} 1.4	x_{24} 2	80
	A_3	x_{31} 1.2	x_{32} 0.3	x_{33} 2	x_{34} 2.5	50
销量		50	70	80	30	

表 7-20　例 14 运输问题由最小元素法得初始基本可行解

销地		B_1	B_2	B_3	B_4	产量		
产地	A_1	20* 1.5	× 2	80* 0.3	× 3	100	20	
	A_2	30* 7	20* 0.8	× 1.4	30* 2	80	60	30
	A_3	× 1.2	50* 0.3	× 2	× 2.5	50		
销量		50	70	80	30			
		30	20					

应用最小元素法时有两点要特别注意：

（1）若填完一个画 * 的数后，它所在行、列的剩余量均为 0，则规定只能在行、列之一的空格内打×，不能在该数所在行、列空格内同时打×。

（2）若只剩下最后一行或一列没有填数和打×时，规定在每一个空格内只许填数，不许打×，即使变量取 0 也只能填 0，并在右上方画 * 。这样做的目的是保证基变量的个数有 $m+n-1$ 个。

例 15　求由表 7-21 给出的运输问题的第一个基本可行解。

表 7-21　例 15 运输问题由最小元素法得初始基本可行解

销地		B_1	B_2	B_3	产量
产地	A_1	1* 1	× 2	0* 2	1
	A_2	× 3	2* 1	0* 3	2
	A_3	× 2	× 3	4* 1	4
销量		1	2	4	

表 7-21 中最小运价是 $c_{11}=c_{22}=c_{33}=1$，不妨先从 x_{11} 开始填数。取 $x_{11}=1$，在 x_{11} 处填 1* 后，第一行、第一列的剩余量均为 0，我们在第一列的 x_{21}、x_{31} 处打×，但不许再在第一行打×。在剩下的空格处找出最小运价：$c_{22}=c_{33}=1$，令 $x_{22}=2$，在 x_{22} 处填 2* ，这时第二行、第二列的剩余量均为 0，我们在第二列的 x_{12}、x_{32} 处打×，就不许再在第二行打×。最后在 x_{33} 处填 4* ，这时只剩下最后一列，尽管剩余量为 0，也不许在 x_{13}、x_{23} 处打×，而只能填 0*（见表 7-21）。

下面我们证明：按上面的规则用最小元素法求得的解确实是基本可行解。

定理 3　用最小元素法得到的 (x_{ij}) 是一个基本可行解，画 * 号的数对应的变量都是基变量。

证　由求解的过程知：(x_{ij}) 是一个可行解。剩下要证：（1）画 * 号的个数为 $m+n-1$；

(2) 这 $m+n-1$ 个画 * 号的数不含闭回路。从而由定理 2 知，这 $m+n-1$ 个变量是基变量，对应的解是基本可行解。

(1) 证明画 * 号的数为 $m+n-1$。我们每填上一个画 * 号的数，就在此数所在行或列上打×，即每填一个画 * 号的数后，相当于抹去一行或一列，换一句话说，能填数的行、列之和就减少 1。最后，当表中只有一行或一列时，我们曾规定：只许填数，不许打×。因此，每填一个画 * 号的数，则能填画 * 号的数的行、列之和总是减少 1，它们的关系归纳为：

能填数的行数+列数	已画 * 号的个数
$m+n$	0
$m+n-1$	1
$m+n-2$	2
$\vdots$	$\vdots$
3	$m+n-3$
2	$m+n-2$

在填了 $m+n-2$ 个画 * 号的数之后，还能填数的行、列之和为 2，只有一行一列也就是一格，这时显然还能填一个画 * 号的数，所以共填了 $m+n-1$ 个画 * 号的数。

(2) 证明这 $m+n-1$ 个画 * 号的数（格）中不包含闭回路。反证，设含闭回路。不失一般性，设它们中的四个变量 y_1、y_2、y_3、y_4 构成闭回路（图 7-5）。设填 y_1 处的值时抹去的是行（若抹去的是列，证明完全类似），则 y_2 处的值一定要比 y_1 先填，并且填 y_2 时抹去的一定是列；而这又说明了 y_3 处要比 y_2 处先填，填 y_3 时抹去的一定是行；而这又说明了 y_4 处要比 y_3 处先填，而填 y_4 时抹去的一定是列。但 y_4 比 y_1 先填，这就得出了矛盾。因为这样一来，y_1 处根本就不能再填数了。这就证明了这 $m+n-1$ 个变量不包含闭回路。定理证毕。

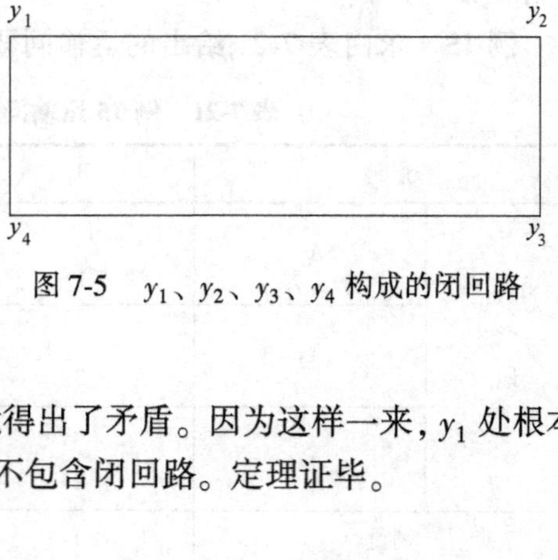

图 7-5 y_1、y_2、y_3、y_4 构成的闭回路

3. 基本可行解的转移–位势法

回顾定理 1，设 (x_{ij}^0) 是运输问题（7-39）的可行解，$(u_i^0,\ v_j^0)$ 是其对偶问题（7-41）的可行解，若松紧条件

$$x_{ij}^0(c_{ij}-u_i^0-v_j^0)=0\ ,\ i=1,\ 2,\ \cdots,\ m\ ,\ j=1,\ 2,\ \cdots,\ n \tag{7-43}$$

成立，则 (x_{ij}^0) 是问题（7-39）的最优解。

现在假设已求得运输问题（7-39）的一个基本可行解 $\boldsymbol{X}^0$，引进一组变量 u_1，u_2，…，u_m，v_1，v_2，…，v_n，让这组变量与 $\boldsymbol{X}^0$ 一起满足松紧条件（7-43）。当 $x_{ij}^0=0$ 时，(7-43) 成立；余下的当 $x_{ij}^0\neq 0$ 时，即对表中的 $m+n-1$ 个画 * 号的格子中的数 c_{ij}，只要有：

$$u_i+v_j=c_{ij} \tag{7-44}$$

则对 (x_{ij}^0) 与 $(u_i,\ v_j)$ 来说，式（7-43）成立。方程组（7-44）共有 $m+n-1$ 个方程，而未知数的个数是 $m+n$ 个，故它的解不唯一。如果我们在这组变量中任意取定一个变量的值，如取 $u_1(=0)$，u_2，…，u_m，v_1，v_2，…，v_n。（7-44）的这组解称为相应于问题(7-39)的基本可行解 $\boldsymbol{X}^0$ 的**位势**。用表上作业法具体求位势时，并不需要写出方程组(7-44)，只要记住：我们要求的位势对于每一个画有 * 号的 c_{ij} 而言，均满足：

$$u_i + v_j = c_{ij}$$

因令 $u_1=0$，我们从第一行开始，总是已知 u_i、v_j 中的一个而立即求出另一个。如果位势对所有的 $i \in \{1, 2, \cdots, m\}$，$j \in \{1, 2, \cdots, n\}$，满足

$$u_i + v_j \leqslant c_{ij}$$

则由定理 1 知，$\boldsymbol{X}^0$ 是（7-39）的最优解。

令 $\boldsymbol{\lambda}_{ij}=c_{ij}-u_i-v_j$。$(u_i, v_j)$ 是对偶问题（7-42）的可行解即 $\boldsymbol{\lambda}_{ij}$ 非负，即对所有 $i \in \{1, 2, \cdots, m\}$，$j \in \{1, 2, \cdots, n\}$，若 $\boldsymbol{\lambda}_{ij}$ 非负，则 $\boldsymbol{X}^0$ 是（7-39）的最优解。像单纯形法一样，$\boldsymbol{\lambda}_{ij}$ 称为变量 x_{ij} 的**检验数**。

若有某个 $\boldsymbol{\lambda}_{ij}$ 为负数，就应通过迭代求出另一个基本可行解，使相应的目标函数值减小，再对新的基本可行解重复上述过程：求位势，求检验数，直到所有的检验数非负。

如何从一个基本可行解通过迭代求出另一个基本可行解呢？首先要决定哪一个非基变量进基，然后决定哪一个基变量出基。我们知道应通过选择检验数为负的非基变量进基，若同时有几个负检验数时，

设
$$i_0 = \min\{i \mid \lambda_{ij} = c_{ij} - u_i - v_j < 0\}$$
$$j_0 = \min\{j \mid \lambda_{i_0j} = c_{i_0j} - u_{i_0} - v_j < 0\}$$

则取 $x_{i_0j_0}$ 作为进基变量。为了决定哪一个基变量出基，我们先叙述一个定理。

定理 4　若已知一个基本可行解，则对于任意一个非基变量 x_{ij}，存在唯一的闭回路，它包含这个非基变量，而闭回路的其余顶点都是基变量。

证　由引理 1 可知，x_{ij} 和 $m+n-1$ 个基变量一起的 $m+n$ 个变量中一定存在闭回路，且 x_{ij} 一定是闭回路的顶点。至于唯一性，用反证法。设有两个闭回路，均含 x_{ij}，则去掉 x_{ij} 后仍为闭回路，这与基变量组的性质矛盾。所以闭回路唯一。

利用定理 4，就可以决定从基变量中取哪一个出基。设进基变量是 $x_{i_0j_0}$，根据定理 4，可以确定一条闭回路，设其顶点依次为：

$$x_{i_0j_0},\ x_{i_0j_1},\ x_{i_1j_1},\ x_{i_1j_2},\ \cdots,\ x_{i_kj_k},\ x_{i_kj_{k+1}} = x_{i_kj_0}$$

其中只有第一个是非基变量，其余都是基变量，出基变量就是从它们中间选取。要把非基变量 $x_{i_0j_0}$ 换成基变量，就是要把它的值由 0 增加至一个非负值 θ（称为**调整量**）。$x_{i_0j_0}$ 的值增加以后，为了使它所在行的变量仍满足约束条件，显然，$x_{i_0j_1}$ 的值应减去调整量 θ；$x_{i_0j_1}$ 减小后，为了使第 j_1 列的变量仍满足约束条件，$x_{i_1j_1}$ 的值应加调整量 θ；同理，$x_{i_1j_2}$ 的值应减调整量 θ，一直按上述步骤在闭回路上进行调整。其规律是：

$$x_{i_lj_l} + \theta,\ l = 0,\ 1,\ 2,\ \cdots,\ k$$
$$x_{i_lj_{l+1}} - \theta,\ l = 0,\ 1,\ 2,\ \cdots,\ k$$

这个调整量 θ 应如何确定呢？为了使目标函数值尽快地减小，调整量 θ 应尽量取较大的值，但同时还要保证其他顶点的变量的非负性。因此，θ 可取为：$\theta = \min\limits_{1 \leqslant l \leqslant k}\{x_{i_lj_{l+1}}\}$，设 $i_r = \min\{i_l \mid x_{i_lj_{l+1}} = \theta\}$，则出基变量就是 $x_{i_rj_{r+1}}$。这样，$x_{i_0j_0}$ 取代 $x_{i_rj_{r+1}}$ 后得到一个新的基本可行解，对这新的基本可行解又可求出新的位势。重复上述过程便可求出最优解。

4. 计算步骤

第一步，用最小元素法求出初始基本可行解。

第二步，设 X^0 是基本可行解，基变量为

$$x^0_{i_1j_1},\ x^0_{i_2j_2},\ \cdots,\ x^0_{i_{m+n-1}j_{m+n-1}}$$

解方程组
$$u_{i_l}+v_{j_l}=c_{i_lj_l},\ l=1,\ 2,\ \cdots,\ m+n-1$$

得位势
$$u^0_1=0,\ u^0_2,\ \cdots,\ u^0_m,\ v^0_1,\ v^0_2,\ \cdots,\ v^0_n$$

第三步，若对所有 $i\in\{1,\ 2,\ \cdots,\ m\}$，$j\in\{1,\ 2,\ \cdots,\ n\}$，有 $\lambda_{ij}=c_{ij}-u^0_i-v^0_j\geqslant 0$ 计算终止，X^0 为最优解。否则，取

$$i^0=\min\{i\mid\lambda_{ij}<0\}$$
$$j^0=\min\{j\mid\lambda^0_{ij}<0\}$$

第四步，进行闭回路调整。设闭回路为

$$x^0_{i_0j_0},\ x^0_{i_0j_1},\ x^0_{i_1j_1},\ \cdots,\ x^0_{i_kj_k},\ x^0_{i_kj_{k+1}}=x^0_{i_kj_0}$$

取
$$\theta=\min_{1\leqslant l\leqslant k}\{x^0_{i_lj_{l+1}}\}$$

记
$$i^r=\min\{i^l\mid x^0_{i_lj_{l+1}}=\theta\}$$

置
$$\left.\begin{aligned}x_{i_lj_l}&=x^0_{i_lj_l}+\theta\\ x^0_{i_lj_{l+1}}&=x^0_{i_lj_{l+1}}-\theta\end{aligned}\right\}l=0,\ 1,\ 2,\ \cdots,\ k$$

其余
$$x_{ij}=x^0_{ij}$$

这样，$x^0_{i_0j_0}$ 进基，$x^0_{i_rj_{r+1}}$ 出基，得新的基本可行解 X，以 X 代替 X^0，返回第二步。

例 16 （续）求由表 7-19 给出的运输问题的最优解。

表 7-20 是用最小元素法求出的第一个基本可行解（重填在表 7-22 中）。用位势法求对应于第一个基本可行解的位势，再对每一个非基变量求出其检验数（见表 7-22）。

求表 7-22 中各位势的次序是：$u_1=0$，$v_1=1.5v_3=0.3$，$u_2=7-1.5=5.5$，$v_2=0.8-5.5=-4.7$，$v_4=2-5.5=-3.5$，$u_3=0.3-(-4.7)=5$。然后根据公式 $\lambda_{ij}=c_{ij}-u_i-v_j$，求出各非基变量 x_{ij} 的检验数，写在对应格内。计算 λ_{ij} 的值时，可以从表的左上角开始，当计算到有负检验数时，如表 7-22 中 $\lambda_{23}=-4.4$，就不再需要计算下去，因为此时对应的解不是最优解。按计算步骤，应该让 x_{23} 进基，求出闭回路：x_{23}，x_{21}，x_{11}，x_{13}。调整量为 $\theta=\min\{x_{21},\ x_{13}\}=\min\{30,\ 80\}=30$，$x_{21}$ 出基。调整后得新的基本可行解（见表 7-23）。

表 7-22 第一次迭代

销地		B_1 $v_1=1.5$	B_2 $v_2=-4.7$	B_3 $v_3=0.3$	B_4 $v_4=-3.5$	产量
产地	A_1 $u_1=0$	20* 1.5	6.7 2	80* 0.3	6.5 3	100
	A_2 $u_2=5.5$	30* 7	20* 0.8	−4.4 1.4	30* 2	80
	A_3 $u_3=5$	 1.2	50* 0.3	 2	 2.5	50
销量		50	70	80	30	

表 7-23　第二次迭代

销 地		B_1 $v_1=1.5$	B_2 $v_2=-0.3$	B_3 $v_3=0.3$	B_4 $v_4=0.9$	产 量
产地	A_1 $u_1=0$	50* 1.5	2.3 2	50* 0.3	2.1 3	100
	A_2 $u_2=1.1$	4.4 7	20* 0.8	30* 1.4	30* 2	80
	A_3 $u_3=0.6$	-0.9 1.2	50* 0.3	2	2.5	50
销 量		50	70	80	30	

表 7-23 中各位势得次序是：$u_1=0$，$v_1=1.5$，$v_3=0.3$，$u_2=1.4-0.3=1.1$，$v_2=-0.3$，$v_4=0.9$，$u_3=0.6$。再求出各非基变量得检验数，其中 $\lambda_{31}=c_{31}-u_3-v_1=-0.9$，故表 7-23 对应的解不是最优解。$x_{31}$ 进基，相应的闭回路是：x_{31}，x_{32}，x_{22}，x_{23}，x_{13}，x_{11}。调整量 $\theta=\min\{x_{32},\ x_{23},\ x_{11}\}=\min\{50,\ 30,\ 50\}=30$，$x_{23}$ 出基。调整后得新解，如表 7-24所示。

表 7-24　最优表

销 地		B_1 $v_1=1.5$	B_2 $v_2=0.6$	B_3 $v_3=0.3$	B_4 $v_4=1.8$	产 量
产地	A_1 $u_1=0$	20* 1.5	1.4 2	80* 0.3	1.2 3	100
	A_2 $u_2=0.2$	5.3 7	50* 0.8	0.9 1.4	30* 2	80
	A_3 $u_3=-0.3$	30* 1.2	20* 0.3	2 2	1 2.5	50
销 量		50	70	80	30	

表 7-24 中每一个非基变量的检验数均大于 0，所以得最优解：$\boldsymbol{X}^*=(20,\ 0,\ 80,\ 0,\ 0,\ 50,\ 0,\ 30,\ 30,\ 20,\ 0,\ 0)^{\mathrm{T}}$。总运费 $S=20\times1.5+80\times0.3+50\times0.8+30\times2+30\times1.2+20\times0.3=196$。

以上介绍的表上作业法以及求解初始基本可行解的最小元素法均是求解产销平衡运输问题的方法之一，常用的还有图上作业法以及西北角法等可参见文献［2］和［5］。下面简略地介绍产销不平衡的运输问题的解法。

三、产销不平衡的运输问题

前面讨论的是平衡运输问题，即各产地的总产量 $\sum_{i=1}^{m}a_i$ 等于各销地的总需要量 $\sum_{j=1}^{n}b_j$。

但实际问题中产销会出现不平衡，或者（1）产大于销：$\sum_{i=1}^{m} a_i > \sum_{j=1}^{n} b_j$；或者（2）销大于产：$\sum_{i=1}^{m} a_i < \sum_{j=1}^{n} b_j$。它们的数学模型分别为：

（1）

$$\min S = \sum_{i=1}^{m}\sum_{j=1}^{n} c_{ij}x_{ij}$$

$$\text{s. t.}\quad \sum_{j=1}^{n} x_{ij} \leqslant a_i,\ i = 1,\ 2,\ \cdots,\ m$$

$$\sum_{i=1}^{m} x_{ij} = b_j,\ j = 1,\ 2,\ \cdots,\ n$$

$$x_{ij} \geqslant 0,\ i = 1,\ 2,\ \cdots,\ m,\ j = 1,\ 2,\ \cdots,\ n$$

（2）

$$\min S = \sum_{i=1}^{m}\sum_{j=1}^{n} c_{ij}x_{ij}$$

$$\text{s. t.}\quad \sum_{j=1}^{n} x_{ij} = a_i,\ i = 1,\ 2,\ \cdots,\ m$$

$$\sum_{i=1}^{m} x_{ij} \leqslant b_j,\ j = 1,\ 2,\ \cdots,\ n$$

$$x_{ij} \geqslant 0,\ i = 1,\ 2,\ \cdots,\ m,\ j = 1,\ 2,\ \cdots,\ n$$

对于产销不平衡的运输问题，为了能用表上作业法求解，就先要把它化成产销平衡的运输问题。从数学模型来看，就是要把不等式约束通过加松弛变量化为等式约束。从实际意义来看，对于（1），就要将多余产品在产地就地贮存。这可以看作增加一个销地 B_{n+1}，各产地到销地 B_{n+1} 的销量分别为 x_{in+1}，$i = 1,\ 2,\ \cdots,\ m$（即就地贮存量）。因此，在表中要增加一列。B_{n+1} 的销量 b_{n+1} 为总贮存量，即 $b_{n+1} = \sum_{i=1}^{m} a_i - \sum_{j=1}^{n} b_j$。因 x_{in+1} 是就地贮存量，不需要运输，所以 $c_{in+1} = 0$，$i = 1,\ 2,\ \cdots,\ m$。这样，（1）就变成了一个平衡运输问题：

$$\min S = \sum_{i=1}^{m}\sum_{j=1}^{n+1} c_{ij}x_{ij}$$

$$\text{s. t.}\quad \sum_{j=1}^{n+1} x_{ij} = a_i,\ i = 1,\ 2,\ \cdots,\ m$$

$$\sum_{i=1}^{m} x_{ij} = b_j,\ j = 1,\ 2,\ \cdots,\ n+1$$

$$x_{ij} \geqslant 0,\ i = 1,\ 2,\ \cdots,\ m,\ j = 1,\ 2,\ \cdots,\ n+1$$

类似地，对于（2），可以假想一个产地 A_{m+1}，它到各销地的运输量为 x_{m+11}，x_{m+12}，$\cdots$，x_{m+1n}，A_{m+1} 的产量为 $a_{m+1} = \sum_{j=1}^{n} b_j - \sum_{i=1}^{m} a_i$，运价 $c_{m+1,\ j} = 0$，$j = 1,\ 2,\ \cdots,\ n$。反应在表上就要增加一行。这样一来，（2）就化成了如下的平衡运输问题：

$$\min S = \sum_{i=1}^{m+1}\sum_{j=1}^{n} c_{ij}x_{ij}$$

$$\text{s. t.} \quad \sum_{j=1}^{n} x_{ij} = a_i \ , i = 1, \ 2, \ \cdots, \ m+1$$

$$\sum_{i=1}^{m+1} x_{ij} = b_j \ , j = 1, \ 2, \ \cdots, \ n$$

$$x_{ij} \geqslant 0 \ , i = 1, \ 2, \ \cdots, \ m+1 \ , j = 1, \ 2, \ \cdots, \ n$$

例 17 求由表 7-25 给出的运输问题的最优解。

表 7-25 例 17 运输表（产销不平衡）

销地		B_1	B_2	B_3	B_4	产量
产地	A_1	x_{11} 1	x_{12} 3	x_{13} 5	x_{14} 3	5
	A_2	x_{21} 0.5	x_{22} 4	x_{23} 2	x_{24} 7	6
	A_3	x_{31} 2	x_{32} 0.8	x_{33} 1	x_{34} 4	8
销量		2	4	3	7	

表中总产量为 19，总销量为 16，属于产大于销的不平衡运输问题。增加一个销地 B_5，$b_5 = 19 - 16 = 3$，将 B_5 列加到表 7-25 中得表 7-26。

表 7-26 例 17 运输表增加一个销地化为产销平衡问题

销地		B_1 $v_1 = -3.5$	B_2 $v_2 = -0.2$	B_3 $v_3 = 0$	B_4 $v_4 = 3$	B_5 $v_5 = -4$	产量
产地	A_1 $u_1 = 0$	4.5 1	3.2 3	5 5	5* 3	4 0	5
	A_2 $u_2 = 4$	2* 0.5	0.2 4	−2 2	1* 7	3* 0	6
	A_3 $u_3 = 1$	4.5 2	4* 0.8	3* 1	1* 4	3 0	8
销量		2	4	3	7	3	

用最小元素法求初始基本可行解。要注意的是：B_5 列中带 * 号的数只能最后填。求解的顺序是：$x_{21} = 2^*$，$x_{11} = x_{31} = 0$，$x_{32} = 4^*$，$x_{12} = x_{22} = 0$，$x_{33} = 3^*$，$x_{13} = x_{23} = 0$，$x_{14} = 5^*$，$x_{15} = 0$，$x_{34} = 1^*$，$x_{35} = 0$，$x_{24} = 1^*$，$x_{25} = 3^*$。

在表 7-26 中求位势的顺序是：$u_1 = 0$，$v_4 = 3$，$u_2 = 4$，$u_3 = 1$，$v_1 = -3.5$，$v_2 = -0.2$，$v_3 = 0$，$v_5 = -4$。再求各非基变量的检验数：$\lambda_{11} = 1 - 0 - (-3.5) = 4.5$，$\lambda_{12} = 3.2$，$\lambda_{13} = 5$，$\lambda_{15} = 4$，$\lambda_{22} = 0.2$，$\lambda_{23} = -2 < 0$，$x_{23}$ 进基，找出相应的闭回路：x_{23}，x_{24}，x_{34}，x_{33}。调整量 $\theta = \min\{x_{24}, x_{33}\} = \{1, 3\} = 1$，调整后得：

表 7-27 例 17 的最优表

销地		B_1 $v_1=-1.5$	B_2 $v_2=-0.2$	B_3 $v_3=0$	B_4 $v_4=3$	B_5 $v_5=-2$	产量
产地	A_1 $u_1=0$	2.5 1	3.2 3	5 5	5* 3	2 0	5
	A_2 $u_2=2$	2* 0.5	2.2 4	1* 2	2 7	3* 0	6
	A_3 $u_3=1$	2.5 2	4* 0.8	2* 1	2* 4	1 0	8
销量		2	4	3	7	3	

表 7-27 中所有 $\lambda_{ij} \geqslant 0$，故得最优解：$X^* = (0, 0, 0, 5, 2, 0, 1, 0, 0, 4, 2, 2)^T$。另外，产地 A_2 就地贮存 3，$S = 31.2$。

习 题

7-1 某工厂生产 A、B 两种产品，已知生产产品 A 每公斤要用煤 9t、电 4kW·h，劳动力 3 个；生产产品 B 每公斤要用煤 4t，电 5kW·h，劳动力 10 个。又知每公斤产品 A 的产值是 7 万元，每公斤 B 的产值是 12 万元。现在该工厂只有煤 360t，电 200kW·h，劳动力 300 个。问在这种条件下，应该生产产品 A、B 各多少公斤才能使产值最高。试建立其数学模型。

7-2 某车间有 A_1、A_2、A_3 三台磨碎机，工作定额都是 500kg/d。每天要磨制 B_1 和 B_2 两种工业原料各 600kg 和 700kg。又已知各台机器磨碎各种工业原料的加工费（元/kg）如下表所示：

	A_1	A_2	A_3
B_1	1.0	1.2	0.6
B_2	1.4	1.0	0.8

问应如何安排工作任务可使加工费最省。试建立其数学模型。

7-3 某村有甲、乙、丙三块地、分别是 200 亩、400 亩和 600 亩，计划种植水稻、大豆和玉米三种作物。要求最低产量分别是 13 万公斤、4 万公斤和 25 万公斤。根据过去的经验，每块地种植不同作物的亩产如下表所示：

	甲	乙	丙
水稻	700	600	600
大豆	300	350	250
玉米	900	800	700

问应如何制定种植计划可使总产量最高。试建立其数学模型。

7-4 某汽车需要用甲、乙、丙三种规格的轴各一根，这些轴的规格分别是 1.5m、1m、0.7m，这些轴需要用同一种圆钢来做，圆钢长度为 4m。现在要制造 1000 辆汽车，最少要用多少根圆钢来生产这些轴？试建立数学模型。

7-5 用图解法求解下列线性规划问题。

(1) $\max S = x_1 + 2x_2$

s. t. $x_1 + x_2 \leqslant 2$

$x_2 \leqslant 1$

$x_1 \geqslant 0, x_2 \geqslant 0$

(2) $\min S = 2x_1 - 10x_2$

s. t. $x_1 - x_2 \geqslant 0$

$x_1 - 5x_2 \geqslant -5$

$x_1 \geqslant 0, x_2 \geqslant 0$

(3) $\max S = 10x_1 + 62x_2$

s. t. $x_1 + x_2 \geqslant 1$

$x_2 \leqslant 5$

$x_1 \leqslant 6$

$7x_1 + 9x_2 \leqslant 63$

$x_1 \geqslant 0, x_2 \geqslant 0$

(4) $\min S = x_1 - 2x_2$

s. t. $x_1 + x_2 \geqslant 1$

$-5x_1 + x_2 \leqslant 0$

$-x_1 + 5x_2 \geqslant 0$

$x_1 + 2x_2 \leqslant 4$

$x_1 \geqslant 0, x_2 \geqslant 0$

(5) $\max S = 2.5x_1 + x_2$

s. t. $3x_1 + 5x_2 \leqslant 15$

$5x_1 + 2x_2 \leqslant 10$

$x_1 \geqslant 0, x_2 \geqslant 0$

(6) $\max S = 2x_1 + 2x_2$

s. t. $x_1 - x_2 \geqslant -1$

$-0.5x_1 + x_2 \leqslant 2$

$x_1 \geqslant 0, x_2 \geqslant 0$

7-6 将下列线性规划化为标准形。

(1) $\min S = -x_1 + x_2 - 3x_3$

s. t. $2x_1 + x_2 + x_3 \leqslant 8$

$x_1 + x_2 + x_3 \geqslant 3$

$-3x_1 + x_2 + 2x_3 \leqslant -5$

$x_1 \geqslant 0, x_2 \geqslant 0,$

(2) $\max S = -|x_1| - |x_2|$

s. t. $x_1 + x_2 \geqslant 5$

$x_1 \leqslant 4$

7-7 用单纯形法求解下列线性规划问题。

(1) $\max S = x_1 + x_2 + x_3$

s. t. $-x_1 - 2x_3 \leqslant 5$

$2x_1 - 3x_2 + x_3 \leqslant 3$

$2x_1 - 5x_2 + 6x_3 \leqslant 5$

$x_1 \geqslant 0, x_2 \geqslant 0, x_3 \geqslant 0$

(2) $\min S = -x_1 - 3x_2 - 3x_3$

s. t. $3x_1 + x_2 + 2x_3 + x_5 = 5$

$x_1 + x_3 + 2x_5 + x_6 = 2$

$x_1 + 2x_3 + x_4 + 2x_5 = 6$

$x_j \geqslant 0, j = 1, 2, 3, 4, 5, 6$

(3) $\min S = x_1 - x_2 + x_3 + x_4 + x_5 - x_6$

s. t. $x_1 + x_4 + 6x_6 = 9$

$3x_1 + x_2 - 4x_3 + 2x_6 = 2$

$x_1 + 3x_3 + x_5 + 2x_6 = 6$

$x_j \geqslant 0, j = 1, 2, 3, 4, 5, 6$

7-8 用两阶段法解下列线性规划问题。

(1) $\min S = x_1 - x_2 + x_3$

s. t. $x_1 + 2x_2 + 3x_3 = 6$

$4x_1 + 5x_2 - 6x_3 = 6$

$x_1 \geqslant 0, x_2 \geqslant 0, x_3 \geqslant 0$

(2) $\max S = x_1 + x_2$

s. t. $x_1 + x_2 \geqslant 1$

$x_1 - x_2 \geqslant 0$

$x_1 \geqslant 0, x_2 \geqslant 0$

（3）$\min S = 4x_1 + 5x_2 + 6x_3$

s. t. $x_1 + x_2 + x_3 = 5$

$-6x_1 + 10x_2 + 5x_3 \leqslant 20$

$5x_1 - 3x_2 + x_3 \geqslant 15$

$x_1 \geqslant 0, x_2 \geqslant 0, x_3 \geqslant 0$

7-9 写出下列线性规划问题的对偶问题。

（1）$\min S = 5x_1 + 3x_2$

s. t. $2x_1 - x_2 + 4x_3 \leqslant 4$

$x_1 + x_2 + 2x_3 \leqslant 5$

$2x_1 - x_2 + x_3 \geqslant 1$

$x_1 \geqslant 0, x_2 \geqslant 0, x_3 \geqslant 0$

（2）$\max S = 4x_1 + 7x_2 + 2x_3$

s. t. $x_1 + 2x_2 + x_3 \leqslant 10$

$2x_1 + 3x_2 + 3x_3 \leqslant 10$

$x_1 \geqslant 0, x_2 \geqslant 0, x_3 \geqslant 0$

（3）$\min S = 2x_1 + x_2 + 4x_3$

s. t. $x_1 + 2x_2 + 2x_3 \geqslant 3$

$2x_1 + x_2 + 3x_3 \geqslant 5$

$x_1 \geqslant 0, x_2 \geqslant 0$, x_3 自由

7-10 用对偶单纯形法求解下列线性规划问题。

（1）$\max S = x_1 + x_2$

s. t. $2x_1 + x_2 \geqslant 4$

$x_1 + 7x_2 \geqslant 7$

$x_1 \geqslant 0, x_2 \geqslant 0$

（2）$\min S = 3x_1 + 2x_2 + x_3 + 4x_4$

s. t. $2x_1 + 4x_2 + 5x_3 + x_4 \geqslant 0$

$3x_1 - x_2 + 7x_3 - 2x_4 \geqslant 2$

$5x_1 + 2x_2 + x_3 + 6x_4 \geqslant 15$

$x_j \geqslant 0, j = 1, 2, 3, 4$

7-11 产地 Ⅰ 、Ⅱ 、Ⅲ 向销地甲、乙、丙、丁供应某种物资，产销量及产地到销地的距离（km）如下表所示：

销 地		甲	乙	丙	丁	产量/t
产地	Ⅰ	30	70	60	40	5000
	Ⅱ	20	40	30	20	2000
	Ⅲ	40	30	80	50	3000
销量/t		3000	3000	2000	2000	

问如何确定调运方案，使总吨公里数最小。

7-12 用表上作业法求下列运输问题的最优解。

（1）

销 地		B_1	B_2	B_3	B_4	产量
产地	A_1	3	5	9	1	3
	A_2	4	2	3	8	7
	A_3	2	7	6	4	4
销量		2	1	5	6	

(2)

销 地		B_1	B_2	B_3	B_4	产量
产地	A_1	2	9	10	7	9
	A_2	1	3	4	2	5
	A_3	8	4	2	5	7
销量		3	8	4	6	

(3)

销 地		B_1	B_2	B_3	B_4	B_5	产量
产地	A_1	10	20	5	9	10	12
	A_2	2	10	8	30	6	4
	A_3	1	20	7	10	4	8
销量		3	5	4	6	3	

第八章　多目标规划

前面我们讨论的线性规划和非线性规划都只有一个目标函数，但在实际生活中，往往需要考虑多个目标。一个管理机构的目标也是随着这个机构的性质、类型、管理者的指导思想、该机构所处的环境而变化，不可能存在一个单一的、共同的目标。尤其在今天动态的经济环境中，单纯地追求最大利润或最小费用已不是管理者的唯一目标，因为在动态的经济环境中的任何一项活动其利益是多元的，目标是综合的。通常管理者总要面临着一连串的目标，在这一串目标中有主要的，有次要的；有近期的，有远期的；有互相补充的，也有互相对立的。而现代决策分析中主要问题是如何处理复杂的甚至互相矛盾的多个目标，即在一定的约束条件下，要从众多的方案中选择一个或几个较好的方案，使多个目标都能达到满意的结果。比如，设计一个新产品的工艺过程，希望产量高、消耗低、质量好、利润大。由于需要同时考虑多个目标，使这类问题比单目标问题要复杂得多。

我们先介绍多目标规划的一些基本概念，然后介绍求解线性多目标规划的目标规划法。其他一些求解多目标规划的方法，限于篇幅不再另述，读者可参阅参考文献［1］。

第一节　多目标规划问题及其数学模型

一、实例

例 1　（投资问题）国家计划对 n 个企业进行投资，投资总额为 a（亿元），设当对第 i 企业投资额为 a_i（亿元）时可得收益为 c_i（亿元），$i=1，2，\cdots，n$，投资时的宗旨是力争投资少而收益大。试确定最佳的投资方案。

解　依题意，令

$$x_i=\begin{cases}1 & 对\ i\ 企业投资\\ 0 & 对\ i\ 企业不投资\end{cases}$$

设总投入为 $f_1(\boldsymbol{X})$，总收益为 $f_2(\boldsymbol{X})$，则问题是求 $\boldsymbol{X}=(x_1，x_2，\cdots，x_n)^{\mathrm{T}}$，使得 $\min f_1(\boldsymbol{X})=\sum_{i=1}^{n}a_ix_i$，$\max f_2(\boldsymbol{X})=\sum_{i=1}^{n}c_ix_i$ 满足约束条件

$$\sum_{i=1}^{n}a_ix_i\leqslant a，x_i(x_i-1)=0\quad i=1，2，\cdots，n$$

例 2　（生产计划问题）某工厂生产 A_1、A_2、A_3 三种产品，每周的生产时间最多为 T 小时，能耗不得超过 E 吨标准煤，其他数据如表 8-1：

表 8-1　例 2 生产计划问题相关数据

产品	生产数量/件·时$^{-1}$	利润/元·件$^{-1}$	最大需求量/件·周$^{-1}$	能耗/吨·件$^{-1}$
A_1	a_1	c_1	b_1	e_1

续表 8-1

产品	生产数量/件·时$^{-1}$	利润/元·件$^{-1}$	最大需求量/件·周$^{-1}$	能耗/吨·件$^{-1}$
A_2	a_2	c_2	b_2	e_2
A_3	a_3	c_3	b_3	e_3

问：如何安排生产才能使该厂所获利润最多而能源消耗最少？

解　设该厂每周生产产品 A_1、A_2、A_3 的小时数分别为 x_1、x_2、x_3，总利润为 $f_1(\boldsymbol{X})$，总能源消耗为 $f_2(\boldsymbol{X})$，则问题是求 $\boldsymbol{X}=(x_1, x_2, x_3)^{\mathrm{T}}$，使得

$$\max f_1(\boldsymbol{X}) = c_1a_1x_1 + c_2a_2x_2 + c_3a_3x_3$$

$$\min f_2(\boldsymbol{X}) = e_1a_1x_1 + e_2a_2x_2 + e_3a_3x_3$$

满足约束条件：
$$\begin{cases} x_1 + x_2 + x_3 \leqslant T \\ a_1x_1 \leqslant b_1,\ a_2x_2 \leqslant b_2,\ a_3x_3 \leqslant b_3 \\ e_1a_1x_1 + e_2a_2x_2 + e_3a_3x_3 \leqslant E \\ x_1 \geqslant 0,\ x_2 \geqslant 0,\ x_3 \geqslant 0 \end{cases}$$

从上面两个实例可看出，它们的共同点是目标函数均不是单一的。这样的目标函数在两个以上的数学规划问题称为**多目标数学规划问题**，用（VP）表示。将它们与单目标规划相比，除了目标函数的个数由一个变为多个以外，其他没有什么不同，因此由上面两个实例可以把多目标数学规划问题如同单目标数学规划问题那样抽象为一般的数学模型。

二、数学模型

多目标数学规划模型的标准形式如下：

(VP)
$$\min F(\boldsymbol{X}) = (f_1(\boldsymbol{X}), f_2(\boldsymbol{X}), \cdots, f_p(\boldsymbol{X}))^{\mathrm{T}}$$
$$P \geqslant 2$$
$$\text{s. t.}\quad g_i(\boldsymbol{X}) \geqslant 0 \quad i = 1, 2, \cdots, m$$
$$h_j(\boldsymbol{X}) = 0 \quad j = 1, 2, \cdots, l$$

或记为（VP）$\min F(X)$，$\boldsymbol{X} \in R$，$R = \{\boldsymbol{X} \mid g_i(\boldsymbol{X}) \geqslant 0,\ h_j(\boldsymbol{X}) = 0,\ i = 1, 2, \cdots, m,\ i = 1, 2, \cdots, l\}$。

由于在实际问题中每个目标的量纲往往是不相同的，所以有必要事先把每个目标规范化。例如，对第 i 个带量钢的目标 $\bar{f}_i(X)$，令：$f_i(\boldsymbol{X}) = \bar{f}_i(\boldsymbol{X})/f_i$，其中 $f_i = \max\limits_{x \in R} \bar{f}_i(\boldsymbol{X})$，这样 $f_i(\boldsymbol{X})$ 就是规范化的目标。在以后的讨论中，我们都认为（VP）中的目标是规范化的。$\min F(\boldsymbol{X})$ 是指对向量形式的 P 个目标 $(f_1(\boldsymbol{X}), f_2(\boldsymbol{X}), \cdots, f_p(\boldsymbol{X}))^{\mathrm{T}}$ 求最小，$f_i(\boldsymbol{X})$，$g_i(\boldsymbol{X})$，$h_j(\boldsymbol{X})$ 可以是线性函数，也可以是非线性函数。

第二节　多目标规划问题的解集和象集

一、各种解的概念

对单目标规划来说，给定任意两个可行解 $\boldsymbol{X}_1$，$\boldsymbol{X}_2 \in R$，通过比较它们的目标函数值

$f_1(\boldsymbol{X})$, $f_2(\boldsymbol{X})$ 就可以确定哪个优，哪个劣，这是因为 $f_1(\boldsymbol{X})$ 和 $f_2(\boldsymbol{X})$ 都是数，两个数总可以比较大小。而对多目标规划来说，给定任意两个可行解 $\boldsymbol{X}_1$，$\boldsymbol{X}_2 \in R$，通过 $F_1(\boldsymbol{X})$，$F_2(\boldsymbol{X})$ 往往无法比较其优劣，因为目标函数 $F_1(\boldsymbol{X})$ 和 $F_2(\boldsymbol{X})$ 是向量，可能既没有 $F_1(\boldsymbol{X})$ 小于等于 $F_2(\boldsymbol{X})$，也不满足 $F_1(\boldsymbol{X})$ 大于等于 $F_2(\boldsymbol{X})$ 。因此，对多目标规划问题的“最优解”需要重新定义。

为方便起见，先引进几个向量不等式的符号：

设 $\boldsymbol{X} = (x_1, x_2, \cdots, x_n)^{\mathrm{T}}$，$\boldsymbol{Y} = (y_1, y_2, \cdots, y_n)^{\mathrm{T}}$

(1)“ = ”: $\boldsymbol{X} = \boldsymbol{Y}$ 是指 $x_i = y_i$，$i = 1, 2, \cdots, n$;

(2)“ < ”: $\boldsymbol{X} < \boldsymbol{Y}$ 是指 $x_i < y_i$，$i = 1, 2, \cdots, n$;

(3)“ ≦ ”: $\boldsymbol{X} \leqq \boldsymbol{Y}$ 是指 $x_i \leqslant y_i$，$i = 1, 2, \cdots, n$;

(4)“ ⩽ ”: $\boldsymbol{X} \leqslant \boldsymbol{Y}$ 是指 $\boldsymbol{X} \leqq \boldsymbol{Y}$ 且 $\boldsymbol{X} \neq \boldsymbol{Y}$，即 $x_i \leqslant y_i$，且至少存在个 i_0，使得 $x_{i_0} < y_{i_0}$。

现考虑：

$$(\mathrm{VP}) \min_{X \in R} F(\boldsymbol{X}) = (f_1(\boldsymbol{X}), f_2(\boldsymbol{X}), \cdots, f_p(\boldsymbol{X}))^{\mathrm{T}}$$

其中，$R = \{\boldsymbol{X} \mid g(\boldsymbol{X}) \geqslant 0\}$，$g(\boldsymbol{X}) = (g_1(\boldsymbol{X}), g_2(\boldsymbol{X}), \cdots, g_m(\boldsymbol{X}))^{\mathrm{T}}$。

下面我们定义（VP）的几种不同的“最优解”；

定义 1　设 $\boldsymbol{X}^* \in R$，若对任意的 $\boldsymbol{X} \in R$ 都有 $F(\boldsymbol{X}^*) \leqslant F(\boldsymbol{X})$，则称 $\boldsymbol{X}^*$ 是（VP）的**绝对最优解**。

（VP）的绝对最优解的全体记作 R_{ab}^n，绝对最优解的含义是：它与任意一个可行解都是可以比较的，它比任一可行解或者好，或者严格好，或者一样好。$n = 1$, $p = 2$ 的几何意义见图 8-1（a）、（b）。

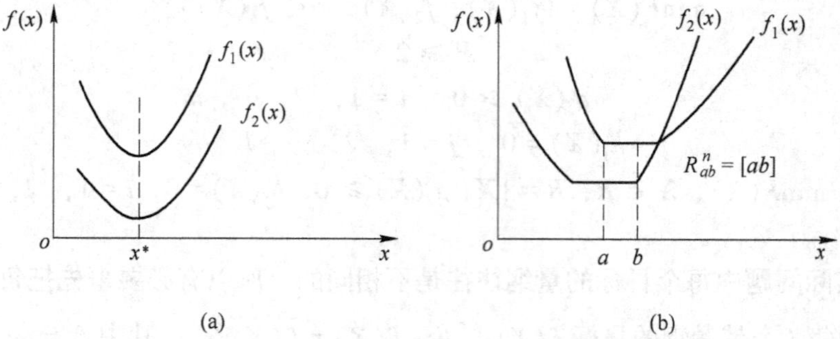

图 8-1　绝对最优解

（VP）的绝对最优解一般是不存在的。事实上，如果把（VP）中的每个目标函数看成是单目标问题的目标函数，即考虑 P 个单目标问题：$\min f_i(\boldsymbol{X})$，$\boldsymbol{X} \in R$，$i = 1, 2, \cdots, P$，那么这 P 个单目标问题的公共最优解才是（VP）的绝对最优解。如果这 P 个单目标问题没有公共的最优解，则（VP）就没有绝对最优解。这种情况的多目标规划问题是大量的，尤其是目标函数较多时，所有这些单目标问题一般都不可能有公共的最优解。因此，还需考虑其他含义下的“最优解”。

定义 2　设 $\boldsymbol{X}^* \in R$，若不存在 $\boldsymbol{X} \in R$，使得 $F(\boldsymbol{X}) \leqslant F(\boldsymbol{X}^*)$ 成立，则 $\boldsymbol{X}^*$ 称为（VP）的**有效解**。

（VP）的有效解的全体记作 R_e^*，有效解的含义是：在所有的可行解中找不到比它好的可行解。$n=1, p=2$ 时有效解的直观几何意义如图 8-2（a）所示，$R_e^*=[a, b]$。

定义 3　设 $X^* \in R$，若不存在 $X \in R$，使得 $F(X) < F(X^*)$ 成立，则称 X^* 为（VP）的**弱有效解**。

（VP）的弱有效解的全体记作 R_{we}^*，弱有效解的含义是：在所有的可行解中找不到比它严格好的可行解。$n=1$，$p=2$ 时弱有效解的直观几何意义如图 8-2（b）所示，$R_{we}^*=[a, b]$，$R_e^*=[c, d]$。

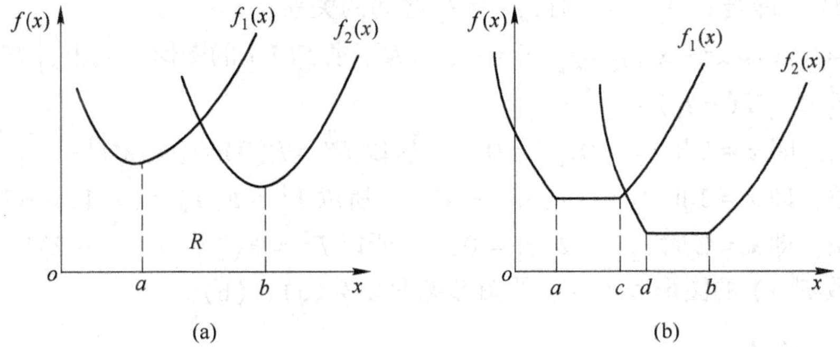

图 8-2　有效解与弱有效解

二、解集合的性质

我们用 R_i^* 表示单目标规划（P_i）：$\min\limits_{X\in R} f_i(X)$ 的全局最优解集，则（VP）的解集合 R_{ab}^*，R_e^*，R_{we}^*，R_i^* 以及 R 之间有如下的关系：

定理 1

若 $\bigcap\limits_{i=1}^{p} R_i^* \neq \phi$，则 $R_{ab}^* = \bigcap\limits_{i=1}^{p} R_i^*$；

$R_e^* \subseteq R_{we}^* \subseteq R$；

$R_i^* \subseteq R_{we}^*$，$i=1, 2, \cdots, p$；

$R_{ab}^* \subseteq R_e^*$；

若 $R_{ab}^* \neq \phi$，则 $\bigcup\limits_{i=1}^{p} R_i^* = R_{we}^*$，$\bigcap\limits_{i=1}^{p} R_i^* = R_e^* = R_{ab}^*$；

若 $F(X)$ 中的每个 $f_i(X)$ 使严格凸函数，R 是凸集，则 $R_e^* = R_{we}^*$。

证明请参见参考文献［1］。

三、象集

考虑多目标规划问题：

$$(\mathrm{VP})\ \min_{x\in R} F(X) = (f_1(X), f_2(X), \cdots, f_p(X))^{\mathrm{T}}$$

其中：$R=\{X \mid g_i(X) \geqslant 0, i=1, 2, \cdots, m\}$。任意给定一个 $\bar{X} \in R$，相应的目标函数值 $F(\bar{X})$ 是一个 p 维向量，即 $\bar{X} \in R \subseteq E_n$，$F(\bar{X}) = (f_1(\bar{X}), f_2(\bar{X}), \cdots, f_p(\bar{X}))^{\mathrm{T}} \in E_p$。

定义 4 设 $F(R)$ 表示 R 中所有 X 对应的 P 维向量 $F(X)$ 的全体，即 $F(R)=\{F(X)\mid X\in R\}$，如果把 $F(X)$ 看作是从约束集合 R 到 E_p 的映射，则 $F(R)$ 称为**象集**或**目标空间**，R 称为**原象集**或**策略空间**。

对任一 $\overline{X}\in R$，必有 $F(\overline{X})\in F(R)$，反之对任一 $\overline{F}\in F(R)$，必存在 $\overline{X}\in R$，使 $F(\overline{X})=\overline{F}$，即象集 $F(R)$ 中的每一个象点，至少有一个 R 中的原象与之对应，但这种对应不一定是"一对一"的。

例 3 若 $f_1(x)=x^2-x$，$f_2(x)=-x$　$R=\{x\mid 0\leqslant x\leqslant 2\}$。

求：$F(R)$，即当 $0\leqslant x\leqslant 2$ 时，f_1 与 f_2 之间的关系。

解 $f_1=f_1(x)=x^2-x$，$f_2=f_2(x)=-x$。为了求 $F(R)$ 的图形，先求 f_1 与 f_2 之间的关系：$f_1=(-f_2)^2-2(-f_2)=f_2{}^2+2f_2$。

A 点的象：即 $x=0$ 时 $f_2=0, f_1=0$，　所以 $F^0=F(0)=(0,\ 0)^{\mathrm{T}}$；

B 点的象：即 $x=1$ 时 $f_2=-1, f_1=-1$，　所以 $F^1=F(1)=(-1,\ -1)^{\mathrm{T}}$；

C 点的象：即 $x=2$ 时 $f_2=-2, f_1=0$，　所以 $F^2=F(2)=(0,\ -2)^{\mathrm{T}}$。

目标函数 $F(x)$ 的图形和 $F(R)$ 的图形见图 8-3（a）、（b）。

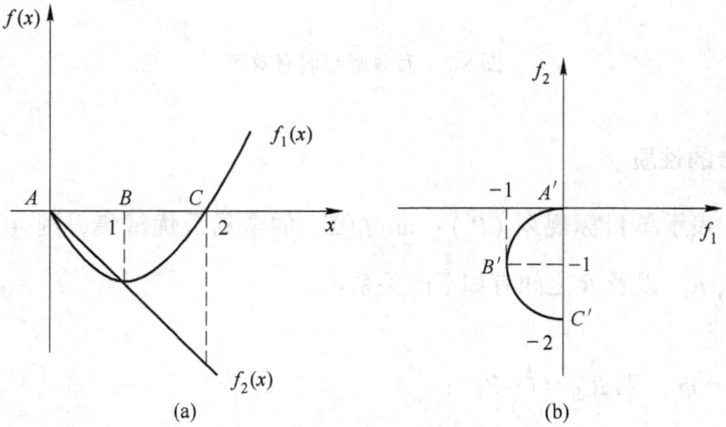

图 8-3　例 3 中 $F(x)$ 的图形和 $F(R)$ 的图形

类似于约束集 R 中的有效解和弱有效解，下面定义象集 $F(R)$ 中的有效点和弱有效点。

定义 5 设 $\overline{F}\in F(R)$，若不存在 $F\in F(R)$，使 $F\leqslant\overline{F}$ 成立，则 $\overline{F}$ 称为象集 $F(R)$ 的**有效点**，有效点的全体记作 F_{e}^*。

定义 6 设 $\overline{F}\in F(R)$，若不存在 $F\in F(R)$，使得 $F<\overline{F}$ 成立，则称 $\overline{F}$ 为象集 $F(R)$ 的**弱有效点**，弱有效点的全体记作 F_{we}^*。

例 3 中的有效解和弱有效解为 $R_{\mathrm{e}}^*=R_{\mathrm{we}}^*=\{X\mid 1\leqslant X\leqslant 2\}$，即 BC 上的所有点。$F(R)$ 的有效点和弱有效点为 $B'C'$ 上的所有点。

显然：$F_{\mathrm{e}}^*\subseteq F_{\mathrm{we}}^*$。

研究象集的作用在于：

（1）求出了 $F(R)$ 的有效点和弱有效点，就可以确定（VP）的有效解和弱有效解；

（2）对象集的研究可以提供一些解多目标规划的方法；

（3）可以从几何上（$p=2$）对一些常用的解法加以解释。

有效解和有效点，弱有效解和弱有效点之间有如下的关系：

定理 2 若已知象集 $F(R)$ 的有效点集 F_e^*，则（VP）的有效解集 R_e^* 为：

$$R_e^* = \bigcup_{\bar{F}\in F_e^*} \{\bar{X} | F(\bar{X}) = \bar{F},\ \bar{X}\in R\}$$

证 设 $\bar{F}\in F_e^*$，则存在 $\bar{X}\in R$，使得 $F(\bar{X})=\bar{F}$，要证 $\bar{X}\in R_e^*$，用反证法。设 $\bar{X}\notin R_e^*$，则存在 $\hat{X}\notin R_e^*$，使 $F(\hat{X})\leqslant F(\bar{X})$，令 $\hat{F}=F(\hat{X})$，知 $\hat{F}\in F(R)$，且 $\hat{F}\leqslant\bar{F}$，这与 $\bar{F}\in F_e^*$ 矛盾，故有 $\bar{X}\in R_e^*$。定理证毕。

类似地可以证明。

定理 3 若已知象集 $F(R)$ 的弱有效点集 F_{we}^*，则（VP）的弱有效解集 R_{we}^* 为：

$$R_{we}^* = \bigcup_{\bar{F}\in F_{we}^*} \{\bar{X} | F(\bar{X}) = \bar{F},\ \bar{X}\in R\}$$

这两个定理说明，$F(R)$ 的有效点和弱有效点的原象分别为（VP）的有效解和弱有效解。例 3 中 $F(R)$ 的有效点和弱有效点集都是 $B'C'$，其原象 BC 是（VP）的有效解和弱有效解。

第三节 目 标 规 划

目标规划（法）也是解决多目标数学规划的一种方法，它是在（LP）基础上发展起来的。这种方法的基本思想是：对每一个目标函数，预先给定一个期望值，在现有的约束条件下，这组期望值也许能够达到，也许达不到。决策者的任务是求出尽可能接近这组预定期望值的解。

对目标规划来说，期望值的选取是否合理直接影响解的优劣，而决策者事先又往往对期望值缺乏了解。为此，采用目标规划与“交互作用”方法相结合，做到两个对话，即“人-机对话”和“分析者-决策者对话”。每次对话中，决策者只要对已经求出的“有效解”回答是否满意，指出不满意的部分，分析者就能修改期望值从而求出新的有效解。这就使得目标规划具有一定的灵活性和有效性，成为目前解决多目标数学规划问题较为成功的方法之一。

本节我们只讨论线性目标规划及其主要算法。

一、线性目标规划的数学模型

在实际的决策分析中应用目标规划最困难的是建立其模型，即将实际决策问题描述为管理科学模型，它是成功地应用目标规划去解决实际问题的关键与前提。下面我们结合实际例子来说明建立目标规划的方法，指出一些基本概念。

例 4 最佳生产计划问题

某工厂计划生产甲、乙两种产品，此两种产品需要在 A、B、C、D 四种不同的设备上进行加工，加工的台时及四种设备的日台时能力如表 8-2 所示。

表 8-2 加工产品所需台时

设备		A	B	C	D
产品	甲	2	1	4	0
	乙	2	2	0	4
日台时能力		12	8	16	12

现已知每生产一件甲、乙产品，工厂可获得的利润分别为 2 元、3 元。讨论厂长应如何安排生产，使得在计划期内的总利润最大。如果现在厂长经营的目标不仅仅是追求利润最大，而是要同时考虑如下几个目标：

目标（1）：若单纯追求利润最大可得最大利润为 14（万元），厂长从实践中认识到在不考虑附加条件下才能使利润指标达到 14（万元），所以这是个偏高的指标，经决策后决定把最大利润 14（万元）降到 12（万元），但又要力求超过一些。

目标（2）：从市场信息反馈得知，随着购买力的提高，对甲、乙两种产品的需求量的比例大致是 1∶1。

目标（3）：四台设备的能力并非没有一点机动余地，如设备 B 不必充分利用但必要时可以加班运转，当然希望加班的时间尽可能地少。而设备 A 既要充分利用，又要尽可能地不加班。

上述三个目标是厂长的三个奋斗目标，他要尽可能地把工厂的经营目标与上述三个目标靠拢，这显然是三个目标的多目标线性规划。试列出该问题的数学模型。

解 若单纯地追求利润最大而不考虑三个目标，则是读者所熟悉的（LP）问题。设 x_1、x_2 分别为甲、乙产品的生产量，则此问题的数学模型为：

$$\max Z = 2x_1 + 3x_2$$

$$\begin{aligned} \text{s.t.}\quad & 2x_1 + 2x_2 \leqslant 12 \\ & x_1 + 2x_2 \leqslant 8 \\ & 4x_1 \leqslant 16 \\ & 4x_2 \leqslant 12 \\ & x_1 \geqslant 0,\ x_2 \geqslant 0 \end{aligned}$$

用单纯形法可求得 $\boldsymbol{X}^* = (4,\ 2)^{\mathrm{T}}$，$Z^* = 14$（万元）。而现在不单纯追求利润最大，是要同时考虑三个奋斗目标，则一般的（LP）方法已无法解决。现在采用目标规划方法，通过引进一些特殊的变量将它化为单目标规划问题。

1. 偏差变量

表明实际数值与超出或未达到目标值的差距，用下列符号表示：

d^+ ——超出目标值的差距；

d^- ——未达到目标值的差距。

注意，这里恒有 $d^- \cdot d^+ = 0$ 及 d^+、d^- 两者中至少有一个为零。事实上，当实际值超出规定目标值时，有 $d^- = 0$，$d^+ > 0$；当实际值未达到规定目标值时，则 $d^+ = 0$，$d^- > 0$。当实际值同规定目标值一致时，则 $d^+ = d^- = 0$，故恒有 $d^- \cdot d^+ = 0$。这样，我们对多目标规划问题中的诸多目标函数可以建立起目标函数方程：

$$\boldsymbol{CX} + \boldsymbol{D}^- - \boldsymbol{D}^+ = \boldsymbol{E}$$

其中：$\boldsymbol{D}^+=\begin{pmatrix}d_1^+\\ \vdots\\ d_l^+\end{pmatrix}$，　　$\boldsymbol{D}^-=\begin{pmatrix}d_1^-\\ \vdots\\ d_l^-\end{pmatrix}$，　　$\boldsymbol{E}=\begin{pmatrix}e_1\\ e_2\\ \vdots\\ e_l\end{pmatrix}$

$\boldsymbol{E}$ 是一个期望值向量。在例 4 中 $e_1=12$（万元），（LP）的目标函数变成目标函数方程：$2x_1+3x_2+d^- - d^+=12$。（LP）的目标函数在目标规划中只是成了问题要达到的目标之一，即成为一个目标约束。引入了目标函数的期望值与正负偏差变量 d^+、d^- 之后，原来的目标函数变成了约束条件的一部分，这正是目标规划的一个特征。值得注意的是经过这样处理之后，约束条件（目标）都允许在一定范围内“伸缩”，即约束集合是松弛的。当目标与约束集之间互不相容时（即无可行域），也能找到一组“最优解”。这是在另一种意义下的最优解，它允许“最优值”与预定目标存在偏离，但是偏离量尽量满足优化要求。

2. 系统约束与目标约束

系统约束是指对某种资源的使用加以严格限制的约束。在例 4 中设四种设备中 C、D 设备属于上级部门设备，工厂无权超额使用，则这种约束称为**系统约束**（**刚性约束**）。

目标约束是指对某种资源的使用可由决策者的目标而加以限制的约束。在例 4 中设备 A、B 属于工厂设备，工厂不仅可使用并且可根据目标需要加班使用，这种有机动余地的约束称为**目标约束**（**柔性约束**）。

建立了这两个概念后，则例 4 中约束条件的构成如下：

d_1^-—— 实际利润不足目标函数期望值 12（万元）的偏差；

d_1^+—— 实际利润超过目标函数期望值 12（万元）的偏差。

则原（LP）的目标函数对应于目标规划中的一个目标约束：

$$2x_1+3x_2+d_1^- - d_1^+=12$$

又如引入 d_2^-（甲产品 x_1 少于乙产品 x_2 的偏差）和 d_2^+（甲产品 x_1 多于乙产品 x_2 的偏差），则厂长考虑的目标（2）对应了目标规划中的另一个目标约束：

$$x_1-x_2+d_2^- - d_2^+=0$$

类似地，对例 4 中厂长考虑的三个目标，我们可以建立如下的约束条件：

$$2x_1+3x_2+d_1^- - d_1^+=12; \qquad ①$$

$$x_1-x_2+d_2^- - d_2^+=0; \qquad ②$$

$$4x_1\leqslant 16; \qquad ③$$

$$4x_2\leqslant 12; \qquad ④$$

$$2x_1+2x_2+d_3^- - d_3^+=12; \qquad ⑤$$

$$x_1+2x_2+d_4^- - d_4^+=8。 \qquad ⑥$$

$$x_1\geqslant 0,\ x_2\geqslant 0,\ d_i^-\geqslant 0,\ d_i^+\geqslant 0,\ i=1,\ 2,\ 3,\ 4$$

上式中①、②、⑤、⑥是目标约束，③、④是系统约束。

3. 目标规划中的目标函数（达成函数）

多目标规划中的各个目标函数，在通过引入偏差变量而列入约束条件后，那么在目标规划中的目标函数就是要使各目标函数值最接近于各自的期望值，即要使得偏差达到最小值。这是一个关于偏差变量达最小的单一的综合性目标，从而可将一个多目标规划转化为一个单目标规划。目标规划中的达成函数是偏差变量的函数，反映了各目标得以实现的程度。对偏差变量的运用要根据各个目标的不同要求而确定，一般有以下三种情况：

（1）若要求尽可能准确地实现第 i 个目标的期望值，则应要求相应的正、负偏差变量 d_i^- 与 d_i^+ 尽可能地小，故应将 d_i^-、d_i^+ 列入达成函数之中：$\min(d_i^- + d_i^+)$；

（2）若要求第 i 个目标允许超过其期望值，但又要尽可能地避免低于其期望值，则应要求相应的负偏差变量 d_i^- 尽可能地小，故应将 d_i^- 列入达成函数之中：$\min d_i^-$；

（3）若要求第 i 个目标允许低于其期望值，但又要尽可能地避免超过其期望值，则应要求相应的正偏差变量 d_i^+ 尽可能地小，故应将 d_i^+ 列入达成函数之中：$\min d_i^+$。

一般，将各个需要极小化的偏差变量相加便得到了该目标规划问题的达成函数。在例 4 中，对目标（1）而言，希望达到 12（万元）但又希望尽可能地超过 12（万元），所以应有：$\min d_1^-$。对目标（2）而言，希望甲、乙产品的产量尽可能地接近 1∶1，也就是既不希望出现 $d_2^- = 0, d_2^+ > 0$；也不希望出现 $d_2^+ = 0, d_2^- > 0$，而寄希望于 d_2^+、d_2^- 均尽可能地小，所以应有：$\min(d_2^- + d_2^+)$。对目标（3）而言，希望设备 B 尽量不加班或少加班，也就是不希望出现 $d_4^- = 0$，而寄希望于 d_4^- 尽可能地小，所以应有：$\min d_4^+$，而对设备 A 既要充分利用，又要尽量不加班，既不希望出现 $d_3^+ = 0, d_3^- > 0$ 也不希望出现 $d_3^- = 0, d_3^+ > 0$，所以应有：$\min(d_3^- + d_3^+)$。综合以上讨论，可得到例 4 的达成函数：$\min Z = d_1^- + d_2^+ + d_2^- + d_3^+ + d_3^- + d_4^+$。

4. 达成函数的优先级与权系数

在上面得出的达成函数中 d_i^- 或 d_i^+（$i = 1, 2, 3, 4$）的系数均为 1，形式上看所有偏差变量在数值上具有同等的意义，也就是说 d_1^- 减少 1 元与 d_2^- 或 d_3^- 减少 1 元有相同的目标价值；d_2^+ 增加 1 元与 d_3^+ 或 d_4^+ 增加 1 元有相同的目标价值，所求的仅仅是它们之和的最小。而实际上 d_i^- 与 d_i^+ 各自完全可以赋予不同的含义，如 d_1^- 减少 1 元可以认为相当于 d_2^- 减少 2 元或相当于 d_3^- 减少 4 元。为反映这一点，必须给这些偏差变量以适当的权系数。注意到在现实的决策环境中各个目标的重要程度是不可能完全一致的。决策者总要运用他的判断能力分析各个目标的重要性，给出其轻重缓急，而目标规划法又允许我们可以根据目标的重要程度给予每个目标以不同的优先等级。这样，低级的目标只有在高级的目标完成之后才顺序考虑。以后我们将会看到在相同的条件之下，对于不同的权系数与不同的优先等级会得出完全不同的最优方案。

（1）优先等级——设目标分成 k 个等级，分别用优先因子 $p_1, p_2, \cdots, p_k$ 表示，则规定：$p_k \geqslant p_{k+1}$，$k = 1, 2, \cdots$。

目标的优先等级是个定性的概念，不同的优先等级无法从数量上加以衡量比较。优先因子 p_j，可以理解成仅仅是一种符号，用来区别各个目标的重要程度，又可以理解成一种正常数（权系数）。

（2）权系数——达成函数中各目标偏差变量的系数。

权系数是一种可以用数量来衡量的指标，对属于同一优先等级的不同目标可按其重要程度分别给予不同的权系数来反映各目标的差异。有了优先等级和权系数之后，所建立起来的目标规划亦称为**字典序（优先级）线性目标规划**。

在例 4 中，假定该厂长作出如下判断：把目标（1）列为第一优先级，记为 p_1；把目标（2）列为第二优先级，记为 p_2；把目标（3）列为第三优先级，记为 p_3，并在 p_3 中假设设备 A 的重要性比设备 B 的重要性大 3 倍。从而我们得到例 4 问题的目标规划的数学模型：

$$\min Z = p_1 d_1^- + p_2(d_2^+ + d_2^-) + p_3[3(d_3^+ + d_3^-) + d_4^+]$$

$$\text{s. t.}\quad 4x_1 \leqslant 16$$

$$4x_2 \leqslant 12$$

$$2x_1 + 3x_2 + d_1^- - d_1^+ = 12$$

$$x_1 - x_2 + d_2^- - d_2^+ = 0$$

$$2x_1 + 2x_2 + d_3^- - d_3^+ = 12$$

$$x_1 + 2x_2 + d_4^- - d_4^+ = 8$$

$$x_1 \geqslant 0, x_2 \geqslant 0, d_i^- \geqslant 0, d_i^+ \geqslant 0 \qquad i = 1,\ 2,\ 3,\ 4$$

从此例中可看出，目标规划比（LP）灵活，适用于现实动态经济管理环境中多个目标，而且还带有从属目标的规划问题。决策者可通过调整优先等级和权系数来求出不同方案，以适应瞬息变化的经济市场。当然，目标规划中的目标值、优先等级、权系数的确定依赖于决策者的判断，还带有很大的随机性和模糊性，不易定出一个绝对的数值，同时也正是这个特点又给予了决策者可供选择的余地。

一般线性目标规划的数学模型：

$$\min z = \sum_{i=1}^{k} p_i \sum_{j=1}^{m} (f_{ij}^- d_j^- + f_{ij}^+ d_j^+)$$

$$\text{s. t.}\quad \sum_{j=1}^{n} a_{ij} x_j \leqslant b_i\ (\text{或} \geqslant,\ \text{或} =) \qquad i = 1,\ 2,\ \cdots,\ l$$

$$\sum_{j=1}^{n} c_{ij} x_j + d_i^- - d_i^+ = e_i \qquad i = 1,\ 2,\ \cdots,\ m$$

$$x_j \geqslant 0 \qquad j = 1,\ 2,\ \cdots,\ n$$

$$d_i^-,\ d_i^+ \geqslant 0 \qquad i = 1,\ 2,\ \cdots,\ m$$

式中，x_j 为决策变量；a_{ij} 为系统约束的系数；c_{ij} 为目标约束的系数；b_i 为第 i 个约束的右端常数；e_i 为第 i 个目标的期望值；p_i 为目标的优先级别（优先因子）；f_{ij}^- 为 p_i 级目标中 d_j^- 的权系数；f_{ij}^+ 为 p_i 级目标中 d_j^+ 的权系数；d_i^-，d_i^+ 均为偏差变量。

这是一个有 n 个决策变量，m 个目标，$2m$ 个偏差变量，l 个约束条件的目标规划。这些变量和系数在目标规划中均起着各自的作用。如：f_{ij}^- 与 f_{ij}^+ 反映了同一级别下各偏差变量间的相互关系。一般比较重要的偏差变量应赋予较大的权系数。

使用向量和矩阵符号，目标规划可写成如下的形式：

$$\min z = \boldsymbol{P} \cdot (\boldsymbol{F}^- \cdot \boldsymbol{D}^- + \boldsymbol{F}^+ \cdot \boldsymbol{D}^+)$$

$$\text{s. t.}\quad \boldsymbol{AX} \leqslant \boldsymbol{B}\ (\text{或} \geqslant,\ \text{或} =)$$

$$\boldsymbol{CX} + \boldsymbol{D}^- - \boldsymbol{D}^+ = \boldsymbol{E}$$

$$\boldsymbol{X} \geqslant 0,\ \boldsymbol{D}^-,\ \boldsymbol{D}^+ \geqslant 0$$

式中 $\boldsymbol{P} = (p_1,\ p_2,\ \cdots,\ p_k)$；

$$F^- = (f_{ij}^-)_{k\times m}\ ;$$

$$F^+ = (f_{ij}^+)_{k\times m}\ ;$$

$$A = (a_{ij})_{l\times n}\ ;$$

$$B = (b_i)_{l\times 1}\ ;$$

$$C = (c_{ij})_{m\times n}\ ;$$

$$D^- = (d_i^-)_{m\times 1}\ ;$$

$$D^+ = (d_i^+)_{m\times 1}\ ;$$

$$E = (e_i)_{m\times 1}\ ;$$

建立一个实际问题的目标规划模型的一般步骤如下：

第一步：由实际问题建立具有 m 个目标的线性规划模型（设决策变量、建立等式或不等式约束条件、建立各个有关的目标函数）。

第二步：将多目标线性规划模型化为目标规划模型：

1）由实际问题对第 i 个目标给予适当的期望值 e_i（$i=1,\ 2,\ \cdots,\ m$）；

2）对第 i 个目标引进 d_i^-，d_i^+，建立目标约束方程并将其列入原约束条件之中；

3）若原约束条件中有互相矛盾的方程，则对它们同样引入 d_i^- 和 d_i^+，更一般的做法是对所有的约束方程均引入 d_i^- 和 d_i^+；

4）确定 k 个目标的优先级别 p_i 及权系数 f_{ij}^- 和 f_{ij}^+；

5）建立达成函数 $\min z$。

完成这些步骤后就建立了具有一般形式的字典序或优先级的线性目标规划。但注意到模型的建立是灵活的，不一定要完全严格地按上述一般步骤进行。

例 5　某公司生产甲、乙两种产品，每单位甲产品的利润为 10 元，乙产品的利润为 8 元；每单位甲产品和乙产品所需的装配时间分别为 3h 和 4h。而公司可利用的总的装配时间为每周 150h，适当的加班超过这个限制是可能的，但在加班时间内生产出的产品每单位利润各少 1 元。在目前的合同中公司必须每周提供给顾客这两种产品各至少 20 个单位，现公司要求：（1）尽量充分利用每周 150h 的正常工作时间；（2）尽量减少加班时间；（3）使公司所得的利润最大。

试建立此问题的目标规划模型。

解　设 x_1 为每周在正常工作时间内生产甲产品的数量；x_2 为每周在加班时间内生产甲产品的数量；x_3 为每周在正常工作时间内生产乙产品的数量；x_4 为每周在加班时间内生产乙产品的数量；

则得如下的多目标线性规划模型：

$$\begin{aligned}
&\max z_1 = 3x_1 + 4x_3 \\
&\max z_2 = 3x_2 + 4x_4 \\
&\max z_3 = 10x_1 + 9x_2 + 8x_3 + 7x_4 \\
\text{s. t.}\quad & x_1 + x_2 \geqslant 20 \\
& x_3 + x_4 \geqslant 20 \\
& 3x_1 + 4x_3 \leqslant 150
\end{aligned}$$

$$x_i \geqslant 0, i=1,\ 2,\ 3,\ 4$$

假设每周正常工作时间的期望值为 150h，每周加班时间的期望值为 20h，每周利润的期望值为 900 元。并且依次将公司要求的三点定为第一、二、三级优先目标。则可得该问题的目标规划模型如下：

$$\min z = p_1(d_1^- + d_2^- + d_3^- + d_3^+) + p_2 d_4^+ + p_3 d_5^-$$

$$\text{s. t.}\quad x_1 + x_2 + d_1^- - d_1^+ = 20$$

$$x_3 + x_4 + d_2^- - d_2^+ = 20$$

$$3x_1 + 4x_3 + d_3^- - d_3^+ = 150$$

$$3x_1 + 4x_3 + d_4^- - d_4^+ = 20$$

$$10x_1 + 9x_2 + 8x_3 + 7x_4 + d_5^- - d_5^+ = 900$$

$$x_i \geqslant 0,\ i=1,\ 2,\ 3,\ 4,\ d_i^-,\ d_i^+ \geqslant 0,\ i=1,\ 2,\ \cdots,\ 5$$

二、线性目标规划的求解方法

目标规划的解为实际问题的系统处理提供了可以作为决策基础的有用信息，它的解是在满足给定的目标集合的条件下寻找最大限度的可能性，当然它必须符合决策环境和决策者对于目标所给的优先结构。下面介绍两种求解目标规划模型的基本方法。其他的求解方法及图解法请参阅参考文献［10］和［12］。

1. 线性目标规划的序列法（SLGP）

线性目标规划序列（序子）算法的基本思想是依照达成函数中各目标的优先级别 p_i 的顺序，将目标规划模型分解为一系列的单一的线性规划模型，用传统的单纯形方法逐一完成其求解过程。在求解过程中进基变量、离基变量及主元的选择原则与线性规划的单纯形法相同，不同的是要以不影响较高级目标的达成值为前提选择较低级目标的达成值，如此反复迭代，直至进行到最低级目标的达成函数达最优为止。下面给出此算法的具体计算步骤：

第一步，令 $i=1$（i 表示正在考虑的优先级别，且设共有 k 个级别），建立仅含 p_1 级目标的线性规划模型：

$$\min z_1 = z_1(\boldsymbol{D}^+,\ \boldsymbol{D}^-)$$

$$\text{s. t.}\quad \sum_{j=1}^{n} a_{ij}x_j \leqslant b_j\ (\text{或} \geqslant,\ \text{或} =)\ i=1,\ 2,\ \cdots,\ l$$

$$\sum_{j=1}^{n} c_{ij}x_j + d_i^- - d_i^+ = e_i \qquad i \in p_1$$

$$\boldsymbol{X},\ \boldsymbol{D}^+,\ \boldsymbol{D}^- \geqslant 0$$

$i \in p_1$，指仅考虑与 p_1 级目标有关的约束条件，z_1 指仅考虑 p_1 级目标的有关目标函数。

第二步，用单纯形方法（或其他适合求解的方法）求解此模型，得 $z_i(\boldsymbol{D}^+,\ \boldsymbol{D}^-)$ 的最优解 z_i^*，z_i^* 即为原目标规划中 p_i 级目标所能达到的最优值。

第三步，置 $i=i+1$，若 $i>k$ 则转第六步，否则转下一步。

第四步，建立相应于下一个优先级别 p_i 的单目标（LP）模型：

$$\min z_i = z_i(\boldsymbol{D}^+,\ \boldsymbol{D}^-)$$

$$\text{s. t.} \quad \sum_{j=1}^{n} c_{ij}x_j + d_i^- - d_i^+ = e_i$$
$$z_s(\boldsymbol{D}^+, \boldsymbol{D}^-) = z_s^* \quad s = 1, 2, \cdots, i-1$$
$$\boldsymbol{X}, \boldsymbol{D}^+, \boldsymbol{D}^- \geqslant 0$$
$$i \in p_1 \cup p_2 \cdots \cup p_i$$

这里 $i \in p_1 \cup p_2 \cdots \cup p_i$，是指在考虑下一级目标的最优值时必须同时考虑上一级别目标相应的约束条件，并且还需考虑增加约束条件 $z_s(\boldsymbol{D}^+, \boldsymbol{D}^-) = z_s^*$，这样可保证在优化较低级目标时不会退化或破坏已得的较高级目标的最优值 z_s^*。

第五步，转第二步。

第六步，最后一个单目标（LP）模型的解是原目标规划模型的解，并且向量 $z^* = (z_1^*, z_2^*, \cdots, z_k^*)$ 反映了各目标实现的程度亦称达成向量。

例 6　用序列算法解下列目标规划

$$\min z = p_1(d_1^+ + d_2^+) + p_2 d_3^- + p_3 d_4^+ + p_4(d_1^- + 1.5d_2^-)$$
$$\text{s. t.} \quad x_1 + d_1^- - d_1^+ = 30$$
$$x_2 + d_2^- - d_2^+ = 15$$
$$8x_1 + 12x_2 + d_3^- - d_3^+ = 1000$$
$$x_1 + 2x_2 + d_4^- - d_4^+ = 40$$
$$x_1, x_2, d_i^-, d_i^+ \geqslant 0, \quad i = 1, 2, 3, 4$$

解　（1）建立 p_1 级目标构成的单目标（LP）

$$\min z_1 = d_1^+ + d_2^+$$
$$\text{s. t.} \quad x_1 + d_1^- - d_1^+ = 30$$
$$x_2 + d_2^- - d_2^+ = 15$$
$$x_1, x_2, d_i^-, d_i^+ \geqslant 0, i = 1, 2$$

用单纯形法求解上述（LP）：

表 8-3　例 6p_1 级目标 LP 单纯形表

c_j		0	0	0	0	1	1	
C_B	X_B	x_1	x_2	d_1^-	d_2^-	d_1^+	d_2^+	b
0	d_1^-	1	0	1	0	−1	0	30
0	d_2^-	0	1	0	1	0	−1	15
检验数		0	0	0	0	1	1	0

其中 d_1^- 与 d_2^- 是基变量。显然，对 p_1 级目标而言这已是最优表，从而得 p_1 级目标的最优解为：$x_1 = 0, x_2 = 0, d_1^- = 30, d_2^- = 15, d_1^+ = d_2^+ = 0, \min z_1 = z_1^* = 0$，故结论为：$p_1$ 级目标可以完全实现或满足。

（2）建立 p_2 级别目标构成的单目标（LP）：

$$\min z_2 = d_3^-$$
$$\text{s. t.} \quad x_1 + d_1^- - d_1^+ = 30 \qquad ①$$

$$x_2 + d_2^- - d_2^+ = 15 \quad ②$$

$$8x_1 + 12x_2 + d_3^- - d_3^+ = 1000 \quad ③$$

$$d_1^+ + d_2^+ = 0 \quad ④$$

$$x_1, x_2 \geqslant 0, d_i^-, d_i^+ \geqslant 0, i = 1, 2, 3$$

其中①、②是前一级目标所满足的约束条件，③式是此级目标所满足的约束条件，④式是增加的约束条件，以保证在优化 p_2 级目标时将不破坏已得的 p_1 级目标的最优值 z_1^*。再注意到④式是 $d_1^+ + d_2^+ = 0$，而 d_i^-，$d_i^+ \geqslant 0$，故只有 $d_1^+ = d_2^+ = 0$，所以为计算方便，此时在上述模型中去掉 d_1^+ 与 d_2^+，将模型简化为如下形式：

$$\min z_2 = d_3^-$$

$$\text{s. t. } x_1 + d_1^- = 30$$

$$x_2 + d_2^- = 15$$

$$8x_1 + 12x_2 + d_3^- - d_3^+ = 1000$$

$$x_1, x_2 \geqslant 0, d_i^-, d_i^+ \geqslant 0, i = 1, 2, 3$$

用单纯形法求解此（LP）：

表 8-4　例 6 p_2 级目标 LP 单纯形表

c_j		0	0	0	0	1	0	
C_B	X_B	x_1	x_2	d_1^-	d_2^-	d_3^-	d_3^+	b
0	d_1^-	1	0	1	0	0	0	30
0	d_2^-	0	1	0	1	0	0	15
1	d_3^-	8	12	0	0	1	-1	1000
检验数		-8	-12	0	0	0	1	-1000

显然，对 p_2 级目标而言它未能达到最优，依单纯形法的进基和离基准则，经两次换基运算得最终表如下：

表 8-5　例 6 p_2 级目标 LP 最优表

c_j		0	0	0	0	1	0	
C_B	X_B	x_1	x_2	d_1^-	d_2^-	d_3^-	d_3^+	b
0	x_1	1	0	1	0	0	0	30
0	x_2	0	1	0	1	0	0	15
1	d_3^-	0	0	-8	-12	1	-1	580
检验数		0	0	8	12	0	1	-580

此时，对 p_2 级目标而言已达最优，其最优解为：$x_1 = 30, x_2 = 15, d_1^- = 0, d_2^- = 0, d_3^- = 580, d_3^+ = 0, \min z_2 = z_2^* = 580$，故结论为：$p_2$ 级目标尚未被完全实现或满足，还差 580。

（3）建立 p_3 级目标构成的单目标（LP）：

$$\min z_3 = d_4^+$$

$$\text{s. t.}\quad x_1 + d_1^- - d_1^+ = 30$$
$$x_2 + d_2^- - d_2^+ = 15$$
$$8x_1 + 12x_3 + d_3^- - d_3^+ = 1000$$
$$x_1 + 2x_2 + d_4^- - d_4^+ = 40$$
$$d_1^+ + d_2^+ = 0$$
$$d_3^- = 580$$
$$x_1,\ x_2 \geqslant 0,\ d_i^-,\ d_i^+ \geqslant 0,\ i = 1,\ 2,\ 3,\ 4$$

注意到（2）中 $d_1^+ = d_2^+ = 0$，从而在单纯形计算中不再出现 d_1^+、d_2^+ 的变量。这样的简化方法可以从另一角度来分析：非基变量在表 8-3 的检验数分别均为 1（正数）。也就是说，如果把它们再调入到基变量中将使 p_1 级目标所得的最优值 z_1^* 破坏。为了不使 z_1^* 的值破坏，必须将这些非基变量的取值永远等于零。所以可以将这些变量连同它们在最优表中所对应的列全部从最优表中去掉，即可以将它们从原模型中去掉。依这个原则，注意到表 8-5 中 d_1^-、d_2^-、d_3^+ 的检验数分别是 8、12、1（均为正数）。所以在上述单目标（LP）中可以将 d_1^-、d_2^- 及 d_3^+ 去掉（视它们取值为零），简化为如下形式：

$$\min z_3 = d_4^+$$
$$\text{s. t.}\quad x_1 = 30$$
$$x_2 = 15$$
$$8x_1 + 12x_3 + d_3^- = 1000$$
$$x_1 + 2x_2 + d_4^- - d_4^+ = 40$$
$$d_3^- = 580$$
$$x_1,\ x_2 \geqslant 0,\ d_i^-,\ d_i^+ \geqslant 0,\ i = 1,\ 2,\ 3,\ 4$$

因为 x_1、x_2 和 d_3^- 的值已唯一确定，所以此模型的解已无须用单纯形法解，显然可得：$x_1 = 30$，$x_2 = 15$，$d_3^- = 580$，$d_4^+ = 20$，$d_4^- = 0$，$\min z_3 = z_3^* = 20$，故结论为 p_3 级目标尚未完全实现或满足，还差 20。

（4）建立 p_4 级目标所构造的单目标（LP）。

注意到 p_4 级目标为 $\min z_4 = d_1^+ + 1.5d_2^-$，而 d_1^- 与 d_2^- 已在（3）的讨论中为了使前级目标的最优值不致破坏，而从模型中消去，亦即已令 $d_1^- = d_2^- = 0$，所以 p_4 级目标对（3）中的最优解已被自然满足，故不必再另立模型求解。

综合上述讨论，得原目标规划的最优解为：$\boldsymbol{X}^* = (30,\ 15)^{\mathrm{T}}$，最优达成向量 $\boldsymbol{z}^* = (0,\ 580,\ 20,\ 0)$。总的结论为：$p_1$ 级目标与 p_4 级目标已完全实现，p_2 级目标与 p_3 级目标则没有完全实现，p_2 级目标尚差 580，p_3 级目标尚差 20。

从上面演算过程中不难看出，序列法的优点是求解思路清晰，在整个求解过程中仅用到了我们所熟悉的单纯形方法，缺点是需对每一级别的目标构造一个相应的单目标（LP），然后去求解，这样迭代次数多，对级别较多的模型计算量较大。

下面我们讨论一下有关目标规划的解的一些问题。

（1）消元准则。由算法的计算步骤，在任一级别的（LP）的最优表中，任一正检验数（对极小化模型而言）的非基变量可以从该问题中消去，即可令这些非基变量的取值始终为零，以保证前一级别目标的最优性不被破坏。

（2）负右端项。算法中要求所有右端项值均为正，当右端项出现负值时只要在式子两端乘以（-1），然后再引入偏差变量即可。如：$-x_1+8x_2 \geq -20$，则两边乘以（-1）：$x_1-8x_2 \leq 20$，再引入偏差变量得：$x_1-8x_2+d_1^- - d_1^+ = 20$，如果原来是对 d_1^- 取极小，则现在应该对 d_1^+ 取极小。

（3）非唯一解。当有两个以上解（决策变量）具有相同的最优达成向量时，则该目标规划问题称为有**非唯一解**。其存在性可由最终表的非基变量的检验数是否为零来判断。

（4）无可行解。由于正、负偏差变量的引进，模型中将不会出现矛盾方程，所以一般不会发生无可行解的情形。

（5）解的无界性。由于对每一个目标都引进了决策期望值，所以一般不会发生解无界的情形。

（6）不可接受解。当某个 $z_i^* = a \neq 0(1 \leq i \leq k)$，则说明 p_i 级目标不能完全实现，此时产生了不能实现目标的解。如果 $i=1$，则可认为这个解是不可接受的解。此时，一般应放松或降低有关的约束与期望值，使得最高级的 p_1 级目标能得以实现。

2. 线性目标规划的多阶段算法（MLGP）

MLGP 法的基本思想是：在优化过程中将所有达成函数和约束条件置于同一张单纯形表上，按照单纯形法进行求解。它是（LP）中两阶段法的延伸与简练，它与一般单纯形表的区别就在于目标函数行。MLGP 法是按目标的优先等级逐步依次地将目标填入单纯形表中进行最优性迭代，不同级别的目标分阶段地引入不同的行里，并且在考虑某级别目标的最优性时仍然依照不破坏较高目标已达到的最优值。如此反复迭代，一直到最低一级目标达到最优为止。下面给出此算法的具体迭代步骤：

第一步，令 $i=1$，将所有的约束条件：$\boldsymbol{CX}+\boldsymbol{D}^- - \boldsymbol{D}^+ = \boldsymbol{E}$ 及 p_1 级目标 $z_1(\boldsymbol{D}^+, \boldsymbol{D}^-)$ 填入单纯形表中。为方便起见，可将 p_1 级目标的检验数列在单纯形表的下方，用（LP）的单纯形法求出其最优解。

第二步，置 $i=i+1$，若 $i>k$ 则转第七步，否则转下一步。

第三步，将 p_i 级目标列入上述单纯形表的最底部，消去基变量，得 p_i 级目标的单纯形法初始表。

第四步，最优性检验：检验 p_i 级目标的检验数行中的每个负元素，选绝对值最大的负元素记为 $R_{i,j}$，即为 p_i 级目标第 j 列的检验数。并且在其同一列中，凡比 p_i 级优先的各目标行中的检验数 $R_{1,j}$，$R_{2,j}$，…，$R_{i-1,j}$ 均不为正数，则记此列为 j。如果有几个检验数具有相同的绝对值最大的正值，并且同列中更高级的目标行中的检验数又均无正值，则最大元素 $R_{i,j}$ 的选取是任意的，即可从中任选一列作为 j 列。j 列所对应的变量作为进基变量。若找不到这样的 $R_{i,j}$，则 p_i 级目标已达最优，转入第二步，否则转入第五步。

第五步，确定进基变量和离基变量；进基变量即第四步中 j 列所对应的变量，离基变量依照（LP）中单纯形法的最小比值原则确定。

第六步，进行换基运算，建立新的单纯形表，转第四步。

第七步，终止迭代，当前的单纯形表即为原目标规划问题的最优表，并且可得目标规划问题的最优解和最优达成向量。

计算步骤中的第四步是 MLGP 算法同一般（LP）的单纯形算法的主要区别所在。

例 7　试用 MLGP 算法计算例 6。

解（1） 建立仅含 p_1 级目标的单纯形初始表，如表 8-6 所示。

表 8-6　例 7 p_1 级目标 LP 的初始单纯形表

c_j		0	0	p_4	$1.5p_4$	p_2	0	p_1	p_1	0	p_3	
C_B	X_B	x_1	x_2	d_1^-	d_2^-	d_3^-	d_4^-	d_1^+	d_2^+	d_3^+	d_4^+	b
p_4	d_1^-	1	0	1	0	0	0	−1	0	0	0	30
$1.5p_4$	d_2^-	0	1	0	1	0	0	0	−1	0	0	15
p_2	d_3^-	8	12	0	0	1	0	0	0	−1	0	1000
0	d_4^-	1	2	0	0	0	1	0	0	0	−1	40
p_1		0	0	0	0	0	0	1	1	0	0	0

因为表 8-6 中 p_1 级目标的检验数行无负值，所以 p_1 级目标已达最优。注意到 d_1^+、d_2^+ 的检验数为 1（正值），故由消元准则可将 d_1^+、d_2^+ 从最优表中消去，以保证在考虑 p_2 级目标的优化时不破坏 p_1 级目标的最优性。

（2）将 p_2 级目标列入上面 p_1 级目标最优表的底部，消去 p_2 行中基变量系数 1，得 p_2 级目标单纯形初始表，如表 8-7 所示。

表 8-7　例 7 p_2 级目标 LP 初始单纯形表

c_j		0	0	p_4	$1.5p_4$	p_2	0	0	p_3	
C_B	X_B	x_1	x_2	d_1^-	d_2^-	d_3^-	d_4^-	d_3^+	d_4^+	b
p_4	d_1^-	1	0	1	0	0	0	0	0	30
$1.5p_4$	d_2^-	0	1	0	1	0	0	0	0	15
p_2	d_3^-	8	12	0	0	1	0	−1	0	1000
0	d_4^-	1	2	0	0	0	1	0	−1	40
p_1		0	0	0	0	0	0	0	0	0
p_2		0	0	0	0	1	0	0	0	0
p_4	d_1^-	1	0	1	0	0	0	0	0	30
$1.5p_4$	d_2^-	0	1	0	1	0	0	0	0	15
p_2	d_3^-	8	12	0	0	1	0	−1	0	1000
0	d_4^-	1	2	0	0	0	1	0	−1	40
p_1		0	0	0	0	0	0	0	0	0
p_2		−8	−12	0	0	0	0	1	0	−1000

因为 p_2 级检验行有负值，依（MLGP）算法中得最优性检验，表 8-7 不是 p_2 级目标的最优表。依单纯形法经过三次换基运算，得 p_2 级的目标最优表，如表 8-8 所示。

表 8-8　例 7 p_2 级目标 LP 最优表

c_j		0	0	p_4	$1.5p_4$	p_2	0	0	p_3	
C_B	X_B	x_1	x_2	d_1^-	d_2^-	d_3^-	d_4^-	d_3^+	d_4^+	b

续表 8-8

c_j		0	0	p_4	$1.5p_4$	p_2	0	0	p_3	
p_3	d_4^+	0	0	1	2	0	−1	0	1	20
0	x_2	0	1	0	1	0	0	0	0	15
p_2	d_3^-	0	0	−8	−12	1	0	−1	0	580
0	x_1	1	0	0	0	0	0	0	0	30
p_1		0	0	0	0	0	0	0	0	0
p_2		0	0	8	12	0	0	1	0	−580

由表 8-8 可知 p_2 级没有完全实现，还差 580。注意到 d_1^-、d_2^-、d_3^+ 的检验数为正值，依消元准则可将它们所对应的列从最优表中消去。

（3）将 p_3 级目标列入上面 p_2 级目标的最优表的底部，消去 p_3 行中基变量系数 1，得 p_3 级目标的单纯形初始表（表 8-9）。

表 8-9　例 7 p_3 级目标 LP 初始单纯形表

c_j		0	0	p_2	0	p_3	
C_B	X_B	x_1	x_2	d_3^-	d_4^-	d_4^+	b
p_3	d_4^+	0	0	0	−1	1	20
0	x_2	0	1	0	0	0	15
p_2	d_3^-	0	0	1	0	0	580
0	x_1	1	0	0	0	0	30
p_1		0	0	0	0	0	
p_2		0	0	0	0	0	
p_3		0	0	0	0	1	
p_3	d_4^+	0	0	0	−1	1	20
0	x_2	0	1	0	0	0	15
p_2	d_3^-	0	0	1	0	0	580
p_4	x_1	1	0	0	0	0	30
p_1		0	0	0	0	0	
p_2		0	0	0	0	0	
p_3		0	0	0	1	0	−20

因为 p_3 级目标的检验数行无负值，所以 p_2 级目标已达最优，并且依消元准则可将 d_4^- 从最优表 8-9 中消去。消去后满足约束条件的解已变成唯一的了，亦即 p_4 级目标自然满足，所以无须再讨论 p_4 级目标。

因此表 8-9 即为原目标规划问题的最优表，其最优解如下：

$$x_1 = 30\ ,\ x_2 = 15\ ,\ d_1^- = d_1^+ = d_2^- = d_2^+ = 0$$

$$d_3^- = 580\ ,\ d_3^+ = 0\ ,\ d_4^- = 0\ ,\ d_4^+ = 20$$

$$\min z = z^* = (0,\ 580,\ 20,\ 0)$$

此算法计算结果同用 SLGP 算法的计算结果。多阶段算法的优点是使用了统一的单纯形表，计算简洁明了，迭代次数少，收敛快，从而提高了计算精度。缺点是程序较复杂，故还不能求解规模很大的问题。尽管如此，MLGP 算法仍是一种较好的解目标规划的计算方法。

目标规划的其他求解方法请参阅文献［10］。

习　题

8-1 某工厂生产 A、B 两种产品，每种产品均需要两道相同的工序，每种产品所需加工时间、销售利润及工厂每周的最大加工能力如下表：

产品	单　耗		每周最大加工能力
	A	B	
工序Ⅰ/h·件$^{-1}$	4	5	120h
工序Ⅱ/h·件$^{-1}$	3	2	70h
利润/元·件$^{-1}$	30	45	

现工厂考虑：(1) 每周获得尽可能多的利润；(2) 生产尽可能多的 A、B 产品使其满足市场需要；(3) 尽可能充分利用每周最大加工能力。试建立此问题的多目标数学模型。

8-2 某企业在计划期内计划生产甲、乙、丙三种产品。这些产品分别需要在设备 A，B 上加工，需要消耗材料 C，D，单件产品在不同设备上加工工时、所需要的材料及现有资源、可得利润如下表所示。

产品	甲	乙	丙	资源
设备 A	3	1	2	200 工时
设备 B	2	2	4	200 工时
材料 C	4	5	1	360 公斤
材料 D	2	3	5	300 公斤
利润/元·件$^{-1}$	40	30	50	

企业决策者根据实际情况和市场需求，制定经营目标，目标的优先顺序如下：(1) 利润不少于 3200 元；(2) 产品甲乙产量比例尽量不超过 1.5；(3) 丙的产量达到 30 件；(4) 最好不加班；(5) 受到资金的限制，只能使用现有材料而不能再购进。试建立此问题的多目标数学模型。

8-3 求由图 8-4、图 8-5 给出的多目标规划问题的有效解集合。其中 x 是单变量，约束集合 $R = \{x \mid x \geqslant 0\}$。

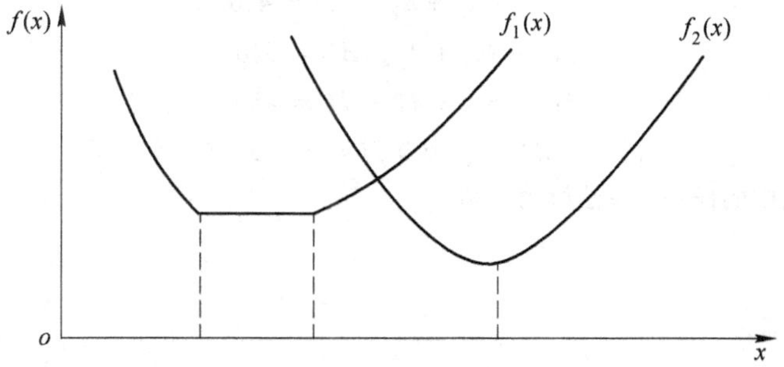

图 8-4

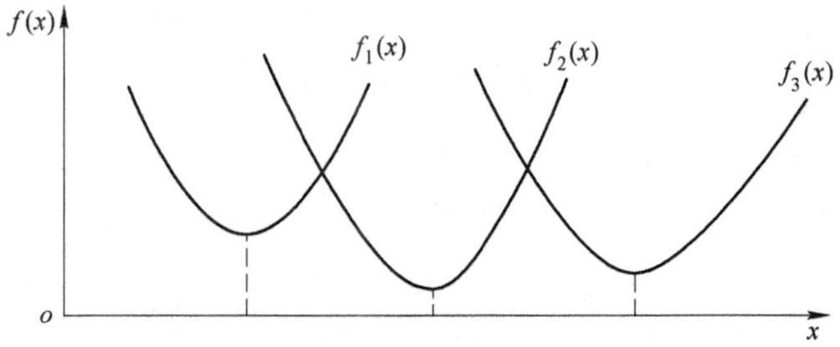

图 8-5

8-4 证明：$R_e^* \cup \{\bigcup_{i=1}^{p} R_i^*\} \subset R_{we}^*$

8-5 某工程师用部分时间从事咨询工作。咨询补偿的一般规律是咨询的单位越远，得到的报酬也越大，同时花费的路途时间也将增加。目前他有较多的咨询机会，但可用时间却有限。假设他每月有 40h 用于咨询工作，但他希望在路途上花费的时间尽量少。又已知 A、B、C 三个企业每小时咨询所要求的路途上的时间分别是 0.1h、0.2h、0.2h。A、B、C 三个企业要求每月最多的咨询时间分别为 80h、60h、20h，而将付给工程师的报酬分别是每小时 20 元、22 元、18 元。该工程师希望增加的收入尽量多而花费在途中的时间尽量少。他所确定的期望是：

p_1：希望增加的收入每月能达 500 元；

p_2：希望花费在路途上的时间每月最多为 15h。

试建立此问题的目标规划的数学模型。

8-6 试用目标规划序列法（SLGP）、多阶段算法（MLGP）、分别解下列目标规划模型：

（1）$\min z = p_1 d_1^- + p_2 d_{11}^+ + p_3(5d_2^- + 3d_3^-) + p_4 d_1^+$

$$\text{s. t.}\quad x_1 + x_2 + d_1^- - d_1^+ = 80$$

$$x_1 + d_2^- = 70$$

$$x_2 + d_3^- = 45$$

$$d_1^+ + d_{11}^- - d_{11}^+ = 10$$

$$x_1,\ x_2 \geqslant 0,\ d_i^-,\ d_i^+ \geqslant 0,\ i = 1,\ 2,\ 3,\ 11$$

（2）$\min z = p_1 d_1^- + p_2(d_2^- + d_2^+) + p_3[2d_3^+ + (d_4^+ + d_4^-)]$

$$\text{s. t.}\quad 9x_1 + 3x_2 \leqslant 720$$

$$-x_1 + x_2 \geqslant 30$$

$$x_2 + d_1^- - d_1^+ = 50$$

$$70x_1 + 30x_2 + d_2^- - d_2^+ = 4000$$
$$3x_1 + 9x_2 + d_3^- - d_3^+ = 540$$
$$5x_1 + 5x_2 + d_4^- - d_4^+ = 450$$
$$x_1, x_2, d_i^-, d_i^+ \geqslant 0, i = 1, 2, 3, 4$$

8-7 试用目标规划解法中的任一种算法解第 5 题。

第九章　决策分析（决策论）

决策是作出决定的意思。它是人们生活和工作中普遍存在的一种活动，是为解决当前或未来可能发生的问题（决策问题），根据当前或未来的环境和条件，从多种可能的方案中选择最佳方案的一种过程。比如：某人今天要请客，客人们说有时间就来，没时间就不来。这样，主人就要考虑饭菜准备多少的问题，若饭菜多于来人所需的量则会造成浪费；若饭菜少于来人所需的量则会造成主人尴尬的局面。那么到底做多少饭菜合适呢，这就是主人所要做的一个决策。又比如，某工厂计划生产一种新产品，但对市场的销路不太清楚，存在销路好、一般、差三种可能，相应的收益也就可能是获利较多、较少或者亏损。那么这种产品是否应该投产就是企业管理大员需要做出的决策。由于情况是不断变化的，所以小至个人生活、企业的经营管理，大至国家的经济政策、政治方针等都是经常需要进行决策的。可以说，决策存在于个人、集体和社会的行为活动中。自从人们有意识、有选择的活动出现，就有了决策活动。我国古代文献《史记》《资治通鉴》《孙子兵法》《盐铁论》等著作中，都记载了丰富的决策思想、方法和案例。当然，决策以完整的理论成为管理科学的一个重要部分距今还不到 100 年。

第一节　决策的概念与分类

所谓决策就是“从许多个为达到同一目标而供选择的行动方案中选一个最佳的方案。”诺贝尔经济学奖获得者西蒙（H. Simon）曾说“决策包括三个步骤：找出决策所需要的条件；找出所有可能的行动方案；从那些可行的行动方案中选择一个最优方案。”事实上，决策分析主要研究西蒙所说的最后一步，即选择最优方案。一个明智的决策者，如何在受到不确定性约束的几个可行方案中选择最优方案？决策者在对待风险的态度上，是敢于冒险还是偏于求稳？对那些互相冲突的评价指标如何处理？如何评价信息资料的价值等等都是决策分析的内容。

所谓决策分析就是“研究如何才能作出科学的决策”。众所周知，决策在现代管理中具有重要的意义，它是管理过程的核心，是执行各种管理职能的基础，决策的正确与否，效果的好坏将直接影响所属的管理部门的经济、声誉及其他。所以，决策者必须要有科学的作风，掌握科学的原理与方法。

一、决策模型

在介绍模型之前先介绍在决策分析中所要涉及的一些基本概念。

1. 决策问题

在生活和生产（或其他）中，凡对同一个问题，都面临几种自然情况，因此有几种方案可供选择的问题就构成了一个决策问题。

2. 自然状态

决策问题中的自然情况称为自然状态（客观条件）。它是决策者无法控制的因素，故也称**不可控因素**。

假设共有 n 个可能的自然状态：s_1，s_2，…，s_n，则状态集合 S（状态空间）为：

$$S = \{s_1, s_2, \cdots, s_n\}$$

3. 策略

决策者可以采取行动的方案（方法）称为策略。采用哪一个行动方案则完全由决策者所决定。

假设所有可能的策略为：d_1，d_2，…，d_m，则策略集合 D（策略空间）为：

$$D = \{d_1, d_2, \cdots, d_m\}$$

4. 益损值

不同策略在不同自然状态下的收益值（效益值）或损失值（风险值）即为益损值。它是策略和自然状态的函数。

5. 益损矩阵

以益损值为元素构成的矩阵称为**益损矩阵**或**风险矩阵**或**报酬矩阵**。

一般，在决策分析中广泛采用的决策模型的基本结构为：

$$a = F(s_i, d_i)$$

式中，a 为价值；s_i 为状态变量；d_i 为决策变量。

二、决策程序

如前所述，决策是为了达到某个特定目标，从各种不同的方案中选取最优方案的活动（过程），所以决策工作的程序大致可分为三个阶段：

1. 确定目标

对于已经明确的问题，针对问题的症结所在，决策者要确定必须达到的目的。

目标应定得明确，如有可能尽量做到目标能够计量。明确的目标可为在多种备选的方案中选取最佳方案提供依据，并能对执行的结果进行检查。在确定目标时要注意目标的先进性和可靠性（较大实现的可能性）。

2. 拟制方案

根据确定的目标，决策者需拟制各种供选择的方案。拟制方案时首先大致设想有哪些可能的方案和大致轮廓，其次对每种可能人选的方案作深入分析和精心设计。要考虑影响各种方案实施的自然因素和各种方案在自然因素影响下所产生的效果。再次，对各种方案可能产生的结果要进行估计。

3. 选定方案

根据目标的要求和决策者的价值标准，对各种拟制的方案进行评价、比较，分清各方案的优劣、利弊和得失，且对其进行综合分析与全面衡量，从中选定最佳方案。

当然，选定方案不是决策过程完全结束，因为问题是否提得准确，目标是否定得正确，方案是否是最优等还必须在方案的贯彻执行中加以验证，以便对方案进行补充或修正。因此方案的执行是决策过程的继续。也可以把“执行方案”视为决策程序的第 4 步。

由决策程序的大致步骤我们不难得出决策分析的基本思想是：把一个决策问题分解，从而决策者可以分别对关键问题集中精力进行研究。通过确定准则，建立模型，最后使模型优化，找到最佳的方案。

值得注意的是，决策不仅需要对各行动方案作定量分析，而且与决策者的主观条件——诸如经济地位、价值观、心理素质、个人气质、对风险的态度等密切相关。

三、决策分类

从不同角度出发，可以对决策进行不同的分类。例如，根据决策者所处的层次进行划分，可分为高层决策、中层决策和基层决策；根据所需作出决策的次数进行划分，可分为一次决策和多阶段决策；根据决策的内容进行划分，可分为战略决策和战术决策；根据决策目标的个数进行划分，可分为单目标决策和多目标决策。

一般，若按决策者对未来状态掌握的信息（程度）进行划分，则可分为确定型、不确定型和随机型三类决策模型。我们将分别介绍这三种决策模型。

1. 确定型决策

若未来的自然状态是确定的，则这种问题的决策称为确定型决策。

在确定型决策中，当可供选择的方案不多时，对这种问题很容易作出决策。但在实际问题中，可供选择的方案往往很多，则需要根据问题的性质选用线性规划、动态规划或其他有效的方法去解决。

2. 随机型决策（风险型决策）

在具有多个自然状态的决策问题中，决策者虽然不知道未来哪一个状态是一定发生的，但知道（或可估计）每个状态发生的可能性有多大，即知道（或可估计）每个自然状态发生的概率。这时决策者可根据概率论和统计学知识，作出统计意义下的决策，则这种问题的决策称为随机型决策。

在随机型决策中，决策者总要冒一定的风险，故也称为风险型决策，一般情况下，决策者总要设法获得关于状态发生的一些信息。因此，这种决策问题在实际中大量存在。

3. 不确定型决策

在具有多个自然状态的决策问题中，如果对各自然状态在未来的可能性一无所知，即在进行决策时，决策者不知道哪个状态是否会发生，也不知道哪个状态发生的可能性大小。这种问题的决策称为不确定型决策。

以上三种决策类型是决策分析中常见的类型，也是研究的主要对象。但无论是哪一种类型，决策问题一般具有下面四个条件：

（1）有明确的决策目标；

（2）至少存在一个自然状态；

（3）至少存在两个可供选择的方案；

（4）不同行动方案在各种自然状态下的益损值是可以计算的。

由于确定型决策在前面我们已经介绍了线性规划、多目标规划，其他诸如非线性规划、动态规划等在运筹学相关文献(［10］［12］等）中多有介绍，所以在这里我们着重介绍后两种决策类型。

第二节　随机型决策

随机型决策也称风险型决策或统计决策。随机型决策是指在决策问题中，决策者除了知道未来可能出现的哪些状态外，还知道出现这些状态的概率分布。换言之，状态是一个随机变量，当它的概率分布已知时，决策是随机型的。当概率分布是离散型时，决策为离散型随机决策；当概率分布是连续型时，决策为连续型随机决策。对于随机型决策问题，我们将介绍三种基本决策方法（准则）。

一、期望值法（准则）

方法：把每个策略（方案或行动）的期望值求出来，然后根据期望的大小确定最优策略，即决策准则。

1. 对于离散型决策问题

设有 m 种策略，n 种状态，第 j 种状态 s_j 出现的概率为 $P(s=s_j)=p_j$，对应于策略 d_i 和状态 s_j 的结果（益损值）为 $V(d_i,\ s_j)=v_{ij}$，从而得益损矩阵：

$$\begin{array}{c} \\ \\ d_1 \\ d_2 \\ \vdots \\ d_m \end{array} \begin{array}{c} \begin{matrix} s_1 & s_2 & \cdots & s_n \\ p_1 & p_2 & \cdots & p_n \end{matrix} \\ \begin{bmatrix} v_{11} & v_{12} & \cdots & v_{1n} \\ v_{21} & v_{22} & \cdots & v_{2n} \\ \vdots & \vdots & \cdots & \vdots \\ v_{m1} & v_{m2} & \cdots & v_{mn} \end{bmatrix} \end{array}$$

策略 d_i 的期望益损值 $E(d_i)$ 为：

$$E(d_i)=\sum_{j=1}^{n} p_j v_{ij} \quad i=1,\ 2,\ \cdots,\ m$$

当决策目标为收益最大时，v_{ij} 代表收益，则有：

$$E(d_i^*)=\max_{d_i}\{E(d_i)\}=\max_{d_i}\{\sum_{j=1}^{n} p_j v_{ij}\}$$

当决策目标为费用或损失最小时，v_{ij} 代表费用或损失，则有：

$$E(d_i^*)=\min_{d_i}\{E(d_i)\}=\min_{d_i}\{\sum_{j=1}^{n} p_j v_{ij}\}$$

2. 对于连续型决策问题

设自然状态（随机变量）为 S 的概率密度函数为 $f(s)$，则对应于策略 d_i 的期望益损值为：

$$E(d_i)=\int_{-\infty}^{+\infty} V(d_i,\ s)f(s)\,\mathrm{d}s$$

当 $V(d_i,\ s)$ 表示收益时，则最优期望益损值为：

$$E(d_i^*)=\max_{d_i}\{E(d_i)\}=\max_{d_i}\{\int_{-\infty}^{+\infty} V(d_i,\ s)f(s)\,\mathrm{d}s\}$$

当 $V(d_i, s)$ 表示费用或损失时，同样有：

$$E(d_i^*) = \min_{d_i}\{E(d_i)\} = \min_{d_i}\left\{\int_{-\infty}^{+\infty} V(d_i, s)f(s)\mathrm{d}s\right\}$$

例 1　为了确定工厂某计划期内产品批量问题，从实际生产调查中得到表 9-1 所示产品批量决策表。试决定应安排何种批量的生产计划，才能使总的效益期望值最大？

表 9-1　例 1 中的产品批量决策表

自然状态 / s_i 的概率 / 效益值/万元 / 行动方案	产品销路		
	s_1（好）	s_2（一般）	s_3（差）
	$P(s_1)=0.2$	$P(s_2)=0.7$	$P(s_3)=0.1$
d_1（大批量生产）	18	15	19
d_2（中批量生产）	20	22	19
d_3（小批量生产）	40	30	20

解　这是离散型随机决策问题，s_i 是离散型随机变量。比较各策略（行动方案）的期望益损值：

$$E(d_1) = 18 \times 0.2 + 15 \times 0.7 + 19 \times 0.1 = 16$$
$$E(d_2) = 20 \times 0.2 + 22 \times 0.7 + 19 \times 0.1 = 21.3$$
$$E(d_3) = 40 \times 0.2 + 30 \times 0.7 + 20 \times 0.1 = 31$$
$$E(d_i^*) = \max_{d_i}\{E(d_i)\} = E(d_3) = 31$$

所以，应选择行动方案 d_3，即应安排小批量生产，可获得的最大效益期望值为 31 万元。

若把例 1 中的 d_i 视为代表不同的投资方案，效益值视为风险指标值，则风险矩阵为：

$$\begin{pmatrix} 18 & 15 & 19 \\ 20 & 22 & 19 \\ 40 & 30 & 20 \end{pmatrix}$$

由 $E(d_i)$ 的计算可知，此时应选 $\min_{d_i}\{E(d_i)\} = E(d_1)$，即选第一种投资方案的可能风险最小，其最小的损失值为 16 万元。

例 2　某个体售报亭每天要到邮局去订报，若某种报纸出售一份可得利润 a 分，但卖不出去退回邮局则每份要损失 b 分。根据以往经验，每天需要该种报纸的需求量为 K 份的概率为 p_K。问：每天应订购多少份该种报纸，才能使该种报纸获利的期望值最大？

解　设报亭每天订购该种报纸的份数为 n 份，顾客每天的需求量 X 是一个随机变量，即：$P(X=K)=p_K$。报亭每天售该种报纸的利润 $f(X)$ 可用下式表示：

$$f(X) = \begin{cases} an & \text{当 } X \geqslant n \text{ 时} \\ aX - (n - X)b & \text{当 } X < n \text{ 时} \end{cases}$$

因此，获利的期望值为：

$$E[f(X)] = \sum_{K=0}^{\infty} f(K) \cdot P(X=K)$$
$$= \sum_{K=0}^{n-1} [aK - (n-K)b] p_K + \sum_{K=n}^{\infty} an \cdot p_K$$

报亭需要作出决策：确定一个订购数，使得 $E[f(X)]$ 最大。

现如给定 $a=5$, $b=2$，需求量 X 是一个离散型随机变量，它可取的数值分别为 1001, 1002, …, 2000，其概率分布：

$$p(X=K) = \frac{1}{1000}, K = 1001, 1002, \cdots, 2000$$

为了计算方便，我们可近似地将 X 看作 [1000, 2000] 上均匀分布的连续型随机变量，故它的密度函数为：

$$p(x) = \begin{cases} \frac{1}{1000} & 1000 \leqslant x \leqslant 2000 \\ 0 & \text{其他} \end{cases}$$

于是

$$E[f(X)] = \int_{-\infty}^{+\infty} f(x) \cdot p(x) \mathrm{d}x$$
$$= \frac{1}{1000}\left[\int_{1000}^{n} (7x - 2n) \mathrm{d}x + \int_{n}^{2000} 5n \mathrm{d}x\right]$$
$$= \frac{1}{1000}(-7/2n^2 + 12000n - 3500000)$$

现要求 $E[f(X)]$ 最大，即令

$$\mathrm{d}E[f(X)]/\mathrm{d}n = \frac{1}{1000}[-7n + 12000] = 0$$

得 $n = 1714.3 \approx 1714$，又因为

$$\mathrm{d}^2E[f(X)]/\mathrm{d}n^2 = -7/1000 < 0$$

所以当 $n = 1714$ 时，以 $E[f(X)]$ 达最大值。从而得到结论，报亭每天应订购该种报纸 1714 份，可得最大利润期望值为 67.86 元，若全部卖出，则可得利润为 85.7 元。

显然，期望值法是建立在统计基础上的，它可使大量的重复类型的决策问题得到最优平均益损效果，是一个常用的决策方法。

应用期望值法时，首先要求自然状态出现的概率估计或预测应符合实际这样才能使期望值比较准确。然而要估计或预测的概率比较符合实际，则必须对决策系统进行较长时间的观察和拥有大量的统计资料，即应使决策系统处于“长期运行”之中，才能较准确地估计出状态的概率。如果决策系统由于各种因素的限制，只能或暂时处于“短期运行”之中，这就使得观察时间不长，统计资料不够充分，估计出的状态概率不准确，从而有可能导致决策失误。为了减少决策失误的可能性，希望能找到一个期望值最大（最小），决策结果偏离期望值的程度又最小的策略。即希望找到一个期望值最大（最小），标准差又达最小的策略。综合这两方面考虑即产生一个所谓的期望值与标准差准则（方法）。

3. 期望值与标准差准则

（1）当决策目标是求收益最大时，综合值为：

$$ED(d_i) = E(d_i) - K\sigma(d_i)$$

其中 $E(d_i)$ 为 d_i 的期望值；$\sigma(d_i)$ 为 d_i 的标准差；K 为常数，称为风险厌恶因子，表示 $\sigma(d_i)$ 对 $E(d_i)$ 的重要程度。如果决策者对低于 $E(d_i)$ 的收益十分敏感，则可取 $K > 1$。则最优策略 $ED(d_i^*)$ 为：

$$ED(d_i^*) = \max_{d_i}[ED(d_i)] = \max_{d_i}[E(d_i) - K\sigma(d_i)]$$

式中，$\sigma(d_i)$ 为：

$$\sigma(d_i) = \sqrt{\sum_{j=1}^{n}[v_{ij} - E(d_i)]^2 \cdot p_j} \qquad \text{（离散型）}$$

$$= \int_{-\infty}^{+\infty}[V(d_i - s) - E(d_i)]^2 \cdot f(s)\mathrm{d}s \qquad \text{（连续型）}$$

（2）当决策目标是求费用或损失最小时，同理可得最优策略 $ED(d_i^*)$ 为：

$$ED(d_i^*) = \min_{d_i}[ED(d_i)] = \min_{d_i}[E(d_i) + K\sigma(d_i)]$$

读者可结合例 1 实施一下这个准则。

二、决策树法

方法：把整个决策问题看作一个母系统，把互相联系的因素看作子系统。先对子系统进行决策，然后对母系统进行累计决策。由于其思路（图形）呈树枝形状，因此这个由后往前的逐步决策过程称为决策树法。

决策树法是一种图解法，它对于较为复杂的离散型随机决策问题，对需要逐次进行决策的“多级决策问题”等非常有效。另外，应用期望值法作决策也可借助于决策树的图形进行。

1. 决策树的构成

决策树一般由四种元素组成，它们有：

（1）**决策点**：决策点用□表示，决策者需要在决策点进行策略（方案）的决策。最终选中的策略的期望益损值要写在决策点上方。

（2）**策略点**：从决策点引出的每一个分枝都是策略分枝，都代表决策者可能选取的一个策略。在各个策略分枝的末端用○表示的节点称为策略点，该策略点的期望益损值要写在策略点上方。

（3）**结果点**：从策略点引出的每一个分枝都是概率分枝，每个分枝上面都要标明它代表的自然状态及其出现的概率。在各个概率分枝的末端用△表示的节点称为结果点（末梢点或决策终点），其相应策略在该状态下的益损值要写在结果点的右方。

（4）**分枝**：分枝包含策略分枝和概率分枝。最终决策结果确定之后要对未选上的策略分枝进行“剪枝”，即在决策树的相应的策略分枝上标上“//”。

决策树是一个按逻辑关系画出的树形图。示意如图 9-1 所示。

2. 单级决策问题

只含一项决策的问题，即为**单级决策问题**。其在决策树中只有一个决策点。方法为：

（1）绘制决策树并标上原始数据；

（2）自右往左计算各策略点的期望益损值，并标在相应的策略点上；

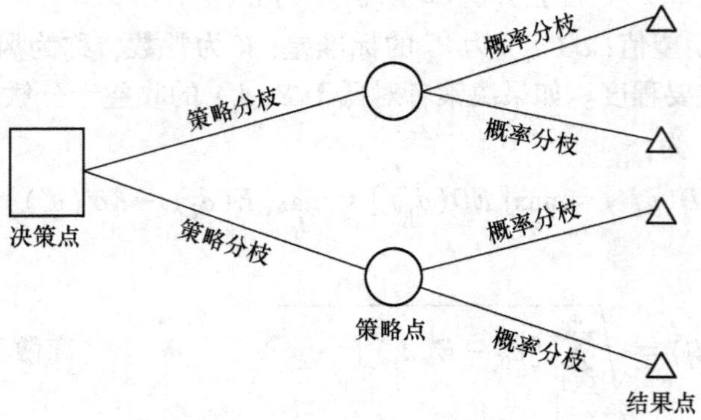

图 9-1　决策树

（3）依期望值法（准则）进行决策。

例 3　为了开发某种新产品，某厂需要对生产设备的投资规模作出决策。假设现有三种可供选择的方案：

（1）d_1：购买大型设备；

（2）d_2：购买中型设备；

（3）d_3：购买小型设备。

根据市场预测，未来的市场对这种新产品的需求情况也有三种可能：

（1）s_1：需求量较大，发生的概率 $P(s_1)=0.3$；

（2）s_2：需求量中等，发生的概率 $P(s_2)=0.4$；

（3）s_3：需求量较小，发生的概率 $P(s_3)=0.3$。

根据工厂有关部门估计，采用策略 d_i 而实际发生状态 s_j 时，工厂的收益为 a_{ij} 万元，它可用益损矩阵表示如下：

$$\begin{pmatrix} 50 & 20 & -20 \\ 30 & 25 & -10 \\ 10 & 10 & 10 \end{pmatrix}$$

试问：某工厂应选取何种策略才可使其收益最大？

解　（1）根据题意绘制决策树如下（图 9-2）：

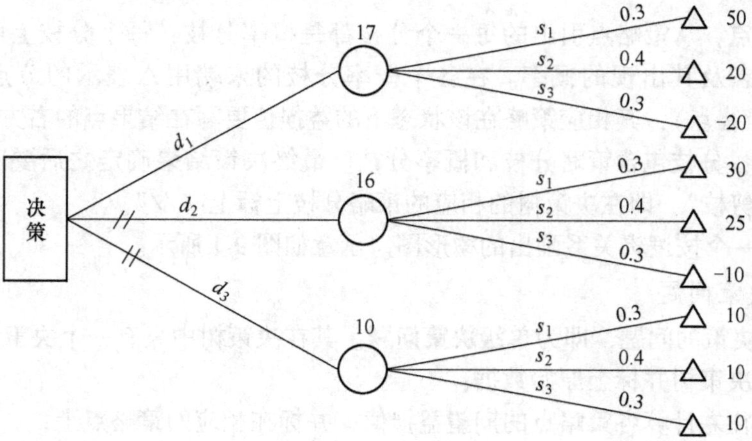

图 9-2　例 3 决策树

(2) 计算各点的期望益损值：

$$E(d_1) = 50 \times 0.3 + 20 \times 0.4 + (-20) \times 0.3 = 17$$

$$E(d_2) = 30 \times 0.3 + 25 \times 0.4 + (-10) \times 0.3 = 16$$

$$E(d_3) = 10 \times 0.3 + 10 \times 0.4 + 10 \times 0.3 = 10$$

依期望值法得最优策略为：购买大型设备，此时可使其期望收益值达到最大，最大值为 17 万元。

3. 多级决策问题

多级决策问题包含两项或两项以上的决策问题。在决策树中有两个或两个以上的决策点。

方法：与单级决策问题相同。

例 4　某原料厂由于某项工艺不够好，产品成本高。在价格保持中等水平的情况下无利可图，在价格低落时要亏本，只有在价格高时才能盈利且盈利不多。现在工厂的管理人员欲改革这项工艺，用新工艺去代替它。取得新工艺有两种途径，一是自行研究，但成功的可能性是 0.6。二是买专利，估计谈判成功的可能性是 0.8。不论研究成功还是谈判成功，生产规模都考虑两种方案，一是产量不变，二是增加产量。如果研究或谈判失败，则仍采用原工艺进行生产，并保持原产量不变。根据市场预测，估计今后几年内这种产品跌价的可能性是 0.1，保持中等水平的可能性是 0.5，涨价的可能性是 0.4。通过计算得到各个方案在不同价格情况下的益损值如表 9-2 所示。试问应如何决策才使工厂的利润达最大？

表 9-2　例 4 益损值表

益损值　方案 价格状态	按原工艺生产	买专利成功		研究成功	
		产量不变	增加产量	产量不变	增加产量
价格低落	-100	-200	-300	-200	-300
价格中等	0	50	0	-250	
价格高涨	100	150	250	200	600

解　(1) 根据题意画出决策树，如图 9-3 所示。

(2) 计算各点的期望益损值：

$$E(4) = (-100) \times 0.1 + 0 \times 0.5 + 100 \times 0.4 = 30$$

$$E(8) = (-200) \times 0.1 + 50 \times 0.5 + 150 \times 0.4 = 65$$

$$E(9) = (-300) \times 0.1 + 50 \times 0.5 + 250 \times 0.4 = 95$$

$$E(10) = (-200) \times 0.1 + 0 \times 0.5 + 200 \times 0.4 = 60$$

$$E(11) = (-300) \times 0.1 + (-250) \times 0.5 + 600 \times 0.4 = 85$$

$$E(7) = (-100) \times 0.1 + 0 \times 0.5 + 100 \times 0.4 = 30$$

然后再计算：

$$E(2) = 30 \times 0.2 + 95 \times 0.8 = 82$$

$$E(3) = 85 \times 0.6 + 30 \times 0.6 = 63$$

依期望值法得最合理的决策是应该买专利，此时工厂可获得的期望利润为 82 万元。

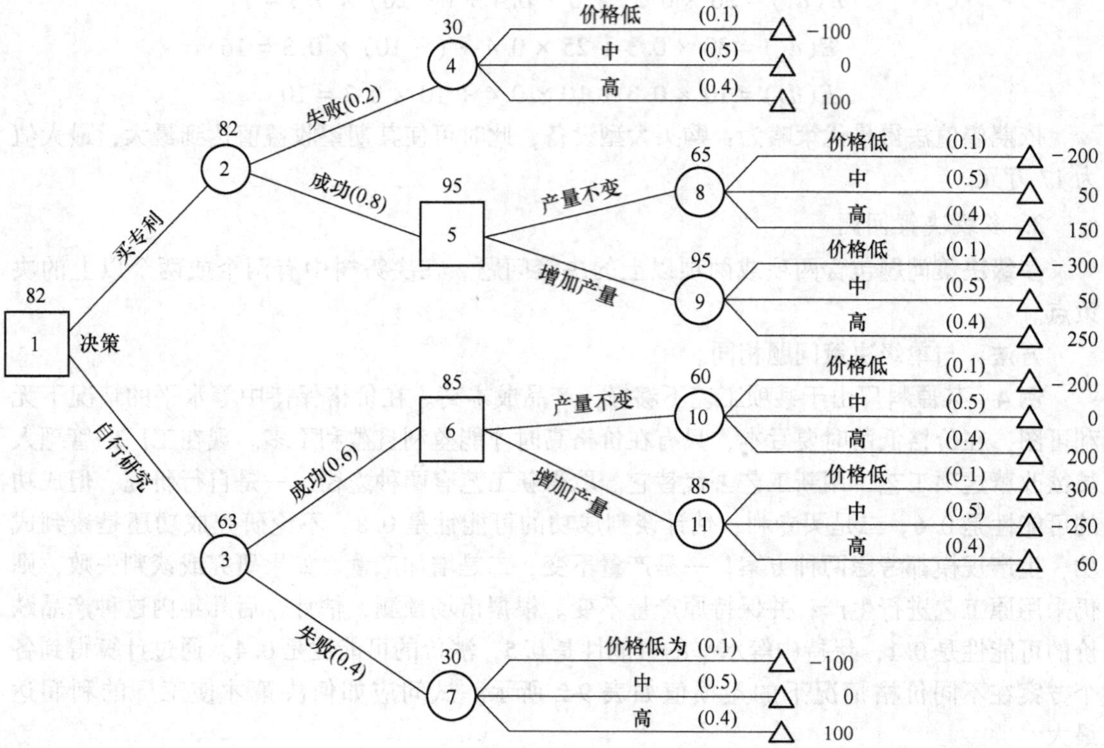

图 9-3　例 4 决策树

三、贝叶斯决策

决策是离不开信息的。因此，收集、识别和分析各种信息就显得十分重要。决策者掌握的信息越多，对未来的状态出现概率的估计越准确。而对自然状态的概率分布估计的精确性将直接影响到决策的益损期望值。然而，为了取得各种信息就得支付一笔进行调查、试验和咨询等活动的费用。为了权衡花这笔费用是否值得，就有必要对信息本身价值进行计算。这就是下面所介绍的完全信息的价值。

1. 完全信息（情报）及其价值

完全信息：能完全肯定某一状态发生的信息称为完全信息。否则，称之为**不完全信息**或**补充信息**。

完全信息的价值：设没有完全信息的期望值为 EV，完全信息的期望值为 TEV，完全信息的价值记为 V，则有：

当决策目标是收益最大时，有：

$$V = TEV - EV$$

当决策目标是收益最小时，有：

$$V = EV - TEV$$

补充信息的价值：和完全信息类似，获取不完全信息也要付出一定的代价，也存在着一个是否值得的问题。

一般，若设取得补充信息的期望值为 IV，原来的期望值为 EV，则补充信息的价值 V 同样有：

当决策目标是收益最大时，有：

$$V = IV - EV$$

当决策目标是收益最小时，有：

$$V = EV - IV$$

例 5　若现有一个单级决策问题，已知决策如图 9-4 所示。现假定花费 0.8 万元可买到关于产品销路好坏的完全情报，试决定是否要购买？

解　此问题相当于在销路好、一般和差三种情况下是决定取 d_1、d_2、d_3 中的哪一个的决策问题。完全信息能提供应选择 d_1、d_2、d_3 中的哪一个的肯定情报和相应的概率。但是，在决定购买这一完全信息时还不知道其内容，故决策时无法计算出确切的效益，只能根据各自然状态出现的概率求出相应的期望益损值。从而该问题的决策如下（图 9-5）：

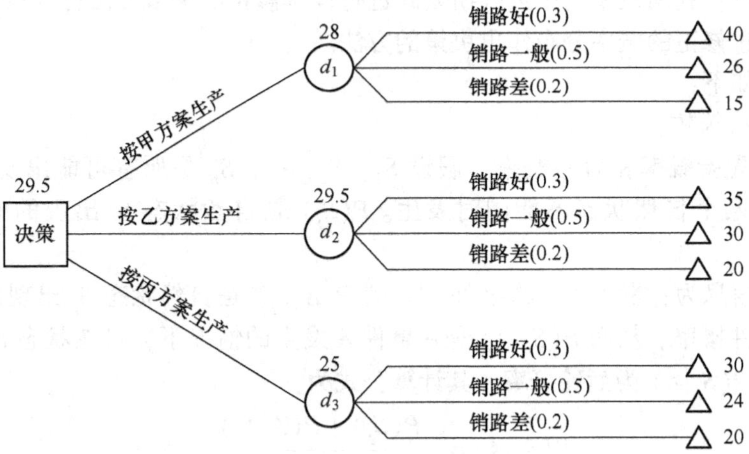

图 9-4　例 5 决策问题

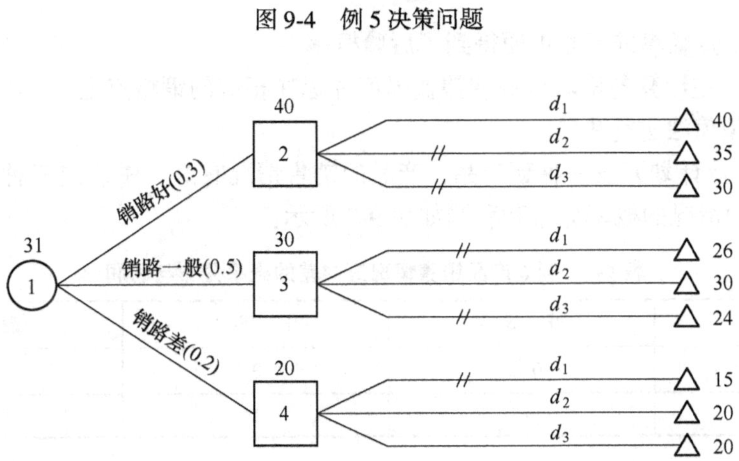

图 9-5　例 5 期望效益值

期望效益值为：0.3×40+0.5×30+0.2×20=31 万元，而 31 万元视为得到完全情报后的期望效益值 TEV，则完全信息的价值

$$V = TEV - EV = 31 - 29.5 = 1.5 \text{万元}$$

而 1.5 万元>0.8 万元，所以花费 0.8 万元去购买产品销路好坏的完全情报是合算的。

2. 先验概率和后验概率

在风险型决策中，有时不可能得到完全信息，有时为了得到完全信息花费的代价太大而无法承受。这种情况下，如果需要改进原来的决策结果时，可采用抽样检验、请专家估计等方法去采集不完全信息作为补充情报，以此来修正原来的概率估计。由此引出先验概率和后验概率的概念。

先验概率：把根据补充信息、进行修正之前的各自然状态的概率估计称为先验概率。

后验概率：把根据补充信息进行修正之后的各自然状态的概率估计称为后验概率。

一般来说，后验概率要比先验概率更加准确可靠。

3. 贝叶斯决策

贝叶斯决策：利用概率论中贝叶斯公式进行概率修正的决策方法称为贝叶斯决策。它是一种利用经过修正的概率分布作出决策的方法。

决策步骤如下：

（1）绘制决策树。

（2）计算先验概率和后验概率。假设 S_1，S_2，…，S_n 是所有可能出现的自然状态，并且其中任意两个自然状态不能同时发生。$P(S_j)$ 是自然状态 S_j 出现的概率，即**先验概率**。

假设补充信息为：发生了一次事件 A。则 $P(A|S_j)$ 是自然状态 S_j 出现的情况下，事件 A 发生的条件概率。从而 $P(S_j|A)$ 是在事件 A 发生的情况下，自然状态 S_j 出现的条件概率。我们称 $P(S_j|A)$ 为**后验概率**，其计算公式为：

$$P(S_j|A) = \frac{P(S_j) \cdot P(A|S_j)}{\sum_{j=1}^{n} P(S_j) \cdot P(A|S_j)}$$

以补充信息对先验概率进行修正便得到了后验概率。

（3）自右往左计算各策略点的期望益损值并标在相应的策略点上。

（4）依期望值法进行决策。

例 6　某企业计划开发一种新产品，产品的销售情况有好、中、差三种，据已往的经验，估计这三种情况的概率分布和利润如表 9-3 所示：

表 9-3　例 6 产品销售情况好中差的概率分布与利润

状态 S_j	好（S_1）	中（S_2）	差（S_3）
概率 $P(S_j)$	0.25	3	0.45
利润/万元	15	1	−6

为进一步摸清市场对这种产品的需求情况，该企业通过调查和咨询等方式得到了一份市场调查表如下：

表 9-4　例 6 市场调查表

状态 S_j	好（S_1）	中（S_2）	差（S_3）
好（A_1）	0.65	0.25	0.1
中（A_2）	0.25	0.45	0.15
差（A_3）	0.1	0.3	0.75

假定得到市场调查表的费用为 0.6 万元。试求：

（1）补充信息（市场调查表）价值是多少？

（2）如何决策可使利润期望值最大？

解　（1）根据问题的特点，画出决策树（图 9-6）：

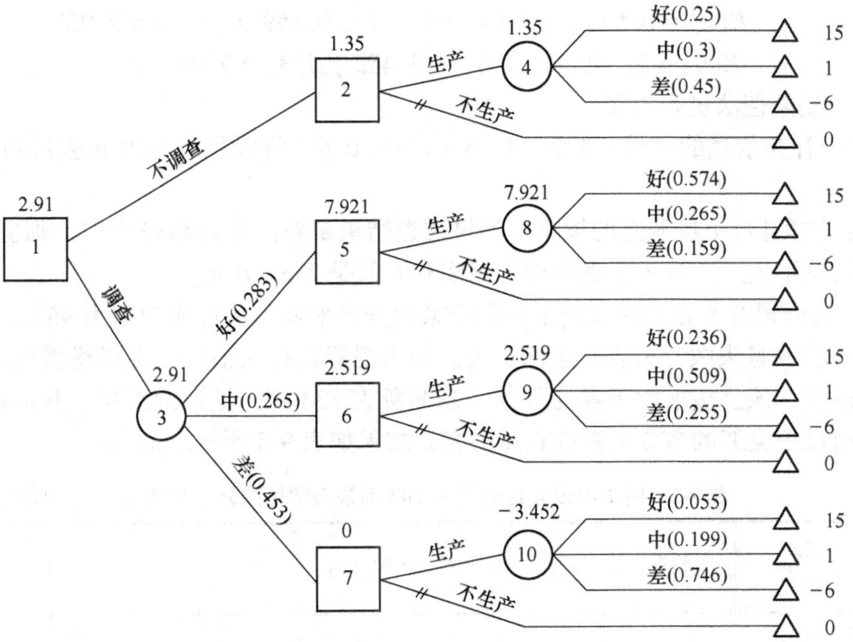

图 9-6　例 6 决策树

（2）计算各决策点的期望利润值。

对于不进行调查情况，由表 9-3，可知：

$$E(4) = 0.25 \times 15 + 0.3 \times 1 + 0.45 \times (-6) = 1.35$$

从而可得 $E(2) = 1.35$。

对于进行调查的情况，则需根据表 9-4 中的 $P(A_i|S_j)$ 的值与先验概率 $P(S_j)$ 计算出 $P(A_i)$。然后由贝叶斯公式计算出后验概率 $P(S_j|A_i)$。计算公式如下：

$$P(A_i) = \sum_{j=1}^{3} P(S_j) \cdot P(A_i|S_j)$$

$$P(S_j|A_i) = [P(A_i|S_j) \cdot P(S_j)]/P(A_i)$$

经计算得：

$$P(A_1) = P(A_1|S_1) \cdot P(S_1) + P(A_1|S_2) \cdot P(S_2) + P(A_1|S_3) \cdot P(S_3)$$

$$=0.25\times0.65+0.3\times0.25+0.45\times0.1=0.283$$

$$P(A_2)=0.25\times0.25+0.3\times0.45+0.45\times0.15=0.265$$

$$P(A_3)=0.25\times0.1+0.3\times0.3+0.45\times0.75=0.453$$

从而后验概率：

$$P(S_1|A_1)=(0.65\times0.25)/0.283=0.574$$

$$P(S_2|A_1)=(0.3\times0.25)/0.283=0.265$$

$$P(S_3|A_1)=0.159,\ P(S_1|A_2)=0.236,\ P(S_2|A_2)=0.509$$

$$P(S_3|A_2)=0.255,\ P(S_1|A_3)=0.055,$$

$$P(S_2|A_3)=0.199,\ P(S_3|A_3)=0.746$$

将结果分别填入决策树中。由修正后概率计算出各点的期望利润值：

$$E(8)=0.574\times15+0.265\times1+0.159\times(-6)=7.921$$

$$E(9)=2.519,\ E(10)=-3.452,\ E(3)=2.91$$

（3）依期望值法进行决策。

1）由于补充信息的价值 = 2.91 − 1.35 = 1.56 > 0.6，所以用 0.6 万元去进行调查是合算的。

2）应选择进行市场调查的策略。如果调查结果是新产品销路好或中，则应进行批量生产，否则就不生产。这个决策所得的期望利润值是 2.31 万元。

例 7 某公司有 5 万元多余资金如用于某项开发事业，估计成功率为 96%，成功时可获利 12%；若一旦失败，将丧失全部资金。如果把资金存入银行，则可稳得利息 6%。为获取更多情报，该公司求助于咨询服务，咨询费为 700 元，但咨询意见，只能提供参考。该咨询公司过去类似的 200 例咨询意见的实施结果如表 9-5 所示。试求：

表 9-5 例 7 中公司过去类似 200 例咨询意见实施结果统计 （单位：次）

意见＼结果	投资成功（s_1）	投资失败（s_2）	合 计
可以投资（A_1）	154	2	156
不宜投资（A_2）	38	6	44
合计	192	8	200

（1）该公司是否值得求助于咨询服务？

（2）该公司多余资金应如何使用？

解 （1）根据已知条件绘制决策树，见图 9-7。

（2）计算各决策点的期望益损值。对于不求助咨询服务情况，由图 9-7 可得：$E(6)=0.96\times6000+0.04\times(-50000)=3760$，从而可得 $E(2)=3760$。

对于求助于咨询服务的情况，则要根据先验概率去计算后验概率，然后根据后验概率值去计算各点期望值，它可以同例 6 中一样，先根据乘法定理计算出条件概率 $P(A_i|s_j)$，然后再用贝叶斯公式求出 $P(s_j|A_i)$。但也可根据题意，利用“事件积”的定义去简化计算。此例中采用后者。具体计算如下：

因为

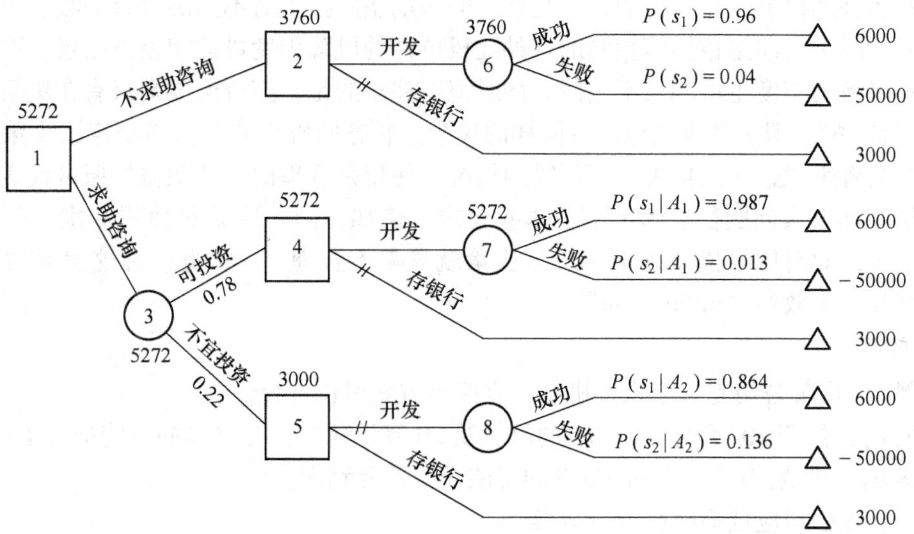

图 9-7　例 7 决策树

$$P(s_1)=0.96\ ,\ P(s_2)=0.04\ ,\ P(A_1)=\frac{156}{200}=0.78\ ,\ P(A_2)=\frac{44}{200}=0.22\ ,$$

所以有：

$$P(A_1s_1)=\frac{154}{200}=0.77\ ,\ P(A_2s_1)=\frac{38}{200}=0.19$$

$$P(A_1s_2)=\frac{2}{200}=0.01\ ,\ P(A_2s_2)=6=0.03$$

由乘法定理，$P(AS)=P(A)P(S|A)$ ，得 $P(S|A)=\dfrac{P(AS)}{P(A)}$ ，从而得后验概率为：

$$P(s_1|A_1)=\frac{P(A_1s_1)}{P(A_1)}=\frac{0.77}{0.78}=0.987$$

$$P(s_2|A_1)=0.013\ ,\ P(s_1|A_2)=0.864\ ,\ P(s_2|A_2)=0.136$$

将结果分别填入决策树中，由后验概率计算出各点期望益损值：

$$E(7)=0.987\times6000+0.013\times(-50000)=5272$$

$$E(8)=0.864\times6000+0.136\times(-50000)=-1616$$

从而得：$E(4)=5272$，$E(5)=3000$

由此得 $E(3)=5272$。

（3）依期望值法进行决策。

1）由于补充信息价值 = 5272 - 3760 = 1512 > 700，所以该公司用 700 元去咨询是值得的。

2）最优决策是该公司应求助于咨询公司，如果咨询意见是可以投资开发，则投资于事业的开发；如果咨询意见是不宜投资开发，则将多余资金存入银行。

四、效用理论

前面所介绍的三种基本决策方法都是以期望益损值作为决策准则的，即认为期望益损值相同的各种随机事件是等价的，并且认为同一期望益损值对不同决策者的吸引力都是一样的。但实际上，期望益损值相同的各种随机事件的风险程度可能相差得很远，而不同的决策者对风险的态度也可能大不相同。同时值得注意的是，期望值准则只有在决策系统是“长期运行”的，即大量重复地进行同样的决策。状态的概率分布相当稳定，决策一旦失误，对决策者来说造成的损失并不严重的情况下使用是合理的，期望益损值可代表其平均益损效果“而现实问题往往满足不了这些要求。例如，同一决策只使用一次，而且包含风险又较大，此时用最优益损准则进行决策就显得不合理了。因此，在这里对决策者来说，就存在一个效用（utility）问题。

1. 效用

引例 1 设某公司有一个投资机会，有两个方案可供选择。

方案 d_1：投资 10 万元，有 50%的可能获 20 万元利润，有 50%的可能损失 10 万元。

方案 d_2：投资 10 万元，有 100%的可能获 2 万元利润。

试问：该公司应选择哪种投资方案？

解 因为 $E(d_1)=\frac{1}{2}\times 20+\frac{1}{2}\times(-10)=5$

$$E(d_2)=2$$

所以方案 d_1 与 d_2 的利润期望值分别为 5 万元与 2 万元。如果按照期望值准则来决策的话，则最优策略是选择方案 d_1。

如果该公司（投资）资本雄厚，一旦决策失误，损失掉的 10 万元对其后果不算严重，则该公司很可能采取方案 d_1；如果该公司资金单薄，如采用方案 d_1 风险很大，一旦失误其后果十分严重，该公司只能采取方案 d_2 投资。d_1 是随机事件，d_2 是确定性事件，对 d_1 的得失效果的估计，不同的决策者由于处境、条件、个人素质等因素不同会作出不同的反应与估计。

引例 2 设有一笔奖金要发给某人，有两种领奖方式可供选择：

方案 d_1：直接发给某人 500 元。

方案 d_2：采取抽签方式，共有“中”与“不中”两张签。抽到“中”者发给 2000 元，抽到“不中”者罚 1000 元。试问此人更愿意采取哪种领奖方式？

解 因为 $E(d_1)=500$

$$E(d_2)=\frac{1}{2}\times 2000+\frac{1}{2}\times(-1000)=500$$

所以方案 d_1 与 d_2 的利润期望值均是 500 元，如果按照期望值准则来决策的话，则最优策略是选择方案 d_1 或 d_2 均可。而大多数人还是会认为它们的“得失效果”或“价值”是不同的。那么到底应选择哪一种方案呢，这就需要决策者比较 d_1 与 d_2 的价值。d_1 是确定性事件，d_2 是随机性事件。对于得失效果的估计，不同的决策者由于各种样的因素会得出不同的反应与估计。例如某人经济收入很丰厚，他会去选择 d_2；某人经济上很拮据又急需得到收入，则他会去选择 d_1；或者某人会对 d_2 的价值作出一个“主观价值”，以此去衡量应选择 d_1 还是 d_2。

由引例 1 与引例 2 可见，对于同样的一件不确定性的事情而言，不同的决策者由于其处境、条件、冒险精神、个人素质等因素的不同，对于相同的期望值会有不同的反应和估计。随着处境、条件等因素的变化，即使是同一个决策者，对同一期望值的反应和估计也会发生变化。这就是“效用”的含义。

效用：一般称决策者对于利益或损失的反应和估计为“效用”。

效用是决策者的一种“主观价值”，它对策略的选取有重大的影响。

效用值：称效用的相对大小的数量表示为效用值。

对于每个 $r \in R$（益损值集合），令实数 $u(r)$ 与之对应，它表示效用的相对大小。显然，当认为对 r_1 比对 r_2 更为偏好时，则必有 $u(r_1) > u(r_2)$；当认为 r_1 与 r_2 分不出好坏时，则有 $u(r_1) = u(r_2)$。所以定义在 R 上的反映对 $r \in R$ 的偏好程度的实值函数 $u(r)$ 称为**效用函数**。

值得指出的是：（1）对于任意的益损值集 R，表示对于益损的偏好程度的函数 $u(r)$ 是存在的；（2）效用函数的线性变换仍为效用函数；（3）除线性变换外，效用函数是唯一的。

效用值的计算：规定 $0 \leqslant u(r) \leqslant 1$。

方法：（1）在一个决策问题中，将决策者可能得到的最大效益期望值的效用值定为1，最小效益期望值的效用值定为0（也可以用其他数字来表示）。

（2）利用心理试验法，即由决策分析人员向决策者提出一系列询问，根据决策者的回答确定不同收益的效用值。

所谓效用就是用一种抽象的单位代表一个决策者对“货币”价值的看法，这种抽象单位即效用单位。效用单位和概率的乘积就是效用期望值。对一个实际问题，若已有效用函数 $u(r)$ 的表达式，则效用值就是 $u(r)$ 的函数值；若不具备 $u(r)$，则效用值的计算可采用上述方法。

效用是决策者对得失效果的看法和态度的一种相对数量表示，决策问题的每一策略结果对决策者都有一定的效用，这反映了在风险（随机）情况下决策者对某种结果的偏爱程度。可见，用效用期望值进行决策分析，会更加符合一部分决策者的实际观点，也更趋于合理。

例 8　仍以上述引例 1 来说明如何具体计算效用值。

解　设 $u(r)$ 表示利润为 r 万元的效用值：$u(20) = 1$，$u(-10) = 0$。

询问方法 1：利用 $u(20)$，$u(-10)$ 的值，借助于确定性事件与随机性事件的等效关系，求得第三个点的效用值。改变益损值保持概率不变，重复上述过程可得第四个点的效用值。依次类推可求得任意个点的效用值，如图 9-8 所示，图中符号“~”表示 d_1 与 d_2 等效的含义。

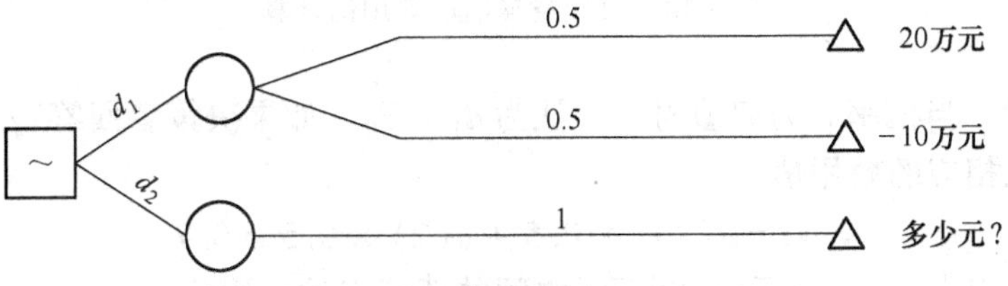

图 9-8　例 8 询问方法 1 效用值计算

（1）询问决策者：当 d_2 的收益值为多少时，你认为 $d_1 \sim d_2$（即 d_1 与 d_2 等效）。如果决策者回答：4 万元，则可计算出 4 万元相应的效用值：

$$u(4) = u(20) \times 0.5 + u(-10) \times 0.5 = 0.5$$

（2）保持概率不变，改变益损值（应取在前面的计算中已求出其效用值的那些益损值），询问决策者：若以 0.5 概率得 20 万元，0.5 的概率得 4 万元，此时当 d_2 的收益值为多大时，你认为 $d_1 \sim d_2$。如果决策者回答：10 万元，则可计算 10 万元相应的效用值：

$$u(10) = u(20) \times 0.5 + u(4) \times 0.5 = 0.75$$

若现又询问决策者：若以 0.5 概率得 4 万元，以 0.5 概率损失 10 万元，此时当 d_2 的收益值为多大时，你认为 $d_1 \sim d_2$。如果决策者回答 -2 万元，则可计算出 -2 万元相应的效用值：

$$u(-2) = u(4) \times 0.5 + u(-10) \times 0.5 = 0.25$$

由此可类推出任意一个点的效用值。

询问方法 2：利用 $u(20)$，$u(-10)$ 的值，借助于确定性事件与随机性事件的等效关系，求得第三个点的效用值。改变益损值，询问概率值，重复上述过程可得第四个点的效用值。依次类推可求得任意个点的效用值，如图 9-9 所示。

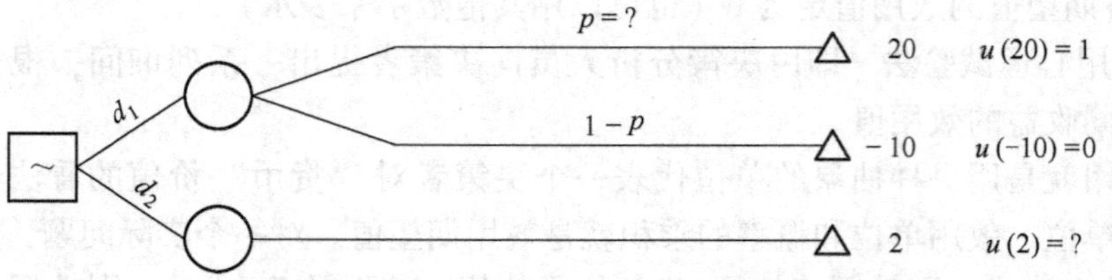

图 9-9　例 8 询问方法 2 效用值计算

（1）询问决策者：当概率 p 为何值时，你认为 $d_1 \sim d_2$。如果决策者回答：$p = 0.4$，则可计算出收益 2 万元相应的效用值：

$$u(2) = u(20) \times 0.4 + u(-10) \times 0.6 = 0.4$$

（2）改变益损值，如图 9-10 所示：

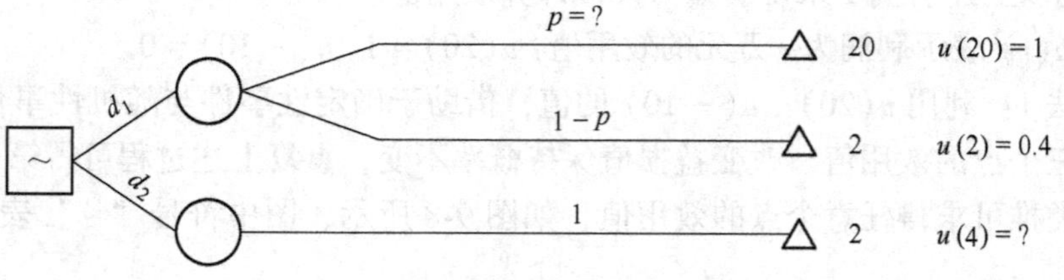

图 9-10　改变益损值后效用值计算

询问决策者：当概率 p 为何值时，你认为 $d_1 \sim d_2$，如果决策者回答：$p = 0.5$，则可计算出收益 4 万元相应的效用值：

$$u(4) = u(20) \times 0.5 + u(2) \times 0.5 = 0.7$$

由此可类推出由 -10 万元到 20 万元之间的任意点的效用值。

2. 效用曲线

效用曲线：设效用曲线为 $u(x)$（x 代表益损值，$u(x)$ 代表 x 相应的效用值），若以 x

为横坐标，u 为纵坐标，将某个决策者对风险态度变化关系画出的曲线称为某个决策者的效用曲线。效用曲线的画法：

（1）利用效用函数 $u(x)$ 表达式即可画出其图像。

（2）通过心理试验法得到若干个点的效用值，据此描绘出效用曲线或进一步拟合出其效用曲线。

效用曲线的类型：效用曲线有三种基本类型：下凹（凸）、上凹（凸）、直线型，如图 9-11 所示。

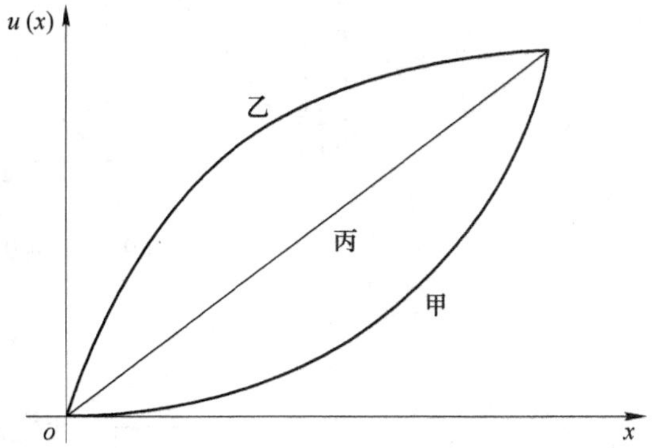

图 9-11　效用曲线的三种基本类型

对乙型：当收益增大时，效用值增大较缓慢；当收益减少时，效用值减少较快。这表明决策者对利益的反应较迟缓，而对损失较敏感。这是一类不求大利、避免风险、谨慎小心的保守型决策者。从几何上看，效用曲线开始时的切线斜率较大，以后逐渐减小，这表明每增加单位收益时效用的增加量递减。这种效用函数图形呈凸型，属于凹函数。

对甲型：效用曲线正好与凸型相反，这表明决策者对利益的反应较敏感，而对损失较迟缓。这是一类谋求大利、不怕风险的冒险型决策者。从几何上看，效用曲线图形呈凹型，属于凸函数。

对丙型：收益的效用值与收益的期望值成正比，即完全根据期望益损值的大小来进行决策。这是一类介于保守型和冒险型之间的中间型决策者。从几何上看，此类效用函数图形呈直线，属于线性函数。

大量的统计资料表明，可以认为大多数决策者属于保守型。某一个决策者可能主要属于某一类型，但在不同的时间和条件下，他对风险的态度也有可能发生变化。

3. 效用值决策准则

所谓效用值决策准则，就是根据效用理论，借助于效用函数或效用曲线，计算出各个策略的期望效用值。以期望效用值最大的策略为选定的最优策略。所以也称**最大期望效用值决策准则**。

例 9　在例 6 中将各节点处的各收益用相应的效应来代替，各节点处的效应计算同例 8。现已计算得出其效用曲线如图 9-12。

由效用曲线可知，它是属于保守型的，由效用曲线可求得下列效用值：

$$u(-6)=0,\ u(0)=0.6,\ u(1)=0.64,\ u(15)=1,\ u(0.6)=0.62$$

则例 6 中相应决策树上的各收益节点处的后面可标上相应的效用值，然后用效用值代替收益值计算各节点处的效用期望值，得到如图 9-13 的决策树。其中效用期望值计算是用效用单位和概率的乘积所得，比如

$$E(4)=0.25\times1+0.3\times0.64+0.45\times0=0.442$$

其余各节点处的效用期望值的计算均类似。

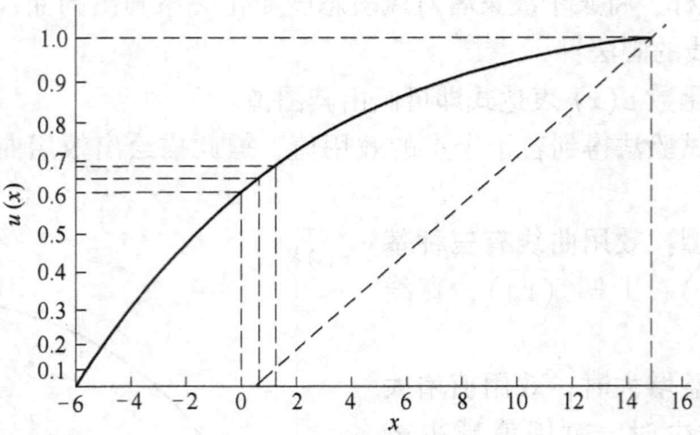

图 9-12　例 9 的效用曲线

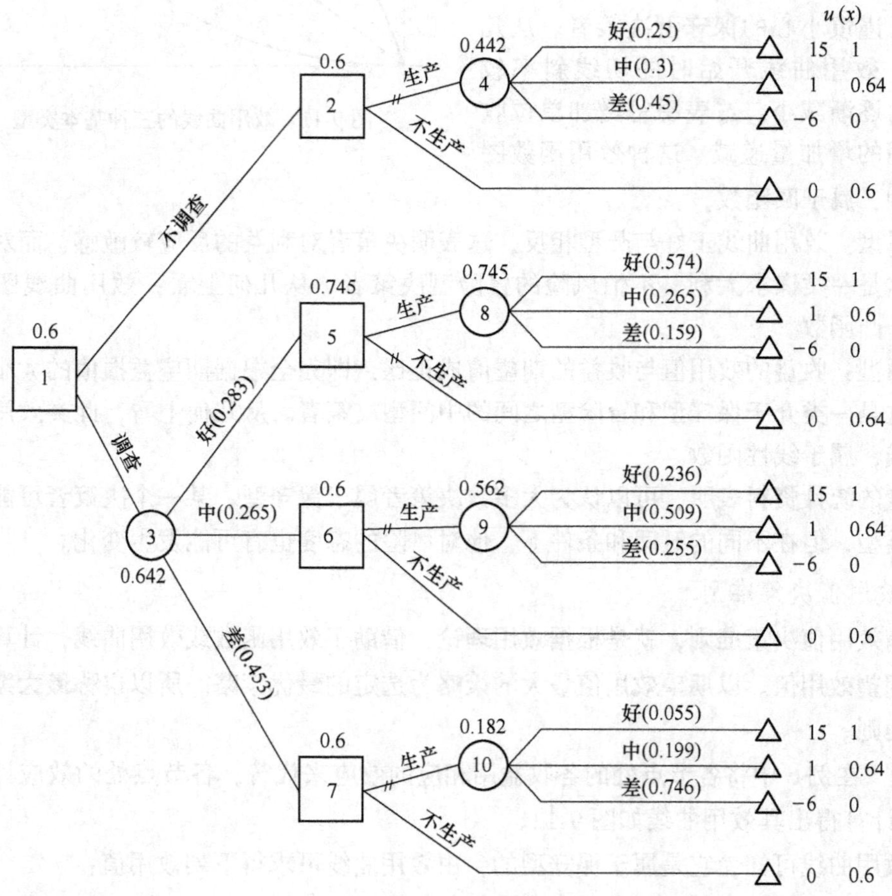

图 9-13　例 9 的决策树

由于进行市场调查的期望值为：

$$u(1)-u(0.6)=0.64-0.62=0.02$$

所以最优策略应为不进行市场调查，也不生产新产品。这个结论与用期望值决策准则进行决策的结论正好相反，这正是考虑了决策者对风险的态度而得出的，也恰好说明了该决策者是个不愿冒风险的保守型决策者。

例 10　某教师在选用某门课程的两种教材 T_1 和 T_2 时遇到如下问题：学生的学习效果主要取决于学生的学习态度，但也和所选用的教材有关。根据以往经验，有 30%的学生学习态度积极主动，50%的学生一般，20%的学生较差。这些学生学习完之后所获得的知识和能力的提高如表 9-6 所示。试问这位教师应选取哪一种教材？

表 9-6　例 10 教材、学习态度与学生知识能力提高情况

教材＼态度	积极	一般	较差
T_1	100%	30%	0%
T_2	30%	60%	30%

解　用效用值决策准则来进行决策，首先要确定效用值。令

$$u(100\%) = 1 \text{ , } u(0\%) = 0$$

（1）确定提高 60%的效用值。

情况 1：肯定提高 60%；

情况 2：提高 100%的概率为 p，提高 0%的概率为 $1 - p$。

如果教师认为当 $p = 0.8$ 时，上述两种情况等效，则有：

$$u(60\%) = 0.8 \times 1 + (1 - 0.8) \times 0 = 0.8$$

（2）确定提高 30%的效用值。

情况 1：肯定提高 30%；

情况 2：提高 100%的概率为 p，提高 0%的概率为 $1 - p$。

如果教师认为当 $p = 0.65$ 时，上述两种情况等效，则有：

$$u(30\%) = 0.65 \times 0.6 + (1 - 0.65) \times 0 = 0.39$$

（3）计算 T_1 和 T_2 的期望效用值。

$$E(T_1) = 0.3 \times 1 + 0.5 \times 0.39 + 0.2 \times 0 = 0.495$$

$$E(T_2) = 0.3 \times 0.39 + 0.5 \times 0.8 + 0.2 \times 0.39 = 0.595$$

由期望值准则可知，最优决策是选取教材 T_2。这一结论显然与该教师的教学经验及学生的情况紧密相连。

例 11　某公司欲购置一批汽车，现考察两项指标；功率和价格。决策者认为最合适的功率为 70kW，若低于 60kW 则不宜使用；而最满意的价格为 39 万元。若超过 55 万元则不能接受。目前，能满足上述基本要求的汽车型号有两种：A 牌和 B 牌，其数据如表 9-7 所示。试决策购买哪一种汽车为好？

表 9-7　例 11 相关数据

型号＼指标	功率/kW	价格/万元
A 牌	65	42
B 牌	70	52

解　这是一个简化的两个目标的多目标决策问题。功率和价格这两个目标彼此矛盾，

已知的两个型号，A 牌和 B 牌中没有功率大而价格低的。并且价格和功率的量纲也不同，也无法进行比较。现在可用加权效用准则来解决此类问题。其一般方法是：

第一步：把多目标分成多个独立的单目标，绘出决策者对该单目标的效用曲线。

第二步：由决策者对各个目标的重视程度给出每个目标的一个权系数，把每一个目标的数据化为决策者的效用值。

第三步：计算出每个方案的多目标综合效用值，即每个单目标的效用值乘以各自的权系数后相加，得到综合效用值。综合效用值也称加权效用值。然后以它的大小作为决策的准则。

在本例中：绘出了决策者的功率效用曲线 $u_1(x)$ 和价格效用曲线 $u_2(x)$，分别如图 9-14（a）和图 9-14（b）所示：

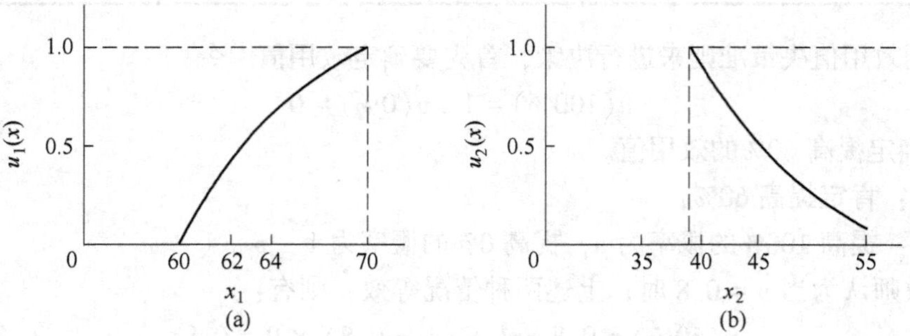

图 9-14　例 11 功率效用曲线与价格效用曲线

由效用曲线中可知：

$$u_1(60\text{kW}) = 0\ ,\ u_1(70\text{kW}) = 1\ ,\ u_1(65\text{kW}) = 0.55$$

$$u_2(55) = 0\ ,\ u_2(39) = 1\ ,\ u_2(42) = 0.7\ ,\ u_2(52) = 0.15$$

若决策者赋予功率权系数 $w_1 = 0.6$，价格权系数 $w_2 = 0.4$，设 U 为综合（加权）效用值，则 $U = 0.6u_1(x_1) + 0.4u_2(x_2)$。

对于 A 牌汽车的综合效用值：

$$U_A = 0.6u_1(65) + 0.4u_2(42) = 0.61$$

对于 B 牌汽车的综合效用值：

$$U_B = 0.6u_1(70) + 0.4u_2(52) = 0.66$$

因此，最优策略为购买 B 牌汽车。

第三节　不确定型决策

不确定型决策是指在决策问题中，决策者除了知道在决策中可能出现的几种状态外，其他一无所知。这时决策就有许多不确定的因素，所以若对这类问题进行决策就称为不确定型决策。决策者在不确定型决策问题中获得的信息的确定程度最差。因此，在决策时决策者只是根据自已对事物的态度进行分析和选择。不确定型决策由于缺乏客观的某些条件，所以决策时就与决策者的主观状态密切联系。这些状态都将对决策产生深刻影响。对于不确定型决策问题，我们将介绍五种基本决策方法（准则）。

一、等可能性准则

等可能性准则也称为**拉普拉斯准则**，它是十九世纪的数学家 Laplace 提出的。他认为：当一个人面对 n 种自然状态可能发生时，如果没有确切、特殊的理由说明某个自然状态比其他自然状态有更多的发生机会，那么只能认为它们发生的机会是等可能的。

方法：对于有 n 种自然状态的决策问题，各种状态出现的可能性均为 $\frac{1}{n}$，则当决策目标是求收益最大时，最优策略 d_i^* 为：

$$E(d_i^*) = \max_i\left\{\frac{1}{n}\sum_{j=1}^{n} v_{ij}\right\}$$

当决策目标是求损失最小时，最优策略 d_i^* 为：

$$E(d_i^*) = \min_i\left\{\frac{1}{n}\sum_{j=1}^{n} v_{ij}\right\}$$

其中 v_{ij} 是益损矩阵中的元素。

一般，当决策者不能肯定某一状态比另一状态出现的可能性大时，则可考虑用等可能准则进行决策。

例 12　某一食品店经销各种食品，其中有一种食品的进价是 0.3 元/个，出售价是 0.5 元/个，如果这种食品当天卖不完，就要造成损失 0.1 元/个，根据以往销售情况，这种食品每天的销售量可能为 1000、2000、3000 个。商店经理每天要进这种食品多少个才可使每天的利润最大？

解　这个决策问题的未来状态是销售量，其可能的值是 1000、2000、3000 个，可能采取的策略即进货量，也可能是 1000、2000、3000 个。这是一个离散型决策问题。若现在已知不同状态下采取不同策略的结果值即利润如以下矩阵所示：

状态：1000　2000　3000　策略

$$\begin{pmatrix} 200 & 200 & 200 \\ 100 & 400 & 400 \\ 0 & 300 & 600 \end{pmatrix}\begin{matrix} 1000 \\ 2000 \\ 3000 \end{matrix}$$

则依等可能性准则，各自然状态（销售量）出现的可能性相等，均为 1/3，从而有：

$$E(d_1) = \frac{1}{3}[200 + 200 + 200] = 200$$

$$E(d_2) = \frac{1}{3}[100 + 400 + 400] = 300$$

$$E(d_3) = \frac{1}{3}[0 + 300 + 600] = 300$$

依期望值法可知最优策略为：$E(d_i^*) = E(d_2) = E(d_3)$，即每天进这种食品 2000 个或 3000 个，平均可获利润为 300 元。

二、最大最小准则（max-min）

此准则也称为**华尔德（Wald）准则**。其基本思想是从最坏的结果着想，再从最坏的结果中选取最好的结果，故也称保守准则或悲观准则。

方法：给定益损矩阵 (v_{ij})。

（1）当结果 v_{ij} 表示收益时，先计算不同策略 d_i 条件下的最小收益 $\min_{s_j}\{v_{ij}\}$，再求最大值，得最优策略 d_i^* 条件下的收益为：

$$V(d_i^*) = \max_{d_i} \min_{s_j}\{v_{ij}\}$$

（2）当结果 v_{ij} 表示费用或损失时，则最优策略 d_i^* 条件下的费用或损失为：

$$V(d_i^*) = \min_{d_i} \max_{s_j}\{v_{ij}\}$$

例 13　用 max-min 准则对例 12 进行决策。

解　因为益损矩阵 (v_{ij}) 为：

状态：1000　2000　3000 策略

$$\begin{pmatrix} 200 & 200 & 200 \\ 100 & 400 & 400 \\ 0 & 300 & 600 \end{pmatrix} \begin{matrix} 1000 \\ 2000 \\ 3000 \end{matrix}$$

因为

$$\min(200,\ 200,\ 200) = 200$$
$$\min(100,\ 400,\ 400) = 100$$
$$\min(0,\ 300,\ 600) = 0$$

所以，$\max(200,\ 100,\ 0) = 200$。即最优策略是选择每天进货 1000 个，可使每天稳得利润 200 元。

按悲观准则决策可能会丧失掉获得最好结果的机会，但不管最终哪个自然状态发生，决策者得到的效益值不会少于各方案最小效益值中的最大者。比如例 13 中选择了每天进货 1000 个的方案，则不管哪种自然状态发生，决策者真正得到的效益值稳定在 200 元。虽然，整个效益矩阵中的最大值 600 元已不可能达到，但也不会落到效益值为 0 的最坏结果。或者说，它能避免最坏结果。

一般，当决策者怕担风险，或者由于情况不明，一旦决策失误会造成严重后果时，决策者往往比较谨慎小心，态度趋于保守型，此时可考虑用悲观准则来决策。

三、乐观准则

乐观准则也称**冒险准则**。按乐观准则决策时，决策者对客观状态的估计总是最乐观的，并且不放弃任何一个可能获得最好结果的机会，总是充满着乐观、冒险的精神。其基本思想是“大中取大”或“小中取小”。

方法：给定益损矩阵 (v_{ij})。

（1）当决策目标是收益最大时，其最优策略 d_i^* 条件下的收益为：

$$V(d_i^*) = \max_{d_i} \max_{s_j}\{v_{ij}\}$$

（2）当决策目标是费用或损失最小时，其最优策略 d_i^* 条件下的费用或损失为：

$$V(d_i^*) = \min_{d_i} \min_{s_j}\{v_{ij}\}$$

例 14　某单位搞生产经营，有四种产品可供选择，市场需求也分四种情况。现在根据统计资料可得不同产品在不同的市场需求下的收益值如表 9-8 所示。试用乐观准则给予决策。

表 9-8　例 14 不同产品在不同市场需求下的收益值　　（单位：万元）

方案 \ 自然状态	s_1	s_2	s_3	s_4
d_1	4	5	6	8
d_2	1	4	5	8
d_3	5	7	2	5
d_4	2	5	6	9

解　因为　$\max(4,5,6,8)=8$，$\max(1,4,5,8)=8$

$\max(5,7,2,5)=7$，$\max(2,5,6,9)=9$

所以，$\max(8,8,7,9)=9$，而 9 所对应的方案为 d_4，从而得最优策略 $d_i^*=d_4$，可获最大利润 9 万元。

四、折衷准则

这个准则是由霍尔维茨（Huwitz）提出的，所以又称其为 Huwitz 准则。其基本思想是把保守（悲观）和冒险（乐观）两种极端情况进行某种程度的折衷。用折衷准则进行决策时，是保守程度多一些还是冒险程度多一些，要取决于决策者的态度。其程度可以用权系数加以定量表示。

方法：给定益损矩阵 (v_{ij})，乐观系数 λ，$0<\lambda<1$。

（1）当决策目标是收益最大时，最优策略 d_i^* 条件下的收益为：

$$V(d_i^*)=\max_{d_i}\{\lambda\max_{s_j}v_{ij}+(1-\lambda)\min_{s_j}v_{ij}\}$$

（2）当决策目标是费用或损失最小时，最优策略 d_i^* 条件下的费用或损失为：

$$V(d_i^*)=\min_{d_i}\{\lambda\min_{s_j}v_{ij}+(1-\lambda)\max_{s_j}v_{ij}\}$$

其中 $\max_{s_j}v_{ij}$ 表示某一方案在不同自然状态下的最大收益值；$\min_{s_j}v_{ij}$ 表示某一方案在不同自然状态下的最小收益值或损失值。λ 的大小根据对自然状态信息的掌握程度来确定。

例 15　用折衷准则对例 14 进行决策。

解　给定 $\lambda=0.6$，对每个方案的折衷值为：

$$d_1: 0.6\times8+(1-0.6)\times4=6.4$$

$$d_2: 0.6\times8+(1-0.6)\times1=5.2$$

$$d_3: 0.6\times7+(1-0.6)\times2=5$$

$$d_4: 0.6\times9+(1-0.6)\times2=6.2$$

因为 $\max(6.4,5.2,5,6.2)=6.2$，所以最优决策是选取方案 d_1，此时可得利润为 6.4 万元。

注意到当 $\lambda=0$ 时恰好对应的是悲观准则中的“最大最小”决策；当 $\lambda=1$ 时恰好对应的是乐观准则中的“最大最大”决策。而 $0<\lambda<1$ 正好处于乐观与悲观之间，故称其为折衷。

五、后悔值准则

这个决策准则是由经济学家塞维基（Savage）提出的，因此又称 Savage 准则。它是对悲观准则的一种修正，目的是使保守程度少一些。但此时决策者仍属于保守型的。其基本思想是把每一自然状态对应的最大效益值视为理想目标，把它与该状态下的其他效益值之差作为未达到理想目标的后悔值，由此得到一个后悔矩阵。然后把后悔矩阵中每一行的最大值求出后，再求这些最大值中的最小值即为所求。所以也称这个准则为**最小后悔准则**。

后悔值实际上代表了决策者在某一自然状况下，由于未采用相对最优的策略而造成的经济损失值或机会损失值，决策者会对于未采用相对的最优策略而感到后悔和遗憾。所以后悔值也称为**遗憾值**。

方法：给定益损矩阵（v_{ij}）。

（1）当 v_{ij} 表示收益时，后悔值 $r_{ij}=\max\limits_{d_i}\{v_{ij}\}-v_{ij}$，最优策略 d_i^* 条件下的收益为：

$$V(d_i^*)=\min_{d_i}\max_{s_j}\{r_{ij}\}$$

（2）当 v_{ij} 表示费用或损失时，后悔值 $r_{ij}=v_{ij}-\min\limits_{d_i}\{v_{ij}\}$，最优策略 d_i^* 条件下的费用或损失为：

$$V(d_i^*)=\min_{d_i}\max_{s_j}\{r_{ij}\}$$

其中后悔矩阵为：

$$\begin{matrix} s_1 & s_2 & \cdots & s_n & \\ r_{11} & r_{12} & \cdots & r_{1n} & d_1 \\ r_{21} & r_{22} & \cdots & r_{2n} & d_2 \\ \vdots & \vdots & \cdots & \vdots & \\ r_{m1} & r_{m2} & \cdots & r_{mn} & d_m \end{matrix}$$

例 16 用后悔准则对例 14 进行决策。

解 若 v_{ij} 表示收益时，

$$r_{11}=\max_{d_i}\{v_{i1}\}-v_{11}=5-4=1$$

$$r_{21}=\max_{d_i}\{v_{i1}\}-v_{21}=5-1=4$$

$$r_{31}=\max_{d_i}\{v_{i1}\}-v_{31}=5-5=0$$

$$r_{41}=\max_{d_i}\{v_{i1}\}-v_{41}=5-2=3$$

依次类推可计算出 r_{12}，r_{22}，r_{32}，r_{42}，r_{13}，…，r_{43}，r_{14}，…，r_{44} 的值（计算过程略），得如下的后悔矩阵：

$$\begin{pmatrix} 1 & 2 & 0 & 1 \\ 4 & 3 & 1 & 1 \\ 0 & 0 & 4 & 4 \\ 3 & 2 & 0 & 0 \end{pmatrix}$$

由后悔矩阵得：$\max\limits_{s_j}\{r_{ij}\}$ 分别为 2、4、4、3，然后由

$$\min_{d_i}\max_{s_j}\{r_{ij}\} = \min_{d_i}\{2,\ 4,\ 4,\ 3\} = 2$$

得最优策略是选择方案 d_1。

若 v_{ij} 表示损失时，类似上述过程可得后悔矩阵为：

$$\begin{pmatrix} 3 & 1 & 4 & 3 \\ 0 & 0 & 3 & 3 \\ 4 & 3 & 0 & 0 \\ 1 & 1 & 4 & 4 \end{pmatrix}$$

由后悔矩阵得：$\max\limits_{s_j}\{r_{ij}\}$ 分别为 4、3、4、4。然后由

$$\min_{d_i}\max_{s_j}\{r_{ij}\} = \min_{d_i}\{4,\ 3,\ 4,\ 4\} = 3$$

得最优策略是选择方案 d_2。

例 17　某工厂的一个车间有四台不同型号的机床，它们均可以生产某种产品。每一台机床生产这种产品的准备费和单位产品的生产费用均不相同、设第 i 台机床的生产准备费为 K_i，单位生产费为 C_i，具体的数值如表 9-9 所示。

表 9-9　例 17 不同型号机床的生产准备费和单位生产费

机床 i	1	2	3	4
K_i	100	40	150	90
C_i	5	12	3	8

该产品的生产批量 Q 是个未知数，但它必须满足：$1000 \leqslant Q \leqslant 4000$，并且设第 i 台机床生产该产品的成本 z_i 是批量 Q 的线性函数，即有 $z_i = K_i + C_iQ$，$i = 1,\ 2,\ 3,\ 4$。试问应选用哪一台机床生产该产品才最为经济?

解　显然，这里的状态是生产批量 Q，对于采用的策略 d_i（选用哪台机床），其结果值是生产成本 z_i，z_i 是批量 Q 的连续函数。所以，这是一个连续型决策问题。它不能像离散型决策问题那样用矩阵形式来表示。下面分别就五种决策准则来确定此问题的最优策略。

方法 1：等可能性准则。

因为 Q 是一个取值于［1000，4000］上的随机变量，根据等可能性准则，必须假设 Q 取［1000，4000］中任一值的可能性是相同的。所以，Q 应是区间［1000，4000］上均匀分布的随机变量，其概率密度 $f(x)$ 为：

$$f(x) = \begin{cases} \dfrac{1}{3000} & 1000 \leqslant Q \leqslant 4000 \\ 0 & \text{其他} \end{cases}$$

从而第 i 台机床的生产成本 z_i 也是一个随机变量。

记 $E(z_i)$ 为选取策略 d_i 的生产成本 z_i 的平均值。则有：

$$E(z_i) = \int_{1000}^{4000}(K_i + C_iQ)\,\frac{1}{3000}\mathrm{d}Q = K_i + 2500C_i\ ,\ i = 1,\ 2,\ 3,\ 4$$

由此得最小平均值为：

$$E(z_i^*)=\min_{d_i}\{K_i+2500C_i\}$$
$$=\min\{12600,\ 30040,\ 7650,\ 20090\}=7650$$

所以最优策略 $d_i^*=d_3$，即选第 3 台机床加工这种产品最适宜，其最低费用为 7650 元。

方法 2：悲观准则。

因为 C_i（单位生产费）>0，生产成本 z_i 是生产批量 Q 的单调递增函数。所以，当 $Q=4000$ 时生产成本最大，即：

$$\max_{1000\leqslant Q\leqslant 4000}\{K_i+C_iQ\}=K_i+4000C_i,\ i=1,\ 2,\ 3,\ 4$$

根据悲观准则，有：

$$V(d_i^*)=\min_{d_i}\max_{1000\leqslant Q\leqslant 4000}\{K_i+C_iQ\}$$
$$=\min_{d_i}\{K_i+4000C_i\}$$
$$=\min\{20100,\ 48040,\ 12150,\ 32090\}$$
$$=12150$$

所以最优策略 $d_i^*=d_3$，即选第 3 台机床加工这种产品最适宜，其最低费用为 12150 元。

方法 3：乐观准则。

乐观准则同悲观准则类似，因为：

$$\min_{1000\leqslant Q\leqslant 4000}\{K_i+C_iQ\}=K_i+1000C_i,\ i=1,\ 2,\ 3,\ 4$$

所以有：

$$V(d_i^*)=\min_{d_i}\min_{1000\leqslant Q\leqslant 4000}\{K_i+C_iQ\}$$
$$=\min_{d_i}\{K_i+1000C_i\}$$
$$=\min\{5100,\ 12040,\ 3150,\ 8090\}$$
$$=3150$$

得最优策略 $d_i^*=d_3$，即选第 3 台机床加工这种产品最适宜，其最低费用为 3150（元）。

方法 4：折衷准则。

现给定乐观系数 $\lambda=0.7$，使用折衷准则时的最优决策值的计算方法，则有：

$$V(d_i^*)=\min_{d_i}\{0.7\min_{1000\leqslant Q\leqslant 4000}\{K_i+C_iQ\}+0.3\max_{1000\leqslant Q\leqslant 4000}\{K_i+C_iQ\}$$
$$=\min_{d_i}\{0.7(K_i+1000C_i)+0.3(K_i+4000C_i)\}$$
$$=\min\{9600,\ 22840,\ 5850,\ 15290\}$$
$$=5850$$

所以最优策略 $d_i^*=d_3$，即选第 3 台机床加工这种产品最适宜，其最低费用为 3850（元）。

方法 5：后悔值准则。

因为用后悔值准则进行决策时，首先要确定的是后悔值。在连续型决策问题中是要确定后悔函数，确定方法如下：

设 $R(d_i,\ Q)$ 为对于批量 Q 采取决策 d_i 的后悔函数。所以，由题意可确定的后悔函数应为：

$$R(d_i,\ Q)=K_i+C_iQ-\min_{d_i}\{K_i+C_iQ\}\ ,\ i=1,\ 2,\ 3,\ 4$$

而 $\min\limits_{d_i}\{K_i+C_iQ\}=\min\limits_{d_i}\{100+5Q,\ 40+12Q,\ 150+3Q,\ 90+8Q\}$，由图 9-15 中 4 条直线所显示的 z_i 值可知：$\min\limits_{d_i}\{K_i+C_iQ\}=K_3+C_3Q=150+3Q$。

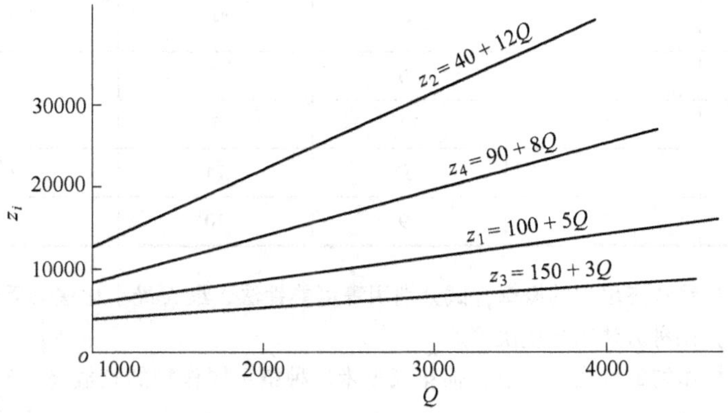

图 9-15　后悔函数

所以得后悔函数：

$$\begin{aligned}R(d_i,\ Q)&=K_i+C_iQ-(150+3Q)\\&=(C_i-3)Q+K_i-150\end{aligned}$$

根据后悔值准则，有：

$$V(d_i^*)=\min_{d_i}\ \max_{1000\leqslant Q\leqslant 4000}\{(C_i-3)Q+K_i-150\}$$

因为 $C_i-3\geqslant 0$，所以 $(C_i-3)Q+K_i-150$ 是一个单调递增函数，从而：

$$\begin{aligned}V(d_i^*)&=\min_{d_i}\{4000(C_i-3)+K_i-150\}\\&=\min_{d_i}\{7950,\ 35890,\ 0,\ 19940\}\\&=0\end{aligned}$$

由此得最优策略 $d_i^*=d_3$，即选第 3 台机床加工这种产品最适宜，其最低后悔值为 0，即不会后悔。

本例中用五种决策准则得出了同一个决策，但由于决策者对风险的态度不同，从得出不同的最低费用值。

在决策中究竟选用哪种准则为宜，要由决策者根据主客观情况而定。一般来说，对于不确定型决策问题采用不同的决策准则作出的决策可能是不同的。为了使决策更准确可靠，最佳的方法是设法了解各自然状态发生的概率，将不确定型决策问题转化为随机型决策问题。总之，决策问题通常是个比较复杂的问题，它的正确解决是与决策者的素质息息相关的，决策者丰富的知识、长期的经验、敏锐的洞察力、高超的判断能力和敢于担当风险的魄力等等均是正确进行决策的必要条件。有了这些必要条件，再配之决策分析方法，就可帮助决策者更充分地发挥主动性和创造性，做出最合理的决策。

习　题

9-1 不同方案及状态下的损失如下表所示：

状态 / 方案	s_1	s_2	s_3	s_4	s_5
d_1	15	10	0	−6	17
d_2	3	14	8	9	2
d_3	1	5	14	20	−3
d_4	7	19	10	2	0

假定不知道各种自然状态出现的概率，试分别用等可能性法、最大最小化法、后悔值法、乐观系数法（取 $\lambda = 0.5$）四种方法求最优决策。

9-2 某农场需决定种植作物的种类：土豆、棉花或玉米。种植不同作物的收益（元）主要取决于天气，如下表所示：

收益值 状态 / 策略	好天气	中等天气	坏天气
种土豆	250000	18000	10000
种棉花	30000	12000	8000
种玉米	20000	16000	12000

试求：（1）用不确定型决策的方法，决定种植哪一种作物。

（2）如天气预报给出好天气的概率为 0.3，中等天气的概率为 0.4，坏天气的概率为 0.3，用风险型决策决定种植什么作物。

（3）假定事先能以 500 元购买到准确的天气预报，该农场应买这个预报吗？

9-3 根据以往的资料，一家面包店每天所需面包数可能是下面各个数量中的某一个：100、150、200、250、300，而其概率分布不知道。如果一个面包当天没有卖掉，则可在当天结束时以 1.5 元处理掉。新鲜面包每个售价 4.9 元，每个面包的成本是 2.5 元，假如进货量限定为需要量中的某一个。

试求：（1）面包进货问题的益损矩阵。

（2）用不确定决策的方法决定面包店的最优进货量。

（3）如果已知每天面包的需求量服从如下概率分布：

s_j	100	150	200	250	300
$P(s_j)$	0.20	0.25	0.30	0.15	0.10

试用期望值法确定每天的最优进货量。

9-4 有一家大型的鲜海味批发公司，该公司购进某种海味价格是每箱 250 元，售出的价格是每箱 400 元。所有购进的海味必须在同一天售出，当天销售不掉的海味只能处理掉。过去统计的资料表明对该种海味的日需求量近似地服从正态分布，其均值为每天 650 箱，日标准差为 120 箱，试分别对如下两种情况确定该批发公司的最优日进货量：

（1）没有处理价。

（2）当天处理价每箱 240 元。

9-5 某咖啡制造商意识到他这个牌子的咖啡销售额已开始下降，为了挽救这个局面，有两种措施可供选择：增加广告费，这需要增加费用 20 万元；或是改换牌子，这估计要花费 25 万元。通过市场调查得到这两种措施相应的销售额的概率分布如下：

措施 1：维持原状。

年销售额/万元	550	450	300	250	150
概率	0.35	0.35	0.20	0.05	0.05

措施 2：增加广告费。

年销售额/万元	750	650	550	450	350
概率	0.40	0.30	0.15	0.10	0.05

措施 3：改换牌子。

年销售额/万元	900	800	700	600	500
概率	0.20	0.25	0.30	0.15	0.10

试用决策树法求解制造商应采用何种措施才能使（年销售额——措施费）的期望值最小？

9-6 某人有 1000 万元要投资。在今后三年，每一年的开头将有机会把该金额投入 A、B 两项投资中的任何一项。投资 A 在一年末有 0.4 概率会丧失全部资金，有 0.6 的概率能回收 2000 万元。而投资 B 在年末有 0.9 的概率正好回收原来的 1000 万元，有 0.1 的概率能回收 2000 万元。每年只允许作一项投资，且每次只能投入 1000 万元。

试用决策树法决定使三年后至少有 2000 万元的概率为最大的投资方案，并求出在此投资方案下三年后至少有 2000 万元的概率。

9-7 某石油公司考虑在某地钻井，结果可能出现三种情况：无油（θ_1），油少量（θ_2），油丰富（θ_3），石油公司估计，三种状态出现的可能性是：$P(\theta_1)=0.5, P(\theta_2)=0.3, P(\theta_3)=0.2$，钻井费用是 7 万元，如果少量出油，可收入 12 万元，如大量出油，可收入 27 万元。为了进一步了解地质情况，可进行勘探，其结果可能是构造较差（s_1），构造一般（s_2）和构造良好（s_3）。根据过去经验，地质构造与油井出油的关系如下：

$P(s_j \mid \theta_i)$	构造较差（s_1）	构造一般（s_2）	构造良好（s_3）
无油（θ_1）	0.6	0.3	0.1
油少量（θ_2）	0.3	0.4	0.3
油丰富（θ_3）	0.1	0.4	0.5

假定勘探费用需 1 万元，问：

（1）应怎样根据勘探结果来决定是否钻井？

（2）应先行探，还是不进行勘探而直接钻井？

9-8 某厂打算生产一种新产品，但这种新产品今后销路如何目前不能完全确定，估计今后销路好的概率是 0.5，销路差的概率也是 0.5，目前已有 A、B 两种现成的工艺可用于生产此种新产品。若用工艺 A 生产，投资较少，但产量也低，如销路好可获利 20 万元，销路差则亏损 10 万元；若用工艺 B 生产，所需设备的投资较大，但产量高，如销路好可获利 100 万元，销路差则亏损 20 万元。该厂一位工程师又提出了一种新工艺的设想，但要采用这项工艺，就必须投入大量试验费用，估计试验顺利的概率是 0.8，试验不顺利的概率是 0.2。若试验顺利，采用新工艺生产成本就比较低，估计销路好可获利 200 万元，销路差则亏损 50 万元；若试验不顺利，新工艺的生产成本就较高，销路好将获利

50 万元，销路差将亏损 100 万元。该厂厂长是个比较谨慎的决策者。现已得到他在此问题上的效用函数，各货币损益值所对应的效用值见下表：

（单位：万元）

损益值	200	100	50	20	−10	−20	−50	−100
效用值	1.0	0.79	0.66	0.57	0.46	0.42	0.29	0

（1）画出此问题的决策树。

（2）用期望货币值标准求最优决策。

（3）用期望效用值标准求该厂长在此问题上的最优决策。

第十章　现代优化算法

本章讨论的现代优化算法，主要包括禁忌搜索（tabu search）算法、模拟退火（simulated annealing）算法、遗传算法（genetic algorithms）和人工神经网络（artificial neural networks）算法。这些算法借助现代计算机作为工具，对复杂的组合最优化问题的求解具有普遍适用性，自 20 世纪 80 年代以来得到了快速发展和广泛应用，所以我们称它们为现代优化算法。这类算法中的每一个算法都以人类、生物的行为方式或者物质的运动形态为背景，经过数学抽象建立算法模型，通过计算机的计算来求解组合最优化问题，因此这些算法也被称为元启发式（metaheuristics）算法。

第一节　禁忌搜索算法

禁忌搜索算法是局部邻域搜索算法的推广，是人工智能在组合最优化算法中的一个成功应用。美国科罗拉多大学教授 Fred Glover[22] 在 1986 年提出这个概念，进而形成一套完整的算法[23,24]。它的显著特点是标记出得到的局部最优解及求解过程，并在后续的迭代中避开这些局部最优解及求解过程。

一、邻域的概念

在本节中，除特别强调外，我们都假设算法解决如下组合最优化问题：

$$\begin{aligned} \min \quad & f(x) \\ \text{s.t.} \quad & g(x) \geqslant 0 \\ & x \in D \end{aligned}$$

其中，$f(x)$ 为目标函数；$g(x)$ 为约束条件；D 为定义域，是一个离散的点集合。通常，可行域 F 可以表示为 $\{x \mid x \in D,\ g(x) \geqslant 0\}$，所以一个组合最优化问题可用三个参数（$D$, F, f）表示。

在组合最优化中，欧氏距离的概念通常不再适用，但是在一点附近搜索另一个下降的点是组合最优化数值求解的基本思想，因此，需要重新定义邻域的概念。

定义 1　对于组合最优化问题 (D, F, f)，D 上的一点到 D 的子集的一个映射 N：$x \in D \rightarrow N(x) \in 2^D$，且 $x \in N(x)$，称为一个邻域映射，其中 2^D 表示 D 的所有子集组成的集合，$N(x)$ 称为 x 的邻域，$y \in N(x)$ 称为 x 的一个邻居。

注： 增加 $x \in N(x)$ 的限制是为了同距离空间的邻域定义更为相似。

例 1　背包问题解的一种表示方法为 $D = \{x = (x_1, x_2, \cdots, x_n)^{\mathrm{T}} \mid x_j \in \{0, 1\}\}$，定义邻域 $N(x) = \{y \in F \mid \sum_{i=1}^{n} |y_i - x_i| \leqslant 1\}$。

例 2（0-1 背包问题）　现有 5 种物品，从中选择一些装入背包，每种物品只可以选一件，重量和价值如表 10-1 所示：

表 10-1 背包问题物品信息

物品	1	2	3	4	5
重量	0.6	1.2	1.3	0.2	2
价值	1	6	15	2	16

背包的承重上限 $W=2$，问如何选择物品装包，能在满足承重上限的前提下，使装入包内的物品总价值最大。

可以验证 $x=(1,0,0,1,0)^{\mathrm{T}}$ 是一组可行解，试按例 1 中邻域的构造方式讨论 x 的邻域 $N(x)$ 。考察 $y=(0,0,0,1,0)^{\mathrm{T}}$ ，由于 $\sum_{i=1}^{n}|y_i-x_i|\leqslant 1$ 成立，且满足约束条件，所以 $(0,0,0,1,0)^{\mathrm{T}}\in N(x)$，同理可以得到 $(1,1,0,1,0)^{\mathrm{T}}\in N(x)$，$(1,0,1,1,0)^{\mathrm{T}}\notin N(x)$，超过背包的承重上限，$(1,0,0,0,0)^{\mathrm{T}}\in N(x)$，$(1,0,0,1,1)^{\mathrm{T}}\notin N(x)$，超过背包的承重上限；可得 x 的邻域为 $N(x)=\{(1,0,0,1,0)^{\mathrm{T}},(0,0,0,1,0)^{\mathrm{T}},(1,1,0,1,0)^{\mathrm{T}},(1,0,0,0,0)^{\mathrm{T}}\}$。

例 3 考虑有 5 个城市的旅行商问题，这五个城市分别记为 A、B、C、D、E、A 为起点，该问题解的形式可用 ABCDE 的排列表示。比如（ABCDE）是一种走法，（ACBDE）是一种走法……现在考虑解（ABCDE）邻域的一种获得方式，可以定义邻域是两个城市进行对换，得到解（ABCDE）的邻域为

$N=\{(\mathrm{ABCDE}),(\mathrm{ACBDE}),(\mathrm{ADCBE}),(\mathrm{AECDB}),(\mathrm{ABDCE}),(\mathrm{ABEDC}),(\mathrm{ABCED})\}$。

二、局部搜索

局部搜索算法可总结为：

步骤 1 选定一初始可行解 x^0 ，记录当前的最优解 $x^{\mathrm{best}}:=x^0$ ，用某种方式得到当前最优解 x^{best} 的邻域 $T=N(x^{\mathrm{best}})$ 。

步骤 2 当 $T\setminus\{x^{\mathrm{best}}\}=\phi$ ，或满足停止计算准则时，停止计算并输出结果；否则，从 T 中选一子集 S ，在 S 中计算最优解 x^{now} ，如果 $f(x^{\mathrm{now}})<f(x^{\mathrm{best}})$ ，则更新当前最优解 $x^{\mathrm{best}}:=x^{\mathrm{now}}$ ，更新其邻域 $T=N(x^{\mathrm{best}})$ ；否则 $T=T\setminus S$ ，重复步骤 2。

说明：算法中，步骤 1 的工作主要是产生初始解，以及产生一个合适的邻域，这一步是算法的初始化；步骤 2 的工作主要有两个，一是确定停机准则，二是在现有邻域中选最优解的准则。算法中，在现有邻域中选最优解的操作过程的特点是“分组操作”，即在现有邻域中分组，算法中的 S 就是一组，选优时是在组里选优，也就是在 S 中选优。

例 4 考虑有 5 个城市 A，B，C，D，E 的旅行商问题，A 为起点，城市间距离由下面矩阵给出

$$\boldsymbol{D}=(d_{ij})=\begin{pmatrix}0 & 10 & 15 & 6 & 2\\ 10 & 0 & 8 & 13 & 9\\ 15 & 8 & 0 & 20 & 15\\ 6 & 13 & 20 & 0 & 5\\ 2 & 9 & 15 & 5 & 0\end{pmatrix}$$

初始可行解为 $x^0=(\text{ABCDE})$，邻域的构造选用互换两个城市位置的方法，T 中的子集选择 T 本身，即 $S=T$，试用局部搜索算法求解该问题。

第 1 轮迭代：$x^{best}=x^0=(\text{ABCDE})$，$T=N(x^{best})=\{(\text{ABCDE}),(\text{ACBDE}),(\text{ADCBE}),(\text{AECDB}),(\text{ABDCE}),(\text{ABEDC}),(\text{ABCED})\}$，对应的目标函数值为 $f(x)=\{45, 43, 45, 60, 60, 59, 44\}$；从 $S=T=N(x^{best})$ 中选目标函数值为最小的解 $x^{now}=(\text{ACBDE})$，由于 $f(x^{now})=43<45=f(x^{best})$，更新当前最优解 $x^{best}:=x^{now}=(\text{ACBDE})$。

第 2 轮迭代：$x^{best}=(\text{ACBDE})$，其邻域 $T=N(x^{best})=\{(\text{ACBDE}),(\text{ABCDE}),(\text{ADBCE}),(\text{AEBDC}),(\text{ACDBE}),(\text{ACEDB}),(\text{ACBED})\}$，对应的目标函数值为 $f(x)=\{43, 45, 44, 59, 59, 58, 43\}$；从 $S=T=N(x^{best})$ 中选目标函数值为最小的解 $x^{now}=(\text{ACBDE})$，由于没有解满足 $f(x^{now})<f(x^{best})$，则 $T=T\setminus S$，此时 $T\setminus S$ 为空集，于是停止计算，输出最优解（ACBDE），该解是邻域 $N(x^{best})$ 内的最优解，所以是局部最优解，最优值为 43。

局部搜索算法的计算结果主要依赖起点的选取和邻域的结构，因此在使用局部搜索算法时，为了得到更好的解，可以比较不同的邻域结构和不同的初始点。一个非常直观的结论是：如果初始点的选择足够多，总可以计算出全局最优解。

三、禁忌搜索算法

用局部搜索算法计算组合最优化问题时，有两个缺点，一是有重复计算，另一个是陷入局部最优解，即算得一个邻域内的最优解时便停止了计算。禁忌搜索算法是在局部搜索算法的基础上扩展而来的一种人工智能算法。它的显著特点是标记出得到的局部最优解及求解过程，并在后续的迭代中避开这些局部最优解及求解过程。下面用一个例题来介绍禁忌搜索算法。

例 5　考虑有 4 个城市，A，B，C，D 的非对称旅行商问题，A 为起点，城市间距离由下面矩阵给出：

$$\boldsymbol{D}=(d_{ij})=\begin{pmatrix}0 & 1 & 0.5 & 1\\ 1 & 0 & 1 & 1\\ 1.5 & 5 & 0 & 1\\ 1 & 1 & 1 & 0\end{pmatrix}$$

初始可行解选（ABCD），邻域的构造选用互换两个城市位置的方式。

第 1 轮迭代：$x^0=(\text{ABCD})$，$f(x^0)=4$，$N(x^0)=\{(\text{ABCD}),(\text{ACBD}),(\text{ADCB}),(\text{ABDC})\}$，对应的目标函数值为 $f(x)=\{4, 7.5, 8, 4.5\}$。由于 $x^0=(\text{ABCD})$ 已经计算过，所以本轮迭代将它从邻域 $N(x^0)=\{(\text{ABCD}),(\text{ACBD}),(\text{ADCB}),(\text{ABDC})\}$ 中去掉，得到 $\text{Can\_}N(x^0)=\{(\text{ACBD}),(\text{ADCB}),(\text{ABDC})\}$，(ABCD) 称为禁忌对象，$\text{Can\_}N(x^0)$ 叫作候选解集。从不受禁忌的候选解集中选目标函数值为最小的解 $x^1=(\text{ABDC})$。

这里要注意的是，(ABDC) 和初始解（ABCD）相比，虽然目标函数值上升，但从 (ABDC) 出发进行下一轮迭代有可能跳出局部最优解。

下面用表格形式演示第 1 轮迭代过程：

解的形式

A	B	C	D

$f(x^0) = 4$

禁忌对象及长度

	B	C	D
A			
	B		
		C	

候选集

CD	4.5★
BC	7.5
BD	8

候选集里 CD，BC，BD 分别对应城市互换得到的解，从中选优，即目标值最小的，用★标记入选的对象。

第 2 轮迭代：$x^1 = (\mathrm{ABDC})$，$f(x^1) = 4.5$，$N(x^1) = \{(\mathrm{ABDC}), (\mathrm{ADBC}), (\mathrm{ACDB}), (\mathrm{ABCD})\}$，对应的目标函数值为 $f(x) = \{4.5, 4.5, 3.5, 4\}$。由于 $x^1 = (\mathrm{ABDC})$ 已经计算过，所以是受禁对象，得到 $\mathrm{Can\_}N(x^1) = \{(\mathrm{ADBC}), (\mathrm{ACDB}), (\mathrm{ABCD})\}$。此外，由于第 1 轮迭代选择了 CD 交换，于是，我们希望这样的交换在下面若干次迭代中不再出现，以避免计算中的循环，CD 交换得到的解（ABCD）成为受禁对象，从不受禁忌的候选解集中选目标函数值为最小的解 $x^2 = (\mathrm{ACDB})$。

下面用表格形式演示第 2 轮迭代过程：

解的形式

A	B	D	C

$f(x^1) = 4.5$

禁忌对象及长度

	B	C	D
A			
	B		
		C	3

候选集

BC	3.5★
BD	4.5
CD	4.5 T

CD 成为禁忌对象并限定在以后 3 次迭代中不允许 CD 对换，在对应位置记录 3，候选集里 BC，BD，CD 分别对应城市互换得到的解，用 T 标记不选此交换，从中选优，即目标值最小的，用★标记入选的对象。

第 3 轮迭代：x^2 =（ACDB），$f(x^2)=3.5$，$N(x^2)$ = {(ACDB)，(ADCB)，(ABDC)，(ACBD)}，对应的目标函数值为 $f(x)$ = {3.5，8，4.5，7.5}。由于 x^2 =（ACDB）已经计算过，所以是受禁对象，得到 Can_$N(x^2)$ = {(ADCB)，(ABDC)，(ACBD)}。此外，由于第 1 轮迭代选择了 CD 交换，第 2 轮迭代选择了 BC 交换，于是，我们希望这样的交换在下面若干次迭代中不再出现，以避免计算中的循环，CD 交换得到的解（ADCB）和 BC 交换得到的解（ABDC）成为受禁对象，从不受禁忌的候选解集中选目标函数值为最小的解 x^3 =（ACBD）。

下面用表格形式演示第 3 轮迭代过程：

解的形式

A	C	D	B

$f(x^2)=3.5$

禁忌对象及长度

	B	C	D
A			
	B	3	
		C	2

候选集

BC	4.5 T
BD	7.5★
CD	8 T

BC 成为禁忌对象并限定在以后 3 次迭代中不允许 BC 对换，在对应位置记录 3，CD 在被禁一次后还有两次禁忌，对应位置减为 2，候选集里都要用 T 标记不选此交换，从中选优，只有 BD 入选，用★标记入选的对象。

第 4 轮迭代：x^3 =（ACBD），$f(x^3)=7.5$，$N(x^3)$ = {(ACBD)，(ABCD)，(ADBC)，(ACDB)}，对应的目标函数值为 $f(x)$ = {7.5，4，4.5，3.5}。由于 x^3 =（ACBD）已经计算过，所以是受禁对象，得到 Can_$N(x^3)$ = {(ABCD)，(ADBC)，(ACDB)}。此外，由于第 1 轮迭代选择了 CD 交换，第 2 轮迭代选择了 BC 交换，第 3 轮迭代选择了 BD 交换，于是，我们希望这样的交换在下面若干次迭代中不再出现，以避免计算中的循环，CD 交换得到的解（ADBC）、BC 交换得到的解（ABCD）和 BD 交换得到的解（ACDB）成为受禁对象，此时不受禁忌的候选解集没有元素，该如何处理？

下面用表格形式演示第 4 轮迭代过程：

解的形式

A	C	B	D

$f(x^3)=7.5$

禁忌对象及长度

	B	C	D
A			
B		2	3
C			1

候选集

BC	3.5T
BD	4.5 T
CD	4.5 T

BD 成为禁忌对象并限定在以后 3 次迭代中不允许 BC 对换，在对应位置记录 3，BC 在被禁一次后还有两次禁忌，对应位置减为 2，CD 在被禁两次后还有一次禁忌，对应位置减为 1，候选集里都要用 T 标记不选此交换，此时所有候选对换均被禁，怎么办？

通过上例，禁忌搜索算法简述如下：

禁忌搜索算法：

步骤 1：给定初始禁忌表（tabu list）$H = \phi$，选定一初始解 x^{now}。

步骤 2：若满足停机准则，则停止计算，输出结果；否则，在 x^{now} 的邻域 $N(x^{\text{now}})$ 中选出不受禁忌的候选解集 $\text{Can}\_N(x^{\text{now}})$，在 $\text{Can}\_N(x^{\text{now}})$ 中选一个目标函数值最优的解 x^{next}，更新 $x^{\text{now}} = x^{\text{next}}$，更新 H，重复步骤 2。

但是禁忌搜索算法还涉及如下一些问题：

（1）选择什么为禁忌对象？

例 5 中第 1 轮迭代时选初始解 $x^0 = (\text{ABCD})$ 为禁忌对象；第 1 轮迭代最优解出现在 CD 交换后的解，所以第 2 轮迭代时，凡是有 CD 交换得到的解都受到禁忌，也就是第 2 轮迭代中 CD 交换这个操作是禁忌对象，并且禁忌长度设置为 3，即在之后的 3 次迭代中 CD 交换操作都是禁忌对象。那么还有没有对其他变化的禁忌，也是值得研究的内容。

（2）禁忌长度如何确定？

禁忌长度是指被禁对象在后续的迭代中不准许选取作为候选解的次数，禁忌长度过短会造成循环；过长会使存储量增加，必须权衡这对矛盾，确定适宜的禁忌长度。

此外，候选集合如何选取，是否有其他形式替代目标函数值作为评价值，如何利用更多的信息，如何确定停机准则等，这些问题将在下一小节讨论。

四、技术问题

禁忌搜索算法的完成过程需要禁忌表。禁忌表及相关的信息的获得是算法实现的关键。下面讨论关于禁忌表以及相关信息的实现技术。

1. 变化因素

禁忌表中的两项主要指标是禁忌对象和禁忌长度。禁忌对象是指被禁止选用的解。禁忌长度是指被禁对象在后续的迭代中不准许选取作为候选解的次数。讨论禁忌表，首先应该了解问题的可行解是怎样变化的。这里介绍 3 种变化形式。

(1) 解的简单变化。简单变化是指问题的一个可行解变化到另一可行解。假设 $x, y \in F$，其中 F 为优化问题的可行域，即 $x \to y$。比如，在旅行商问题中，一组解 (ABCD) 变化到另一组解 (ABDC)，就是简单变化。再比如，在 0-1 背包问题中，一组解 $(1, 0, 0, 1, 0)^{\mathrm{T}}$ 变化到另一组解 $(0, 0, 0, 1, 0)^{\mathrm{T}}$，就是简单变化。

(2) 解的分量变化。设问题解的数学形式为 $(x_1, \cdots, x_{i-1}, x_i, x_{i+1}, \cdots, x_n)^{\mathrm{T}}$，分量的基本变化描述为 $(x_1, \cdots, x_{i-1}, x_i, x_{i+1}, \cdots, x_n)^{\mathrm{T}} \to (x_1, \cdots, x_{i-1}, y_i, x_{i+1}, \cdots, x_n)^{\mathrm{T}}$。比如对于 0-1 背包问题，

$$\max \sum_{j=1}^{n} c_j x_j$$

$$\text{s.t.} \sum_{j=1}^{n} w_j x_j \leqslant W$$

$$x_j \in 0, 1$$

解的形式为 $x = (x_1, x_2, \cdots, x_n)^{\mathrm{T}}$，$x_j \in \{0, 1\}$，分量的基本变化描述为：某一个分量是 0，则变为 1；某一个分量是 1，则变为 0，即 $(x_1, \cdots, x_{i-1}, 1/0, x_{i+1}, \cdots, x_n)^{\mathrm{T}} \to (x_1, \cdots, x_{i-1}, 0/1, x_{i+1}, \cdots, x_n)^{\mathrm{T}}$。

(3) 目标函数值的变化。目标函数值的变化考察的是集合 $H(\alpha) = \{x \in D \mid f(x) = \alpha\}$，如果 α 给定，问题的可行解由 a 变到 b，它们的函数值是相等的；如果 α 变化，隐含着两个解集合的各种变化的可能。

2. 禁忌表

禁忌表是禁忌算法的一个重要特征，它主要由禁忌对象和禁忌长度组成。

(1) 禁忌对象的选取。这里将根据解的 3 种变化形式来讨论禁忌对象的确定。

情况一：解为简单变化 $x \to y$。此时禁忌搜索算法的规则设为：若 y 的邻域中有比它更优的解，则选取此解；若 y 是其邻域中的局部最优解，则不再选 y（y 作为禁忌对象）而选比 y 较差的解。

例 6 考虑有 5 个城市（A、B、C、D、E）的旅行商问题，A 为起点，城市间距离由下面矩阵给出：

$$\boldsymbol{D} = (d_{ij}) = \begin{pmatrix} 0 & 10 & 15 & 6 & 2 \\ 10 & 0 & 8 & 13 & 9 \\ 15 & 8 & 0 & 20 & 15 \\ 6 & 13 & 20 & 0 & 5 \\ 2 & 9 & 15 & 5 & 0 \end{pmatrix}$$

初始可行解为 $x^{\text{now}} = (\text{ABCDE})$，用互换两个城市位置的方法得到邻域 N，可以计算出邻域中每组解的目标函数值，即走过的路径长度，记为 $N(x^{\text{now}}) = \{(\text{ABCDE}; 45), (\text{ACBDE}; 43), (\text{ADCBE}; 45), (\text{AECDB}; 60), (\text{ABDCE}; 60), (\text{ABEDC}; 59), (\text{ABCED}; 44)\}$，从中选出最佳的 5 组解作为候选集，即 $\text{Can-}N(x^{\text{now}}) = \{(\text{ABCDE}; 45), (\text{ACBDE}; 43), (\text{ADCBE}; 45), (\text{ABEDC}; 59), (\text{ABCED}; 44)\}$，下面用禁忌搜索算法计算。

禁忌对象的变化为解的简单变化，禁忌表设置为最多记忆 4 个被禁解，禁忌长度设置

为4，初始禁忌表为 $H=\{(ABCDE)\}$ 。

第1轮迭代：$x^{now}=(ABCDE)$，$f(x^{now})=45$，$H=(ABCDE;\ 45)$，Can-$N(x^{now})=\{(ABCDE;\ 45),\ (ACBDE;\ 43),\ (ADCBE;\ 45),\ (ABEDC;\ 59),\ (ABCED;\ 44)\}$，从不受禁忌的候选集里选最好的一个，得到 $x^{next}=(ACBDE)$。

第2轮迭代：$x^{now}=x^{next}=(ACBDE)$，$f(x^{now})=43$，$H=\{(ABCDE;\ 45),\ (ACBDE;\ 43)\}$，Can-$N(x^{now})=\{(ACBDE;\ 43),\ (ACBED;\ 43),\ (ADBCE;\ 44),\ (ABCDE;\ 45),\ (ACEDB;\ 58)\}$，从不受禁忌的候选集里选最好的一个，得到 $x^{next}=(ACBED)$。

第3轮迭代：$x^{now}=x^{next}=(ACBED)$，$f(x^{now})=43$，$H=\{(ABCDE;\ 45),\ (ACBDE;\ 43)\},\ (ACBED;\ 43)\}$，Can-$N(x^{now})=\{(ACBED;\ 43),\ (ACBDE;\ 43),\ (ABCED;\ 44),\ (AEBCD;\ 45),\ (ADBEC;\ 58)\}$，从不受禁忌的候选集里选最好的一个，得到 $x^{next}=(ABCED)$。

第4轮迭代：$x^{now}=x^{next}=(ABCED)$，$f(x^{now})=44$，$H=\{(ABCDE;\ 45),\ (ACBDE;\ 43),\ (ACBED;\ 43),\ (ABCED;\ 44)\}$，Can_ $N(x^{now})=\{(ACBED;\ 43),\ (AECBD;\ 44),\ (ABCDE;\ 45),\ (ABCED;\ 44),\ (ABDEC;\ 58)\}$，从不受禁忌的候选集里选最好的一个，得到 $x^{next}=(AECBD)$。此时，H 已达4个点，最早被禁的解（ABCDE; 45）已受禁4次，下次迭代解禁，新选入的解替代最早被禁的解。

第5轮迭代：$x^{now}=x^{next}=(AECBD)$，$f(x^{now})=44$，$H=\{(ACBDE;\ 43),\ (ACBED;\ 43),\ (ABCED;\ 44),\ (AECBD;\ 44)\}$，Can_ $N(x^{now})=\{(AEDBC;\ 43),\ (ABCED;\ 44),\ (AECBD;\ 44),\ (AECDB;\ 44),\ (AEBCD;\ 45)\}$，从不受禁忌的候选集里选最好的一个，得到 $x^{next}=(AEDBC)$。

情况二：解为分量变化

仍以例6为例说明，在这种解的变化情况下，禁忌表如何确定。

例7 考虑例6中的旅行商问题。禁忌对象设置为两个城市的对换，形式为 $(X,\ Y)$，表示禁忌 X 与 Y 互换，或 Y 与 X 互换。

初始解选为 $x^{now}=(ABCDE)$，$f(x^{now})=45$，邻域的设置是互换两个城市得到的邻域 $N(x^{now})$，从 $N(x^{now})-\{x^{now}\}$ 中选出最佳的5组解构成候选集 Can_ $N(x^{now})$，初始禁忌表为 $H=\phi$。

第1轮迭代：$x^{now}=(ABCDE)$，$f(x^{now})=45$，$H=\phi$，Can_ $N(x^{now})=\{(ACBDE;\ 43),\ (ADCBE;\ 45),\ (AECDB;\ 60)(ABEDC;\ 59),\ (ABCED;\ 44)\}$，从不受禁忌的候选集里选最好的一个，得到 $x^{next}=(ACBDE)$，它是由BC对换得到，所以后续迭代中，互换BC受禁。

第2轮迭代：$x^{now}=x^{next}=(ACBDE)$，$f(x^{now})=43$，$H=\{(B,\ C)\}$，Can _$N(x^{now})=\{(ACBED;\ 43),\ (ADBCE;\ 44),\ (ABCDE;\ 45),\ (ACEDB;\ 58),\ (AEBDC;\ 59)\}$，由于（ABCDE）是由（ACBDE）互换BC得到的，故受禁，从不受禁忌的候选集里选最好的一个，得到 $x^{next}=(ACBED)$，它是由DE对换得到的，所以后续迭代中，互换DE受禁。

第3轮迭代：$x^{now}=x^{next}=(ACBED)$，$f(x^{now})=43$，$H=\{(B,\ C),\ (D,\ E)\}$，Can_ $N(x^{now})=\{(ACBDE;\ 43),\ (ABCED;\ 44),\ (AEBCD;\ 45),\ (ADBEC;\ 58),\ (ACEBD;\ 58)\}$，由于（ACBDE）是由（ACBED）互换DE得到的，（ABCED）是由（ACBED）互换BC得到的，故都要受禁，从不受禁忌的候选集里选最好的一个，得到

x^{next} = (AEBCD)，它是由 CE 对换得到的，所以后续迭代中，互换 CE 受禁。

前两步与例 6 前两步计算相同，但第 3 步不同，可见禁忌对换的范围要大于只对简单解禁忌的范围。

情况三：目标函数值的变化

继续以例 6 为例说明，在这种解的变化情况下，禁忌表如何确定。

例 8　考虑例 6 中的旅行商问题。禁忌对象的变化为目标函数值的变化。禁忌表设置为记忆局部最优解及函数值。

初始解选为 x^{now} = (ABCDE)，$f(x^{now}) = 45$，邻域的设置是互换两个城市得到的邻域 $N(x^{now})$，从 $N(x^{now})$ 中选出最佳的 5 组解构成候选集 Can-$N(x^{now})$，初始禁忌表为 $H = \{45\}$。

第 1 轮迭代：x^{now} = (ABCDE)，$f(x^{now}) = 45$，$H = \{45\}$，Can_$N(x^{now})$ = {(ACBDE; 43)，(ABCDE; 45)，(ADCBE; 45)，(ABCED; 44)(ABEDC; 59)}，由于函数值 45 受禁，目标值等于 45 的解都被禁，从不受禁忌的候选集里选最好的一个，得到 x^{next} = (ACBDE; 43)，函数值 43 在后续的迭代中受禁。

第 2 轮迭代：$x^{now} = x^{next}$ = (ACBDE)，$f(x^{now}) = 43$，$H = \{45, 43\}$，Can_$N(x^{now})$ = {(ACBDE; 43)，(ACBED; 43)，(ADBCE; 44)，(ABCDE; 45)，(ACEDB; 58)}，由于函数值 45、43 受禁，目标值等于 45、43 的解都被禁，从不受禁忌的候选集里选最好的一个，得到 x^{next} = (ADBCE; 44)。

从此例可以看出，采用禁忌目标值的方法所禁忌的范围比例 6 和例 7 的范围更大。

（2）禁忌长度的确定。禁忌长度是指被禁对象在后续的迭代中不准许选取作为候选解的次数。禁忌长度可以根据实际问题的特点来确定。常用的确定禁忌长度的方法有两种：一是禁忌长度取一个定数，这种规则容易在算法中实现；二是禁忌长度可以变化，具体数值在给定的区间内。这个给定的区间由解题人在解题之前确定。确定的依据主要是根据问题的特点和设计人的经验。

（3）特赦原则。在使用禁忌搜索算法时，可能出现候选集中所有解都被禁忌的情况，或某一解被禁但解禁后可以使目标函数值下降。在这种情况下，可以考虑对一些解解除禁忌，这种做法称为特赦，相应的规则称为特赦规则（aspiration critera）。比如禁忌搜索算法的引例 1.3.1，当迭代到第 4 轮时，所有的候选解都被禁，这时可以对某些候选解进行解禁。

3. 其他事项

（1）候选集的确定。候选集一般由邻域中解构成。常用的方法是从邻域中选取一些评价函数值或目标函数值较好的解来组成候选集。

（2）评价函数。评价函数是针对候选集中每个元素定义的实值函数。这个函数是利用问题的目标函数以及其他信息构造的，用来评价候选集中的元素的优劣。大体上有两类，一类是直接评价函数，主要为以目标函数运算而得到的函数。常用的有：

$$p(x) = f(x)$$
$$p(x) = f(x) - f(x^{now})$$
$$p(x) = f(x) - f(x^{best})$$

其中，$f(x)$ 是目标函数；x^{now} 是上一轮迭代的结果；x^{best} 是目前计算中的最优解。另一类是间接评价函数。构造函数的原则是尽量反映目标函数的特性。

(3) 记忆频率信息。在迭代过程中，记忆一些信息有利于提高计算效率。比如某些特殊解出现的频率，某些禁忌对象出现的频率，某些目标函数值出现的频率等，这些频率信息有助于提高后续计算的效率。

(4) 停机准则。禁忌搜索算法是启发式算法。得到的结果一般来说是近似最优解。计算时间一般在可以接受的时间长度内。常用的停机准则有：(1) 计算之前确定迭代步数，这种原则的优点是易于操作和可控制计算时间，但无法保证解的效果；(2) 频率控制原则，当某项指定内容的频率超过给定的标准时，停止计算；(3) 目标控制原则，如果在给定的步数内最优值没有下降，则停止计算。当然还有其他停机准则，可参考文献 [25]。

第二节　模拟退火算法

模拟退火算法最早的思想由 Metropolis 在 1953 年提出[26]，受到固体退火过程的启示，1983 年，Kirkpatrick 等意识到固体退火过程与组合最优化问题之间存在类似性，把固体退火过程的 Metropolis 准则引入到最优化问题的优化过程中，最终得到了一种以 Metropolis 算法为基础的求解组合最优化问题的算法[27]。由于这种算法是模拟固体退火过程，所以称为“模拟退火算法”。

一、模拟退火算法及模型

退火是一种物理过程，固体退火是指先将固体加热至熔化，然后再徐徐冷却使之凝固成规整晶体的热力学过程。退火过程要求温度缓慢下降，也就是要求退火过程必须“徐徐”进行，这样做是为了使系统在每一个温度下都达到平衡态，最终达到固体的基态。退火过程中系统的熵值不断减小，系统的能量也随温度的下降趋于最小值。

在某一温度，受随机因素影响，固体可处于不同的微观状态。对每一个微观状态，固体内部是一个系统，系统有其自身的能量。在某一温度下，固体达到某一微观状态服从 Gibbs 分布：

$$P_j = \frac{1}{Z}\exp\left(\frac{-E_j}{kT}\right)$$

其中，E_j 是状态 j 的系统能量；T 是绝对温度；k 是玻尔兹曼（Boltzmann）常数；Z 为概率分布的标准化因子，$Z = \sum_j \exp\left(\frac{-E_j}{kT}\right)$ 。

可以看出，固体处于能量较低的微观状态的概率较大。当温度低时，能量最低的微观状态最有可能出现。当温度趋于零时，固体只能处于能量为最小值的状态上。

将上述过程用计算机进行数字模拟，从物理系统倾向于能量较低的状态，而固体内粒子的热运动又妨碍它准确落入最低态的物理现象出发，在计算机上做数值模拟时，采样着重选取那些有重要贡献的状态，可以提高计算效率。1953 年，Metropolis 等提出重要采样法来模拟产生固体的状态序列。

先给定初始状态 i ，作为固体当前的状态，该状态的能量是 E_i 。然后用摄动装置，使随机选取的某个粒子的位移随机产生一个微小变化，得到一个新的状态 j，新状态的能量是 E_j。如果 $E_j < E_i$，则新状态就作为“重要”状态；如果 $E_j \geqslant E_i$，则考虑到热运动的影响，该新状态是否为“重要”状态，要依据固体处于该状态的概率来决定。固体处于状态 j 和状态 i 的概率的比值是

$$r = \exp\left(\frac{E_i - E_j}{kT}\right)$$

由于 $E_j \geqslant E_i$，可得 r 是一个不大于 1 的数。用随机发生器产生一个 (0, 1] 区间内的随机数 ξ，若 $r > \xi$，则新状态 j 作为重要状态，否则舍去。若新状态 j 是重要状态，就以 j 取代 i，j 为当前状态。否则仍以 i 作为当前状态。重复上述产生新状态的过程。

解释一下，当 $E_j \geqslant E_i$ 时，E_j 比 E_i 大得越多，r 值越小；E_j 比 E_i 大得不多，r 值较大。所以 r 值的大小能够反映出 E_j 与 E_i 的靠近程度，我们希望能得到能量较小的状态，自然是希望 E_j 与 E_i 的靠近程度较小，当然是希望 r 值较大。r 值是一个随机变量，取值范围 (0, 1]，现在，用随机发生器产生一个 (0, 1] 区间内的随机数 ξ，也就是说，r 值本应该等于 ξ，但是现在得到的结果是 $r > \xi$，这个结果比预计应该出的结果要好，也就是找到的新状态的能量 E_j 比预计应该出的还要好，由于这个缘故，认为 E_j 是“重要”状态。

上述方法中，接受新状态的准则称为 Metropolis 准则，相应的算法称为 Metropolis 算法。

介绍了固体退火过程的 Metropolis 准则后，我们可以将组合最优化问题和固体退火进行类比，如表 10-2 所示，得到模拟退火算法。

表 10-2 组合最优化问题和固体退火类比

固　体	组合最优化问题
状态	可行解
系统的能量	目标函数
能量的最低状态	最优解

在本节中，除特别强调外，我们都假设算法解决如下组合最优化问题：

$$\begin{aligned} \min \quad & f(x) \\ \text{s.t.}\ & g(x) \geqslant 0 \\ & x \in D \end{aligned}$$

其中，$f(x)$ 为目标函数；$g(x)$ 为约束条件；D 为定义域，是一个离散的点集合。通常，可行域 F 可以表示为 $\{x | x \in D, g(x) \geqslant 0\}$，所以一个组合最优化问题可用三个参数 (D, F, f) 表示。模拟退火算法流程如图 10-1 所示：

在上述模拟退火算法中，有两个循环，一个是内循环，一个是外循环。内循环是在同一个温度下，按照一定规则进行随机搜索，目的是找到“较好”的解。外循环是温度下降的迭代过程。内外循环各应迭代多少次，算法什么时候停止，我们将在 2.2 小节讨论。

例 9 考虑有 5 个城市的旅行商问题，A 为起点。城市间距离由下面矩阵给出：

$$\boldsymbol{D} = (d_{ij}) = \begin{pmatrix} 0 & 10 & 15 & 6 & 2 \\ 10 & 0 & 8 & 13 & 9 \\ 15 & 8 & 0 & 20 & 15 \\ 6 & 13 & 20 & 0 & 5 \\ 2 & 9 & 15 & 5 & 0 \end{pmatrix}$$

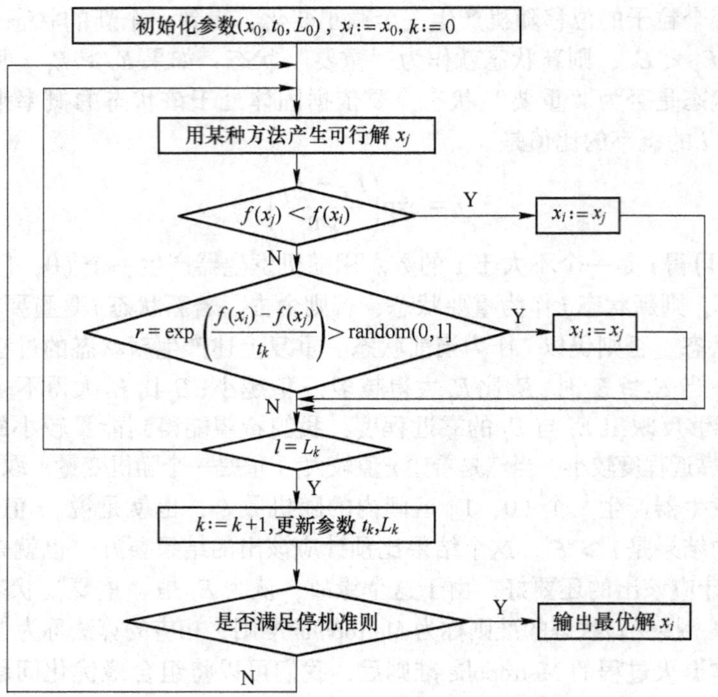

图 10-1　模拟退火算法流程

用模拟退火算法计算在温度为 30 时的内循环迭代过程；计算温度为 20 时的内循环迭代过程。

设温度为 30 时已经得到一组解 x_i : = (ABCDE)，$f(x_i) = 45$。

第 1 轮迭代：用一个摄动装置，随机产生一个新的解（新的状态）x_j := (ACBDE)，$f(x_j) = 43$，现在考察 x_j 是否被接受作为新的解（重要状态）。由于 $f(x_j) < f(x_i)$，所以 x_j 被接受，作为新的解（重要状态），更新 x_i := (ACBDE)。

第 2 轮迭代：用一个摄动装置，随机产生一个新的解（新的状态）x_j := (ABEDC)，$f(x_j) = 59$，现在考察 x_j 是否被接受作为新的解（重要状态）。由于 $f(x_j) \geqslant f(x_i)$，所以还要继续判别。计算 r，得 $r = \exp\left(\frac{f(x_i) - f(x_j)}{t_k}\right) = \exp\left(\frac{43 - 59}{30}\right) = 0.5868$，用随机发生器产生一个（0，1］区间内的随机数 $\xi = \text{random}(0, 1] = 0.2331$，比较得 $r > \xi$，所以 x_j 被接受，作为新的解（重要状态），更新 x_i := (ABEDC)。

第 3 轮迭代：用一个摄动装置，随机产生一个新的解（新的状态）x_j := (ABDCE)，$f(x_j) = 60$，现在考察 x_j 是否被接受作为新的解（重要状态）。由于 $f(x_j) \geqslant f(x_i)$，所以还要继续判别。计算 r，得 $r = \exp\left(\frac{f(x_i) - f(x_j)}{t_k}\right) = \exp\left(\frac{59 - 60}{30}\right) = 0.9672$，用随机发生器产生一个（0，1］区间内的随机数 $\xi = \text{random}(0, 1] = 0.9831$，比较得 $r < \xi$，所以 x_j 被拒绝，退回到原来的解（重要状态），x_i := (ABEDC)。

第 4 轮迭代：用一个摄动装置，随机产生一个新的解（新的状态）x_j := (AECDB)，

$f(x_j)=60$，现在考察 x_j 是否被接受作为新的解（重要状态）。由于 $f(x_j)\geqslant f(x_i)$，所以还要继续判别。计算 r，得 $r=\exp\left(\dfrac{f(x_i)-f(x_j)}{t_k}\right)=\exp\left(\dfrac{59-60}{30}\right)=0.9672$，用随机发生器产生一个 $(0,\ 1]$ 区间内的随机数 $\xi=\mathrm{random}(0,\ 1]=0.9962$，比较得 $r<\xi$，所以 x_j 被拒绝，退回到原来的解（重要状态），$x_i:=(\mathrm{ABEDC})$。

第 5 轮迭代：用一个摄动装置，随机产生一个新的解（新的状态）$x_j:=(\mathrm{ADCBE})$，$f(x_j)=45$，现在考察 x_j 是否被接受作为新的解（重要状态）。由于 $f(x_j)<f(x_i)$，所以 x_j 被接受，作为新的解（重要状态），更新 $x_i:=(\mathrm{ADCBE})$。

迭代可以继续做下去，设经过若干次迭代后，温度为 30 时的迭代过程停止，得到一个在温度为 30 时的“较好”的解 $x_i:=(\mathrm{ABCED})$，$f(x_i)=44$。

下面，继续计算温度为 20 时的迭代过程。从温度为 30 时的“较好”的解 $x_i:=(\mathrm{ABCED})$ 出发，进行温度为 20 时的迭代。

第 1 轮迭代：用一个摄动装置，随机产生一个新的解（新的状态）$x_j:=(\mathrm{ACEBD})$，$f(x_j)=58$，现在考察 x_j 是否被接受作为新的解（重要状态）。由于 $f(x_j)\geqslant f(x_i)$，所以还要继续判别。计算 r，得 $r=\exp\left(\dfrac{f(x_i)-f(x_j)}{t_k}\right)=\exp\left(\dfrac{44-58}{30}\right)=0.4965$，用随机发生器产生一个 $(0,\ 1]$ 区间内的随机数 $\xi=\mathrm{random}(0,\ 1]=0.4431$，比较得 $r>\xi$，所以 x_j 被接受，作为新的解（重要状态），更新 $x_i:=(\mathrm{ACEBD})$。

第 2 轮迭代：用一个摄动装置，随机产生一个新的解（新的状态）$x_j:=(\mathrm{ADBCE})$，$f(x_j)=44$，现在考察 x_j 是否被接受作为新的解（重要状态）。由于 $f(x_j)<f(x_i)$，所以 x_j 被接受，作为新的解（重要状态），更新 $x_i:=(\mathrm{ADBCE})$。

迭代可以继续做下去，设经过若干次迭代后，温度为 20 时的迭代过程停止，得到一个在温度为 20 时的“较好”的解 $x_i:=(\mathrm{ACBED})$，$f(x_i)=43$。

通过上述例题的计算过程，可以初步理解模拟退火算法的计算流程。

二、模拟退火算法的收敛性

分析模拟退火算法的迭代过程可以看出，在给定邻域结构后，模拟退火过程是从一个状态到另一个状态不断地随机游动，这一过程适合于用马尔可夫链来描述。

下面给出模拟退火算法收敛性的理论结果，在不混淆的情况下，为了符号的书写简单，状态 x_i 简单地用 i 表示。

定义 1 设 $(S,\ f)$ 是组合最优化问题的一个实例，S 表示状态集合（解集合），则对于模拟退火算法，转移概率定义为，$\forall i,\ j\in S$，

$$p_{ij}(t_k)=\begin{cases}G_{ij}(t_k)\,A_{ij}(t_k), & i\neq j\\ 1-\sum\limits_{l\in S}G_{il}(t_k)\,A_{il}(t_k), & i=j\end{cases}$$

其中，$G_{ij}(t_k)$ 为产生概率；$A_{ij}(t_k)$ 为接受概率。

定义 2 $G_{ij}(t_k)$（产生概率）定义为，$\forall i, j \in S$，

$$G_{ij}(t_k) = \begin{cases} \dfrac{1}{|S_i|}, & j \in S_i \\ 0, & j \notin S_i \end{cases}$$

其中，S_i 为状态 i 的邻域。

定义 3 $A_{ij}(t_k)$（接受概率）定义为，$\forall i, j \in S$，

$$A_{ij}(t_k) = \exp\left\{-\frac{[f(j) - f(i)]^+}{t_k}\right\}$$

其中，$a^+ = \begin{cases} a, & a > 0 \\ 0, & a \leqslant 0 \end{cases}$。

上述三个定义用马尔可夫链将模拟退火算法的迭代过程描述出来。马尔可夫链有齐次和非齐次之分，与之对应的模拟退火算法也就相应地有齐次和非齐次之分。

用齐次马尔可夫链建立的模拟退火算法模型而形成的算法称为齐次算法。齐次算法在递减控制参数 t 时，产生无限长的齐次马尔可夫链。齐次算法的主要理论结果是：在一定条件下，齐次算法产生的序列以概率 1 收敛到全局最优解。用非齐次马尔可夫链建立的模拟退火算法模型而形成的算法称为非齐次算法。非齐次算法在递减控制参数值 t 时，产生有限长齐次马尔可夫链序列。和齐次算法相比，非齐次算法把多个无限长齐次马尔可夫链序列简化成单个无限长非齐次马尔可夫链。非齐次算法的主要理论结果是：在一定条件下，非齐次算法产生的序列以概率 1 收敛到全局最优解。

齐次算法和非齐次算法都以概率 1 收敛到全局最优解，但收敛到最优解需要迭代无限次。这显然不适合于实际计算。因此有必要在理论上讨论收敛性的逼近。收敛性的逼近，是讨论当迭代次数 k 非常大时，得到的解能否与最优解非常接近。

三、冷却进度表

冷却进度表（cooling schedule）是一组控制算法进程的参数，用以逼近模拟退火算法的渐进收敛状态，使算法在有限时间内完成，完成后得到一个近似最优解。冷却进度表是影响模拟退火算法试验性能的重要因素，合理选取冷却进度表是模拟退火算法应用的关键。下面逐一讨论冷却进度表的参数。

(1) 控制参数（温度）t 的初值 t_0。根据前面算法的收敛性理论，控制参数（温度）t 的初值 t_0 的选取应该使初始接受率

$$\chi_0 = \frac{\text{接受解的步数}}{\text{迭代的步数}} \approx 1$$

根据这个分析结果，Kirkpatrick 等提出了确定 t_0 的经验法则：选定一个比较大的值作为 t_0 的当前值，作若干次迭代并计算接受率。若接受率 χ 小于预先给定的初始接受率 χ_0，则将当前的 t_0 加倍，重复上述过程，直到 $\chi > \chi_0$ 为止（Kirkpatrick 等建议取 $\chi_0 = 0.8$）。Johnson 等建议通过计算若干次随机搜索得到的目标函数平均增量的方法来确定 t_0 的值，即

$$\chi_0 = \exp\left(-\frac{\overline{\Delta f^+}}{t_0}\right)$$

求解得 $t_0 = \dfrac{\overline{\Delta f^+}}{\ln(\chi_0^{-1})}$，其中 $\overline{\Delta f^+}$ 表示若干次随机搜索得到的目标函数平均增量。

（2）控制参数（温度）t 的衰减函数（温度的下降方式）。直观的温度下降方式有两种，一是 $t_{k+1} = \alpha t_k$，$0 < \alpha < 1$，这种方法简单易行，它的每一步以相同的比率下降；二是 $t_k = \dfrac{K-k}{K} t_0$，其中 t_0 为初始温度（控制参数初值），K 为算法温度下降总次数，这种方法的优点是易于操作，而且可以简单地控制温度下降的总步数，它的每一步下降长度相等。

（3）控制参数（温度）t 的终值 t_f（停机准则）。常用的停机准则有两种，一是零温度（控制参数）法，即给定一个比较小的正数 ε，当温度 $t_k \leqslant \varepsilon$ 时，算法停止，表示已经达到最低温度；二是总迭代数控制法，这一简单原则在温度下降方式中已经提及，即总的温度下降次数为一定值 K，当温度迭代次数达到 K 时，停止计算。

（4）在给定控制参数（温度）t 时的迭代步数（马尔科夫链长 L_k）。实际计算达到理论的平稳分布是不可能的，只能近似这一结果，常用的近似方法有两个，一是固定长度，在每一温度下，迭代相同的步数，步数的选取和问题规模有关。二是由接受和拒绝比率控制迭代步数，当温度很高时，每一个状态被接受的频率基本相同，而且几乎所有的状态都被接受，此时在同一温度应使迭代步数尽量小；当温度逐渐贬低时，越来越多的状态被拒绝，如果迭代步数太少，则可能过早地陷入局部最优的状态。比较直观有效的方法是给定一个充分大的步长上限 U 和一个接受次数指标 R，当给定温度接受次数等于 R 时，这一温度不再迭代而使温度下降，否则一直迭代到上限步数。

四、模拟退火算法的应用

（一）应用的一般要求

模拟退火算法应用的一般形式是：从选定的初始解出发，在借助于控制参数 t 递减时产生的一系列解（马尔可夫链）中，利用一个新解产生装置和接受准则，重复进行包括产生新解、计算目标函数值差、对新解进行判别、得到判别结果（接受新解或拒绝新解）这 4 项任务的试验，不断进行迭代，从而达到优化目标函数（达到最大或最小）的目的。

根据算法的特点，应用时需注意下面 5 方面的工作：

（1）数学模型。数学模型是对问题的简明描述，由解空间、目标函数、初始解这三部分组成。

（2）新解的产生机制。新解的产生是由一个装置来完成的。用什么样的装置，选用什么样的机制来产生新解，要根据问题的特点来具体设计。

（3）新解的接受原则。新解的接受原则，最常用的是 Metropolis 准则，原则的设计过程如下：

先计算目标函数差 Δf，当问题为最小化目标函数时，Δf = 新解 − 当前解；当问题为最大化目标函数时，Δf = 当前解 − 新解。再使用 Metropolis 准则

$$P = \begin{cases} 1, & \Delta f < 0 \\ \exp\left(-\dfrac{\Delta f}{t}\right), & \Delta f \geqslant 0 \end{cases}$$

其中，t 为控制参数。

(4) 得到判别结果。使用 Metropolis 准则来判别新的解是被接受还是被拒绝。

(5) 冷却进度表。用模拟退火算法解决实际问题时，要确定一组合适的参数，即要确定一组冷却进度表。

(二) 应用举例

本小节介绍 0-1 背包问题的模拟退火算法求解方法。

0-1 背包问题一般可描述为：从 n 个物品中选择一些装入背包。每个物品重量是 w_j，$(j=1, 2, \cdots, n)$，价值是 c_j，$(j=1, 2, \cdots, n)$，背包的承重上限是 W。问如何选择物品装包，能在满足承重上限的前提下，使装入包内的物品总价值最大。

1. 数学模型

设选择的第 i 中物品用 $x_i=1$ 表示，否则用 $x_i=0$ 表示，则数学模型为

$$\max \sum_{j=1}^{n} c_j x_j$$

$$\text{s.t.} \sum_{j=1}^{n} w_j x_j \leqslant W$$

$$x_j \in \{0, 1\}$$

解空间为 $S=\{(x_1, x_2, \cdots, x_n) \mid w_1 x_1 + w_2 x_2 + \cdots + w_n x_n \leqslant W, x_j \in \{0, 1\}\}$，目标函数为 $f(x)=c_1 x_1 + c_2 x_2 + \cdots + c_n x_n$，初始解选为 $(0, 0, \cdots, 0)$。

2. 新解的产生机制

新解的产生用下面 3 种新解产生装置之一产生：

(a) 随机选择物品 i，若 i 不在背包中，则将 i 直接装入背包。

(b) 随机选择物品 i，若 i 不在背包中，则将 i 放入背包，同时从背包中随机取出另一件物品 j。

(c) 随机选择物品 i，若 i 已经在背包中，则将 i 取出，同时随机装入另一件物品 j。

3. 新解的接受原则

由于此问题是极大化目标函数，所以目标函数差为 Δf = 当前解 - 新解，根据新解产生的 3 种情况，函数差为

$$\Delta f = \begin{cases} -c_i, & \text{将 } i \text{ 直接装入} \\ c_j - c_i, & \text{将 } i \text{ 装入且 } j \text{ 取出} \\ c_i - c_j, & \text{将 } i \text{ 取出且 } j \text{ 装入} \end{cases}$$

为了判别解的可行性，需计算出对应的背包重量差，根据新解产生的 3 种情况，重量差为

$$\Delta w = \begin{cases} w_i, & \text{将 } i \text{ 直接装入} \\ w_i - w_j, & \text{将 } i \text{ 装入且 } j \text{ 取出} \\ w_j - w_i, & \text{将 } i \text{ 取出且 } j \text{ 装入} \end{cases}$$

其中，Δw 为当前背包重量的增量。

再使用 Metropolis 准则

$$P=\begin{cases}0, & w+\Delta w>W\\1, & w+\Delta w\leqslant W, \text{且}\ \Delta f<0\\\exp\left(-\dfrac{\Delta f}{t}\right), & w+\Delta w\leqslant W, \text{且}\ \Delta f\geqslant 0\end{cases}$$

来判别是否接受新解。其中，w 是当前背包重量。

在模拟退火算法的实际应用中，算法的各个环节可以根据问题特点灵活设计。

4. 得到判别结果

下面用一个具体例子来演示模拟退火算法解决0–1背包问题的操作过程。

例 10　考虑0–1背包问题

物品编号	1	2	3	4	5	6	7	8	9	10	11	12
价值 c_j	22	5	8	12	1	2	4	6	3	2	10	1
重量 w_j	6	2	1	1	7	9	14	11	10	30	5	8
承重上限 W	44											

按照上述0–1背包问题的模拟退火算法求解方法，假设方法的操作到了控制参数（温度）$t=43$，现在演示在此温度下的迭代过程。

设已经得到的解即当前解为：$x=(0,0,1,0,0,1,1,0,0,0,0,0)$，当前背包重量 $w=24$，

第1轮迭代：用上述新解产生装置（1），将5直接装入，产生新解 $\tilde{x}=(0,0,1,0,1,1,1,0,0,0,0,0)$，判别新解是否被接受：计算 $\Delta f=-c_5=-1<0$，$\Delta w=w_5=7$，$w+\Delta w=24+7=31\leqslant W=44$，由上述针对0–1背包问题设计的Metropolis准则，新解的接受概率为 $P=1$，故接受新解。

第2轮迭代：当前解 $x=\tilde{x}=(0,0,1,0,1,1,1,0,0,0,0,0)$，当前背包重量 $w=31$，用上述新解产生装置（1），将10直接装入，产生新解 $\tilde{x}=(0,0,1,0,1,1,1,0,0,1,0,0)$，判别新解是否被接受：计算 $\Delta f=-c_{10}=-2<0$，$\Delta w=w_{10}=30$，$w+\Delta w=31+30=61>W=44$，由上述针对0–1背包问题设计的Metropolis准则，新解的接受概率为 $P=0$，故拒绝新解。

第3轮迭代：当前解 $x=\tilde{x}=(0,0,1,0,1,1,1,0,0,0,0,0)$，当前背包重量 $w=31$，用上述新解产生装置（1），将2装入将7取出，产生新解 $\tilde{x}=(0,1,1,0,1,1,0,0,0,0,0,0)$，判别新解是否被接受：计算 $\Delta f=c_7-c_2=4-5=-1<0$，$\Delta w=w_2-w_7=2-14=-12$，$w+\Delta w=31-12=19\leqslant W=44$，由上述针对0–1背包问题设计的Metropolis准则，新解的接受概率为 $P=1$，故接受新解。

第4轮迭代：当前解 $x=\tilde{x}=(0,1,1,0,1,1,0,0,0,0,0,0)$，当前背包重量 $w=19$，用上述新解产生装置（2），将9装入将3取出，产生新解 $\tilde{x}=(0,1,0,0,1,1,0,0,1,0,0,0)$，判别新解是否被接受：计算 $\Delta f=c_3-c_9=8-3=5\geqslant 0$，$\Delta w=w_9-w_3=10-1=9$，$w+\Delta w=19+9=28\leqslant W=44$，由上述针对0–1背包问题设计的

Metropolis 准则，新解的接受概率为 $P=\exp\left(-\frac{\Delta f}{t}\right)=\exp\left(-\frac{5}{43}\right)=0.8910$，用随机发生器产生一个 (0，1] 区间内的随机数 $\xi=\text{random}(0,1]=0.6531$，比较得 $P>\xi$，故接受新解。

第 5 轮迭代：当前解 $x=(0,1,0,0,1,1,0,0,1,0,0,0)$，当前背包重量 $w=19$，用上述新解产生装置（3），将 6 取出将 12 装入，产生新解 $\tilde{x}=(0,1,0,0,1,0,0,0,1,0,0,1)$，判别新解是否被接受：计算 $\Delta f=c_6-c_{12}=2-1=1\geqslant 0$，$\Delta w=w_{12}-w_6=8-9=-1$，$w+\Delta w=28-1=27\leqslant W=44$，由上述针对 0-1 背包问题设计的 Metropolis准则，新解的接受概率为 $P=\exp\left(-\frac{\Delta f}{t}\right)=\exp\left(-\frac{1}{43}\right)=0.9770$，用随机发生器产生一个 (0，1] 区间内的随机数 $\xi=\text{random}(0,1]=0.3984$，比较得 $P>\xi$，故接受新解。

可以按此方式不断迭代，直到满足停止准则。

本节最后简单总结一下模拟退火算法的优缺点：优点是算法简单通用且容易实现，初值鲁棒性强，最优解质量高；缺点是由于要求较高的初始温度、较慢的降温速率、较低的终止温度，以及各温度下足够多次的抽样，因此优化过程较长。使用时我们可以根据实际问题的需求选择合适的参数搭配。

第三节　遗传算法

遗传算法是由美国密歇根大学的 J. Holland 教授于 1975 年首先提出的[28]，遗传算法以达尔文的进化论为理论基础，它是进化计算技术中的一种，进化计算起源于 20 世纪 60 年代，是仿生学开始发展的年代。遗传算法具有简单、通用、鲁棒和并行的特点，它广泛应用于优化问题求解、自适应控制、规划设计、机器学习和人工生命等领域。

一、遗传算法的生物学背景

“适者生存”揭示了大自然生物进化过程中的一个规律：最适合自然环境的群体往往产生了更大的后代群体。遗传算法主要借用生物进化中“适者生存”的规律，因此有必要了解遗传算法和一些生物进化特征之间的联系。

遗传算法主要借鉴了生物进化的一些特征，主要体现在下面几个方面：

（1）进化发生在解的编码上，这些编码按生物学的术语称为染色体。由于进行了编码，优化问题的一切性质都通过编码来研究，编码和解码是遗传算法的一个主题。

（2）自然选择规律决定哪些染色体产生超过平均数的后代。遗传算法中通过优化问题的目标而人为地构造适应函数以达到好的染色体超过平均数的后代。

（3）当染色体结合时，双亲的遗传基因的结合使得子女继承父母的特征。

（4）当染色体结合后，随机的变异会造成子代与父代的不同。

二、标准遗传算法

本小节用一个具体例子来说明标准遗传算法的原理及步骤。

例 11 用遗传算法求 $\max f(x)=x^2$，$x\in[0,31]$，且 x 是整数。

(1) 编码。把 $f(x)=x^2$ 的可行解 x 编码成可用于遗传算法操作的形式，可以用 5 位二进制无符号整数形式编码。例如，将可行解 $x=13$ 编码成 $x=01101$，可称作数组或者位串。编码后，把原问题的解空间对应到染色体集合。

(2) 初始种群的生成。遗传算法的操作是群体型操作，为此，首先要有一个群体，最初确定的这个群体称为初始种群。可以根据问题的特点，由算法设计者决定种群的规模。这里，我们选 4 个个体组成初始种群：$x_1=01101$，$x_2=11000$，$x_3=01000$，$x_4=10011$。

(3) 适应度评估检测。本例题中关心的是函数值，所以赋予可行解“含有适应外部环境的信息”为：该解的函数值 $f(x)$，函数值越大，该解的性质越好。

初始种群中的 4 组解对应的适应度分别是：

二进制	十进制	适应度
$x_1=01101$	$x_1=13$	$f(x_1)=13^2=169$
$x_2=11000$	$x_2=24$	$f(x_2)=24^2=576$
$x_3=01000$	$x_3=8$	$f(x_3)=8^2=64$
$x_4=10011$	$x_4=19$	$f(x_4)=19^2=361$

(4) 选择。选择的目的是从当前种群中选择性状优良的个体，使它们有机会作为父代，繁殖出性状优良的下一代。按照达尔文的适者生存的进化原则，适应度越高的个体，被选择的机会就越多。下面，采用轮盘赌方法来进行选择。

首先，用适应度来构造选择概率，为描述简单，记 $f_i=f(x_i)$。

种群	适应度	选择概率
$x_1=01101$	$f(x_1)=169$	$p_1=\dfrac{f_1}{\sum_{i=1}^{4}f_i}=\dfrac{169}{1170}=0.14$
$x_2=11000$	$f(x_2)=576$	$p_2=\dfrac{f_2}{\sum_{i=1}^{4}f_i}=\dfrac{576}{1170}=0.49$
$x_3=01000$	$f(x_3)=64$	$p_3=\dfrac{f_3}{\sum_{i=1}^{4}f_i}=\dfrac{64}{1170}=0.06$
$x_4=10011$	$f(x_4)=361$	$p_4=\dfrac{f_4}{\sum_{i=1}^{4}f_i}=\dfrac{361}{1170}=0.31$

接着，用选择概率设计轮盘赌：如图 10-2 所示：转动轮盘，待轮盘停止后，指针指哪个区域，就选哪个个体。

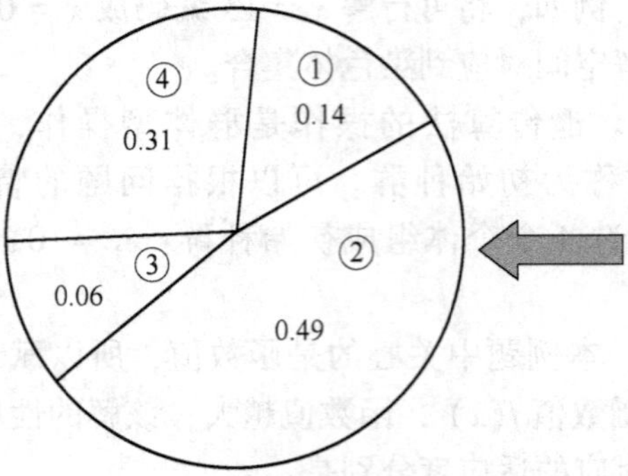

图 10-2　用选择概率设计轮盘赌

第 1 次选择：转动轮盘，待轮盘停止后，指针指向区域①，选第 1 个个体 $x_1 = 01101$。

第 2 次选择：转动轮盘，待轮盘停止后，指针指向区域②，选第 2 个个体 $x_2 = 11000$。

第 3 次选择：转动轮盘，待轮盘停止后，指针指向区域②，选第 2 个个体 $x_2 = 11000$。

第 4 次选择：转动轮盘，待轮盘停止后，指针指向区域④，选第 4 个个体 $x_4 = 10011$。

被选中的个体送到配对库中，作为父本，参与繁殖下一代。

选择操作结束后，被选中的个体一般情况下是其本身的遗传性状比较好，选择概率较大。例如，2 号个体被选中两次，原因是其选择概率大，遗传性状好。而 3 号个体没有被选中，原因是其选择概率小。

（5）交叉操作。首先，对配对库中的个体进行随机配对，比如：

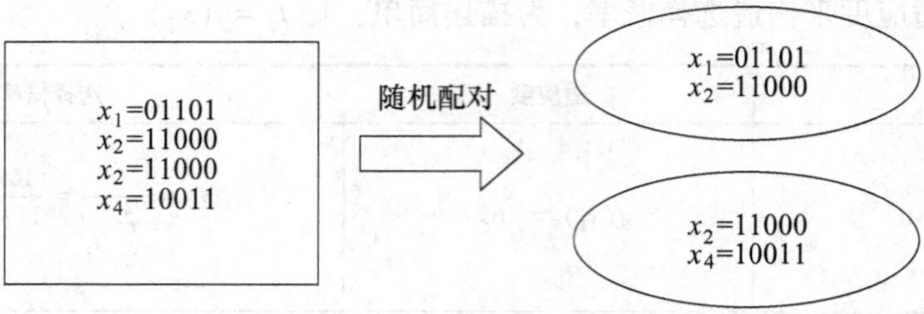

其次，模仿 DNA 复制的机制，对配对的个体进行交叉操作：

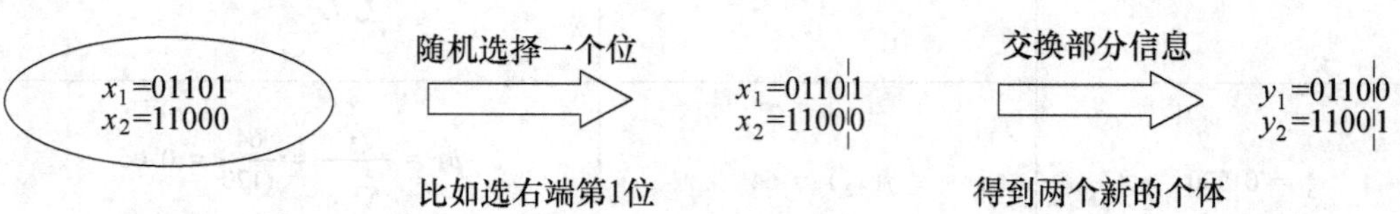

同理，对另一对个体进行交叉操作：

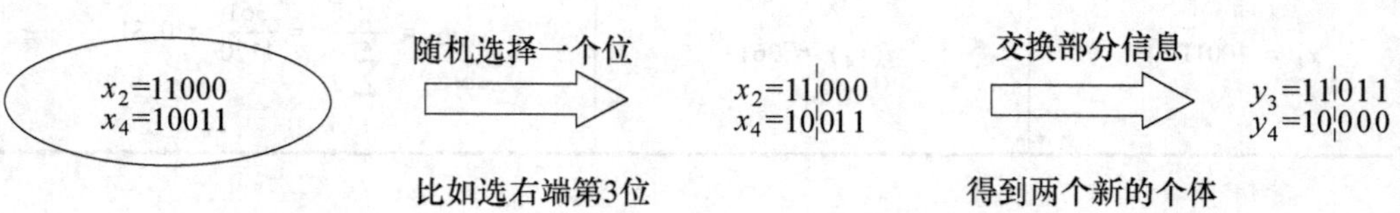

交叉操作后，得新的种群。

$$y_1 = 01100$$
$$y_2 = 11001$$
$$y_3 = 11011$$
$$y_4 = 10000$$

经过前面的各部分操作，新一代种群的遗传特性应该优于前一代种群的特性。在本问题中，就是得到的新的可行解的函数值更大了，距离最优解更近了。

（6）变异。变异操作是按位进行的，即把一位的内容进行变异。对二进制编码的个体，若某一位原来为 0，则变异操作后就变成了 1，反之亦然。一般地，变异概率应该很小。本例子中取变异概率为 $P=0.001$。可以这样理解，平均来说 1000 位中才有一位要进行变异操作。由于群体中共有 20 位，繁殖一次后没有一位可变异。至少要繁殖 50 代后，才有一位可变异。

至此，第 1 代繁殖完成，产生新的种群。也就是第 1 次迭代结束，产生新的可行解。要得到更好的可行解，还要继续迭代。

为更好地理解遗传算法，表 10-3 对比总结了实际优化问题和生物学特征之间的联系。

表 10-3 实际优化问题和生物学特征对比

实际问题	生物学背景
可行解（编码后称为位串）	染色体
位串的其中一位	基因
解空间	染色体集合
解空间的解应该携带相关的信息	染色体应该携带遗传信息
可行解对应函数值，函数值越大，该解的性质越好	染色体中含有适应外部环境的信息，适应能力越高，染色体的性状越好

下面再演示第 2 次迭代的过程，即对新的种群 $y_1=01100$、$y_2=11001$、$y_3=11011$、$y_4=10000$ 作如下几步操作：适应度评价检测、选择、交叉、变异，来产生新一代种群，下面逐一来看。

1）适应度计算。种群中的 4 组解对应的适应度分别是：

二进制	十进制	适应度
$y_1=01100$	$y_1=12$	$f(y_1)=12^2=144$
$y_2=11001$	$y_2=25$	$f(y_2)=25^2=625$
$y_3=11011$	$y_3=27$	$f(y_3)=27^2=729$
$y_4=10000$	$y_4=16$	$f(y_4)=16^2=256$

2）选择。采用轮盘赌方法来进行选择。首先，用适应度来构造选择概率，为描述简单，记 $f_i=f(y_i)$。

种　　群	适 应 度	选择概率
$y_1 = 01100$	$f(y_1) = 144$	$p_1 = \frac{f_1}{\sum_{i=1}^{4} f_i} = \frac{144}{1754} = 0.082$
$y_2 = 11001$	$f(y_2) = 625$	$p_2 = \frac{f_2}{\sum_{i=1}^{4} f_i} = \frac{625}{1754} = 0.356$
$y_3 = 11011$	$f(y_3) = 729$	$p_3 = \frac{f_3}{\sum_{i=1}^{4} f_i} = \frac{729}{1754} = 0.416$
$y_4 = 10000$	$f(y_4) = 256$	$p_4 = \frac{f_4}{\sum_{i=1}^{4} f_i} = \frac{256}{1754} = 0.146$

接着，用选择概率设计轮盘赌，如图 10-3 所示，转动轮盘，待轮盘停止后，指针指哪个区域，就选哪个个体。

第 1 次选择：转动轮盘，待轮盘停止后，指针指向区域①，选第 1 个个体 $y_1 = 01100$。

第 2 次选择：转动轮盘，待轮盘停止后，指针指向区域③，选第 3 个个体 $y_3 = 11011$。

第 3 次选择：转动轮盘，待轮盘停止后，指针指向区域②，选第 2 个个体 $y_2 = 11001$。

第 4 次选择：转动轮盘，待轮盘停止后，指针指向区域②，选第 2 个个体 $y_2 = 11001$。

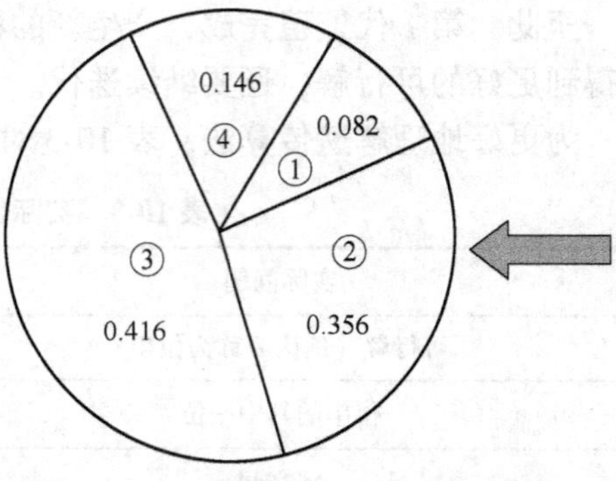

图 10-3　用选择概率设计轮盘赌

被选中的个体送到配对库中，作为父本，参与繁殖下一代。

3）交叉操作。首先，对配对库中的个体进行随机配对，比如：

其次，模仿 DNA 复制的机制，对配对的个体进行交叉操作：

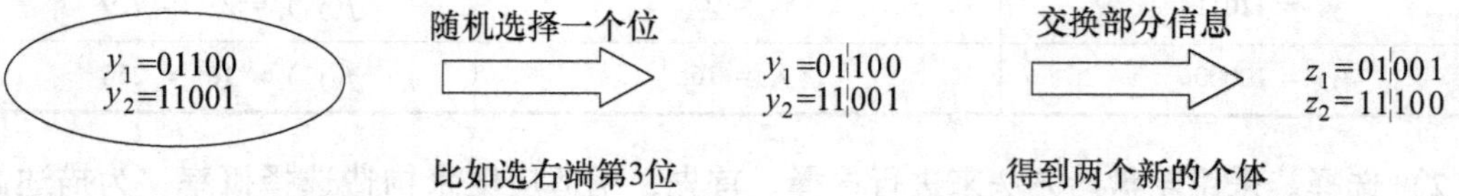

同理，对另一对个体进行交叉操作：

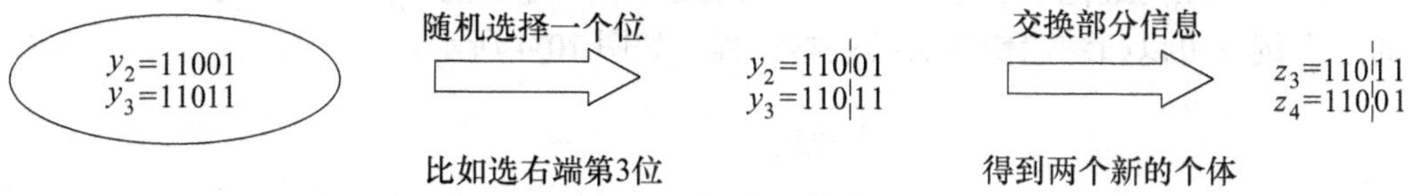

交叉操作后，得新的种群：

$z_1 = 01001$
$z_2 = 11100$
$z_3 = 11011$
$z_4 = 11001$

4）变异。本例中取变异概率为 $P = 0.001$。由于群体中共有 20 位，再繁殖一次后仍没有一位可变异。

至此，第 2 代繁殖完成，产生新的种群。也就是第 2 次迭代结束，产生新的可行解。要得到更好的可行解，还要继续迭代。

现在，我们观察一下每次迭代的结果：

初始种群：

二进制	十进制	适应度
$x_1 = 01101$	$x_1 = 13$	$f(x_1) = 13^2 = 169$
$x_2 = 11000$	$x_2 = 24$	$f(x_2) = 24^2 = 576$
$x_3 = 01000$	$x_3 = 8$	$f(x_3) = 8^2 = 64$
$x_4 = 10011$	$x_4 = 19$	$f(x_4) = 19^2 = 361$

最大值为 $f(x_2) = 576$。

第 1 次迭代结果：

二进制	十进制	适应度
$y_1 = 01100$	$y_1 = 12$	$f(y_1) = 12^2 = 144$
$y_2 = 11001$	$y_2 = 25$	$f(y_2) = 25^2 = 625$
$y_3 = 11011$	$y_3 = 27$	$f(y_3) = 27^2 = 729$
$y_4 = 10000$	$y_4 = 16$	$f(y_4) = 16^2 = 256$

最大值为 $f(y_3) = 729$。

第 2 次迭代结果：

二进制	十进制	适应度
$z_1 = 01001$	$z_1 = 9$	$f(z_1) = 9^2 = 81$
$z_2 = 11100$	$z_2 = 28$	$f(z_2) = 28^2 = 784$
$z_3 = 11011$	$z_3 = 27$	$f(z_3) = 27^2 = 729$
$z_4 = 11001$	$z_4 = 25$	$f(z_4) = 25^2 = 625$

最大值为 $f(z_2) = 784$。

由此可看出，每次迭代，群体中的个体的遗传性状都有改良，即可行解中最好解的函数值都在增大，在向最优解靠近。这种逐步向最优解靠近的性质称为收敛性。

通过上例，可以归纳遗传算法的基本流程，如图 10-4 所示：

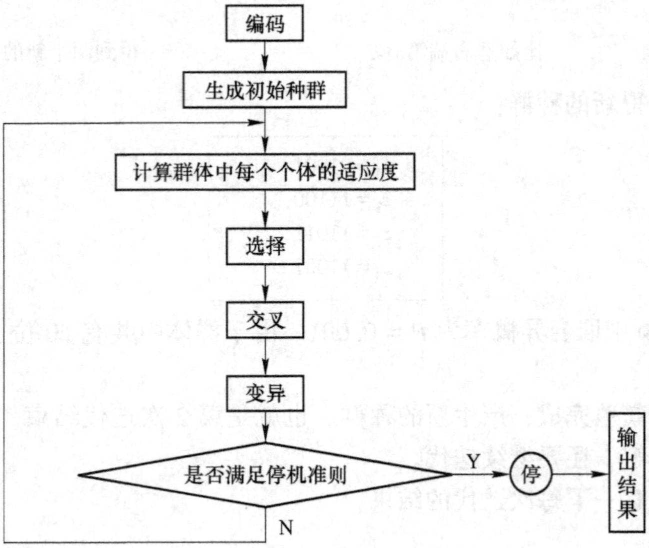

图 10-4 遗传算法的基本流程

至此，标准遗传算法的原理和操作流程已经介绍完毕，我们只是对遗传算法有一个直观的理解，一些技术问题，诸如编码有哪些技术，初始种群生成有哪些技术，适应度计算有哪些技术，交叉变异有哪些技术等，将在后面的小节讨论。

三、遗传算法实现的技术问题

1. 编码

编码是遗传算法中的基础工作之一。我们先引入问题空间和遗传空间，问题空间是遗传表现型个体（有效的候选解）集合组成的空间，遗传空间是由基因型个体集合组成的空间。由问题空间到遗传空间的映射称为编码（coding），由遗传空间到问题空间的映射称为译码（decoding）。0，1 二进制编码就是一种比较直观和常用的编码方式，除此之外，还有格雷码、浮点数编码等。

编码的评估规范包括以下三点：

（1）完备性：问题空间中的所有点（候选解）都能为遗传空间中的点（染色体）所表现。

（2）健全性：遗传空间中染色体能对应所有问题空间中的候选解。

（3）非冗余性：染色体和候选解一一对应。

2. 初始种群

常用的确定初始种群的方法有两种，一是根据问题固有知识，设法把握最优解所占空间在整个问题空间中的分布范围，在此分布范围内设定初始种群；二是先随机生成一定数目的个体，从中挑最好的个体加入初始种群，不断迭代，直到达到预定规模。

3. 适应度函数

通常我们通过把目标函数映射成适应度函数，适应度函数要满足非负的要求。若 $f(x)$ 是目标函数，则适应度函数可以取

$$\text{fitness}(x)=f(x)\text{，优化目标为最大}$$

$$\text{fitness}(x)=M-f(x)\text{，}M>\max f(x)\text{，且优化目标为最小}$$

自然界中，适应度和幸存再生是彼此相关的。大量的后代幸存是由于它们能够适应环境，而之所以能适应环境是由于它们的有大量的后代幸存。在自然界中，幸存是最终目标。为此，有必要，也有机会来调整群体中成员的竞争水平，以便获得适应度高的个体。这种对适应度的调整称为适应度定标。

4. 遗传操作

遗传操作指 3 个操作：选择、交叉、变异。

（1）选择操作。选择操作是在群体中选择生命力强的个体产生新的群体的过程，常用的方法有：

1）适应度比例法（轮盘赌方法），即计算每个个体的适应度值，然后计算出此适应度值在群体适应度值总和中所占比例，表示其被选中的概率；

2）最佳个体保存法，如果下一代群体的最佳个体适应度值小于当前群体最佳个体的适应度值，则将当前群体最佳个体或者适应度值大于下一代最佳个体适应度值的多个个体直接复制到下一代，随机替代或替代下一代群体中最差的相应数量的个体；

3）期望值方法，轮盘赌中，当个体数不太多时，产生的随机数有可能会出现不正确地反映个体适应度的选择，可能适应度高的个体被淘汰，适应度低的个体也可能被选择，为了克服这一缺点，根据每个个体在下一代群体中的生存期望值来进行随机选择运算，是一种无放回的随机采样方法；

4）排序选择方法，将群体中个体按其适应度值由大到小排成一个序列，然后将事先设计好的序列概率分配给每个个体。

（2）交叉操作。交叉操作是按较大的概率从群体中选择两个个体，交换两个个体的某个或者某些位，常用的方法有：

1）一点交叉，染色体切断点有一处，断点后面的部分交叉；

2）二点交叉，染色体切断点有两处，两点之间部分交叉；

3）多点交叉，即染色体切断点有多处；

4）一致交叉，染色体位串上的每一位按相同概率进行随机均匀交叉。

（3）变异操作。变异操作是以小概率对个体编码串上的某个或某些位值进行改变，通常通过随机反转某位等位基因的二进制字符值实现，即首先在个体位串上随机选择两个点，位串染色体被这两个点分成三段，将中间段的左右顺序倒转过来与另两段相连，形成新的个体位串。

四、遗传算法的应用

本小节讨论遗传算法在实际的组合最优化问题的一些技术实现。

1. 旅行商问题

设有 n 个城市 C_1，C_2，…，C_n。一推销员计划从 C_1 出发，走遍所有城市，最后返回

到 C_1 。问选择什么路径，能使总距离最短。

（1）编码。采用遍历城市的次序排列方式编码。比如，串 12345678 表示从城市 1 出发，经过城市 2、3、4、5、6、7，最后经城市 8 返回到城市 1。再比如串 16345278 表示从城市 1 出发，经过城市 6、3、4、5、2、7，最后经城市 8 返回到城市 1。

（2）适应度计算。可以采用路径长度的倒数作为适应度。比如，串 12345678 的路径长是 125，那么适应度就是 $\frac{1}{125}$ 。再比如，串 16345278 的路径长是 190，那么适应度就是 $\frac{1}{190}$ 。也就是长度越长，该串的适应度越小。这与目标找长度最小的串相一致。

（3）交叉策略。首先，若采用一点交叉，则可能破坏遍历性，产生非法路径。例如

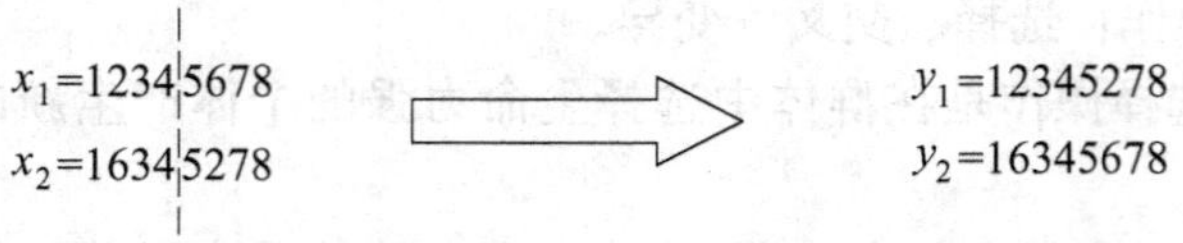

这两个交叉后的串对应的路径都没有遍历 8 个城市，都违反了约束条件。

下面介绍适用于旅行商问题的交叉技术——循环交叉。

此方法以父串的特征作为参考，在满足城市约束条件下进行重组，举例来说：

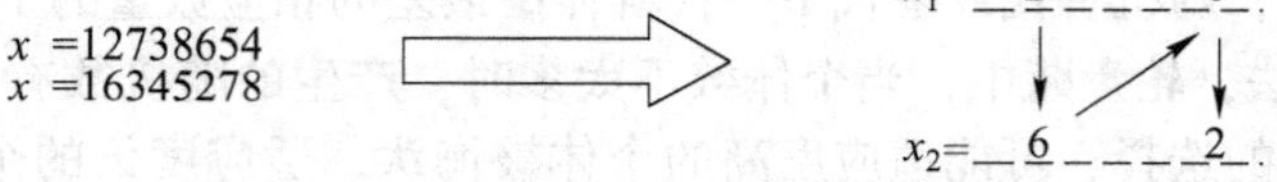

从 x_1 第 2 位开始，对应数字为 2，找到另一父串 x_2 相应位置，对应数字为 6，接着从 x_1 中找到 6 所在位置，找到另一父串 x_2 相应位置，对应数字为 2，构成一个循环。

我们可以继续找循环，从 x_1 第 3 位开始，对应数字为 7，找到另一父串 x_2 相应位置，对应数字为 3，接着从 x_1 中找到 3 所在位置，找到另一父串 x_2 相应位置，对应数字为 4，再从 x_1 中找到 4 所在位置，找到另一父串 x_2 相应位置，对应数字为 8，从 x_1 中找到 8 所在位置，找到另一父串 x_2 相应位置，对应数字为 5，从 x_1 中找到 5 所在位置，找到另一父串 x_2 相应位置，对应数字为 7，构成一个循环。

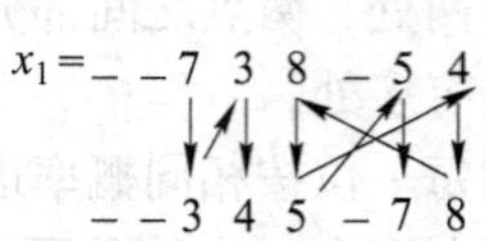

我们找到了两个循环，现在，以循环为单位进行交叉，将第二个循环交叉，得

$$x_1' = \_\ \_\ 3\ 4\ 5\ \_\ 7\ 8$$
$$x_2' = \_\ \_\ 7\ 3\ 8\ \_\ 5\ 4$$

第一个循环不动，最终的结果是

$$x_1' = 1\ 2\ 3\ 4\ 5\ 6\ 7\ 8$$
$$x_2' = 1\ 6\ 7\ 3\ 8\ 2\ 5\ 4$$

2. 0-1 背包问题

从 n 个物品中选择一些装入背包。每个物品重量是 w_j，（$j = 1，2，\cdots，n$），价值是

c_j，($j = 1, 2, \cdots, n$)，背包的承重上限是 W。问如何选择物品装包，能在满足承重上限的前提下，使装入包内的物品总价值最大。

（1）遗传编码。0-1 背包问题通常采用二进制编码方法。串的长度为问题的规模 n。位 1 表示选中，位 0 表示没有选中。

设编码形式为 $T = t_1 t_2 \cdots t_n$，$t_i = 0, 1$，$i = 1, 2, \cdots, n$，则该串对应的目标函数为 $J(T) = \sum_{j=1}^{n} c_j t_j$。比如，对于 $n = 5$ 的背包问题，串 10010 表示选第一件和第四件物品，其他不选，该串对应的目标函数为 $J(T) = c_1 + 0c_2 + 0c_3 + c_4 + 0c_5$。

（2）适应度计算。此处采用惩罚函数方法。适应度函数采用如下形式 $f(T) = J(T) + g(T)$，其中 $g(T)$ 是惩罚函数，可以按如下方式构造：

$$g(T) = \begin{cases} 0, & W - \sum_{i=1}^{n} t_i w_i \geqslant 0, \\ \beta E_m(W - \sum_{i=1}^{n} t_i w_i), & W - \sum_{i=1}^{n} t_i w_i < 0, \end{cases}$$

其中，$E_m = \max_i \frac{c_i}{w_i}$；$\beta$ 是合适的惩罚系数。

适应度函数采用惩罚函数方法的目的是，当串 $T = t_1 t_2 \cdots t_n$ 违反约束条件时，把此串的适应度处理成比较小的适应度，以便在进行选择操作时，以较小的概率选择该串。选择操作、交叉操作、变异操作等，与前面使用的方法类似，这里不再介绍。

第四节　人工神经网络

利用机器模仿人类的智能是长期以来人们认识自然、改造自然和认识自身的理想。研究人工神经网络一是为了探索和模拟人的感觉、思维和行为的规律，设计具有人类智能的计算机系统；二是探讨人脑的智能活动，用物化了的智能来考察和研究人脑智能的物质过程及其规律。基于此，研究人工神经网络的方法也是从两个角度发展，一是生理结构的模拟，用仿生学观点，探索人脑的生理结构，把对人脑的微观结构及其智能行为的研究结合起来；二是宏观功能的模拟，从人的思维活动和智能行为的心理学特性出发，利用计算机系统来对人脑智能进行宏观功能的模拟，即符号处理方法。

1943 年，美国心理学家 W. McCulloch 和数学家 W. Pitts 提出了一个简单的神经元模型，即 MP 模型[29]，1958 年，F. Rosenblatt 等研制出了感知器（perceptron），这期间是人工神经网络研究的第一次热潮。经历了 20 世纪 70 到 80 年代初的低潮期之后，人工神经网络迎来了第二次热潮。1982 年，美国物理学家 J. J. Hopfield 提出 Hopfield 模型，它是一个互联的非线性动力学网络，其解决问题的方法是一种反复运算的动态过程，这是符号逻辑处理方法所不具备的性质。1987 年首届国际人工神经网络大会在圣地亚哥召开，国际人工神经网络联合会成立，创办了多种人工神经网络国际刊物。

当然，人工神经网络研究也有一定的局限性，它受到脑科学研究成果的限制，人工神经网络研究带有浓厚的策略和经验色彩，缺少一个完整、成熟的理论体系。

一、感知器的基本模型

1. 生物神经元的结构和功能特性

如图 10-5 所示，大脑的一个重要成分是神经网络，神经网络由相互关联的神经元组成，每一个神经元由细胞体和突起两部分组成。细胞体具有联络和整合输入信息并传出信息的作用。突起有树突和轴突两种。树突短而分枝多，直接由细胞体扩张突出，形成树枝状，其作用是接受其他神经元轴突传来的冲动并传给细胞体。轴突长而分枝少，为粗细均匀的细长突起，其作用是接受外来刺激，再由细胞体传出。突触是神经元之间相互连接的接口部分，即一个神经元的神经末梢与另一个神经元的树突相接触的交界面，位于神经元的神经末梢尾端。突触是轴突的终端。

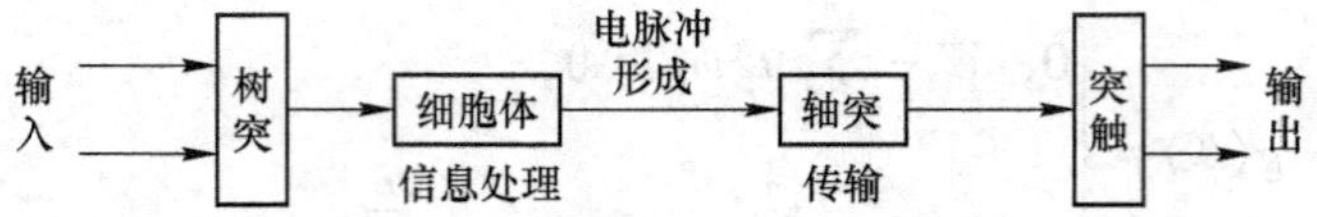

图 10-5　神经元的结构和功能特性

2. MP 模型

1943 年 W. McCulloch（心理学家）和 W. Pitts（数理逻辑学家）发表文章，提出 MP 模型。描述了一个简单的人工神经元模型的活动是服从二值（兴奋和抑制）变化的。总结了神经元的基本生理特性，提出了神经元的数学描述和网络的结构方法。假设一个神经元接收到 n 个信息，MP 模型由图 10-6 表示。

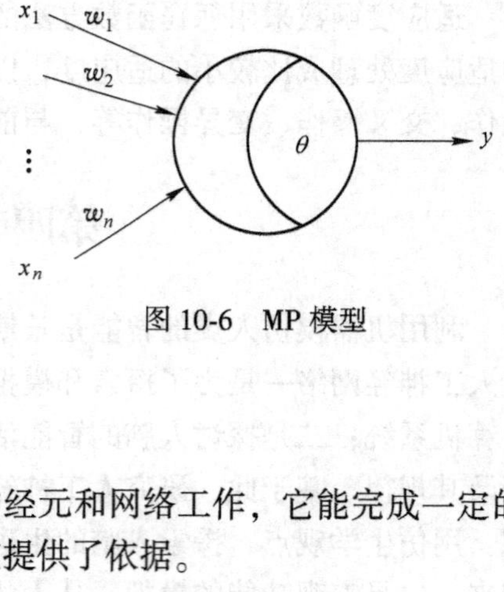

图 10-6　MP 模型

输出表达式为

$$y=\begin{cases}1, & \sum w_i x_i \geqslant \theta \\ 0, & \sum w_i x_i < \theta\end{cases}$$

MP 模型首次采用集体并行计算结构来描述人工神经元和网络工作，它能完成一定的逻辑运算（可以完成布尔逻辑计算），为进一步的研究提供了依据。

3. 感知器的构造与模型

感知器模型是美国学者罗森勃拉特（Rosenblatt）为研究大脑的存储、学习和认知过程而提出的一类具有自学习能力的神经网络模型，它把神经网络的研究从纯理论探讨引向了从工程上的实现。Rosenblatt 提出的感知器模型是一个只有单层计算单元的前向神经网络，称为单层感知器，其结构如图 10-7 所示。

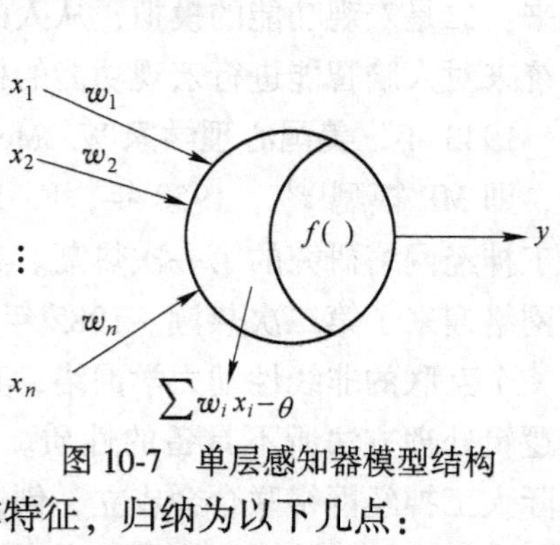

图 10-7　单层感知器模型结构

感知器是在 MP 模型基础上建立起来的单细胞神经网络的信息处理器，它的基本特征是神经细胞的工作特征，归纳为以下几点：

(1) $x_i(i=1, 2, \cdots, n)$ 是输入，w_i 为该神经元与各输入间的连接权值，θ 为阈值，y 为输出；

（2）从各输入端接收输入信号 x_i；

（3）根据各连接权值 w_i，求出所有输入的加权和 σ，σ 称为整合函数，σ 表达式如下：

$$\sigma = \sum_{i=1}^{n} w_i x_i - \theta$$

（4）利用某一特征函数 f 进行变换，得到输出 y：

$$f(\sigma) = f(\sum_{i=1}^{n} w_i x_i - \theta)$$

其中，$f(u)$ 为-1 到 1 之间的单调增加函数，通常称为激励函数。常用的激励函数是阈值函数，

$$f(u) = \begin{cases} 1, & u \geqslant 0 \\ 0, & u < 0 \end{cases}$$

4. 感知器的学习

感知器的基本功能是对外部神经元的状态进行"感知"与"识别"，也就是当外部的 n 个神经元处于一定状态时，感知器就呈现出"兴奋"状态，而当外部的 n 个神经元处于另一些状态时，感知器就呈现出"抑制"状态。

用符号函数表示，即

$$f(\sum_{i=1}^{n} w_i x_i - \theta) = \begin{cases} +1, & x_i \in A, i = 1, 2, \cdots, n \\ -1, & x_i \in B, i = 1, 2, \cdots, n \end{cases}$$

其中，A、B 是互不相交的集合。

为了达到学习目标而确定权值 w_i 和阈值 θ 的过程称为学习，感知器的学习归结为求解方程组，学习过程中的 $x_i(i = 1, 2, \cdots, n)$ 以及 y 叫作学习样本。感知器有一定的局限性，下面通过例题体会一下。

例 12　设计一个感知器，使它能够完成逻辑运算中的异或运算。异或的真值表如下：

X_1	X_2	输出
1	1	0
1	0	1
0	1	1
0	0	0

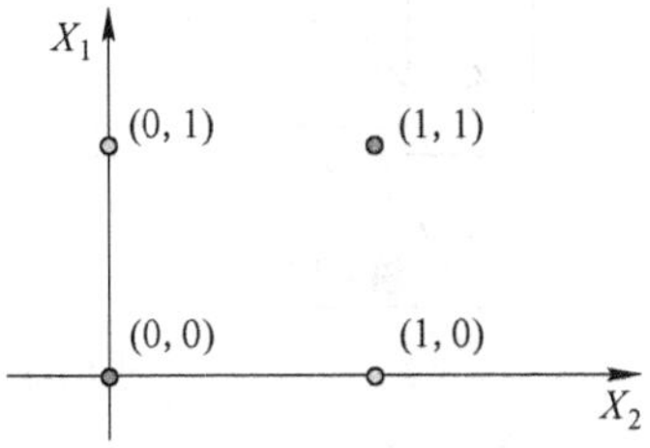

通过上述示意图也可以看出，在二维空间中没有可分离点集 {(0，0)，(1，1)} 和 {(0，1)，(1，0)} 的直线。

考虑这样一个感知器，其输入为 X_1，X_2；权值为 W_1，W_2；阈值是 t。为了学习这个函数，该神经网络必须找到这样一组值，它满足如下的不等式方程：

$W_1 \times 1 + W_2 \times 1 < t$，真值表的第一行；

$W_1 \times 1 + W_2 \times 0 \geqslant t$，真值表的第二行；

$W_1 \times 0 + W_2 \times 1 \geqslant t$，真值表的第三行；

$W_1 \times 0 + W_2 \times 0 < t$，真值表的最后一行。

显然，这组关于 W_1，W_2 和 t 的不等式方程组没有解，这就证明了感知器不能解决异或问题，原因就是待识别的类别不是线性可分的。

二、单层前向神经网络

前面讨论了感知器的模型，可以看出，感知器的学习及工作能力十分有限，只在线性可分时才能学习和工作。因此有必要对感知器模型作进一步推广，使它的应用范围更广泛。推广可以从以下 3 个方面来进行：（1）可以推广感知器的整合函数，将 $\sigma = \sum_{i=1}^{n} w_i x_i - \theta$ 推广为非线性函数 $\sigma = \sum_{i=1}^{n} g_i(w_i) x_i - \theta$，推广后称为非线性权感知器；也可以将激励函数推广成非线性函数，推广后称为非线性感知器。（2）推广感知器的学习分类方式。可以进行模糊化处理，也就是分类时不要求百分之百正确，而是允许有一定的误差存在。这样推广后的感知器称为“模糊感知器”。（3）将多个感知器相互连接，构成一个网络模型，这种推广的模型称为神经网络系统模型。

本小节讨论单层前向神经网络（single layer feed-forwar neural networks），其模型结构如图 10-8 所示：

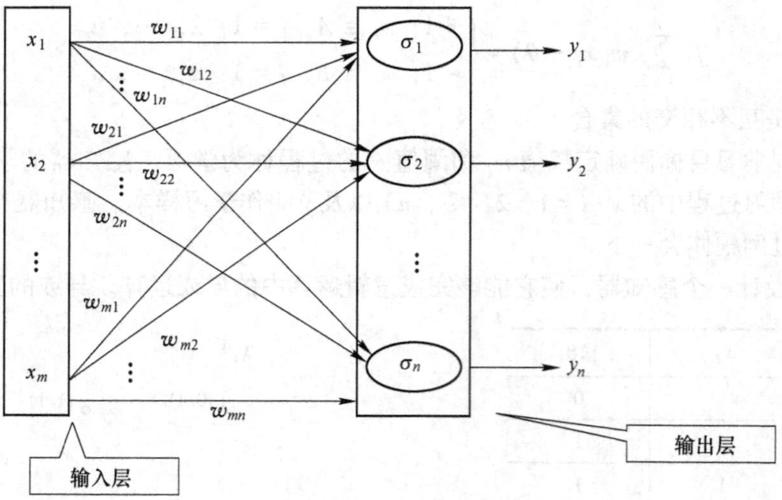

图 10-8　单层前向神经网络模型结构

在单层前向神经网络中，只有输入层和输出层，输入层中各元素无连接，输出层中各元素也无连接，学习样本是输入 $\boldsymbol{X} = (x_1, x_2, \cdots, x_m)^{\mathrm{T}}$，输出 $\boldsymbol{Y} = (y_1, y_2, \cdots, y_n)^{\mathrm{T}}$，学习即确定权值矩阵

$$\boldsymbol{W} = \begin{pmatrix} w_{11} & \cdots & w_{1n} \\ \vdots & \ddots & \vdots \\ w_{m1} & \cdots & w_{mn} \end{pmatrix}$$

和阈值 $\boldsymbol{\theta} = (\boldsymbol{\theta}_1, \boldsymbol{\theta}_2, \cdots, \boldsymbol{\theta}_n)^{\mathrm{T}}$。这类神经网络主要在识别问题中有较强的能力。

最为简单的一类神经网络是线性网络，可以讨论多种激励函数，一类最简单的激励函

数是线性函数 $y = x$，阈值取零向量，那么单层线性神经网络中，每一个神经元满足 $y_j = \sum_{i=1}^{m} w_{ij} x_i$，$j = 1, 2, \cdots, n$。

例 13　用单个神经元识别逻辑运算中的异或问题。

神经元的选取如图 10-9 所示。

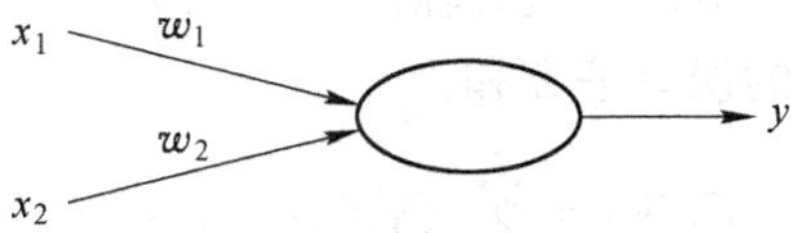

图 10-9　神经元选取

激励函数取 $y = w_1 x_1 + w_2 x_2$。学习样本为：

x_1	x_2	输出
1	1	0
1	0	1
0	1	1
0	0	0

我们要确定权值 w_1，w_2，使得当输入 $x_1 = 1$，$x_2 = 1$ 时，能识别出 $y = 0$，即 $w_1 + w_2 = 0$；当输入 $x_1 = 1$，$x_2 = 0$ 时，能识别出 $y = 1$，即 $w_1 + w_2 \times 0 = 1$；当输入 $x_1 = 0$，$x_2 = 1$ 时，能识别出 $y = 1$，即 $w_1 \times 0 + w_2 = 1$；当输入 $x_1 = 0$，$x_2 = 0$ 时，能识别出 $y = 0$，即 $w_1 \times 0 + w_2 \times 0 = 0$。

学习过程归结为求解方程组

$$\begin{cases} w_1 + w_2 = 0 \\ w_1 + w_2 \times 0 = 1 \\ w_1 \times 0 + w_2 = 1 \end{cases}$$

显然，此方程组无解，学习过程无法完成。由此例可知，对应单层线性神经网络，由给定的输入，无法准确得到理想输出值。

所以我们改变思路，不再让神经元的实际输出值等于理想值，而是使输出值尽量接近理想值。为了使神经网络输出同理想输出最为接近，一个易于理解的学习规则是最小二乘法。下面以包含 2 个神经元的单层线性神经网络模型为例，说明最小二乘法，如图 10-10。

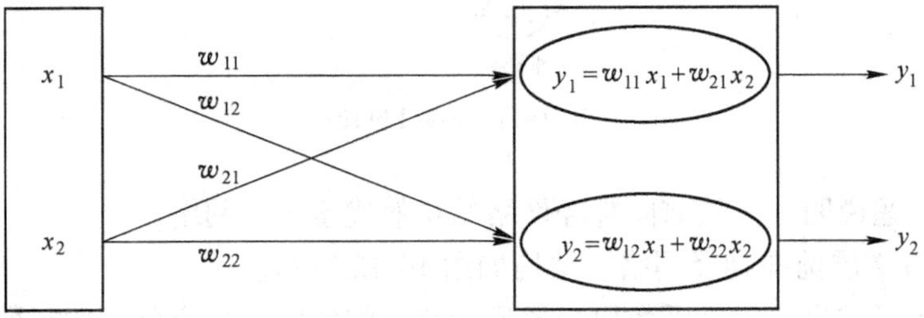

图 10-10　包含 2 个神经元的单层线性神经网络模型

我们有三个学习样本 $\boldsymbol{X}(1) = (x_1(1), x_2(1))^{\mathrm{T}}$，$\boldsymbol{X}(2) = (x_1(2), x_2(2))^{\mathrm{T}}$，$\boldsymbol{X}(3) = (x_1(3), x_2(3))^{\mathrm{T}}$，对应三个理想输出 $\boldsymbol{D}(1) = (d_1(1), d_2(1))^{\mathrm{T}}$，$\boldsymbol{D}(2) = (d_1(2), d_2(2))^{\mathrm{T}}$，$\boldsymbol{D}(3) = (d_1(3), d_2(3))^{\mathrm{T}}$。实际输出为 $\boldsymbol{Y}(1) = (y_1(1), y_2(1))^{\mathrm{T}}$，

$Y(2)=(y_1(2), y_2(2))^{\mathrm{T}}$，$Y(3)=(y_1(3), y_2(3))^{\mathrm{T}}$，其中 $y_1(i)=w_{11}x_1(i)+w_{21}x_2(i)$，$y_2(i)=w_{12}x_1(i)+w_{22}x_2(i)$，$i=1, 2, 3$。

实际输出与理想输出的误差平方和为 $(y_1(i)-d_1(i))^2+(y_2(i)-d_2(i))^2$，$i=1, 2, 3$，总的误差平方和为

$$F(W)=\sum_{i=1}^{3}(y_1(i)-d_1(i))^2+(y_2(i)-d_2(i))^2$$

$$=\sum_{i=1}^{3}(w_{11}x_1(i)+w_{21}x_2(i)-d_1(i))^2+(w_{12}x_1(i)+w_{22}x_2(i)-d_2(i))^2$$

注意，$F(W)$ 中只有 w_{ij} 是未知的，其他都是已知数。我们的目标是求 w_{ij} 使得 $F(W)$ 达到最小，即 $\min F(W)$。为此，求出 $F(\boldsymbol{W})$ 的驻点即可，对 w_{ij} 求偏导，可写出矩阵形式

$$\boldsymbol{X}(\boldsymbol{X}^{\mathrm{T}}\boldsymbol{W}-\boldsymbol{D}^{\mathrm{T}})=0$$

其中，$\boldsymbol{X}\begin{pmatrix} x_1(1) & x_1(2) & x_1(3) \\ x_2(1) & x_2(2) & x_2(3) \end{pmatrix}$；$\boldsymbol{W}=\begin{pmatrix} w_{11} & w_{12} \\ w_{21} & w_{22} \end{pmatrix}$；$\boldsymbol{D}=\begin{pmatrix} d_1(1) & d_1(2) & d_1(3) \\ d_2(1) & d_2(2) & d_2(3) \end{pmatrix}$。

整理得，$\boldsymbol{W}=(\boldsymbol{X}\boldsymbol{X}^{\mathrm{T}})^{-1}\boldsymbol{D}^{\mathrm{T}}$。该公式也适合于一般情况的最小二乘法。

三、多层前向神经网络

一般多层前向神经网络（multi-layer feed forward neural networks）有两层或者两层以上的神经元，第 i 层神经元的输出等于第 $i+1$ 层神经元的输入，但在同一层之内的神经元没有输入输出的关系。除输入和输出层以外的神经元层称为隐层。记输入层为第 0 层，则输出层所在的层数为神经网络的层数。

例如，图 10-11 中所示的神经网络有 2 层的神经元网络，我们记作 3-4-2 网络。

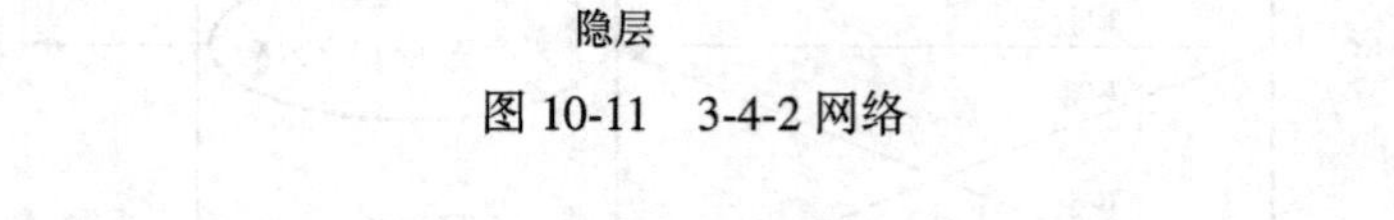

图 10-11 3-4-2 网络

现在通过例题说明，多层前向神经网络的功效优于单层网络。

例 14 设有 2 层前向神经网络，结构如图 10-12 所示。

它的权值已经求出。激励函数取阈值型函数，阈值取一个充分小的正数 θ。讨论此网络是否能识别逻辑运算异或问题。

当输入 $x_1=1$，$x_2=0$ 时，第 1 层的输出为 $y_1=f(1\times x_1-1\times x_2-\theta)=f(x_1-x_2-\theta)=f(1-\theta)=1$，$y_2=f(-1\times x_1+1\times x_2-\theta)=f(-x_1+x_2-\theta)=f(-1-\theta)=0$（因为 θ 充分小，所以 $1-\theta>0$，$-1-\theta<0$）。第 1 层输出是第 2 层的输入，那么第 2 层的输出为 $z=f(1\times y_1+1\times y_2-\theta)=f(y_1+y_2-\theta)=f(1-\theta)=1$。

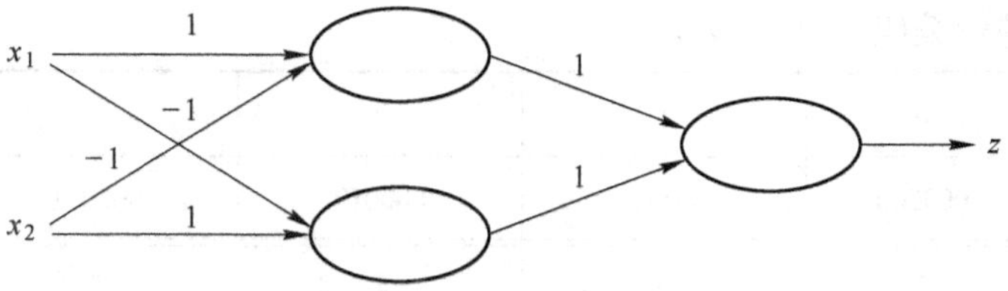

图 10-12　2 层前向神经网络结构

当输入 $x_1=0$，$x_2=1$ 时，第 1 层的输出为 $y_1=f(1\times x_1-1\times x_2-\theta)=f(x_1-x_2-\theta)=f(-1-\theta)=0$，$y_2=f(-1\times x_1+1\times x_2-\theta)=f(-x_1+x_2-\theta)=f(1-\theta)=1$。第 1 层输出是第 2 层的输入，那么第 2 层的输出为 $z=f(1\times y_1+1\times y_2-\theta)=f(y_1+y_2-\theta)=f(1-\theta)=1$。

当输入 $x_1=1$，$x_2=1$ 时，第 1 层的输出为 $y_1=f(1\times x_1-1\times x_2-\theta)=f(x_1-x_2-\theta)=f(0-\theta)=0$，$y_2=f(-1\times x_1+1\times x_2-\theta)=f(-x_1+x_2-\theta)=f(0-\theta)=0$。第 1 层输出是第 2 层的输入，那么第 2 层的输出为 $z=f(1\times y_1+1\times y_2-\theta)=f(y_1+y_2-\theta)=f(0-\theta)=0$。

当输入 $x_1=0$，$x_2=0$ 时，第 1 层的输出为 $y_1=f(1\times x_1-1\times x_2-\theta)=f(x_1-x_2-\theta)=f(0-\theta)=0$，$y_2=f(-1\times x_1+1\times x_2-\theta)=f(-x_1+x_2-\theta)=f(0-\theta)=0$。第 1 层输出是第 2 层的输入，那么第 2 层的输出为 $z=f(1\times y_1+1\times y_2-\theta)=f(y_1+y_2-\theta)=f(0-\theta)=0$。

由此可知，采用阈值型函数的多层前向神经网络能识别逻辑运算异或问题。虽然采用阈值型函数的多层前向神经网络有很强的分类能力，但它没有很好的学习方法，因此在实际中应用较少。采用线性函数的多层前向神经网络，它的功效与单层线性神经网络的功效相当，因此，也无法解决复杂问题的分类或识别问题。采用非线性函数的多层前向神经网络有强的解决问题能力，它常被采用解决复杂问题。

四、应用举例

本小节以“手写阿拉伯数字识别”为例说明神经网络在模式识别中的应用。

我们的识别目标是 0~9 这 10 个阿拉伯数字。首先进行输入信息的转换。如图 10-13 所示，我们在硬件设备上书写一个字母，必须将其转化成计算机可以识别的数字信号，即将书写区域分割成较小的方格，没有书写的地方是 0，有书写的地方是 1，这样就可以转换成一个只有 0，1 元素的矩阵。

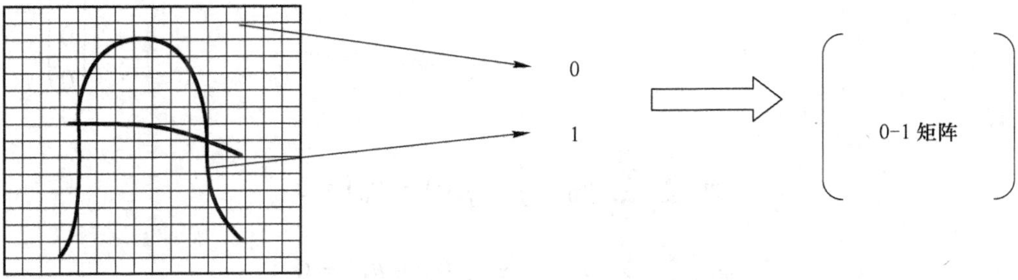

图 10-13　输入信息转换

然后对目标进行编码，如下表所示：

十进制数	0	1	2	3	4
6 位二进制数	000000	000001	000010	000011	000100
十进制数	5	6	7	8	9
6 位二进制数	000101	000110	000111	001000	001001

我们采用包含 6 个神经元的单层前向神经网络，将输入变量设置为 16 × 16 的矩阵，输出变量为 6 个，激励函数取符号函数。神经网络结构如图 10-14 所示：

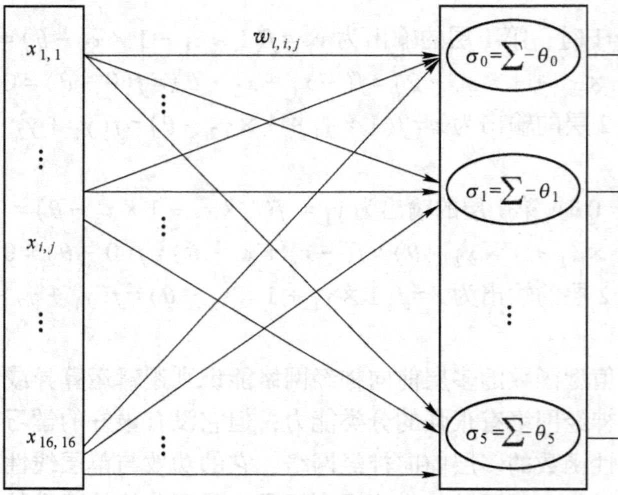

图 10-14 神经网络结构

下面介绍学习过程。

第 0 组学习样本：

输入：0-1 矩阵

$$X(0)=\begin{pmatrix} x_{1,\,1}(0) & \cdots & x_{1,\,16}(0) \\ \vdots & \ddots & \vdots \\ x_{116}(0) & \cdots & x_{16,\,16}(0) \end{pmatrix}$$

理想输出

$$\begin{pmatrix} 0 \\ 0 \\ 0 \\ 0 \\ 0 \\ 0 \end{pmatrix}$$

那么有

$$\operatorname{sgn}\left(\sum_{i=1}^{16}\sum_{j=1}^{16} w_{0,\,i,\,j}\,x_{i,\,j}(0)-\theta_0\right)=0$$

$$\operatorname{sgn}\left(\sum_{i=1}^{16}\sum_{j=1}^{16} w_{1,\,i,\,j}\,x_{i,\,j}(0)-\theta_1\right)=0$$

……

$$\mathrm{sgn}\left(\sum_{i=1}^{16}\sum_{j=1}^{16} w_{5,\ i,\ j}\, x_{i,\ j}(0) - \theta_5\right) = 0$$

第 1 组学习样本：

输入：0-1 矩阵

$$\boldsymbol{X}(1) = \begin{pmatrix} x_{1,\ 1}(1) & \cdots & x_{1,\ 16}(1) \\ \vdots & \ddots & \vdots \\ x_{116}(1) & \cdots & x_{16,\ 16}(1) \end{pmatrix}$$

理想输出

$$\begin{pmatrix} 0 \\ 0 \\ 0 \\ 0 \\ 0 \\ 1 \end{pmatrix}$$

有

$$\mathrm{sgn}\left(\sum_{i=1}^{16}\sum_{j=1}^{16} w_{0,\ i,\ j}\, x_{i,\ j}(1) - \theta_0\right) = 0$$

$$\mathrm{sgn}\left(\sum_{i=1}^{16}\sum_{j=1}^{16} w_{1,\ i,\ j}\, x_{i,\ j}(1) - \theta_1\right) = 0$$

……

$$\mathrm{sgn}\left(\sum_{i=1}^{16}\sum_{j=1}^{16} w_{5,\ i,\ j}\, x_{i,\ j}(1) - \theta_5\right) = 1$$

第 2 组学习样本：

输入：0-1 矩阵

$$\boldsymbol{X}(2) = \begin{pmatrix} x_{1,\ 1}(2) & \cdots & x_{1,\ 16}(2) \\ \vdots & \ddots & \vdots \\ x_{116}(2) & \cdots & x_{16,\ 16}(2) \end{pmatrix}$$

理想输出

$$\begin{pmatrix} 0 \\ 0 \\ 0 \\ 0 \\ 1 \\ 0 \end{pmatrix}$$

有

$$\mathrm{sgn}\left(\sum_{i=1}^{16}\sum_{j=1}^{16} w_{0,\ i,\ j}\, x_{i,\ j}(2) - \theta_0\right) = 0$$

……

$$\mathrm{sgn}\left(\sum_{i=1}^{16}\sum_{j=1}^{16} w_{4,\ i,\ j}\, x_{i,\ j}(2) - \theta_1\right) = 1$$

$$\mathrm{sgn}\left(\sum_{i=1}^{16}\sum_{j=1}^{16} w_{5,\ i,\ j}\, x_{i,\ j}(2) - \theta_5\right) = 1$$

中间的学习样本省略。

第 9 组学习样本：

理想输出

输入：0-1 矩阵

$$X(9)=\begin{pmatrix} x_{1,\ 1}(9) & \cdots & x_{1,\ 16}(9) \\ \vdots & \ddots & \vdots \\ x_{116}(9) & \cdots & x_{16,\ 16}(9) \end{pmatrix}\qquad \begin{pmatrix}0\\0\\1\\0\\0\\1\end{pmatrix}$$

有

$$\mathrm{sgn}\Big(\sum_{i=1}^{16}\sum_{j=1}^{16} w_{0,\ i,\ j}\,x_{i,\ j}(9)-\theta_0\Big)=0$$

$$\mathrm{sgn}\Big(\sum_{i=1}^{16}\sum_{j=1}^{16} w_{1,\ i,\ j}\,x_{i,\ j}(9)-\theta_1\Big)=0$$

$$\mathrm{sgn}\Big(\sum_{i=1}^{16}\sum_{j=1}^{16} w_{2,\ i,\ j}\,x_{i,\ j}(9)-\theta_1\Big)=1$$

……

$$\mathrm{sgn}\Big(\sum_{i=1}^{16}\sum_{j=1}^{16} w_{5,\ i,\ j}\,x_{i,\ j}(9)-\theta_5\Big)=1$$

求解上述方程组，得到权值和阈值，神经网络便可以工作。比如我们在硬件设备上手写数字 6，转换成数字信号作为神经网络的输入，可以得到输出结果 $y_0=0$，$y_1=0$，$y_2=0$，$y_3=1$，$y_4=1$，$y_5=0$，马上根据下表的编码识别出书写的是数字 6。

十进制数	5	6	7	8	9
6 位二进制数	000101	000110	000111	001000	001001

习　题

10-1 考虑五个城市的 TSP 问题，距离矩阵为

$$D=(d_{ij})=\begin{pmatrix} 0 & 2 & 1 & 2 & 3 \\ 2 & 0 & 2 & 4 & 2 \\ 1 & 2 & 0 & 1 & 2 \\ 2 & 4 & 1 & 0 & 5 \\ 3 & 2 & 2 & 5 & 0 \end{pmatrix}$$

（1）用互换两个城市的方法产生邻域，初始解 x^0 =（ABCDE）的邻域用 $N(x^0)$ 表示，在领域中搜索到的当前最优解用 x^{best} 表示。试用局部搜索算法求解旅行商问题，迭代两次，将计算过程写在表中。其中 S 选择邻域本身。

	本次迭代所产生的邻域	当前最优解
第 1 次迭代	$N(x^0)$ =	x^{best} =
第 2 次迭代	$N(x^{\text{best}})$ =	x^{best} =

（2）试用禁忌搜索算法求解上述旅行商问题。禁忌对象设置为互换两个城市，初始禁忌表设置为空集，初始解设为 $x^{\text{now}} = x^0 =$（ABCDE），候选集设置为 $N(x^{\text{now}})$ 本身。迭代两次，将计算过程写在下面表格中。

	禁忌表	本次迭代的候选集	迭代结果
第 1 次迭代	$H = \phi$	$\text{Can}\_N(x^{\text{now}}) =$	$x^{\text{next}} =$
第 2 次迭代	$H =$	$\text{Can}\_N(x^{\text{now}}) =$	$x^{\text{next}} =$

10-2 实现禁忌搜索算法求解 0–1 背包问题。

10-3 考虑某个目标函数极小化的最优化问题 $\min f(x)$ 用模拟退火算法求解。下表是计算过程中的某几步迭代过程，将计算过程写在表中。（$e^{-0.1} = 0.9048$，$e^{-0.3} = 0.7408$）

迭代到某一步	当前温度	当前解及函数值	新的解及函数值	当前解与新解函数值的比较	r 值	产生的随机数 ξ	r 与 ξ 的比较	是否接受新解
设迭代到 k 步	$t = 50$	x_i $f(x_i) = 60$	x_j $f(x_j) = 50$					
设迭代到 l 步	$t = 40$	x_i $f(x_i) = 44$	x_j $f(x_j) = 48$			设 $\xi = 0.7021$		
设迭代到 m 步	$t = 20$	x_i $f(x_i) = 31$	x_j $f(x_j) = 37$			设 $\xi = 0.9021$		

10-4 用模拟退火算法求解旅行商问题，同禁忌搜索算法比较它们的计算效率。

10-5 用遗传算法计算最优化问题 $\max f(x) = x^3$，$x \in [0, 31]$，设下面表格是第 k 次迭代的过程（变异操作省略），试完成表格中相应的计算。

上次迭代所产生的种群，设有 4 个解	十进制数	$x_1 = 6$	$x_2 = 17$	$x_3 = 25$	$x_4 = 28$
	二进制数	$x_1 = 00110$	$x_2 =$	$x_3 =$	$x_4 =$
适应度计算		$f(x_1) = 216$	$f(x_2) =$	$f(x_3) =$	$f(x_4) =$
选择操作	选择概率	$p_1 =$	$p_2 =$	$p_3 =$	$p_4 =$
	选择过程（简述选择过程）				
	选择结果（设选择结果如右端所示）	$x_2 =$ $x_3 =$ $x_3 =$ $x_4 =$			

续表

<table>
<tr><td rowspan="2">上次迭代所产生的种群，设有4个解</td><td>十进制数</td><td>$x_1 = 6$</td><td>$x_2 = 17$</td><td>$x_3 = 25$</td><td>$x_4 = 28$</td></tr>
<tr><td>二进制数</td><td>$x_1 = 00110$</td><td>$x_2 =$</td><td>$x_3 =$</td><td>$x_4 =$</td></tr>
<tr><td rowspan="4">交叉操作</td><td colspan="5">设经过随机配对，得到下面两组配对</td></tr>
<tr><td colspan="2"></td><td colspan="2">$x_2 =$
$x_3 =$</td><td>$x_3 =$
$x_4 =$</td></tr>
<tr><td colspan="2">设随机选择一个位的操作已经完成，位置用双竖线表示，要求交换双竖线右端数字</td><td colspan="2">□‖□□□□</td><td>□□□‖□□</td></tr>
<tr><td colspan="2">交叉结果</td><td colspan="2">$y_1 =$ □□□□□
$y_2 =$ □□□□□</td><td>$y_3 =$ □□□□□
$y_4 =$ □□□□□</td></tr>
</table>

10-6 对 0-1 背包问题，比较禁忌搜索算法、模拟退火算法和遗传算法的计算效果。

10-7 设有 2 层前向神经网络，结构如下图，它的权值已经求出，是图中箭头上方标注的数字，每个神经元的阈值为零。设第一层神经元的激励函数为线性函数 $g(x) = x$，第二层神经元的激励函数为 $f(x) = \frac{1}{1 + e^{-x}}$。

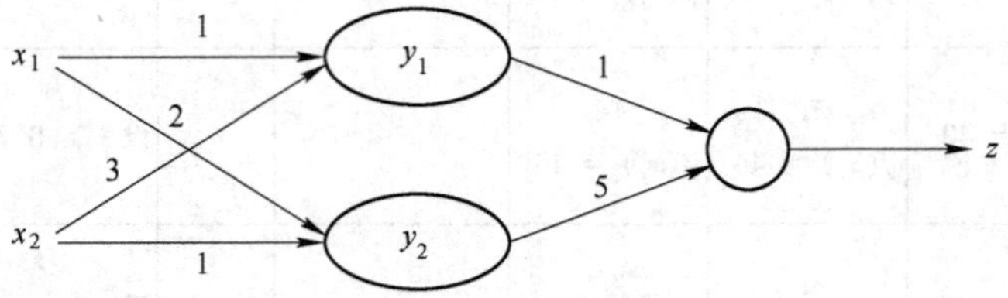

试将第一层神经元输出的表达式及第二层输出的表达式填在表格中。

第一层输出表达式	第二层输出表达式
$y_1 = x_1 + 3x_2$ $y_2 =$	$z =$

10-8 设有 2 层前向神经网络，结构如下图，输入 x_1 到第一层 y_1，y_2 的权值分别为 w_{11}，w_{12}，输入 x_2 到第一层 y_1，y_2 的权值分别为 w_{21}，w_{22}，第一层 y_1，y_2 到第二层的权值分别为 u_1，u_2，每个神经元的阈值为零。设第一层神经元的激励函数为线性函数 $g(x) = x$，第二层神经元的激励函数为 $f(x)$。

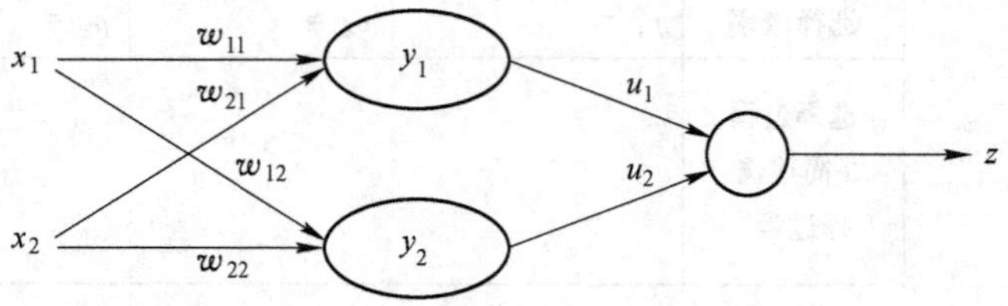

试将第一层神经元输出的表达式及第二层输出表达式填写在表格中。

第一层输出表达式	第二层输出表达式
$y_1 = w_{11}x_1 + w_{21}x_2$ $y_2 =$	$z =$

10-9 前向神经网络适用于哪些组合优化问题？试举例说明。

附　　表

附表 1　标准正态分布分布函数表

$$\Phi(z) = \int_{-\alpha}^{z} \frac{1}{\sqrt{2\pi}} e^{-u^2/2} du = P(Z \leqslant z)$$

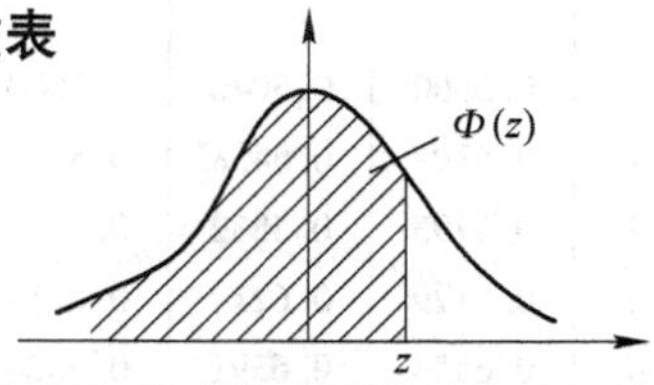

z	0	1	2	3	4	5	6	7	8	9
-3.0	0.0013	0.0010	0.0007	0.0005	0.0003	0.0002	0.0002	0.0001	0.0001	0.0000
-2.9	0.0019	0.0018	0.0018	0.0017	0.0016	0.0016	0.0015	0.0015	0.0014	0.0014
-2.8	0.0026	0.0025	0.0024	0.0023	0.0023	0.0022	0.0021	0.0021	0.0020	0.0019
-2.7	0.0035	0.0034	0.0033	0.0032	0.0031	0.0030	0.0029	0.0028	0.0027	0.0026
-2.6	0.0047	0.0045	0.0044	0.0043	0.0041	0.0040	0.0039	0.0038	0.0037	0.0036
-2.5	0.0062	0.0060	0.0059	0.0057	0.0055	0.0054	0.0052	0.0051	0.0049	0.0048
-2.4	0.0082	0.0080	0.0078	0.0075	0.0073	0.0071	0.0069	0.0068	0.0066	0.0064
-2.3	0.0107	0.0104	0.0102	0.0099	0.0096	0.0094	0.0091	0.0089	0.0087	0.0084
-2.2	0.0139	0.0136	0.0132	0.0129	0.0126	0.0122	0.0119	0.0116	0.0113	0.0110
-2.1	0.0179	0.0174	0.0170	0.0166	0.0162	0.0158	0.0154	0.0150	0.0146	0.0143
-2.0	0.0228	0.0222	0.0217	0.0212	0.0207	0.0202	0.0197	0.0192	0.0188	0.0183
-1.9	0.0287	0.0281	0.0274	0.0268	0.0262	0.0256	0.0250	0.0244	0.0238	0.0233
-1.8	0.0359	0.0352	0.0344	0.0336	0.0329	0.0322	0.0314	0.0307	0.0300	0.0294
-1.7	0.0446	0.0436	0.0427	0.0418	0.0409	0.0401	0.0392	0.0384	0.0375	0.0367
-1.6	0.0548	0.0537	0.0526	0.0516	0.0505	0.0495	0.0485	0.0475	0.0465	0.0455
-1.5	0.0668	0.0655	0.0643	0.063	0.0618	0.0606	0.0594	0.0582	0.0570	0.0559
-1.4	0.0808	0.0793	0.0778	0.0764	0.0749	0.0735	0.0722	0.0708	0.0694	0.0681
-1.3	0.0968	0.0951	0.0934	0.0918	0.0901	0.0885	0.0869	0.0853	0.0838	0.0823
-1.2	0.1151	0.1131	0.1112	0.1093	0.1075	0.1056	0.1038	0.1020	0.1003	0.0985
-1.1	0.1357	0.1335	0.1314	0.1292	0.1271	0.1251	0.1230	0.1210	0.1190	0.1170
-1.0	0.1587	0.1562	0.1539	0.1515	0.1492	0.1469	0.1446	0.1423	0.1401	0.1379
-0.9	0.1841	0.1814	0.1788	0.1762	0.1736	0.1711	0.1685	0.166	0.1635	0.1611
-0.8	0.2119	0.2090	0.2061	0.2033	0.2005	0.1977	0.1949	0.1922	0.1894	0.1867
-0.7	0.2420	0.2389	0.2358	0.2327	0.2297	0.2266	0.2236	0.2206	0.2177	0.2148
-0.6	0.2743	0.2709	0.2676	0.2643	0.2611	0.2578	0.2546	0.2514	0.2483	0.2451
-0.5	0.3085	0.3050	0.3015	0.2981	0.2946	0.2912	0.2877	0.2843	0.2810	0.2776

续附表 1

z	0	1	2	3	4	5	6	7	8	9
−0. 4	0. 3446	0. 3409	0. 3372	0. 3336	0. 3300	0. 3264	0. 3228	0. 3192	0. 3156	0. 3121
−0. 3	0. 3821	0. 3783	0. 3745	0. 3707	0. 3669	0. 3632	0. 3594	0. 3557	0. 3520	0. 3483
−0. 2	0. 4207	0. 4168	0. 4129	0. 409	0. 4052	0. 4013	0. 3974	0. 3936	0. 3897	0. 3859
−0. 1	0. 4602	0. 4562	0. 4522	0. 4483	0. 4443	0. 4404	0. 4364	0. 4325	0. 4286	0. 4247
−0. 0	0. 5000	0. 4960	0. 4920	0. 4880	0. 4840	0. 4801	0. 4761	0. 4721	0. 4681	0. 4641
0. 0	0. 5000	0. 5040	0. 5080	0. 5120	0. 5160	0. 5199	0. 5239	0. 5279	0. 5319	0. 5359
0. 1	0. 5398	0. 5438	0. 5478	0. 5517	0. 5557	0. 5596	0. 5636	0. 5675	0. 5714	0. 5753
0. 2	0. 5793	0. 5832	0. 5871	0. 5910	0. 5948	0. 5987	0. 6026	0. 6064	0. 6103	0. 6141
0. 3	0. 6179	0. 6217	0. 6255	0. 6293	0. 6331	0. 6368	0. 6406	0. 6443	0. 6480	0. 6517
0. 4	0. 6554	0. 6591	0. 6628	0. 6664	0. 6700	0. 6736	0. 6772	0. 6808	0. 6844	0. 6879
0. 5	0. 6915	0. 6950	0. 6985	0. 7019	0. 7054	0. 7088	0. 7123	0. 7157	0. 7190	0. 7224
0. 6	0. 7257	0. 7291	0. 7324	0. 7357	0. 7389	0. 7422	0. 7454	0. 7486	0. 7517	0. 7549
0. 7	0. 7580	0. 7611	0. 7642	0. 7673	0. 7703	0. 7734	0. 7764	0. 7794	0. 7823	0. 7852
0. 8	0. 7881	0. 7910	0. 7939	0. 7967	0. 7995	0. 8023	0. 8051	0. 8078	0. 8106	0. 8133
0. 9	0. 8159	0. 8186	0. 8212	0. 8238	0. 8264	0. 8289	0. 8315	0. 8340	0. 8365	0. 8389
1. 0	0. 8413	0. 8438	0. 8461	0. 8485	0. 8508	0. 8531	0. 8554	0. 8577	0. 8599	0. 8621
1. 1	0. 8643	0. 8665	0. 8686	0. 8708	0. 8729	0. 8749	0. 8770	0. 8790	0. 8810	0. 8830
1. 2	0. 8849	0. 8869	0. 8888	0. 8907	0. 8925	0. 8944	0. 8962	0. 8980	0. 8997	0. 9015
1. 3	0. 9032	0. 9049	0. 9066	0. 9082	0. 9099	0. 9115	0. 9131	0. 9147	0. 9162	0. 9177
1. 4	0. 9192	0. 9207	0. 9222	0. 9236	0. 9251	0. 9265	0. 9278	0. 9292	0. 9306	0. 9319
1. 5	0. 9332	0. 9345	0. 9357	0. 9370	0. 9382	0. 9394	0. 9406	0. 9418	0. 9430	0. 9441
1. 6	0. 9452	0. 9463	0. 9474	0. 9484	0. 9495	0. 9505	0. 9515	0. 9525	0. 9535	0. 9545
1. 7	0. 9554	0. 9564	0. 9573	0. 9582	0. 9591	0. 9599	0. 9608	0. 9616	0. 9625	0. 9633
1. 8	0. 9641	0. 9648	0. 9656	0. 9664	0. 9671	0. 9678	0. 9686	0. 9693	0. 9700	0. 9706
1. 9	0. 9713	0. 9719	0. 9726	0. 9732	0. 9738	0. 9744	0. 9750	0. 9756	0. 9762	0. 9767
2. 0	0. 9772	0. 9778	0. 9783	0. 9788	0. 9793	0. 9798	0. 9803	0. 9808	0. 9812	0. 9817
2. 1	0. 9821	0. 9826	0. 9830	0. 9834	0. 9838	0. 9842	0. 9846	0. 9850	0. 9854	0. 9857
2. 2	0. 9861	0. 9864	0. 9868	0. 9871	0. 9874	0. 9878	0. 9881	0. 9884	0. 9887	0. 9890
2. 3	0. 9893	0. 9896	0. 9898	0. 9901	0. 9904	0. 9906	0. 9909	0. 9911	0. 9913	0. 9916
2. 4	0. 9918	0. 9920	0. 9922	0. 9925	0. 9927	0. 9929	0. 9931	0. 9932	0. 9934	0. 9936
2. 5	0. 9938	0. 9940	0. 9941	0. 9943	0. 9945	0. 9946	0. 9948	0. 9949	0. 9951	0. 9952
2. 6	0. 9953	0. 9955	0. 9956	0. 9957	0. 9959	0. 9960	0. 9961	0. 9962	0. 9963	0. 9964
2. 7	0. 9965	0. 9966	0. 9967	0. 9968	0. 9969	0. 9970	0. 9971	0. 9972	0. 9973	0. 9974
2. 8	0. 9974	0. 9975	0. 9976	0. 9977	0. 9977	0. 9978	0. 9979	0. 9979	0. 9980	0. 9981
2. 9	0. 9981	0. 9982	0. 9982	0. 9983	0. 9984	0. 9984	0. 9985	0. 9985	0. 9986	0. 9986
3. 0	0. 9987	0. 9990	0. 9993	0. 9995	0. 9997	0. 9998	0. 9998	0. 9999	0. 9999	1. 0000

注：表中首末行系函数值 $\Phi(-3.0)$，$\Phi(-3.1)$，…，$\Phi(-3.9)$ 及 $\Phi(3.0)$，$\Phi(3.1)$，…，$\Phi(3.9)$。

附表 2　t 分布上侧分位数表

$$P\{t(n) > t_\alpha(n)\} = \alpha$$

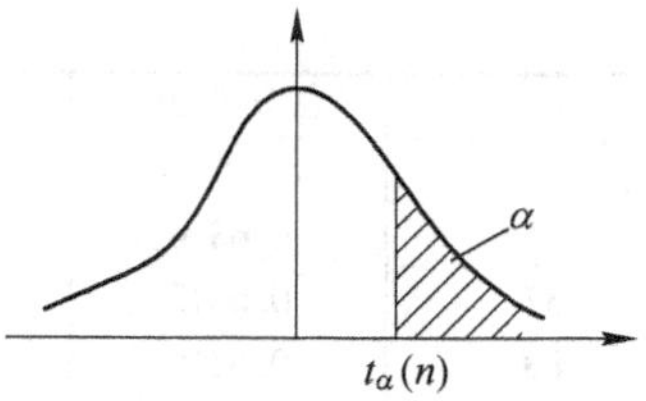

n	$\alpha = 0.25$	0.10	0.05	0.025	0.01	0.005
1	1.0000	3.0777	6.3138	12.7062	31.8207	63.6574
2	0.8165	1.8856	2.9200	4.3027	6.9646	9.9248
3	0.7649	1.6377	2.3534	3.1824	4.5407	5.8409
4	0.7407	1.5332	2.1318	2.7764	3.7469	4.6041
5	0.7267	1.4759	2.0150	2.5706	3.3649	4.0322
6	0.7176	1.4398	1.9432	2.4469	3.1427	3.7074
7	0.7111	1.4149	1.8946	2.3646	2.9980	3.4995
8	0.7046	1.3968	1.8595	2.3060	2.8965	3.3554
9	0.7027	1.3830	1.8331	2.2622	2.8214	3.2498
10	0.6998	1.3722	1.8125	2.2281	2.7638	3.1693
11	0.6974	1.3634	1.7959	2.2010	2.7181	3.1058
12	0.6955	1.3562	1.7823	2.1788	2.6810	3.0545
13	0.6938	1.3502	1.7709	2.1604	2.6503	3.0123
14	0.6924	1.3450	1.7613	2.1448	2.6245	2.9768
15	0.6912	1.3406	1.7531	2.1315	2.6025	2.9467
16	0.6901	1.3368	1.7459	2.1199	2.5835	2.9208
17	0.6892	1.3334	1.7396	2.1098	2.5669	2.8982
18	0.6884	1.3304	1.7341	2.1009	2.5524	2.8784
19	0.6876	1.3277	1.7291	2.0930	2.5395	2.8609
20	0.6870	1.3253	1.7247	2.0860	2.5280	2.8453
21	0.6864	1.3232	1.7207	2.0796	2.5177	2.8314
22	0.6858	1.3212	1.7171	2.0739	2.5083	2.8188
23	0.6853	1.3195	1.7139	2.0687	2.4999	2.8073
24	0.6848	1.3178	1.7109	2.0639	2.4922	2.7969
25	0.6844	1.3163	1.7081	2.0595	2.4851	2.7874
26	0.6840	1.3150	1.7056	2.0555	2.4786	2.7787
27	0.6837	1.3137	1.7033	2.0518	2.4727	2.7707
28	0.6834	1.3125	1.7011	2.0484	2.4671	2.7633
29	0.6830	1.3114	1.6991	2.0452	2.4620	2.7564
30	0.6828	1.3140	1.6973	2.0423	2.4573	2.7500
31	0.6825	1.3095	1.6955	2.0395	2.4528	2.7440
32	0.6822	1.3086	1.6939	2.0369	2.4487	2.7385
33	0.6820	1.3077	1.6924	2.0345	2.4448	2.7333
34	0.6818	1.3070	1.6909	2.0322	2.4411	2.7284
35	0.6816	1.3062	1.6896	2.0301	2.4377	2.7238

续附表 2

n	α = 0.25	0.10	0.05	0.025	0.01	0.005
36	0.6814	1.3055	1.6883	2.0281	2.4345	2.7195
37	0.6812	1.3049	1.6871	2.0262	2.4314	2.7154
38	0.6810	1.3042	1.6860	2.0244	2.4286	2.7116
39	0.6808	1.3036	1.6849	2.0227	2.4258	2.7079
40	0.6807	1.3031	1.6839	2.0211	2.4233	2.7045
41	0.6805	1.3025	1.6829	2.0195	2.4208	2.7012
42	0.6804	1.3020	1.6820	2.0181	2.4185	2.6981
43	0.6802	1.3016	1.6811	2.0167	2.4163	2.6951
44	0.6801	1.3011	1.6802	2.0154	2.4141	2.6923
45	0.6800	1.3006	1.6794	2.0141	2.4121	2.6896
∞	0.674	1.282	1.645	1.960	2.326	2.576

附表 3　χ^2 分布上侧分位数表

$$P\{x^2(n) > \chi^2_\alpha(n)\} = \alpha$$

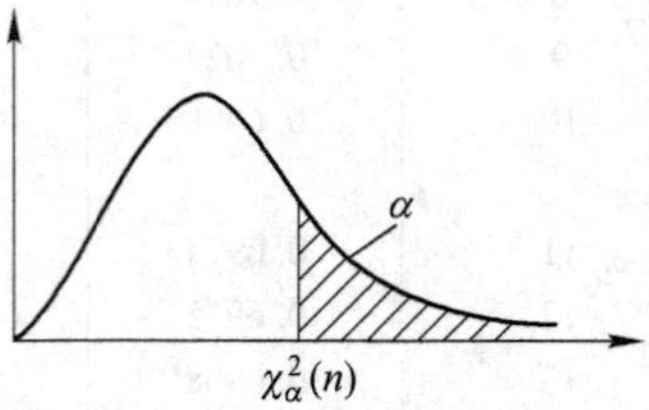

n	α = 0.25	0.10	0.05	0.025	0.01	0.005
1	—	—	0.001	0.004	0.016	0.102
2	0.010	0.020	0.051	0.103	0.211	0.575
3	0.072	0.115	0.216	0.352	0.584	1.213
4	0.207	0.297	0.484	0.711	1.064	1.923
5	0.412	0.554	0.831	1.145	1.610	2.675
6	0.676	0.872	1.237	1.635	2.204	3.455
7	0.989	1.239	1.690	2.167	2.833	4.255
8	1.344	1.646	2.180	2.733	3.490	5.071
9	1.735	2.088	2.700	3.325	4.168	5.899
10	2.156	2.558	3.247	3.940	4.865	6.737
11	2.603	3.053	3.816	4.575	5.578	7.584
12	3.074	3.571	4.404	5.226	6.304	8.438
13	3.565	4.107	5.009	5.892	7.042	9.299
14	4.075	4.660	5.629	6.571	7.790	10.165
15	4.601	5.229	6.262	7.261	8.547	11.037
16	5.142	5.812	6.908	7.962	9.312	11.912
17	5.697	6.408	7.564	9.672	10.085	12.792
18	6.265	7.015	8.231	9.390	10.865	13.675
19	6.844	7.633	8.907	10.117	11.651	14.562
20	7.434	8.260	9.591	10.851	12.443	15.452

续附表3

n	α = 0. 25	0. 10	0. 05	0. 025	0. 01	0. 005
21	8. 034	8. 897	10. 283	11. 591	13. 240	16. 344
22	8. 643	9. 542	10. 982	12. 338	14. 042	17. 240
23	9. 260	10. 196	11. 689	13. 091	14. 848	18. 137
24	9. 886	10. 856	12. 401	13. 848	15. 659	19. 037
25	10. 520	11. 524	13. 120	14. 611	16. 473	19. 939
26	11. 160	12. 198	13. 844	15. 379	17. 292	20. 843
27	11. 808	12. 879	14. 573	16. 151	18. 114	21. 749
28	12. 461	13. 565	15. 308	16. 928	18. 939	22. 657
29	13. 121	14. 257	16. 047	17. 708	19. 768	23. 567
30	13. 787	14. 954	16. 791	18. 493	20. 599	24. 478
31	14. 458	15. 655	17. 539	19. 281	21. 434	25. 390
32	15. 134	16. 362	18. 291	20. 072	22. 271	26. 304
33	15. 815	17. 074	19. 047	20. 867	23. 110	27. 219
34	16. 501	17. 789	19. 806	21. 664	23. 952	28. 136
35	17. 192	18. 509	20. 569	22. 465	24. 797	29. 054
36	17. 887	19. 233	21. 336	23. 269	25. 643	29. 973
37	18. 586	19. 960	22. 106	24. 075	26. 492	30. 893
38	19. 289	20. 691	22. 878	24. 884	27. 343	31. 815
39	19. 996	21. 426	23. 654	25. 695	28. 196	32. 737
40	20. 707	22. 164	24. 433	26. 509	29. 051	33. 660
41	21. 421	22. 906	25. 215	27. 326	29. 907	34. 585
42	22. 138	23. 650	25. 999	28. 144	30. 765	35. 510
43	22. 859	24. 398	26. 785	28. 965	31. 625	36. 436
44	23. 584	25. 148	27. 575	29. 787	32. 487	37. 363
45	24. 311	25. 901	28. 366	30. 612	33. 350	38. 291

n	α=0. 25	0. 10	0. 05	0. 025	0. 01	0. 005
1	1. 323	2. 706	3. 841	5. 024	6. 635	7. 879
2	2. 773	4. 605	5. 991	7. 378	9. 210	10. 597
3	4. 108	6. 251	7. 815	9. 348	11. 345	12. 838
4	5. 385	7. 779	9. 488	11. 143	13. 227	14. 860
5	6. 626	9. 236	11. 071	12. 833	15. 086	16. 750
6	7. 841	10. 645	12. 592	14. 449	16. 812	18. 548
7	9. 037	12. 017	14. 067	16. 013	18. 475	20. 278
8	10. 219	13. 362	15. 507	17. 535	20. 090	21. 955
9	11. 389	14. 684	16. 919	19. 023	21. 666	23. 589
10	12. 549	15. 987	18. 307	20. 483	23. 209	25. 188

续附表3

n	α = 0.25	0.10	0.05	0.025	0.01	0.005
11	13.701	17.275	19.675	21.920	24.725	26.757
12	14.845	18.549	21.026	23.337	26.217	28.299
13	15.984	19.812	22.362	24.736	27.688	29.819
14	17.117	21.064	23.685	26.119	29.141	31.319
15	18.245	22.307	24.996	27.448	30.578	32.801
16	19.369	23.542	26.296	28.845	32.000	34.267
17	20.489	24.769	27.587	30.191	33.409	35.718
18	21.605	25.989	28.869	31.526	34.805	37.156
19	22.718	27.204	30.144	32.852	36.191	38.582
20	23.828	28.412	31.410	34.170	37.566	39.997
21	24.935	29.615	32.671	35.479	38.932	41.401
22	26.039	30.813	33.924	36.781	40.289	42.796
23	27.141	32.007	35.172	38.076	41.638	44.181
24	28.241	33.196	36.415	39.364	42.980	45.559
25	29.339	34.382	37.652	40.646	44.314	46.928
26	30.435	35.563	38.885	41.923	45.642	48.290
27	31.528	36.741	40.113	43.194	46.963	49.645
28	32.620	37.916	41.337	44.461	48.278	50.993
29	33.711	39.087	42.557	45.722	49.588	52.336
30	34.800	40.256	43.773	46.979	50.892	53.672
31	35.887	41.422	44.985	48.232	52.191	55.003
32	36.973	42.585	46.194	49.480	53.486	56.328
33	38.025	43.745	47.400	50.725	54.776	57.648
34	39.141	44.903	48.602	51.966	56.061	58.964
35	40.223	46.059	49.802	53.203	57.342	60.275
36	41.304	47.212	50.998	54.437	58.619	61.581
37	42.383	48.363	52.192	55.668	59.892	62.883
38	43.462	49.513	53.384	56.896	61.162	64.181
39	44.539	50.660	54.572	58.120	62.428	65.476
40	45.616	51.805	55.758	59.342	63.691	66.766
41	46.692	52.949	56.942	60.561	64.950	68.053
42	47.766	54.090	58.124	61.777	66.206	69.336
43	48.840	55.230	59.304	62.990	67.459	70.616
44	49.913	56.369	60.481	64.201	68.710	71.893
45	50.985	57.505	61.656	65.410	69.957	73.166

附表 4　F 分布上侧分位数表 $P\{F(n_1, n_2)>F_\alpha(n_1, n_2)\}=\alpha$

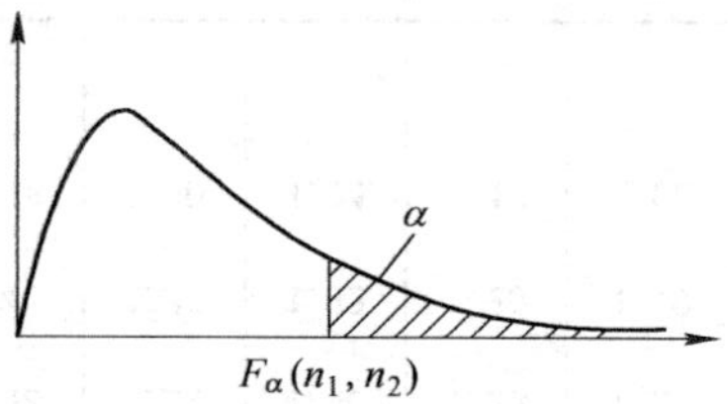

$\alpha = 0.10$

n_2 \ n_1	1	2	3	4	5	6	7	8	9	10	12	15	20	24	30	40	60	120	∞
1	39.86	49.50	53.59	55.83	57.24	58.20	58.91	59.44	59.86	60.19	60.71	61.22	61.74	62.00	62.26	62.53	62.79	63.06	63.33
2	8.53	9.00	9.16	9.24	9.29	9.33	9.35	9.37	9.38	9.39	9.41	9.42	9.44	9.45	9.46	9.47	9.47	9.48	9.49
3	5.54	5.46	5.39	5.34	5.31	5.28	5.27	5.25	5.24	5.23	5.22	5.20	5.18	5.18	5.17	5.16	5.15	5.14	5.13
4	4.54	4.32	4.19	4.11	4.05	4.01	3.98	3.95	3.94	3.92	3.90	3.87	3.84	3.83	3.82	3.80	3.79	3.78	4.76
5	4.06	3.78	3.62	3.52	3.45	3.40	3.37	3.34	3.32	3.30	3.27	3.24	3.21	3.19	3.17	3.16	3.14	3.12	3.10
6	3.78	3.46	3.29	3.18	3.11	3.05	3.01	2.98	2.96	2.94	2.90	2.87	2.84	2.82	2.80	2.78	2.76	2.74	2.72
7	3.59	3.26	3.07	2.96	2.88	2.83	2.78	2.75	2.72	2.70	2.67	2.63	2.59	2.58	2.56	2.54	2.51	2.49	2.47
8	3.46	3.11	2.92	2.81	2.73	2.67	2.62	2.59	2.56	2.54	2.50	2.46	2.42	2.40	2.38	2.36	2.34	2.32	2.29
9	3.36	3.01	2.81	2.69	2.61	2.55	2.51	2.47	2.44	2.42	2.38	2.34	2.30	2.28	2.25	2.23	2.21	2.18	2.16
10	3.29	2.92	2.73	2.61	2.52	2.46	2.41	2.38	2.35	2.32	2.28	2.24	2.20	2.18	2.16	2.13	2.11	2.08	2.06
11	3.23	2.86	2.66	2.54	2.45	2.39	2.34	2.30	2.27	2.25	2.21	2.17	2.12	2.10	2.08	2.05	2.03	2.00	1.97
12	3.18	2.81	2.61	2.48	2.39	2.33	2.28	2.24	2.21	2.19	2.15	2.10	2.06	2.04	2.01	1.99	1.96	1.93	1.90
13	3.14	2.76	2.56	2.43	2.35	2.28	2.23	2.20	2.16	2.14	2.10	2.05	2.01	1.98	1.96	1.93	1.90	1.88	1.85
14	3.10	2.73	2.52	2.39	2.31	2.24	2.19	2.15	2.12	2.10	2.05	2.01	1.96	1.94	1.91	1.89	1.86	1.83	1.80
15	3.07	2.70	2.49	2.36	2.27	2.21	2.16	2.12	2.09	2.06	2.02	1.97	1.92	1.90	1.87	1.85	1.82	1.79	1.76
16	3.05	2067	2.46	2.33	2.24	2.18	2.13	2.09	2.06	2.03	1.99	1.94	1.89	1.87	1.84	1.81	1.78	1.75	1.72
17	3.03	2.64	2.44	2.31	2.22	2.15	2.10	2.06	2.03	2.00	1.96	1.91	1.86	1.84	1.81	1.78	1.75	1.72	1.69
18	3.01	2.62	2.42	2.29	2.20	2.13	2.08	2.04	2.00	1.98	1.93	1.89	1.84	1.81	1.78	1.75	1.72	1.69	1.66
19	2.99	2.61	2.40	2.27	2.18	2.11	2.06	2.02	1.98	1.96	1.91	1.86	1.81	1.79	1.76	1.73	1.70	1.67	1.63

续附表 4

$\alpha = 0.10$

n_2 \ n_1	1	2	3	4	5	6	7	8	9	10	12	15	20	24	30	40	60	120	∞
20	2.97	2.59	2.38	2.25	2.16	2.09	2.04	2.00	1.96	1.94	1.89	1.84	1.79	1.77	1.74	1.71	1.68	1.64	1.61
21	2.96	2.57	2.36	2.23	2.14	2.08	2.02	1.98	1.95	1.92	1.87	1.83	1.78	1.75	1.72	1.69	1.66	1.62	1.59
22	2.95	2.56	2.35	2.22	2.13	2.06	2.01	1.97	1.93	1.90	1.86	1.81	1.76	1.73	1.70	1.67	1.64	1.60	1.57
23	2.94	2.55	2.34	2.21	2.11	2.05	1.99	1.95	1.92	1.89	1.84	1.80	1.74	1.72	1.69	1.66	1.62	1.59	1.55
24	2.93	2.54	2.33	2.19	2.10	2.04	1.98	1.94	1.91	1.88	1.83	1.78	1.73	1.70	1.67	1.64	1.61	1.57	1.53
25	2.92	2.53	2.32	2.18	2.09	2.02	1.97	1.93	1.89	1.87	1.82	1.77	1.72	1.69	1.66	1.63	1.59	1.56	1.52
26	2.91	2.52	2.31	2.17	2.08	2.01	1.96	1.92	1.88	1.86	1.81	1.76	1.71	1.68	1.65	1.61	1.58	1.54	1.50
27	2.90	2.51	2.30	2.17	2.07	2.00	1.95	1.91	1.87	1.85	1.80	1.75	1.70	1.67	1.64	1.60	1.57	1.53	1.49
28	2.89	2.50	2.29	2.16	2.06	2.00	1.94	1.90	1.87	1.84	1.79	1.74	1.69	1.66	1.63	1.59	1.56	1.52	1.48
29	2.89	2.50	2.28	2.15	2.06	1.99	1.93	1.89	1.86	1.83	1.78	1.73	1.68	1.65	1.62	1.58	1.55	1.51	1.47
30	2.88	2.49	2.28	2.14	2.05	1.98	1.93	1.88	1.85	1.82	1.77	1.72	1.67	1.64	1.61	1.57	1.54	1.50	1.46
40	2.84	2.44	2.23	2.09	2.00	1.93	1.87	1.83	1.79	1.76	1.71	1.66	1.61	1.57	1.54	1.51	1.47	1.42	1.38
60	2.79	2.39	2.18	2.04	1.95	1.87	1.82	1.77	1.74	1.71	1.66	1.60	1.54	1.51	1.48	1.44	1.40	1.35	1.29
120	2.75	2.35	2.13	1.99	1.90	1.82	1.77	1.72	1.68	1.65	1.60	1.55	1.48	1.45	1.41	1.37	1.32	1.26	1.19
∞	2.71	2.30	2.08	1.94	1.85	1.77	1.72	1.67	1.63	1.60	1.55	1.49	1.42	1.38	1.34	1.30	1.24	1.17	1.00

续附表 4

$\alpha = 0.05$

n_2 \ n_1	1	2	3	4	5	6	7	8	9	10	12	15	20	24	30	40	60	120	∞
1	161.4	199.5	215.7	224.6	230.2	234.0	236.8	238.9	240.5	241.9	243.9	245.9	248.0	249.1	250.1	251.1	252.2	253.3	254.3
2	18.51	19.00	19.16	19.25	19.30	19.33	19.35	19.37	19.38	19.40	19.41	19.43	19.45	19.45	19.46	19.47	19.48	19.49	19.50
3	10.13	9.55	9.28	9.12	9.01	8.94	8.89	8.85	8.81	8.79	8.74	8.70	8.66	8.64	8.62	8.59	8.57	8.55	8.53
4	7.71	6.94	6.59	6.39	6.26	6.16	6.09	6.04	6.00	5.96	5.91	5.86	5.80	5.77	5.75	5.72	5.69	5.66	5.63
5	6.61	5.79	5.41	5.19	5.05	4.95	4.88	4.82	4.77	4.74	4.68	4.62	4.56	4.53	4.50	4.46	4.43	4.40	4.36
6	5.99	5.14	4.76	4.53	4.39	4.28	4.21	4.15	4.10	4.06	4.00	3.94	3.87	3.84	3.81	3.77	3.74	3.70	3.67
7	5.59	4.74	4.35	4.12	3.97	3.87	3.79	3.73	3.68	3.64	3.57	3.51	3.44	3.41	3.38	3.34	3.30	3.27	3.23
8	5.32	4.46	4.07	3.84	3.69	3.58	3.50	3.44	3.39	3.35	3.28	3.22	3.15	3.12	3.08	3.04	3.01	2.97	2.93
9	5.12	4.26	3.86	3.63	3.48	3.37	3.29	3.23	3.18	3.14	3.07	3.01	2.94	2.90	2.86	2.83	2.79	2.75	2.71
10	4.96	4.10	3.71	3.48	3.33	3.22	3.14	3.07	3.02	2.98	2.91	2.85	2.77	2.74	2.70	2.66	2.62	2.58	2.54
11	4.84	3.98	3.59	3.36	3.20	3.09	3.01	2.95	2.90	2.85	2.79	2.72	2.65	2.61	2.57	2.53	2.49	2.45	2.40
12	4.75	3.89	3.49	3.26	3.11	3.00	2.91	2.85	2.80	2.75	2.69	2.62	2.54	2.51	2.47	2.43	2.38	2.34	2.30
13	4.67	3.81	3.41	3.18	3.03	2.92	2.83	2.77	2.71	2.67	2.60	2.53	2.46	2.42	2.38	2.34	2.30	2.25	2.21
14	4.60	3.74	3.34	3.11	2.96	2.85	2.76	2.70	2.65	2.60	2.53	2.46	2.39	2.35	2.31	2.27	2.22	2.18	2.13
15	4.54	3.68	3.29	3.06	2.90	2.79	2.71	2.64	2.59	2.54	2.48	2.40	2.33	2.29	2.25	2.20	2.16	2.11	2.07
16	4.49	3.63	3.24	3.01	2.85	2.74	2.66	2.59	2.54	2.49	2.42	2.35	2.28	2.24	2.19	2.15	2.11	2.06	2.01
17	4.45	3.59	3.20	2.96	2.81	2.70	2.61	2.55	2.49	2.45	2.38	2.31	2.23	2.19	2.15	2.10	2.06	2.01	1.96
18	4.41	3.55	3.16	2.93	2.77	2.66	2.58	2.51	2.46	2.41	2.34	2.27	2.19	2.15	2.11	2.06	2.02	1.97	1.92
19	4.38	3.52	3.13	2.90	2.74	2.63	2.54	2.48	2.42	2.38	2.31	2.23	2.16	2.11	2.07	2.03	1.98	1.93	1.88

续附表 4

$\alpha = 0.05$

n_2 \ n_1	1	2	3	4	5	6	7	8	9	10	12	15	20	24	30	40	60	120	∞
20	4.35	3.49	3.10	2.87	2.71	2.60	2.51	2.45	2.39	2.35	2.28	2.20	2.12	2.08	2.04	1.99	1.95	1.90	1.84
21	4.32	3.47	3.07	2.84	2.68	2.57	2.49	2.42	2.37	2.32	2.25	2.18	2.10	2.05	2.01	1.96	1.92	1.87	1.81
22	4.30	3.44	3.05	2.82	2.66	2.55	2.46	2.40	2.34	2.30	2.23	2.15	2.07	2.03	1.98	1.94	1.89	1.84	1.78
23	4.28	3.42	3.03	2.80	2.64	2.53	2.44	2.37	2.32	2.27	2.20	2.13	2.05	2.01	1.96	1.91	1.86	1.81	1.76
24	4.26	3.40	3.01	2.78	2.62	2.51	2.42	2.36	2.30	2.25	2.18	2.11	2.03	1.98	1.94	1.89	1.84	1.79	1.73
25	4.24	3.39	2.99	2.76	2.60	2.49	2.40	2.34	2.28	2.24	2.16	2.09	2.01	1.96	1.92	1.87	1.82	1.77	1.71
26	4.23	3.37	2.98	2.74	2.59	2.47	2.39	2.32	2.27	2.22	2.15	2.07	1.99	1.95	1.90	1.85	1.80	1.75	1.69
27	4.21	3.35	2.96	2.73	2.57	2.46	2.37	2.31	2.25	2.20	2.13	2.06	1.97	1.93	1.88	1.84	1.79	1.73	1.67
28	4.20	3.34	2.95	2.71	2.56	2.45	2.36	2.29	2.24	2.19	2.12	2.04	1.96	1.91	1.87	1.82	1.77	1.71	1.65
29	4.18	3.33	2.93	2.70	2.55	2.43	2.35	2.28	2.22	2.18	2.10	2.03	1.94	1.90	1.85	1.81	1.75	1.70	1.64
30	4.17	3.32	2.92	2.69	2.53	2.42	2.33	2.27	2.21	2.16	2.09	2.01	1.93	1.89	1.84	1.79	1.74	1.68	1.62
40	4.08	3.23	2.84	2.61	2.45	2.34	2.25	2.18	2.12	2.08	2.00	1.92	1.84	1.79	1.74	1.69	1.64	1.58	1.51
60	4.00	3.15	2.76	2.53	2.37	2.25	2.17	2.10	2.04	1.99	1.92	1.84	1.75	1.70	1.65	1.59	1.53	1.47	1.39
120	3.92	3.07	2.68	2.45	2.29	2.17	2.09	2.02	1.96	1.91	1.83	1.75	1.66	1.61	1.55	1.50	1.43	1.35	1.25
∞	3.84	3.00	2.60	2.37	2.21	2.10	2.01	1.94	1.88	1.83	1.75	1.67	1.57	1.52	1.46	1.39	1.32	1.22	1.00

续附表 4

$\alpha = 0.025$

n_2 \ n_1	1	2	3	4	5	6	7	8	9	10	12	15	20	24	30	40	60	120	∞
1	647. 8	799. 5	864. 2	899. 6	921. 8	937. 1	948. 2	956. 7	963. 3	368. 6	976. 7	984. 9	993. 1	997. 2	1001	1006	1010	1014	1018
2	38. 51	39. 00	39. 17	39. 25	39. 30	39. 33	39. 36	39. 37	39. 39	39. 40	39. 41	39. 43	39. 45	39. 46	39. 46	39. 47	39. 48	39. 49	39. 50
3	17. 44	16. 04	15. 44	15. 10	14. 88	14. 73	14. 62	14. 54	14. 47	14. 42	14. 34	14. 25	14. 17	14. 12	14. 08	14. 04	13. 99	13. 95	13. 90
4	12. 22	10. 65	9. 98	9. 60	9. 36	9. 20	9. 07	8. 98	8. 90	8. 84	8. 75	8. 66	8. 56	8. 51	8. 46	8. 41	8. 36	8. 31	8. 26
5	10. 01	8. 43	7. 76	7. 39	7. 15	6. 98	6. 85	6. 76	6. 68	6. 62	6. 52	6. 43	6. 33	6. 28	6. 23	6. 18	6. 12	6. 07	6. 02
6	8. 81	7. 26	6. 60	6. 23	5. 99	5. 82	5. 70	5. 60	5. 52	5. 46	5. 37	5. 27	5. 17	5. 12	5. 07	5. 01	4. 96	4. 90	4. 85
7	8. 07	6. 54	5. 89	5. 52	5. 29	5. 12	4. 99	4. 90	4. 82	4. 76	4. 67	4. 57	4. 47	4. 42	4. 36	4. 31	4. 25	4. 20	4. 14
8	7. 57	6. 06	5. 42	5. 05	4. 82	4. 65	4. 53	4. 43	4. 36	4. 30	4. 20	4. 10	4. 00	3. 95	3. 89	3. 84	3. 78	3. 73	3. 67
9	7. 21	5. 71	5. 08	4. 72	4. 48	4. 23	4. 20	4. 10	4. 03	3. 96	3. 87	3. 77	3. 67	3. 61	3. 56	3. 51	3. 45	3. 39	3. 33
10	6. 94	5. 46	4. 83	4. 47	4. 24	4. 07	3. 95	3. 85	3. 78	3. 72	3. 62	3. 52	3. 42	3. 37	3. 31	3. 26	3. 20	3. 14	3. 08
11	6. 72	5. 26	4. 63	4. 28	4. 04	3. 88	3. 76	3. 66	3. 59	3. 53	3. 43	3. 33	3. 23	3. 17	3. 12	3. 06	3. 00	2. 94	2. 88
12	6. 55	5. 10	4. 47	4. 12	3. 89	3. 73	3. 61	3. 51	3. 44	3. 37	3. 28	3. 18	3. 07	3. 02	2. 96	2. 91	2. 85	2. 79	2. 72
13	6. 41	4. 97	4. 35	4. 00	3. 77	3. 60	3. 48	3. 39	3. 31	3. 25	3. 15	3. 05	2. 95	2. 89	2. 84	2. 78	2. 72	2. 66	2. 60
14	6. 30	4. 86	4. 24	3. 89	3. 66	3. 50	3. 38	3. 29	3. 21	3. 15	3. 05	2. 95	2. 84	2. 79	2. 73	2. 67	2. 61	2. 55	2. 49
15	6. 20	4. 77	4. 15	3. 80	3. 58	3. 41	3. 29	3. 20	3. 12	3. 06	2. 96	2. 86	2. 76	2. 70	2. 64	2. 59	2. 52	2. 46	2. 40
16	6. 12	4. 69	4. 08	3. 73	3. 50	3. 34	3. 22	3. 12	3. 05	2. 99	2. 89	2. 79	2. 68	2. 63	2. 57	2. 51	2. 45	2. 38	2. 32
17	6. 04	4. 62	4. 01	3. 66	3. 44	3. 28	3. 16	3. 06	2. 98	2. 92	2. 82	2. 72	2. 62	2. 56	2. 50	2. 44	2. 38	2. 32	2. 25
18	5. 98	4. 56	3. 95	3. 61	3. 38	3. 22	3. 10	3. 01	2. 93	2. 87	2. 77	2. 67	2. 56	2. 50	2. 44	2. 38	2. 32	2. 26	2. 19
19	5. 92	4. 51	3. 90	3. 56	3. 33	3. 17	3. 05	2. 96	2. 88	2. 82	2. 72	2. 62	2. 51	2. 45	2. 39	2. 33	2. 27	2. 20	2. 13

续附表 4

$\alpha = 0.025$

n_2 \ n_1	1	2	3	4	5	6	7	8	9	10	12	15	20	24	30	40	60	120	∞
20	5.87	4.46	3.86	3.51	3.29	3.13	3.01	2.91	2.84	2.77	2.68	2.57	2.46	2.41	2.35	2.29	2.22	2.16	2.09
21	5.83	4.42	3.82	3.48	3.25	3.09	2.97	2.87	2.80	2.73	2.64	2.53	2.42	2.37	2.31	2.25	2.18	2.11	2.04
22	5.79	4.38	3.78	3.44	3.22	3.05	2.93	2.84	2.76	2.70	2.60	2.50	2.39	2.33	2.27	2.21	2.14	2.08	2.00
23	5.75	4.35	3.75	3.41	3.18	3.02	2.90	2.81	2.73	2.67	2.57	2.47	2.36	2.30	2.24	2.18	2.11	2.04	1.97
24	5.72	4.32	3.72	3.38	3.15	2.99	2.87	2.78	2.70	2.64	2.54	2.44	2.33	2.27	2.21	2.15	2.08	2.01	1.94
25	5.69	4.29	3.69	3.35	3.13	2.97	2.85	2.75	2.68	2.61	2.51	2.41	2.30	2.24	2.18	2.12	2.05	1.98	1.91
26	5.66	4.27	3.67	3.33	3.10	2.94	2.82	2.73	2.65	2.59	2.49	2.39	2.28	2.22	2.16	2.09	2.03	1.95	1.88
27	5.63	4.24	3.65	3.31	3.08	2.92	2.80	2.71	2.63	2.57	2.47	2.36	2.25	2.19	2.13	2.07	2.00	1.93	1.85
28	5.61	4.22	3.63	3.29	3.06	2.90	2.78	2.69	2.61	2.55	2.45	2.34	2.23	2.17	2.11	2.05	1.98	1.91	1.83
29	5.59	4.20	3.61	3.27	3.04	2.88	2.76	2.67	2.59	2.53	2.43	2.32	2.21	2.15	2.09	2.03	1.96	1.89	1.81
30	5.57	4.08	3.59	3.25	3.03	2.87	2.75	2.65	2.57	2.51	2.41	2.31	2.20	2.14	2.07	2.01	1.94	1.87	1.79
40	5.42	4.05	3.46	3.13	2.90	2.74	2.62	2.53	2.45	2.39	2.29	2.18	2.07	2.01	1.94	1.88	1.80	1.72	1.64
60	5.29	3.93	3.34	3.01	2.79	2.63	2.51	2.41	2.33	2.27	2.17	2.06	1.94	1.88	1.82	1.74	1.67	1.58	1.48
120	5.15	3.80	3.23	2.89	2.67	2.52	2.39	2.30	2.22	2.16	2.05	1.94	1.82	1.76	1.69	1.61	1.53	1.43	1.31
∞	5.02	3.69	3.12	2.79	2.57	2.41	2.29	2.19	2.11	2.05	1.94	1.83	1.71	1.64	1.57	1.48	1.39	1.27	1.00

$\alpha = 0.01$　　续附表 4

n_2 \ n_1	1	2	3	4	5	6	7	8	9	10	12	15	20	24	30	40	60	120	∞
1	4052	4999.5	5403	5625	5764	5859	5928	5982	6022	6056	6106	6157	6209	6235	6261	6287	6313	6339	6366
2	98.50	99.00	99.17	99.25	99.30	99.33	99.36	99.37	99.39	99.40	99.42	99.43	99.45	99.46	99.47	99.47	99.48	99.49	99.50
3	34.12	30.82	29.46	28.71	28.24	27.91	27.67	27.49	27.35	27.23	27.05	26.87	26.69	26.60	26.50	26.41	26.32	26.22	26.13
4	21.20	18.00	16.69	15.98	15.52	15.21	14.98	14.80	14.66	14.55	14.37	14.20	14.02	13.93	13.84	13.75	13.65	13.56	13.46
5	16.26	13.27	12.06	11.39	10.97	10.67	10.46	10.29	10.16	10.05	9.89	9.72	9.55	9.47	9.38	9.29	9.20	9.11	9.02
6	13.75	10.92	9.78	9.15	8.75	8.47	8.26	8.10	7.98	7.87	7.72	7.56	7.40	7.31	7.23	7.14	7.06	6.97	6.88
7	12.25	9.55	8.45	7.85	7.46	7.19	6.99	6.84	6.72	6.62	6.47	6.31	6.16	6.07	5.99	5.91	5.82	5.74	5.65
8	11.26	8.65	7.59	7.01	6.63	6.37	6.18	6.03	5.91	5.81	5.67	5.52	5.36	5.28	5.20	5.12	5.03	4.95	4.86
9	10.56	8.02	6.99	6.42	6.06	5.80	5.61	5.47	5.35	5.26	5.11	4.96	4.81	4.73	4.65	4.57	4.48	4.40	4.31
10	10.04	7.56	6.55	5.99	5.64	5.39	5.20	5.06	4.94	4.85	4.71	4.56	4.41	4.33	4.25	4.17	4.08	4.00	3.91
11	9.65	7.21	6.22	5.67	5.32	5.07	4.89	4.74	4.63	4.54	4.40	4.25	4.10	4.02	3.94	3.86	3.78	3.69	3.60
12	9.33	6.93	5.95	5.41	5.06	4.82	4.64	4.50	4.39	4.30	4.16	4.01	3.86	3.78	3.70	3.62	3.54	3.45	3.36
13	9.07	6.70	5.74	5.21	4.86	4.62	4.44	4.30	4.19	4.10	3.96	3.82	3.66	3.59	3.51	3.43	3.34	3.25	3.17
14	8.86	6.51	5.56	5.04	4.69	4.46	4.28	4.14	4.03	3.94	3.80	3.66	3.51	3.43	3.35	3.27	3.18	3.09	3.00
15	8.68	6.36	5.42	4.89	4.56	4.32	4.14	4.00	3.89	3.80	3.67	3.52	3.37	3.29	3.21	3.13	3.05	2.96	2.87
16	8.53	6.23	5.29	4.77	4.44	4.20	4.03	3.89	3.78	3.69	3.55	3.41	3.26	3.18	3.10	3.02	2.93	2.84	2.75
17	8.40	6.11	5.18	4.67	4.34	4.10	3.93	3.79	3.68	3.59	3.46	3.31	3.16	3.08	3.00	2.92	2.83	2.75	2.65
18	8.29	6.01	5.09	4.58	4.25	4.01	3.84	3.71	3.60	3.51	3.37	3.23	3.08	3.00	2.92	2.84	2.75	2.66	2.57
19	8.18	5.93	5.01	4.50	4.17	3.94	3.77	3.63	3.52	3.43	3.30	3.15	3.00	2.92	2.84	2.76	2.67	2.58	2.49

续附表 4

$\alpha = 0.01$

n_2 \ n_1	1	2	3	4	5	6	7	8	9	10	12	15	20	24	30	40	60	120	∞
20	8.10	5.85	4.94	4.43	4.10	3.87	3.70	3.56	3.46	3.37	3.23	3.09	2.94	2.86	2.78	2.69	2.61	2.52	2.42
21	8.02	5.78	4.87	4.37	4.04	3.81	3.64	3.51	3.40	3.31	3.17	3.03	2.88	2.80	2.72	2.64	2.55	2.46	2.36
22	7.95	5.72	4.82	4.31	3.99	3.76	3.59	3.45	3.35	3.26	3.12	2.98	2.83	2.75	2.67	2.58	2.50	2.40	2.31
23	7.88	5.66	4.76	4.26	3.94	3.71	3.54	3.41	3.30	3.21	3.07	2.93	2.78	2.70	2.62	2.54	2.45	2.35	2.26
24	7.82	5.61	4.72	4.22	3.90	3.67	3.50	3.36	3.26	3.17	3.03	2.89	2.74	2.66	2.58	2.49	2.40	2.31	2.21
25	7.77	5.57	4.68	4.18	3.85	3.63	3.46	3.32	3.22	3.13	2.99	2.85	2.70	2.62	2.54	2.45	2.36	2.27	2.17
26	7.72	5.53	4.64	4.14	3.82	3.59	3.42	3.29	3.18	3.09	2.96	2.81	2.66	2.58	2.50	2.42	2.33	2.23	2.13
27	7.68	5.49	4.60	4.11	3.78	3.56	3.39	3.26	3.15	3.06	2.93	2.78	2.63	2.55	2.47	2.38	2.29	2.20	2.10
28	7.64	5.45	4.57	4.07	3.75	3.53	3.36	3.23	3.12	3.03	2.90	2.75	2.60	2.52	2.44	2.35	2.26	2.17	2.06
29	7.60	5.42	4.54	4.04	3.73	3.50	3.33	3.20	3.09	3.00	2.87	2.73	2.57	2.49	2.41	2.33	2.23	2.14	2.03
30	7.56	5.39	4.51	4.02	3.70	3.47	3.30	3.17	3.07	2.98	2.84	2.70	2.55	2.47	2.39	2.30	2.21	2.11	2.01
40	7.31	5.18	4.31	3.83	3.51	3.29	3.12	2.99	2.89	2.80	2.66	2.52	2.37	2.29	2.20	2.11	2.02	1.92	1.80
60	7.08	4.98	4.13	3.65	3.34	3.12	2.95	2.82	2.72	2.63	2.50	2.35	2.20	2.12	2.03	1.94	1.84	1.73	1.60
120	6.85	4.79	3.95	3.48	3.17	2.96	2.79	2.66	2.56	2.47	2.34	2.19	2.03	1.95	1.86	1.76	1.66	1.53	1.38
∞	6.63	4.61	3.98	3.32	3.02	2.80	2.64	2.51	2.41	2.32	2.18	2.04	1.88	1.79	1.70	1.59	1.47	1.32	1.00

$\alpha = 0.005$

续附表 4

n_2 \ n_1	1	2	3	4	5	6	7	8	9	10	12	15	20	24	30	40	60	120	∞
1	16211	20000	21615	22500	23056	23437	23715	23925	24091	24224	24426	24630	24836	24940	25044	25148	25253	25359	25465
2	198.5	199.0	199.2	199.2	199.3	199.3	199.4	199.4	199.4	199.4	199.4	199.4	199.4	199.5	199.5	199.5	199.5	199.5	199.5
3	55.55	49.80	47.47	46.19	45.39	44.84	44.43	44.13	43.88	43.69	43.39	43.08	42.78	42.62	42.47	42.31	42.15	41.99	41.83
4	31.33	26.28	24.26	23.15	22.46	21.97	21.62	21.35	21.14	20.97	20.70	20.44	20.17	20.03	19.89	19.75	19.61	19.47	19.32
5	22.78	18.31	16.53	15.56	14.94	14.51	14.20	13.96	13.77	13.62	13.38	13.15	12.90	12.78	12.66	12.53	12.40	12.27	12.14
6	18.63	14.54	12.92	12.03	11.46	11.07	10.79	10.57	10.39	10.25	10.03	9.81	9.59	9.47	9.36	9.24	9.12	9.00	8.88
7	16.24	12.40	10.88	10.05	9.52	9.16	8.89	8.68	8.51	8.38	8.18	7.97	7.75	7.65	7.53	7.42	7.31	7.19	7.08
8	14.69	11.04	9.60	8.81	8.30	7.95	7.69	7.50	7.34	7.21	7.01	6.81	6.61	6.50	6.40	6.29	6.18	6.06	5.95
9	13.61	10.11	8.72	7.96	7.47	7.13	6.88	6.69	6.54	6.42	6.23	6.03	5.83	5.73	5.62	5.52	5.41	5.30	5.19
10	12.83	9.43	8.08	7.34	6.87	6.54	6.30	6.12	5.97	5.85	5.66	5.47	5.27	5.17	5.07	4.97	4.86	4.75	4.64
11	12.23	8.91	7.60	6.88	6.42	6.10	5.86	5.68	5.54	5.42	5.24	5.05	4.86	4.76	4.65	4.55	4.44	4.34	4.23
12	11.75	8.51	7.23	6.52	6.07	5.76	5.52	5.35	5.20	5.09	4.91	4.72	4.53	4.43	4.33	4.23	4.12	4.01	3.90
13	11.37	8.19	6.93	6.23	5.79	5.48	5.25	5.08	4.94	4.82	4.64	4.46	4.27	4.17	4.07	3.97	3.87	3.76	3.65
14	11.06	7.92	6.68	6.00	5.56	5.26	5.03	4.86	4.72	4.60	4.43	4.25	4.06	3.96	3.86	3.76	3.66	3.55	3.44
15	10.80	7.70	6.48	5.80	5.37	5.07	4.85	4.67	4.54	4.42	4.25	4.07	3.88	3.79	3.69	3.58	3.48	3.37	3.26
16	10.58	7.51	6.30	5.64	5.21	4.91	4.69	4.52	4.38	4.27	4.10	3.92	3.73	3.64	3.54	3.44	3.33	3.22	3.11
17	10.38	7.35	6.16	5.50	5.07	4.78	4.56	4.39	4.25	4.14	3.97	3.79	3.61	3.51	3.41	3.31	3.21	3.10	2.98
18	10.22	7.21	6.03	5.37	4.96	4.66	4.44	4.28	4.14	4.03	3.86	3.68	3.50	3.40	3.30	3.20	3.10	2.99	2.87
19	10.07	7.09	5.92	5.27	4.85	4.56	4.34	4.18	4.04	3.93	3.76	3.59	3.40	3.31	3.21	3.11	3.00	2.89	2.78

续附表 4

$\alpha = 0.005$

n_2 \ n_1	1	2	3	4	5	6	7	8	9	10	12	15	20	24	30	40	60	120	∞
20	9.94	6.99	5.82	5.17	4.76	4.47	4.26	4.09	3.96	3.85	3.68	3.50	3.32	3.22	3.12	3.02	2.92	2.81	2.69
21	9.83	6.89	5.73	5.09	4.68	4.39	4.18	4.01	3.88	3.77	3.60	3.43	3.24	3.15	3.05	2.95	2.84	2.73	2.61
22	9.73	6.81	5.65	5.02	4.61	4.32	4.11	3.94	3.81	3.70	3.54	3.36	3.18	3.08	2.98	2.88	2.77	2.66	2.55
23	9.63	6.73	5.58	4.95	4.54	4.26	4.05	3.88	3.75	3.64	3.47	3.30	3.12	3.02	2.92	2.82	2.71	2.60	2.48
24	9.55	6.66	5.52	4.89	4.49	4.20	3.99	3.83	3.69	3.59	3.42	3.25	3.06	2.97	2.87	2.77	2.66	2.55	2.43
25	9.48	6.60	5.46	4.84	4.43	4.15	3.94	3.78	3.64	3.54	3.37	3.20	3.01	2.92	2.82	2.72	2.61	2.50	2.38
26	9.41	6.54	5.41	4.79	4.38	4.10	3.89	3.73	3.60	3.49	3.33	3.15	2.97	2.87	2.77	2.67	2.56	2.45	2.33
27	9.34	6.49	5.36	4.74	4.34	4.06	3.85	3.69	3.56	3.45	3.28	3.11	2.93	2.83	2.73	2.63	2.52	2.41	2.29
28	9.28	6.44	5.32	4.70	4.30	4.02	3.81	3.65	3.52	3.41	3.25	3.07	2.89	2.79	2.69	2.59	2.48	2.37	2.25
29	9.23	6.40	5.28	4.66	4.26	3.98	3.77	3.61	3.48	3.38	3.21	3.04	2.86	2.76	2.66	2.56	2.45	2.33	2.21
30	9.18	6.35	5.24	4.62	4.23	3.95	3.74	3.58	3.45	3.34	3.18	3.01	2.82	2.73	2.63	2.52	2.42	2.30	2.18
40	8.83	6.07	4.98	4.37	3.99	3.71	3.51	3.35	3.22	3.12	2.95	2.78	2.60	2.50	2.40	2.30	2.18	2.06	1.93
60	8.49	5.79	4.73	4.14	3.76	3.49	3.29	3.13	3.01	2.90	2.74	2.57	2.39	2.29	2.19	2.18	1.96	1.83	1.69
120	8.18	5.54	4.50	3.92	3.55	3.28	3.09	2.93	2.81	2.71	2.54	2.37	2.19	2.09	1.98	1.87	1.75	1.61	1.43
∞	7.88	5.30	4.28	3.72	3.35	3.09	2.90	2.74	2.62	2.52	2.36	2.19	2.00	1.90	1.79	1.67	1.53	1.36	1.00

附表 5　检验相关系数 $\rho=0$ 的临界值（r_α）表

$P(r > r_\alpha) = \alpha$

n \ α	0.05	0.025	0.01	0.005	0.0005	α / n
1	0.98769	0.99692	0.999507	0.999877	0.9999988	1
2	0.90000	0.95000	0.98000	0.99000	0.99900	2
3	0.8054	0.8783	0.93433	0.95873	0.99116	3
4	0.7293	0.8114	0.8822	0.91720	0.97406	4
5	0.6694	0.7545	0.8329	0.8745	0.95074	5
6	0.6215	0.7067	0.7887	0.8343	0.92493	6
7	0.5822	0.6664	0.7498	0.7977	0.8982	7
8	0.5494	0.6319	0.7155	0.7646	0.8721	8
9	0.5214	0.6021	0.6851	0.7348	0.8471	9
10	0.4973	0.5760	0.6581	0.7079	0.8233	10
11	0.4762	0.5529	0.6339	0.6835	0.8010	11
12	0.4575	0.5324	0.6120	0.6614	0.7800	12
13	0.4409	0.5139	0.5923	0.6411	0.7603	13
14	0.4259	0.4973	0.5742	0.6226	0.7420	14
15	0.4124	0.4821	0.5577	0.6055	0.7246	15
16	0.4000	0.4683	0.5425	0.5897	0.7084	16
17	0.3887	0.4555	0.5285	0.5751	0.6932	17
18	0.3783	0.4438	0.5155	0.5614	0.6787	18
19	0.3687	0.4329	0.5034	0.5487	0.6652	19
20	0.3598	0.4227	0.4921	0.5368	0.6524	20
25	0.3233	0.3809	0.4451	0.4869	0.5974	25
30	0.2960	0.3494	0.4093	0.4487	0.5541	30
35	0.2746	0.3246	0.3810	0.4182	0.5189	35
40	0.2573	0.3044	0.3578	0.3932	0.4896	40
45	0.2428	0.2875	0.3384	0.3721	0.4648	45
50	0.2306	0.2732	0.3218	0.3541	0.4433	50
60	0.2108	0.2500	0.2948	0.3248	0.4078	60
70	0.1954	0.2319	0.2737	0.3017	0.3799	70
80	0.1829	0.2172	0.2565	0.2830	0.3568	80
90	0.1726	0.2050	0.2422	0.2673	0.3375	90
100	0.1638	0.1946	0.2301	0.2540	0.3211	100

习 题 答 案

第一章

1-1 $\bar{x} = 50$，$s^2 = 10.625$。

1-2 略。

1-3 $\bar{x} = 26.85$，$s_x^2 = 4.8917$。

1-4 $\bar{x} = 166$，$s^2 = 33.78$。

1-5（2）冶炼中对钢水含碳量的控制不够理想，有些偏低；（3）$[\bar{c}] \approx 0.1822\%$，$s_c \approx 0.054\%$。

1-6（1）μ，σ^2/n，σ^2；（2）λ，λ/n，λ；（3）p，$p(1-p)/n$，$p(1-p)$；（4）$1/\lambda$，$1/(n\lambda^2)$，$1/\lambda^2$。

1-7 1.9432，1.3722，22.362，17.535，3.33，0.3。

1-8 $\chi^2(n)$。

1-9 $t(n-1)$。

1-10 $t(m+n-2)$。

1-11（1）$Y_1 \sim t(m)$；（2）$Y_2 \sim F(n,\ m)$。

1-12（1）0.99；（2）$\dfrac{2}{15}\sigma^4$。

第二章

2-1 极大似然法：$\hat{\theta} = -n\Big/\sum\limits_{i=1}^{n}\ln X_i$；矩法：$\hat{\theta} = \bar{X}/(1-\bar{X})$。

2-2 $\hat{\sigma} = \dfrac{1}{n}\sum\limits_{i=1}^{n}|X_i|$，它是无偏估计。

2-3 $\hat{\beta} = k/\bar{X}$。

2-4 $\hat{\lambda} = 1/\bar{X}$。

2-5 两种方法都得到 $\hat{p} = 1/\bar{X}$。

2-6 $\hat{p} = \bar{X} = m/n$。

2-7 $\hat{\lambda} = 0.05$。

2-8 （1）$\hat{\mu} = \bar{x} = 321.397$（m）；

（2）矩估计值 $\hat{\sigma}^2 = b_2 = 0.0228$；无偏估计值 $\hat{\sigma}^2 = s^2 = 0.0247$。

2-9 $\hat{\mu}=\overline{X}=0.805$ 辆；$\hat{\sigma}^2=s^2=0.831$。
2-10 略。
2-11 略。
2-12 $\hat{\mu}_3$ 最有效。
2-13 $C=1/2(n-1)$。
2-14 (1) (0.0212, 0.0213) (m)；(2) (0.0212, 0.0213) (m)。
2-15 (656.2618, 687.7382) (MPa)。
2-16 $C=n\geqslant 4\sigma^2u_{\frac{\alpha}{2}}^2/L^2$。
2-17 (992.16, 1007.84) (h)。
2-18 (1) (3.150, 11.616)；(2) (10.979, 19.047)。
2-19 μ 的置信区间为 (5.1069, 5.3131)；
σ 的置信区间为 (0.1675, 0.3217)。
2-20 (−6.4237, 17.4237)。
2-21 (−0.002, 0.006) (Ω)。
2-22 (0.03, 0.05) (m)。
2-23 (0.142, 4.639)。
2-24 659.247MPa。
2-25 74.05 (h)。

第三章

3-1 接受 H_0。
3-2 接受 H_0。
3-3 有显著影响。
3-4 无显著差异。
3-5 该机工作正常。
3-6 (1) 不符合标准；(2) 符合标准。
3-7 不能认为抗断强度是 325MPa。
3-8 有显著差异。
3-9 无显著差异。
3-10 无显著差异。
3-11 (1) 拒绝 H_0；(2) 接受 H_0'。
3-12 可认为该校长看法是正确的。
3-13 (1) 无显著差异；(2) 两正态总体，方差相等。
3-14 不正常。
3-15 无显著差异。
3-16 无显著差异。
3-17 (1) 接受 H_0；(2) 接受 H_0'。

3-18 无显著降低。

3-19 甲枪弹速度比乙枪弹速度显著偏大。

3-20 符合要求。

3-21 不认为甲机床加工的精度比乙机床的高。

3-22 与泊松分布有显著差异。

3-23 可认为 X 服从参数为 $\hat{\lambda} = 0.073$ 的指数分布。

3-24 直观可认为总体服从正态分布，χ^2 检验结果也是正态总体。

第四章

4-1 $\hat{\alpha} = -11.3$，$\hat{\beta} = 36.95$，$\hat{\sigma}^{*2} = 12.37$；回归方程为 $\hat{y} = -11.3 + 36.95x$。

4-2（2）$\hat{y} = 5.36 + 0.304x$；（3）$\hat{\rho} = 0.98$，线性关系高度显著；（4）$Y_0 = 20.56$（μ），(15.16，25.96)。

4-3 $F_0 = 228.51 > 10.56 = F_{0.01}(1, 9)$，因此所建立的回归方程可信，即 Y 与 x 之间的线性关系高度显著。

4-4（1）$Y = \alpha + \beta x + \varepsilon$，$\varepsilon \sim N(0, \sigma^2)$；$Y_i = \alpha + \beta x_i + \varepsilon_i$，$\varepsilon_i \sim N(0, \sigma^2)$ 且相互独立，$i = 1, 2, \cdots, 10$；

（2）$\hat{y} = 0.22 + 1.057x$；

（3）$\hat{\rho} = 0.97 > r_{0.005} = 0.7646$，因此回归方程所反映的 Y 与 x 之间的线性关系显著。

（4）(17.26%，18.32%)；

（5）(17.04%，17.38%)。

4-5 $\hat{\alpha} = 2775.99$，$\hat{\beta} = -15.98$，$\hat{\sigma}^{*2} = 894.23$。

4-6 令 $u = \dfrac{1}{x}$，$v = \ln y$，$\tilde{A} = \ln A$，则原方程变为 $v = \tilde{A} - Bu$；曲线回归方程形式为 $\hat{y} = \hat{A}e^{-\hat{B}/x}$。

4-7（3）$\hat{y} = 32.46e^{-0.087x}$。

4-8（1）$\hat{y} = 10.52 - 0.22x_1 + 0.04x_2$；（2）线性回归显著。

4-9（2）$\hat{y} = 190.333 + 10.086x - 0.2038x^2$；（3）回归效果显著。

第五章

5-1 无显著差异。

5-2 有显著差异。

5-3 有显著差异。

5-4 有显著差异，置信区间分别是 (1.932，10.068) 和 (5.932，14.068)。

5-5 不同加压水平之间无显著差异，不同机器之间有显著差异。

5-6 工人间无显著差异，机器间有显著差异。

第六章

6-1 计算可得 $\boldsymbol{\Sigma}$ 的特征值-特征向量对为：

$$\lambda_1 = 5.8284\ ,\ t_1 = [-0.9239,\ -0.3827,\ 0]^{\mathrm{T}}$$

$$\lambda_2 = 2\ ,\ t_2 = [0,\ 0,\ 1]^{\mathrm{T}}$$

$$\lambda_3 = 0.1716\ ,\ t_3 = [-0.3827,\ 0.9239,\ 0]^{\mathrm{T}}$$

相应的主成分为

$$Y_1 = -0.3827X_1 + 0.9239X_2$$

$$Y_2 = X_3$$

$$Y_3 = -0.9239X_1 - 0.3827X_2$$

此时第一主成分 Y_1 的贡献率为

$$\frac{\lambda_1}{\lambda_1+\lambda_2+\lambda_3} = \frac{5.8284}{5.8284+2+0.1716} = 0.7286,$$

第二主成分 Y_2 的贡献率为

$$\frac{\lambda_2}{\lambda_1+\lambda_2+\lambda_3} = \frac{2}{5.8284+2+0.1716} = 0.2500,$$

第三主成分 Y_3 的贡献率为

$$\frac{\lambda_3}{\lambda_1+\lambda_2+\lambda_3} = \frac{0.1716}{5.8284+2+0.1716} = 0.0215.$$

6-2 略。

6-3 略。

6-4 距离矩阵如下：

$$\boldsymbol{D} = \begin{pmatrix} 0 & & & & \\ 1 & 0 & & & \\ 3.5 & 2.5 & 0 & & \\ 5 & 4 & 1.5 & 0 & \\ 7 & 6 & 3.5 & 2 & 0 \end{pmatrix}$$

聚类过程省略，G_1，G_2 首先合并成一类，然后 G_3，G_4 合并成一类，再和 G_5 合并，最终合并成一个大类。

6-5 略。

6-6 判别函数为 $W(X)=0.6523x_1+0.0122x_2+0.00873x_3+87.1525$。判别结果是，中国、罗马尼亚为中等发展水平国家，即属于第二类，希腊、哥伦比亚为高发展水平国家，即属于第一类。这个结果与当时的实际相符，即与当时的世界各国人文发展指数水平相符。

第七章

7-1 略。

7-2 略。

7-3 略。

7-4 略。

7-5 (1) $S = 3, X = (1, 1)^T$;

(2) $S = -10, X = (5/4, 5/4)^T$;

(3) $S = 2350/7, X = (18/7, 5)^T$;

(4) $S = -36/11, X = (4/11, 20/11)^T$;

(5) $S = 5, X = (20/19, 45/19)^T$;

(6) 无解。

7-6 (1) $\min S = -x_1 + x_2 - 3x_3' + 3x_3''$

$$\text{s.t.}\quad \begin{aligned} & 2x_1 + x_2 + x_3' - x_3'' + x_4 = 8 \\ & x_1 + x_2 + x_3' - x_3'' - x_5 = 3 \\ & 3x_1 - x_2 - 2x_3' + 2x_3'' - x_6 = 5 \\ & x_1,\ x_2,\ x_3',\ x_3'',\ x_4,\ x_5,\ x_6 \geqslant 0, \\ & x_1,\ x_2,\ x_3',\ x_3'',\ x_4,\ x_5,\ x_6 \geqslant 0 \end{aligned}$$

(2) $\min S = x_1' + x_1'' + x_2' + x_2''$

$$\text{s.t.}\quad \begin{aligned} & x_1' - x_1'' + x_2'' - x_2'' - x_3 = 5 \\ & x_1' - x_1'' + x_4 = 4 \\ & x_1',\ x_1'',\ x_2',\ x_2'',\ x_3,\ x_4 \geqslant 0 \end{aligned}$$

7-7 (1) 无解;

(2) $S = -15, X = (0, 5, 0, 6, 0, 2)^T$;

(3) $S = -7/2, X = (0, 3, 1, 0, 0, 3/2)^T$。

7-8 (1) $S = -4/3, X = (0, 2, 2/3)^T$;

(2) 无解;

(3) $S = 20, X = (5, 0, 0)^T$。

7-9 略。

7-10 (1) $S = 31/13, X = (21/13, 10/13)^T$;

(2) $S = 9, X = (3, 0, 0, 0)^T$。

7-11 $x_{11} = 3000, x_{14} = 2000, x_{22} = 0, x_{23} = 2000, x_{24} = 0, x_{32} = 3000$，其余 $x_{ij} = 0$。

7-12 (1) $x_{14} = 3, x_{21} = 1, x_{22} = 1, x_{23} = 5, x_{31} = 1, x_{34} = 3$，其余 $x_{ij} = 0$;

(2) $x_{11} = 3, x_{14} = 6, x_{22} = 5, x_{24} = 0, x_{32} = 3, x_{33} = 4$，其余 $x_{ij} = 0$;

(3) $x_{13} = 4, x_{14} = 5, x_{22} = 4, x_{31} = 3, x_{32} = 1, x_{34} = 1, x_{35} = 3$，其余 $x_{ij} = 0$。

第八章

8-1 略。

8-2 略。

8-3 略。

8-4 略。

8-5 略。

8-6（1）最优解为$x_1 = 70$, $x_2 = 20$;

$d_1^- = d_2^- = d_{11}^- = d_{11}^+ = 0$;

$d_1^+ = 10$，$d_3^- = 25$。

$z^* = (0, 0, 75, 10)$。

（2）最优解为$x_1 = 31$, $x_2 = 61$, $x_3 = 258$;

$d_1^- = d_2^- = d_2^+ = d_3^- = d_4^- = 0$;

$d_1^+ = 11$，$d_3^+ = 102$，$d_4^+ = 10$。

$z^* = (0, 0, 214)$。

第九章

9-1（1）$E(d_1) = E(d_2) = \min\limits_i E(d_i) = 7.2$, $d^* = d_1$ 或 d_2;

（2）$d^* = a_2$;

（3）$d^* = a_4$;

（4）$d^* = a_1$。

9-2（1）用乐观准则可决定种植棉花。其他策略方法略，读者自行完成；

（2）种土豆；

（3）应买这个预报。

9-3（1）$\begin{pmatrix} 240 & 240 & 240 & 240 & 240 \\ 190 & 360 & 360 & 360 & 360 \\ 140 & 310 & 480 & 480 & 480 \\ 90 & 260 & 430 & 600 & 600 \\ 40 & 210 & 380 & 550 & 720 \end{pmatrix}$;

（2）用等可能准则可确定最优日进货量是 250 个面包。其他不确定决策方法请读者自行完成；

（3）每天的最优进货量是 200 个面包。

9-4（1）最优日进货量是 611 箱；

（2）最优日进货量是 834 箱。

9-5 最优决策是改换牌子。

9-6 最优决策是：第一年和第二年都投资 B；第二年末如果手里仍然只有 1000 元，则第三年投资 A；否则第三年仍然投资 B。在此投资方案下，三年后至少有 2000 元的概率是 0.676。

9-7（1）若勘探结果较差，贝叶斯决策是不钻井；其他两种结果时均可钻井；

（2）应先行勘探。

9-8（1）略。

（2）最优决策是采用新工艺。

（3）该厂长的最优决策是采用工艺 B。

第十章

10-1

(1) $N(x^0)$ = {(ABCDE, 13); (ACBDE, 15); (ADCBE, 10); (AECDB, 12); (ABDCE, 12); (ABEDC, 11); (ABCED, 13)}

x^{best} = (ADCBE, 10) ;

$N(x^{best})$ = {(ADCBE, 10); (ACDBB, 11); (ABCDE, 13); (AECBD, 13); (ADBCE, 13); (ADEBC, 12); (ADCEB, 9)}

x^{best} = (ADCEB, 9) 。

(2) Can_$N(x^{now})$ = {(ABCDE, 13); (ACBDE, 15); (ADCBE, 10); (AECDB, 12); (ABDCE, 12); (ABEDC, 11); (ABCED, 13)}

x^{next} = (ADCBE, 10) ;

H = {(B, D)}

Can_$N(x^{now})$ = {(ADCBE, 10); (ACDBB, 11); (ABCDE, 13); (AECBD, 13); (ADBCE, 13); (ADEBC, 12); (ADCEB, 9)}

x^{next} = (ADCEB, 9) 。

10-2 略。

10-3

迭代到某一步	当前温度	当前解及函数值	新的解及函数值	当前解与新解函数值的比较	r 值	产生的随机数 ξ	r 与 ξ 的比较	是否接受新解
设迭代到 k 步	$t = 50$	x_i $f(x_i) = 60$	x_j $f(x_j) = 50$	$f(x_j) < f(x_i)$				接受
设迭代到 l 步	$t = 40$	x_i $f(x_i) = 44$	x_j $f(x_j) = 48$	$f(x_j) > f(x_i)$	0.9048	设 $\xi = 0.7021$	$r > \xi$	接受
设迭代到 m 步	$t = 20$	x_i $f(x_i) = 31$	x_j $f(x_j) = 37$	$f(x_j) > f(x_i)$	0.7408	设 $\xi = 0.9021$	$r < \xi$	拒绝

10-4 略

10-5

上次迭代所产生的种群，设有 4 个解	十进制数	$x_1 = 6$	$x_2 = 17$	$x_3 = 25$	$x_4 = 28$
	二进制数	$x_1 = 00110$	$x_2 = 10001$	$x_3 = 11001$	$x_4 = 11100$
适应度计算		$f(x_1) = 216$	$f(x_2) = 4913$	$f(x_3) = 15625$	$f(x_4) = 21952$
选择操作	选择概率	$p_1 = 0.005$	$p_2 = 0.115$	$p_3 = 0.366$	$p_4 = 0.514$
	选择过程（简述选择过程）	用选择概率设计轮盘赌；转动轮盘，待轮盘停止后，指针指哪个区域，就选哪个个体。			
	选择结果（设选择结果如右端所示）	$x_2 = 10001$ $x_3 = 11001$ $x_3 = 11001$ $x_4 = 11100$			

续表

<table>
<tr><td rowspan="2">上次迭代所产生的种群，设有 4 个解</td><td>十进制数</td><td>$x_1 = 6$</td><td>$x_2 = 17$</td><td>$x_3 = 25$</td><td>$x_4 = 28$</td></tr>
<tr><td>二进制数</td><td>$x_1 = 00110$</td><td>$x_2 = 10001$</td><td>$x_3 = 11001$</td><td>$x_4 = 11100$</td></tr>
<tr><td rowspan="4">交叉操作</td><td colspan="5">设经过随机配对，得到下面两组配对</td></tr>
<tr><td></td><td colspan="2">$x_2 = 10001$
$x_3 = 11001$</td><td colspan="2">$x_3 = 11001$
$x_4 = 11100$</td></tr>
<tr><td>设随机选择一个位的操作已经完成，位置用双竖线所示，要求交换双竖线右端数字</td><td colspan="2">□‖□□□□</td><td colspan="2">□□□‖□□</td></tr>
<tr><td>交叉结果</td><td colspan="2">$y_1 = 11001$
$y_2 = 10001$</td><td colspan="2">$y_3 = 11000$
$y_4 = 11101$</td></tr>
</table>

10-6 略。

10-7 $y_2 = 2x_1 + x_2$，$z = \dfrac{1}{1 + e^{-(y_1+5y_2)}}$

10-8 $y_2 = w_{12}x_1 + w_{22}x_2$，$z = f(u_1 y_1 + u_2 y_2)$

参 考 文 献

[1] 汪荣鑫．数理统计［M］．西安：西安交通大学出版社，1986.
[2] 李贤平．概率论基础［M］．3 版．北京：高等教育出版社，2010.
[3] 复旦大学．概率论：第二册数理统计第一分册［M］．北京：人民教育出版社，1979.
[4] 盛骤，等．概率论与数理统计［M］．4 版，北京：高等教育出版社，2008.
[5] 吴天滨．概率论与数理统计［M］．济南：山东人民出版社，1981.
[6] 中国科学院数学研究所统计组，方差分析［M］．北京：科学出版社，1977.
[7] 茆诗松，等．回归分析及其实验设计［M］．上海：华东师范大学出版社，1981.
[8] 周华章．工业技术应用数理统计学（上下册）［M］．北京：人民教育出版社，1963.
[9] V. K. Rohatgi，An introduction to probability theory and mathematical statistics［M］．Hoboken：John Witey & Sons，1976.
[10] 范玉妹，等．数学规划及其应用［M］．北京：机械工业出版社，2018.
[11] 管梅谷，郑汉鼎．线性规划［M］．济南：山东科学技术出版社，1988.
[12] 翁龙年，亢跃先．运筹学［M］．北京：人民邮电出版社，1988.
[13] 俞玉森．数学规划的原理和方法［M］．武汉：华中工学院出版社，1985.
[14] 王学民．应用多元统计分析［M］．上海：上海财经大学出版社，2017.
[15] 林锉云，董加礼．多目标优化的方法与理论［M］．长春：吉林教育出版社，1992.
[16] 赵可培．目标规划及其应用［M］．上海：同济大学出版社，1987.
[17] 胡运权，郭耀煌．运筹学教程［M］．5 版，北京：清华大学出版社，2018.
[18] 赵玮，王荫清．随机运筹学［M］．北京：高等教育出版社，1993.
[19] 理查德·A. 约翰逊，迪安·W. 威克恩．实用多元统计分析［M］．6 版．陆璇，叶俊译．北京：清华大学出版社，2008.
[20] 范金城，梅长林．数据分析［M］．2 版．北京：科学出版社，2010.
[21] 任雪松，于秀林．多元统计分析［M］．2 版．北京：中国统计出版社，2011.
[22] Glover F. Future paths for integer programming and links to artificial intelligence［J］．Computers and Operations Research，1986，13（5）：533~549.
[23] Glover F. Tabu search：part Ⅰ［J］．ORSA Journal on Computing，1989，1（3）：190~206.
[24] Glover F. Tabu search：part Ⅱ［J］．ORSA Journal on Computing，1990，2（1）：4~32.
[25] 邢文训，谢金星．现代优化计算方法［M］．2 版．北京：清华大学出版社，2005.
[26] Metropolis N，Rosenbluth A，Rosenbluth M，et al. Equation of state calculations by fast computing machines［J］．Journal of Chemical Physics，1953，21：1087~1092.
[27] Kirkpatrick S，Gelatt Jr C D，Vecchi M P. Optimization by simulated annealing［J］．Science，1983，220：971~680.
[28] Holland J H. Adaptation in natural and artificial system［M］．Cambridge：MIT Press，1975.
[29] McCulloch W，Pitts W. A logical calculus of the ideas imminent in nervous activity［J］．Bulletin of Mathematical Biophysics，1943，5：115~133.

冶金工业出版社部分推荐书目

书　　名	作　者	定价
数学规划及其应用(第3版)	范玉妹	49.00
模糊数学及其应用（第2版）	李安贵	22.00
线性代数	苏醒侨	28.00
物理科学与认识论	李浙生	26.00
数理经济学及其应用	蒋　志	16.00
新编大学物理教程	赵宝华	38.00
大学物理实验教程	张丽慧	25.00
运筹学通论	范玉妹	30.00
管理统计学	齐晓峰	39.00
高等数学疑难解析	王文涛	28.00
大数据统计基础	周　慧	29.00
数学物理方程	魏培君	20.00
离散数学概论	周丽珍	25.00
论数学真理	李浙生	25.00
高等数学（留学生版）	陈学慧	43.00
高等数学简明教程（高职高专）	张永涛	36.00
无机化学（高职高专）	邓基芹	36.00
无机化学实验（高职高专）	邓基芹	18.00
物理化学实验（高职高专）	邓基芹	19.00
物理化学（第4版）（国规教材）	王淑兰	45.00
物理化学习题解答	王淑兰	18.00
分析化学简明教程	张锦柱	23.00
工业分析化学	张锦柱	36.00
概率统计	刘筱萍	16.00